西方自由主义政治思潮研究

Political Thought of Western Liberalism

吴春华　著

中国社会科学出版社

图书在版编目(CIP)数据

西方自由主义政治思潮研究 / 吴春华著. —北京：中国社会科学出版社，2018.10
ISBN 978-7-5203-3893-6

Ⅰ.①西… Ⅱ.①吴… Ⅲ.①自由主义-政治思想史-研究-西方国家 Ⅳ.①D091.5

中国版本图书馆CIP数据核字(2018)第299890号

出 版 人	赵剑英
责任编辑	任　明
责任校对	郝阳洋
责任印制	王　超

出　　版	中国社会科学出版社
社　　址	北京鼓楼西大街甲158号
邮　　编	100720
网　　址	http：//www.csspw.cn
发 行 部	010-84083685
门 市 部	010-84029450
经　　销	新华书店及其他书店

印刷装订	北京君升印刷有限公司
版　　次	2018年10月第1版
印　　次	2018年10月第1次印刷

开　　本	710×1000　1/16
印　　张	24.5
插　　页	2
字　　数	435千字
定　　价	99.00元

凡购买中国社会科学出版社图书，如有质量问题请与本社营销中心联系调换
电话：010-84083683
版权所有　侵权必究

国家社科基金后期资助项目

出 版 说 明

　　后期资助项目是国家社科基金设立的一类重要项目，旨在鼓励广大社科研究者潜心治学，支持基础研究多出优秀成果。它是经过严格评审，从接近完成的科研成果中遴选立项的。为扩大后期资助项目的影响，更好地推动学术发展，促进成果转化，全国哲学社会科学工作办公室按照"统一设计、统一标识、统一版式、形成系列"的总体要求，组织出版国家社科基金后期资助项目成果。

全国哲学社会科学工作办公室

代　序[①]

　　自由主义（liberalism）是近、现代西方政治思潮之一。形成于17、18世纪，19世纪开始成为主要政治思潮。

　　自由主义一词源出西班牙语"Liberales"，19世纪初被首次用作西班牙自由党的名称。该党要求自由，维护正义，提倡立宪政府。它在议会中的代表持温和、折中的政治态度。此后"自由主义"开始在欧洲、北美广泛流行使用，成为一种资产阶级思想派别的代名词。

　　尽管自由主义者对社会问题往往采用实用主义的态度，自由主义的内容经常改变，但强调以理性为基础的个人自由，主张维护个性发展，始终是自由主义的核心。自由主义者主张，国家的政治生活、经济生活和社会生活都应以维护个人自由为目的，反对任何形式的专制，无论是国家的、教会的、还是社会习俗的、舆论的；生命、自由和财产是公民不可剥夺的基本权利，在法律许可的范围内公民享有广泛的自由权，国家应实行代议制民主，国家权力必须受到限制，国家为保护公民权应实行法治与分权。自由主义者期望社会的发展与进步，既主张改革、反对保守主义，也反对激进的民主主义和K.马克思的社会主义。

　　自由主义传统可以追溯到古代社会，西方政治文化中早已孕育着自由传统。古代社会的城邦政治，造就了自由公民理念；共和制度培育的共和思想和法治精神，奠定了宪政的基础；从自我的倡导、个性的张扬到近代本体论的个人主义，铸就了自由主义的灵魂。

　　斯多葛派等古希腊哲学家，以西塞罗为代表的古罗马法学家，中世纪基督教个人得救和教义普适的观念，文艺复兴运动中强烈的人文主义倾向和朦胧的个人主义意识，N.马基雅维利开创的从人和人的经验出发考察

[①] 本序是作者原为《中国大百科全书·政治学卷》撰写的"自由主义"词条。该书由中国大百科全书出版社在1992年9月出版。2004年作者应邀又对"自由主义"词条的内容作了较大的修改扩充，全文载于该书第二版。

国家、权力、政治的原则与方法，都为近代自由主义的诞生提供了营养与温床。英国的 T. 霍布斯和荷兰的 B. 斯宾诺莎作为自由主义的先驱，在思想领域为自由主义做了最有意义的催生。

自由主义政治思潮的发展经历了传统自由主义和现代自由主义两个历史时期。传统自由主义时期从 17 世纪起延续到 19 世纪末，自由主义体现为传统形式；现代自由主义时期则从 19 世纪末一直到当代，自由主义的传统形式与新的现代形式并存。

英国是自由主义的发源地。J. 洛克是"自由思想的始祖"，由于最早提出了自由主义原则而成为西方自由主义第一人。他系统阐述了天赋权利的思想，提出自由权的含义是政治自由、财产自由和思想自由，并提出政府的建立是基于人民的同意等主张。1776 年美国独立战争中诞生的《独立宣言》以及 1787 年制定的《美利坚合众国宪法》和 1791 年生效的《权利法案》，先后以政治纲领形式和法律形式确立并阐述了自由主义原则。T. 潘恩和 T. 杰弗斐对此做出了重大贡献。1789 年法国的《人权与公民权宣言》成为 18 世纪最典型的自由主义宣言，它与孟德斯鸠阐述的自由与分权的思想一起，把自由主义的影响扩展到整个西方。这一时期，自由主义成为资产阶级反对封建制度的有力武器。

18 世纪末至 19 世纪，适应资本主义自由竞争的需要，英国的 A. 斯密、D. 李嘉图、J. 密尔等自由主义思想家，围绕国家经济问题，对个人自由和国家作用进行了论述。他们竭力倡导经济自由、契约自由和竞争自由，提出国家应奉行放任主义政策，不干涉经济生活和社会生活，赋予个人更大的自由活动余地。J. 边沁提出的功利主义为自由主义奠定了新的理论基础，他指出国家的目的是保证"最大多数的最大幸福"。德国的 I. 康德以纯粹理性的道德语言表达了自由思想，他对个人自主的理解，对理性控制行为的强调，对道德原则普遍性的张扬，为自由主义思想注入新的活力，对 20 世纪自由主义正义观产生了重要影响。W. 洪堡强调个性的崇高价值，关注国家作用的范围。法国的 B. 贡斯当和 A. 托克维尔在珍视自由的同时也关注民主，论述了自由与民主的矛盾关系。贡斯当对大众民主的恐惧来自他对法国大革命的感受，托克维尔对大众极权式民主的担忧则主要来自他对美国民主的考察。

英国的 J. S. 密尔则把对自由的探讨扩展到更为广阔的社会领域，他提出了个人自由与社会控制的界限，主张维护个人在社会中的自由。与当时主张减少政府职能、国家实行全面放任的 H. 斯宾塞相反，密尔明确主张有限度的放任主义，实行一定程度的国家干涉。密尔使传统自由主义思想发生了重大转折，为现代形式自由主义的出现奠定了基础。

自19世纪末开始，自由主义为了缓和社会矛盾，遏制工人阶级的斗争，指导现实的政治实践，寻求一种既能继承以往政治传统，又能适合新的政治要求的新的思想形式。以T. 格林、L. 霍布豪斯、J. 霍布森和E. 巴克为代表的英国新自由主义政治派别和以W. 韦尔、H. 克罗利J. 杜威为代表的美国自由主义者成为现代形式自由主义的最初代表。他们以道德理论为基础的主张包括：个人自由应与公共利益、社会发展相一致；国家为个人自由创造条件，扫除障碍，提供保证；国家的作用是积极的，干涉是必要的；国家要救济贫者，扶助弱者，规定最低收入标准和生活标准，推行各类社会保险，扩大公共教育；实行更多的社会合作，提倡改良主义。他们既批判帝国主义，也反对科学社会主义，主张走第三条道路。

20世纪自由主义的演变，在一定意义上就是对自由主义两种形式进行不断认识、修正、发展和应用的过程，是两种形式的自由主义在西方社会发展中相辅相成，在相互论争和冲突中频频错位的结果。两种形式的自由主义在百年的时间里，或此消彼长，以适应变化了的社会环境，回应国家政治发展的需要，这在20世纪上半期体现得极为明显；或是在对峙中相互沟通、论战，吸收对方观点中有利于自身发展的内容，纠正错误、克服缺陷，使自由主义走向复兴和繁荣，这在20世纪后半期表现得尤为突出。

两次世界大战阻碍了自由主义在欧洲的传播，F. 罗斯福推行的新政推进了美国自由主义的发展。经济保障是自由权利的重要基础，社会平等是自由的主要表现，国家干涉是自由的必要保障——成为美国现代形式的自由主义者笃信不疑的原则。强有力的国家干预带来的资本主义繁荣，使自由主义声名大振，自由主义成为席卷整个西方的政治思潮。为了实现第二次世界大战后的复兴，英、法、联邦德国等纷纷强化国家的作用，建设"福利国家"。20世纪50—60年代是现代形式自由主义发展的鼎盛时期。

然而，资本主义社会固有的各种矛盾并未得到根治，20世纪70年代西方出现的各种社会和经济问题，使自由主义受到严重挑战，自由主义队伍急剧分化。

一方面，以J. 罗尔斯为代表的自由主义者，坚持现代形式的自由主义信念，强调发挥国家在经济发展和维护公民权利方面的积极作用，对现代形式的自由主义进行了多方面的反复论证。他们阐述自由主义现代形式的合理性，理论上的不可替代性，现实中的有效性，为现代形式自由主义的发展描绘出一幅诱人的灿烂画卷。罗尔斯以正义原则为基础提出的

"作为公平的正义"的理论，阐述了平等自由、公正机会、公平分配、义务职责等一系列问题，引起了政治、法律、哲学、伦理思想领域的极大震动，重新唤起人们对现代形式自由主义的热情。

另一方面，以哈耶克、诺齐克等人为代表的自由主义者，竭力主张回到传统去。他们否定积极自由的原则，坚持放任主义。他们中的一些人，尽管仍然自称为自由主义者，但实际上已成为"新保守主义"队伍中的重要成员。这些保守的自由主义者，实质上所要保守的是自由主义传统，是要恢复传统形式的自由主义。他们认为，只有坚持传统形式的自由主义，资本主义社会才能解决自身发展中存在的矛盾，自由主义才会展示无比的活力。他们主张，必须限制国家权力，最大限度地减小国家对公民的强制，扶植竞争市场，健全自由市场机制，使其真正发挥作用。他们提出了一揽子改革福利制度的计划和措施，与"福利国家"政策相对峙。传统形式的自由主义由此东山再起，影响急剧扩大。自此，两种形式的自由主义并存的局面形成。

两种形式的自由主义在相互争论、批评甚至论战中，彼此影响和促进。自由主义的思想家们在反思以往的挫折中，在对理论与现实更深刻的研究中振奋起来。自由主义者通过批判极权主义、乌托邦主义、集体主义、理性主义，反击保守主义、社群主义、多元主义等对自由主义的种种非难，不断修正自由主义理论。他们重新审视自由理论的基础，重建正义原则，反思政府的作用，提出对自由市场秩序的再认识。自由主义在新的社会历史条件下，在不断改善的理论氛围中，逐渐走出了困境，实现了复兴和发展。

自由主义是近代以来西方社会的主流政治思潮。它的发生、发展与演变显示着西方社会政治风云的变幻。自由主义不仅极大地影响了西方社会民主主义、新保守主义等政治思潮和形形色色的政治派别，在相当长的时期内成为英、美等主要资本主义国家制定政策的理论基础，而且对世界各国的政治发展和政治理论建设也产生了影响，甚至提出了挑战。

目 录

第一章 西方政治文化中的自由传统 …………………… (1)
    一　个人与个人主义 …………………………………… (1)
    二　城邦政治与自由公民 ……………………………… (4)
    三　共和精神与宪政 …………………………………… (19)

第二章 从基督教到自由主义 …………………………… (34)
    一　奴役与自由 ………………………………………… (34)
    二　教权与俗权之争 …………………………………… (44)
    三　基督教、国家与人权 ……………………………… (56)

第三章 自由主义的兴起 ………………………………… (65)
    一　文艺复兴与人文主义 ……………………………… (65)
    二　自由主义的先驱者 ………………………………… (72)
    三　自由主义的启蒙宣言 ……………………………… (105)

第四章 美法革命与自由主义的迅猛扩展 ……………… (126)
    一　启蒙与革命：自由主义的星火燎原 ……………… (127)
    二　权力与权利：自由主义的理论内涵 ……………… (141)

第五章 后革命时代的自由主义反思 …………………… (159)
    一　德国自由主义：法国革命的德国理论 …………… (161)
    二　法国自由主义：法国革命的法国反思 …………… (171)
    三　英国自由主义：自由主义的转型前奏 …………… (183)

第六章 改革与自由主义的转型 ………………………… (197)
    一　两种自由主义传统的发展 ………………………… (197)
    二　对新型自由主义理论体系的构筑 ………………… (244)

第七章　冷战时代的自由主义 ……………………………… (262)
　　一　冷战与意识形态冲突 ………………………………… (262)
　　二　自由主义的攻击与责难 ……………………………… (265)
　　三　两种形式自由主义的碰撞与交融 …………………… (285)

第八章　全球化时代的自由主义 …………………………… (334)
　　一　在论争中发展的自由主义 …………………………… (334)
　　二　自由主义的扩张与反扩张 …………………………… (340)
　　三　对自由主义理论的批判 ……………………………… (351)
　　四　自由主义的发展趋向 ………………………………… (365)

主要参考文献 ………………………………………………… (371)

后记 …………………………………………………………… (382)

第一章 西方政治文化中的自由传统

西方政治文化中早已孕育着自由传统。这一传统可以追溯到古代希腊、罗马时代。当时，虽然存在极不平等的奴隶制，但是希腊、罗马的社会经济政治状况，促成了公民权利平等和自由等理念的产生；共和制度又培育了共和思想和法治精神，奠定了宪政的基础；作为近代自由主义理论外壳的自然法理论和社会契约论思想也已经开始萌芽。这时虽然尚未出现完整的自由主义思想体系，但许多自由主义政治观的因素，如自由、平等、正义、法治等观念确已产生，为后世自由主义的形成提供了丰富的思想资料。这种对自我的倡导和对个性的张扬实际上铸就了自由主义的灵魂。

一 个人与个人主义

（一）个人：自由主义的基石

自由主义思想家通常都是从个人出发，来论述国家权力的起源、性质、范围及其权利依据的。无论他们在个人权利与国家权力关系上得出什么结论，其政治思维的逻辑是一致的：个人是国家的基础，国家是个人的集合。个人既是国家的成员，又是自足圆满的整体。也就是说，个人既是部分，又是整体。作为部分，它是国家的一分子；作为整体，它有自己存在的内部原因。

实际上，个人被抽象地描绘成一种既定的人，有着既定的需要、欲望、目的等特征，而这些都是既定的、独立于社会环境的。所有价值观都是以人为中心的，也就是由人来体验的；个人是目的本身，具有最高的价值，国家只是实现个人目的的手段，而不是相反。

早期自由主义思想家都借助"自然状态"概念构建国家理论的大厦。在他们所描述的"自然状态"下，人被抽象为一个个孤立的单子，社会被还原到无政治权力的原初水平，社会公共权力被层层剥去后天人为的合法性外装，约减为零度状态。每个人都表达自己的意志，追求自己的利益，满足自己的欲求。自由主义理论认为，自然状态中的人已经挣脱了各种天然联系的社会脐带,成为自由、独立和平等的人。这样的人是国家之根,由这样的个人天然具有的权利,就是国家权力之源。也就是说,从这种纯粹的个人的意志和欲望推演出各种权利和义务关系,以及国家权力的性质与范围。"在很大程度上我们可以说,自由主义就是一种关于这个私人领域的边界在哪里、依据什么原则来划定这种边界、干涉从何而来、如何加以制止的学说。它预先假定人是这样的:他有着自己的生活,隐私对他来说是必不可少的,甚至是神圣的。"①

隐私的观念指的是与别人毫不相干的领域。它意味着个人与国家之间的一种消极的观念,是对某些范围的个人思想或行为的不干涉或不侵犯。自由主义者认为,保护这个领域是可取的,因为它本身是一项终极价值,是可以用来评价其他价值的价值,也是实现其他价值的手段。在个人与国家的关系上,自由主义坚持个人的本原性和至上性原则。个人权利是国家权力的前提和原因,国家权力是个人权利的派生和结果。"我们一般说,就没有人或人的群体干涉我的活动而言,我是自由的。在这个意义上,政治自由简单地说,就是一个人能够不被别人阻碍地行动的领域。如果别人阻止我做我本来能够做的事,那么我就是不自由的;如果我的不被干涉地行动的领域被别人挤压至某种最小的程度,我便可以说是被强制的,或者说,是处于奴役状态的。"② 个人在思想与行为领域不受干涉,构成了自由主义的核心观念。

(二) 个人主义:自由主义的精神基础

1. 人是目的

古典自由主义的理论前提和精神基础是个人主义。"人的行动,要把你自己人身中的人性,和其他人身中的人性,在任何时候都同样看作目的,永远不能只看作是手段。"③ 康德的这句名言可以简化为"人是目的"。这里所说的人就是独立、平等、自由的人,是自由主义始终不渝的信念,也是自由主义政治哲学的基石。这一简洁的命题,凝聚着西方思想史两千年的发展成果。

自由是人类思想史的主题。除了表达自由主义的终极价值之外,从实现自由的角度看,"实际上,自由是有各种类型的,目标亦不大一样。这在于,人是一个复杂而矛盾的存在。他的身份是多重的。他既是自然的生

---

① [英] 史蒂文·卢克斯:《个人主义》,阎克文译,江苏人民出版社2001年版,第58页。
② [英] 以赛亚·伯林:《自由论》,胡传胜译,译林出版社2003年版,第189页。
③ [德] 康德:《道德形而上学原理》,苗力田译,上海人民出版社1986年版,第81页。

物，又是文化的动物和政治的动物，而且有思想、有自由意识。这多重身份决定着他必承受着多方面的奴役。作为自然的生物，他同其他自然物一样，受制于自然的必然性；作为文化的动物，他受制于自己所创造的文化传统；作为政治的动物，他受制于社会的组织和权威；作为思想的动物，他常常在物质与精神之间处于两难适应的境地"[1]。事实上，自由与奴役之间的关系为思考自由存在的基础和前提提供了具有重要价值的视角。同时，也为在各种可能出现的奴役状态中仍旧保护自由提供了重要的思想依据。

自由主义者的"权利"指的是"各种边界"，这些边界设定了个人合法活动的范围，没有本人许可，不得跨越。权利是自由的最后的根据，也为来自国家与社会的各种限制设定了最后的边界。个人主义主张的个人权利的优先性和至上性，为自由主义理论提供了坚实的基础。

2. 不断形成的体系

自由主义的实质在于它的个人主义。自由主义者期望社会的发展与进步，既主张改革、反对保守主义，也反对激进的民主主义和马克思的社会主义。自由主义者无论是左还是右都坚持基本的原则：个人主义，个人权利至上，公民自由，共和主义，等等。在自由主义思想体系中，个人的价值被提到前所未有的高度。在追溯个人主义的思想来源的时候，能够在西方政治文化传统中隐约发现多种微弱的源头。在西方政治思想发展史中，自由主义思想成为西方典型的政治文化传统。

斯多葛派等古希腊哲学家，以西塞罗为代表的古罗马法学家，中世纪基督教个人得救和教义普适的观念都为自由主义的发展做出了不可磨灭的贡献。基督教神学世界观笼罩了西方中世纪。但我们审视欧洲中世纪历史，在理论和制度两个层面上都孕育着自由主义政治观的内涵。欧洲中世纪中已经蕴含自由主义政治观的因素。

在西方政治思想史上，也存在着整体主义的传统。它把国家视为第一位的，个人的价值和权利依赖于国家；国家是目的本身，个人是工具，要无条件地为国家履行义务。"个人本身只有成为国家成员才具有客观性、真理性和伦理性。"[2] 也就是说，个人的价值只有在国家中才有可能实现。强调个人是国家的一部分，人为国家奉献是理所当然的事情。但是，审视西方古代社会，即使存在这样的情况，也不是东方的专制存在的那种状

---

[1] 启良：《西方自由主义传统》，广东人民出版社2003年版，第4—5页。

[2] [德] 黑格尔：《法哲学原理》，范扬、张企泰译，商务印书馆1988年版，第259页。

态，自由的理念无论多么微弱都在西方的古代社会中孕育着，并且势不可挡。这是与西方政治文化传统密不可分的。

西方的个人主义只是近代才出现的，在古代社会则是个人完全融合于整体之中。但是，一种政治文化，是长期历史发展的积淀物，其中每一个要素都是特定历史条件的产物，都有其复杂的社会、地理、宗教、种族、历史机缘等原因。都经历了由孕生到成熟、由朦胧到清晰、分解与融汇、蜕变与新生的长期历史演变过程。从历史的角度来把握西方政治文化的精髓，研究西方政治文化的历史传统，能够勾勒出西方政治文化基本要素如自由、民主、法治、人权、平等、分权与制衡等价值的形成和演进的历史过程，以及各种要素相互融合从而形成一个有机体系的过程。由于希腊人、罗马人和日耳曼人在文化上有亲缘关系，所以他们能够互相兼容，使西方政治文化得以延续和发展。也就是说，探索西方政治思想史中个人是怎样成长起来的，个人的权利是在什么条件下实现的，等等，能够为理解西方自由主义史提供有益的启示。

西方政治文化不是一个静止和完成了的体系，而是不断形成中的体系。每个时代都在蜕变，每个时代都在孕生着新的因素。在长期历史演进中，一些因素遗传了下来，一些因素发生了变异。所以没有凝固的西方文化，只有某个具体时代的西方文化。参与精神和公共意识在城邦时代得到滋养，人人平等的观念形成于希腊化时代，权利观念是罗马法演进的结果。城邦时代的希腊罗马人曾为自由而感到自豪，而到帝国时代他们却卑弱地成为专制权力的奴仆。在城邦的整体主义下，个人逐渐成长起来；在罗马极端的家长权威下，作为家庭成员的妇女和奴隶的地位逐渐得到了改善；希腊人极为推崇理性，而罗马人则注重实用，到中世纪基督教时代则是信仰至上。这些都显示出西方政治思想体系是在思想的演进中逐渐形成的。

事实上，系统地考察古希腊、古罗马和中世纪的政治行为、政治制度和政治理论，不仅能够帮助人们从狭义上理解政治文化，而且有助于对广义政治文化内容的认识。这样的研究思路不仅能够体验孕育西方自由主义理论的各种因素，而且可以为从宏观上把握自由主义发展脉络提供帮助。

二 城邦政治与自由公民

(一) 城邦：自由公民的自治团体

1. 城邦的本质

西方政治思想的形成是与城邦的存在密切相关的。如果我们追溯西方政治思想的源头，那么城邦在历史上所确立的国家制度、政治活动的记录,以及由此产生的政治思考,都是这个研究领域的起点。古希腊的政治生活是以城邦为基本单位展开的。城邦是公民政治生活的中心,人是城邦的成员。一旦一个城邦的公民离开自己的城邦,便失去了作为城邦一员所享有的一切权利,甚至会沦落到奴隶的地位。总之,城邦在本质上是自由公民的自治团体,是公民在法律之下分享权利和义务的政治体系。

希腊城邦的本质特征在于其独特的社会政治结构,尤其在于其公民的身份、地位和作用。虽然不同城邦的政体和政治制度千差万别,但是作为城邦基础的社会结构和社会关系大体是相同的。一般而言,城邦都是由三个阶级地位截然不同的人构成的,这就是奴隶、自由人和自由公民。

在古希腊,奴隶被排除在城邦公共权力之外,他们没有财产,其人身依附于主人,仅仅是为主人劳动的"会说话的工具"。但是在雅典一些民主制比较发达的城邦里,公民内部较为开明人道的自由平等关系也在一定程度上波及奴隶。雅典的一些宏伟建筑就是自由人与奴隶共同建造的,他们同样干活,领同样工资,可以自由择居。法律还规定主人不得任意殴打和杀死奴隶。这从一个侧面反映出在崇尚自由平等的民主国家,主人对待奴隶较为宽厚的事实。

古希腊城邦中有两种不同的奴隶:一种是通过战争所获取的战俘;另一种是私人奴隶,其中还有一部分是契约奴隶,后者有的是欠债的自由人,根据契约在一定时期为偿付债务而依附于主人。主人虽然可以支配其劳动,占有其劳动成果,但并不能够像对待其他财产那样将其随意买卖、处罚,甚至剥夺其生命。由于奴隶被排除于城邦的社会政治生活之外,所以奴隶与奴隶主之间的关系,实际上是维持社会存在的基本社会关系,仅仅被当作奴隶主的家庭事务,根本不被当作城邦的公共事务看待。

自由人,包括那些不享有公民权的本城邦妇女,以及那些不具有本城邦血统、但身份自由的外邦人。外邦人定居或暂居于城邦之中,可以长期从事经营和生产,但与本城邦公民不同,他们不享有任何政治权利,不能参加该城邦的政治活动和宗教活动,也不能占有该城邦的土地。他们与奴隶的区别在于享有人身自由的权利。

自由公民,是指那些出生于本邦的成年男性自由人,即父母双方都需是本邦公民,他们因具有本城邦血统而自然、合法地享有公民权利。城邦的"共和政治是因为来自一个原始家族祖先的共同血统而结合在一起的许多人的集合体。……在早期共和政治中,所有公民都认为,凡是他们作为其成员之一的集团,都是建筑于共同血统之上的"①。这样的社会实际上是一种具有封闭性、排外性的社会团体、宗教团体和政治团体。按照城邦的法律制度,只有这部分人才是城邦的主人,城邦是这部分人的共同事业。

2. 公民的参与

按一般希腊人的观念,城邦属于全体公民所有,全体公民就是城邦。公民内部是平等的,城邦的治权属于全体公民。这种平等也仅限于公民内部。公民之间平等参与城邦的政治生活,主要是指公民参与政治生活的机会平等。在这种前提下,城邦的成员才有可能拥有实现其自身价值的机会。对此,伯里克利讲道:"让一个人负担公职优先于他人的时候,所考虑的不是某一个特殊阶级的成员,而是他的真正才能。任何人,只要他能够为国家有所贡献,决不会因为贫穷而在政治上湮没无闻。"②

一个人的公民身份就意味着他是城邦的主人,享有参加城邦政治生活的权利。城邦就是由若干公民组成的政治团体。判别城邦的标准,不是看它的国土和人口,而是看它是否由公民组成。公民身份是其判断的首要标准。"城邦本来是一种社会组织,若干公民集合在一个政治团体以内,就成为一个城邦。"③ 一个人也不因居住于城邦便成为城邦一员,只有具有公民身份的人才是城邦一员。典型的城邦制度是城邦共和国。城邦实行直接民主制度,公民直接参与城邦重大事务的讨论与决策。城邦的官吏是非职业的。除僭主制城邦外,各邦政治制度的区别主要在于公民参与范围的大小,公民参政的广度和深度,政治生活是否活跃,公民内各集团事实上对城邦政治的影响力等。

不过,依现代标准来看,即使最民主的城邦仍然是寡头制的,是寡头内部的平等。因为它排斥了居民的大多数:奴隶、外邦人和妇女。民主只为少数特权集团即公民所垄断。公民身份不仅意味着政治上的统治权,也意味着占有土地的权利。公民身份与军人身份也是同一的。保卫城邦的独立和安全,出征侵夺土地和财富,是作为城邦所有者和统治者的公民的义务。城邦中公民内部既是平等的,又是不平等的。是在平等基础上的不平等。它突出表现在贵族与平民之间的区分上。除少数城邦

---

① [英]梅因:《古代法》,沈景一译,商务印书馆1959年版,第74页。
② [古希腊]修昔底德:《伯罗奔尼撒战争史》,谢德风译,商务印书馆1960年版,第130页。
③ [古希腊]亚里士多德:《政治学》,吴寿彭译,商务印书馆1996年版,第118—119页。

的个别时期以外,这种区分普遍存在。贵族具有高贵的血统,这意味着他们与城邦有渊深的联系和其家族对城邦有过突出的贡献。他们还有巨大的财富,这意味着他们的利益与城邦有较多的联系,也有能力为城邦尽较多的义务。

(二) 整体主义:柏拉图与亚里士多德

1. 柏拉图(Plato,公元前427—前347年)

柏拉图的政治哲学是他生活的那个特殊时代的产物。柏拉图把城邦的本质和内在精神理解为公民内部或公民团体整体的高度统一与和谐。它是城邦现实的对立物,特别是他那个时代雅典城邦的对立物。他的理想国就是现实城邦的倒影。虽然柏拉图描绘了理想城邦,但是并不指望其在现实中真正实现。他的真正用意在于阐明国家的一般本质。

社会分工是理想国的社会政治结构的突出特征。由于需求的增加,分工的扩大,城邦的成分逐渐增加,至此国家便正式形成。[①] 柏拉图认为,城邦本身就是社会分工的产物。生产者等级、军人等级和统治者等级各司其职,互不僭越,国家就实现了正义。但是,柏拉图认为个人是城邦的缩影,城邦是个人的扩大。在城邦各组成部分中,哲学家的美德是智慧,军人的美德是勇敢,节制不专属于某个阶级,它属于全体公民。他以所谓的金质、银质和铜铁质来象征人的心灵的不同素质类型,这是等级划分的主要依据。这些都论证了等级划分的合理性。因此,柏拉图的社会分工内含效率和国家利益原则。这套分工体系完全是从国家整体需要、国家的效率、国家的和谐与秩序来考虑构思的,个人的价值、利益、志趣则完全被抛弃。人被机械地固定在国家整体结构之中。"归根到底,这一主张基于此论点:正义对于国家的力量、健康和稳定大有助益;这个论点与近现代极权主义的界定再相像不过了:一切对我的国家,或我的,或者我的政党的力量有用的就是正确的。"[②]

柏拉图主张实行社会分工制度,在哲学家和军人内部废除私有财产和家庭。哲学家制定教育规划,审订教育内容,控制一切教育手段,使之服务于城邦的政治目的。事实上,《法律篇》比《理想国》更具体真实地反映了希腊城邦的政治现实。有的学者甚至认为"《法律篇》是柏拉图唯一

---

① [古希腊] 柏拉图:《理想国》,郭斌和、张竹明译,商务印书馆2002年版,第58—66页。

② [英] 波普:《开放社会及其敌人》,陆衡等译,中国社会科学出版社1999年版,第226页。

地道的政治学著作"。① 它构成了亚里士多德思想的起点,也为西塞罗和罗马法学家所继承和发展。

柏拉图阐述的理想国家是"一个国家"②,不是用复数表示的国家。也就是说完全消灭了个人的利益、自由和个性,消灭了社会多样性的国家。这种极端的整体主义是城邦中曾经存在的公民集体主义精神的一种极度夸张的理论再现。在柏拉图的时代,作为民主制度高度发展的结果,一种个人主义的因素开始滋生,不过在当时,它还不是作为像近代那样一种积极健康的因素而是作为一种消极败坏的因素出现的。它导致公民集体主义精神的丧失,造成城邦广泛深刻的分裂和道德的瓦解,直接威胁了城邦的基础。为着对抗这种个人主义,柏拉图便求助于古老的城邦精神即公民的集体主义精神,企图以此重新整合社会。这是与命运抗争的英雄主义行为。柏拉图虽然失败了,城邦也无可挽回地解体了,但他比所有其他失败者都更有洞察力,都更准确地把握了问题的实质。

2. 亚里士多德(Aristotal,公元前384—前322年)

城邦在亚里士多德生活的时代已经走到了尽头,城邦时代已经让位给帝国时代。亚里士多德对城邦政治的记录、分析和评说,体现出一种自由主义的宽容、宽和的精神。他的政治理想绝不是诗意的玄想和超人强加于凡人的"理念",而是"大多数人所能实践的生活以及大多数城邦所能接受的政体"。③ 这正是民主精神在学术研究领域中的体现,也为西方政治思想的进一步发展做出了贡献。

亚里士多德认为,"人类自然是趋向于城邦生活的动物"④。或者说,人天生是一种政治动物。他认为任何孤立的个人和小规模的社会团体都不能使人实现物质的富足、身体的健康和良好的道德这三个"善业",只有城邦才能做到。城邦是最高和最广泛的政治团体。人类群居的社会形式发展到城邦阶段就成为一个政治组织。从本性上看,人的完满实现在于这个政治共同体,过优良的生活也在于这个政治共同体。如果人离开城邦,"他如果不是一只野兽,那就是一位神祇","不是一个鄙夫,就是一个超

---

① [德]列奥·施特劳斯、约瑟夫·克罗波西:《政治哲学史》(上),李天然译,河北人民出版社1993年版,第77页。
② [古希腊]柏拉图:《理想国》,郭斌和、张竹明译,商务印书馆2002年版,第136页。
③ [古希腊]亚里士多德:《政治学》,吴寿彭译,商务印书馆1996年版,第204页。
④ 同上书,第7页。

人"。① 可见，城邦生活是人类生活必不可少的，人类也只有在城邦中才能真正实现自己的价值。

亚里士多德对城邦本质的这种抽象的诠释内含着公民的普遍信仰，换句话说，只有享受民主与自由的人才是完善的人。

亚里士多德认为，"全称的公民是凡得参加司法事务和治权机构的人们"，② 只有有权参加这两个机构才是真正的公民。城邦是"许多公民各以其不同职能参加而合成的一个有机的独立体系"。③ 城邦在本性上就是民主的。城邦是自由人的自治团体，不是主人与奴隶的结合。这反映了城邦的本质和根本特征。

亚里士多德根据政府的目的和掌握城邦最高权力的人数多寡，区分出了六种政体，即君主政体、贵族政体、共和政体、僭主政体、寡头政体、平民政体（民主政体）。亚里士多德具体分析了每种政体的特性和存在的基础。在政体存在的各种因素中，他比较重视经济结构和党派力量的对比。他认为，人的天性是追求自己或自己党派的利益，它导致统治者的堕落和党派之争。

亚里士多德是城邦民主的真诚捍卫者。他指出，民主是公民由其身份而产生的权利，"由于全体公民都天赋有平等的地位"，所以，"无论从政是一件好事或是一件坏事"，"也应该让全体公民大家参与政治"。④ 公民的普遍参与还是实现城邦稳定的必要条件。"一种政体如果要达到长治久安的目的，必须使全邦各部分的人民都能参加而怀抱着让它存在和延续的意愿。"⑤ 而且公民多数人的集体智慧也优于个别或少数贤良和专家。具体来讲，公民内部平等，实行"轮番为治"，大家既是统治者，又是被统治者。

亚里士多德指出，法治应包含两重意义："已成立的法律获得普遍的服从，而大家所服从的法律又应该本身是制定得良好的法律。"⑥ 良好的法律是前提，全体人民，包括统治者应一律服从，否则也不会实现法治。在法律与自由的关系上，他指出，"公民们都应遵守一邦所定的生活规

---

① ［古希腊］亚里士多德：《政治学》，吴寿彭译，商务印书馆1996年版，第7、9页。
② 同上书，第111页。
③ 同上书，第109页。
④ 同上书，第46页。
⑤ 同上书，第88页。
⑥ 同上书，第199页。

则，让各人的行为有所约束，法律不应该被看作（和自由相对的）奴役，法律毋宁是拯救"。① 他还指出，谁要是"让一个个人来统治，这就在政治中混入了兽性的因素"。②

亚里士多德在个人与社会整体的关系上也持整体主义的立场。希腊城邦中，某种个人独立和自由的因素得到了承认。他认为，"城邦的本质就是许多分子的集合"。③ 完全的划一并不是城邦应该追求的目标。他把这种集合体现为自然发展的产物，而不是人为的结果。他还指出，"人人都爱自己，而自爱出于天赋"。④ 这种自爱的天性不应受谴责，更不应该被根除。

"对于公共的一切，他至多只留心到其中对他个人多少有些相关的事物。"⑤ 亚里士多德对个人以及个人利益、权利和价值的承认，是近代个人主义的最初源头。

总之，伯罗奔尼撒战争之后，希腊城邦进入危机和衰落时期，然而，正是在这个时期，希腊的政治哲学却结下了两颗成熟的果实，那就是柏拉图和亚里士多德的政治哲学体系。他们两人的政治哲学集中反映了希腊的公民文化⑥，是对公民的政治态度、意识和情感的理性升华，同时又对塑造西方人的政治性格起到了不容忽视的作用。

（三）自由：公民的理想

1. 古代式的自由

按照贡斯当的认识，"自由是只受法律制约，而不因某个人或若干个人的专断意志受到某种方式的逮捕、拘禁、处死或虐待的权利，它是每个人表达意见、选择并从事某一职业、支配甚至滥用财产的权利，是不必经过许可、不必说明动机或事由而迁徙的权利。它是每个人与其他人结社的权利，结社的目的或许是讨论他们的利益，或许是信奉他们本性或幻想的方式消磨几天或几小时。最后，它是每个人通过选举全部或部分官员，或

---

① [古希腊] 亚里士多德：《政治学》，吴寿彭译，商务印书馆1996年版，第276页。
② 同上书，第169页。
③ 同上书，第45页。
④ 同上书，第55页。
⑤ 同上书，第48页。
⑥ 参见 G. A. 阿尔蒙德、S. 维巴《公民文化》，浙江人民出版社1989年版，第14—16页；杰克·普拉诺《政治学分析词典》，中国社会科学出版社1986年版，第111页；《布莱克维尔政治学百科全书》，中国政法大学出版社1992年版，第550页；徐大同主编《20世纪西方政治思潮》，天津人民出版社1991年版，第472页。

通过当权者或多或少不得大留意的代议制、申诉、要求等方式，对政府的行政施加某些影响的权利"①。这种近代民族视为弥足珍贵的自由和古代人十分珍视的自由是截然不同的。

古代的希腊人和罗马人是热爱自由的，而且他们也确实享受着民主自由的政治生活。"希腊的自由精神并不是在希波战争中才出现，但面临奴役的严峻挑战，无疑给希腊的自由精神注入了一针催化剂，促使自由精神走向成熟。在古代世界其他任何地方（古罗马也许是个例外），自由的价值都没有得到过如此的珍重和尊崇。"② 在强敌压境，几乎没有胜利希望的情况下，鼓舞古代人勇敢抵抗的旗帜就是"自由"。由于他们渴望自由，所以他们竭尽所能保卫自己。"如果做一名奴隶，那你是知道得十分清楚的，但是你却从来没有体验过自由。不知道它的味道是不是好的。如果你尝过自由的味道的话，那你就会劝我们不单单是用枪，而且是用斧头来为自由而战了。"③ 他们是自由的，意味着不受任何人的意志摆布，而只服从他们自己和他们所热爱的法律。这是他们最珍爱的价值。所以，他们不惜一切为维护自由而战。

贡斯当说过："古代人的自由在于以集体的方式直接行使完整主权的若干部分：诸如在广场协商战争与和平问题，与外国政府缔结联盟，投票表决法律并做出判决，审查执政官的财务。法案及管理，宣召执政官出席人民的集会，对他们进行批评、谴责或豁免。""因此，在古代人那里，个人在公共事务中几乎永远是主权者，但在所有私人关系中却是奴隶。作为公民，他可以决定战争与和平；作为个人，他的所有行动都受到限制、检视与压制；作为集体组织的成员，他可以对执政官或上司进行审问、解职、谴责、剥夺财产、流放或处以死刑；作为集体组织的臣民，他也可以被自己所属的整体的专断意志褫夺身份、剥夺特权、放逐乃至处死。"④ 从这段描述中可以看到，古代人虽然也是热爱自由的，但其自由同现代人的自由完全是性质不同的两种自由。"古代人的目标是在有共同祖国的公民中间分享社会权利，这就是他们所称谓的自由。而现代人的目标则是享

---

① [法]邦雅曼·贡斯当：《古代人的自由与现代人的自由：贡斯当政治论文选》，阎克文、刘满贵译，商务印书馆1999年版，第26页。
② 丛日云：《西方政治文化传统》，黑龙江人民出版社2002年版，第184页。
③ [古希腊]希罗多德：《历史》，王敦书译，商务印书馆1965年版，第682页。
④ [法]邦雅曼·贡斯当：《古代人的自由与现代人的自由：贡斯当政治论文选》，阎克文、刘满贵译，商务印书馆1999年版，第26—27页。

受有保障的私人快乐，他们把对这些私人快乐的制度保障称作自由。"①也就是说，古代人所说的自由，乃是在公共领域充分享受民主与平等的权利，而根本忽视了他们在私人领域的基本权利。

可见，古代人的自由是以城邦为本位的。希腊人和罗马人虽然是古代人，但他们对自由的看法以及见之于他们政治生活中的自由模式，并未因古代社会的逝去而消亡，而是沿袭到近代乃至现代。古代人的自由虽然有欠缺，但毕竟体现了当时人们对自由的向往。而且他们在对自由的追求中，也确实促进了民主政治的形成。

2. 自由与不自由

希腊人以自己的自由身份而自豪。在公共生活或政治生活领域，它指公民的自主与自治，可称为政治自由。亚里士多德曾一再强调，城邦政治家的权威不同于家长、主人和君王的权威，"政治家所治理的人是自由人"，他们所执掌的权威为"平等的自由人之间所付托的权威"。②

在平民政体的城邦里，公民的自治发展成为"轮番为治"，即通过抽签选举或按一定时间轮番执政等方式，每个公民都有同等的机会轮流担任公职。这种自治和轮番是自由的体现。由政治上的自治而衍生出政治上的言论自由、批评自由、讨论自由等。在民主制下，政治事务完全是透明和开放的，任由每个公民自由发表意见。无论谁执掌权力，都不能凭自己的主观任性来处理公共事务。他没有自己的意志，他只能表达法律的意志。公民的自由并不是不要约束，但他们不是任何人的奴仆，他们只服从法律。服从任何人的专断意志，都是受奴役。希腊人努力捍卫的就是这种自由。因为自由只有在自己的城邦里才能享受。城邦被征服，每个公民就丧失了自治权。"要自由才有幸福"，③ 这是希腊人的箴言。

在私人生活或社会生活领域里，个人的选择和行为方式得到尊重和宽容，可称为个人自由。然而，古希腊社会是整体主义的社会，不存在与整体相分离的个人，不承认与整体相对立的个人权利，个人权利依赖于其他追求自由的同胞的尊重与宽容。

然而，这种宽容是有限的。对自由的压制也时有发生。苏格拉底本人和他的一些追随者则深深地卷入了当时激烈的政治斗争。苏格拉底的罪名

---

① [法] 邦雅曼·贡斯当：《古代人的自由与现代人的自由：贡斯当政治论文选》，阎克文、刘满贵译，商务印书馆1999年版，第33页。
② [古希腊] 亚里士多德：《政治学》，吴寿彭译，商务印书馆1996年版，第19页。
③ [古希腊] 修昔底德：《伯罗奔尼撒战争史》，商务印书馆1960年版，第135页。

有二,其一是不承认城邦原有的神而信仰新神,其二是腐蚀青年使之堕落。结果他经过五百人法庭的审判而被处死。不过,他们毕竟是因思想和言论而获罪的。他们的思想言论触及人们最敏感的神的问题,越出了人们宽容的范围。苏格拉底本来可以争得无罪开释,他也有机会逃跑。"在这场辩论中隐含的是国家与公民之间的一种契约关系的概念。法律辩称,如果公民接受合适于自己的契约条款,那么他也应该接受不利于自己的契约义务。这就是苏格拉底拒绝逃走的理由。"①"他是言论自由和思想自由的第一个殉道者。""他的胜利也将是他们所蔑视的民主原则的胜利。""无罪开释将会证明雅典是正确的。"②

事实上,在民主制的雅典,诚然没有教会或专制君主统治思想言论的权威,但有着权力非常之大的公民集体的权威。如果公民集体决定干预个人生活的某一方面,它的干预被认为天然合理的。人们可以评判具体的干预行为是否公正合理,但干预权利本身是普遍默认的。人们可以依据法律,依据事实来为自己辩解,但不能借助个人权利来抵御"多数的暴虐"。在城邦集体权力面前,个人没有权利。就每个人只服从公共权威而不服从个人的任性而言,他们是自由人;但就他们在公共权威面前没有任何权利而言,他们是公民集体权威的奴隶。只有到了近代,自由才成为人的一种"权利",由法律予以界定和保障,不能以任何理由予以侵犯和剥夺。即使是多数人的意志,也无权剥夺个人自由。在私人领域内,公共权威是无效的。这是古代人的自由和现代人的自由的一个基本区别,现代人的自由以个人权利为基础,而古代人的自由不尊重个人权利。

在希腊,自由是自由公民的特权。他们越是珍爱自由,越是引以为自豪。不过,最热烈地追求自由、最顽强地维护自由,是平民政体下的全权公民,特别是下层平民。这种自由在当时是作为一种特权存在的。自由是一种荣誉和美德,但它与对他人的歧视缠结在一起。直到17世纪的时候,自由才演变为所有人都应享受的一种权利,成为普遍的"人权"。

(四)城邦的没落:民主政治的衰败

1. 城邦公民文化的衰败

斯巴达和雅典的衰落不过是希腊城邦制度衰落的缩影。伯罗奔尼撒战争之后,除个别城邦外,整个希腊世界的城邦制度都开始走下坡路。到公

---

① [美]斯东:《苏格拉底的审判》,董乐山译,生活·读书·新知三联书店1998年版,第261页。

② 同上书,第229页。

元前4世纪末叶，曾经繁盛一时的城邦终于走到了它的尽头。西方政治史开始进入后城邦时代。

从希腊各城邦在政治军事上的失败背后，看到的是城邦公民文化无可挽回的衰败趋势。

伯罗奔尼撒战争历时27年，战火遍及希腊各城邦，给城邦制度造成了深刻的难以愈合的创伤，动摇了城邦制度的基础。斯巴达与雅典的争霸在许多城邦中表现为贵族与平民、富人与穷人之间的党争。一个城邦接着一个城邦爆发了很多以推翻现存政权为目标的革命。"这些革命的结果，在整个希腊世界中，品性普遍地堕落了。"① 战争也造成了经济的破坏、公民人数的减少和奴隶的逃亡。到战争结束时，大多数城邦已经疲惫不堪了。

伯罗奔尼撒战争后，开始了普遍的土地、手工业和商业的集中过程。它造成了公民内部的剧烈分化，小生产者大批破产。在一些城邦中，贫富分化造成了公民人数锐减。在另一些城邦中，由于公民身份与土地分离，改变了公民的成分和素质，作为城邦政治支柱的公民集团开始解体。

城邦政治的本质在于每个公民对共同体政治和文化生活的参与。在城邦制度繁荣时代，城邦生活相对比较简单，公民们同时担任多种公与私的角色。但随着政治管理与军事技术向专业化和复杂化发展，职业的政治家和军人也相应出现。普通公民越来越关注私人事务，对政治的热情减退了。公民兵制度也让位给了雇佣兵制度。雇佣兵往往成为将领实现自己野心的工具，而普通公民则失去了控制将领的力量。希腊晚期的一些城邦中出现的僭主政治就是以雇佣兵为支柱的。雇佣兵制度的产生，对城邦的民主制构成了极大威胁。

伴随城邦的衰落，城邦文化也在衰落。城邦文化属于精英（公民）文化而非大众文化，城邦公民集团的狭隘性使它生命力比较脆弱，难有长久的生命，经不起严重的危机。一旦精英集团垮掉，无力主导社会发展的潮流，甚至被下层社会所吸收、溶解和吞噬，这种文化的末日就到了。公民内部的平等关系，公民个人与整体间的某种平衡，在其健康发展的时代，是城邦繁盛的源泉。然而这种平等关系很容易发展到极端，个人与整体间的平衡非常脆弱微妙，很容易被打破，其结果是个人的膨胀和集体主义的丧失。城邦后期的无原则的党争就说明了这一点。"希腊化时期也是

---

① ［古希腊］修昔底德：《伯罗奔尼撒战争史》，谢德风译，商务印书馆1960年版，第239页。

不同文化相互冲击、碰撞和交融的时期。这一过程不仅意味着古典希腊哲学在东方世界的扩散与传播，而且也包括东方文化对希腊文化的拒斥、采纳、重新解释以及影响、渗透。表现在现实生活中的种种现象是：个人以及家庭姓氏希腊化；喜欢使用希腊语；到希腊或亚历山大里亚那样的新兴学术中心求学；认同希腊文化，等等。所有这些提供了政治思想变迁的客观前提。"[1] 总的来说，希腊城邦在其内部不断积累着个人主义和无序的因子，它最终导致城邦整体的瓦解和衰颓，导致公民文化的衰亡。

在城邦制度走向衰落的时候，长期孤立于希腊世界之外的北部马其顿城邦逐渐强大起来。当时，希腊各城邦频繁进行战争，城邦内部为贫困、党争、骚乱、革命、政变所困扰，处于经济危机、民气不振和无政府主义状态。当亚历山大建立横跨欧亚非大洲的世界帝国的时候，在这个包括众多地区和民族的幅员辽阔的帝国里面，希腊各城邦已经显得微不足道。每个城邦只是这个庞大帝国的一个小小的角落，是在它的强权控制之下具有一定自治权的城市，一个地方政权。城邦时代一去不复返了。

2. 希腊化国家的专制独裁

在亚历山大帝国的废墟上形成了三个王国，即以埃及为中心的托勒密王国、以叙利亚为中心的塞琉古王国和以马其顿本土为中心的马其顿王国。史称希腊化国家。希腊化国家都是地域广阔的专制国家，它们的政治制度具有古典希腊与东方政治制度结合的特征。希腊化各国都属于个人专制的国家。国王是最高统治者，总揽全国政治、财政、司法和军事大权，独断专行，其意志就是法律。国王往往以神自居，利用宗教来神化自己的权力。为了统治地域广阔的国家，希腊化各国都建立了庞大的官僚机构和常备军，由国王直接控制。

在军事征服与政治一统的打击下，城邦制度迅速衰落。对希腊人而言，以往不熟悉的异族人及其生活习惯和观念意识闯入自己的视野，城邦之内亲密的同胞情谊消失了，公民与自由民面临着对前所未有的、多种多样的生活状态的选择。帝国则凭借着庞大、陌生的行政机器进行管理，疏远了城邦居民与政治共同体的联系。也就是说，伴随着城邦的衰落，城邦的民主政治也开始衰败了。

（五）世界帝国：政治自由的丧失

1. 由公民到臣民

由城邦向帝国的转变具有双重内涵，其一是国家领土的扩大，其二是

---

[1] 王乐理：《西方政治思想史》（第一卷），天津人民出版社2005年版，第354页。

民主共和政治向专制独裁政治的演变。在希腊,这两个过程同步完成。在罗马,前一过程是后一过程的前提。

城邦时代的民主以小国寡民为背景。公民很容易集会,讨论国家事务,公民间也相互熟悉。然而到了帝国时代,民主在实际操作上已成为不可能。在希腊,当城邦丧失独立之后,公民的称号虽然存在,但只在地方事务上有一定影响,已失去了原有的政治意义。面对凌驾于城邦之上的帝国权力,公民们的权利和影响力几乎等于零,与原来没有公民权的那些人相比没有什么差别。在罗马,公民权为了统治帝国的需要而不断扩大。大批罗马公民通过征战、驻防、殖民而移居各行省,大批的外邦人进入罗马,这样便打破了排他的、自我封闭的城邦结构,使它与广大的帝国相融合。罗马由自给自足的城邦变成世界帝国的政治中心。

212年,罗马皇帝颁布敕令,把罗马公民权给予帝国内的全体自由居民。至此,罗马人与行省人民的差别完全被抹平了。公民身份存在的前提,是公民集团与其他居民的严格区分,现在,这个特权集团被融入或不如说稀释于广大的自由民群体之中,公民权不再是特权。公民外延的扩大必然带来内涵的丧失,尤其政治方面内涵已丧失殆尽,公民权普及的结果是公民被降为臣民。从此,公民只剩下一些法律和民事上的权利和一种称誉。不过,对原来没有公民权的广大自由民来说,罗马人特权的消失本身就意味着他们地位的上升。现在,他们彼此都站在同一水平线上。城邦时代公民与非公民的区分转换为高高在上的专制君主与匍匐于其脚下的广大臣民之间的对立。除了奴隶仍是奴隶之外,其他所有自由民都得到了做臣民的平等。[1]

2. 个人主义和超越主义

世界帝国拆除了种族间的屏障,使各种族的人共同生活于一个政治共同体内,促进了相互的交流与融合,一种世界主义思潮在帝国内悄然兴起。每一个人都具有双重公民身份,他是自己所属国家(或城邦)的公民,又是人类大家庭的一员。两种身份中,个人与人类整体的关系先于与个别城市、种族、部落和国家的关系。令希腊、罗马人骄傲的自由丧失殆尽,他们屈尊于东方式的君主脚下。一些知识分子只好退回自己的内心,以精神自由聊以自慰,政治自由是他们不敢有的奢望。

国家急剧膨胀的结果之一,就是个人与国家关系的疏远和个人相对价值的降低。在城邦时代,个人是国家有机体的一个组成部分,这是每个公

---

[1] 参见丛日云《西方政治文化传统》,黑龙江人民出版社2002年版,第218—220页。

民的真实感受。城邦兴衰与个人利益的关系是非常具体而直接可见的。城邦是公民生活围绕的核心，也是他们精神的寄托和支柱。公民的集体主义和爱国主义是一种非常自然的感情。然而，随之而来的帝国却非常庞大，尤其是政治上的独裁与专制，将一般公民排挤出政治生活之外，国民掌握在少数政客和将军手中，这必然带来个人与国家关系的疏远。政局的混乱与败坏更加剧了人们对它的怀疑与厌恶。

此时，人们生活在新的社会联合体中，比起城邦来要大得多。分母越大，分子相对价值就越小，但分子的绝对价值并没有变化。在这种情况下，个人从政治生活退回到个人生活，关注个人精神世界的完善、纯洁和健康。这个时期存在的伊壁鸠鲁学派、犬儒学派等，都把伦理生活的探讨置于首位，寻求一种人生的意义和幸福的生活。基督教也是以宗教的方式和在神学的形式下对人生真谛的一种寻求，为个人的信仰留了巨大的空间。这实际上是个人的某种解放和个人主义的萌发。

与独裁相伴而来的政治混乱，使人们饱经苦难和不幸，也腐蚀着人的心灵，带来社会道德的败坏。有些人开始把人的外在的世俗物质生活与内在的精神世界区分开来。力求在这肮脏的世界里灵魂不受污染，保住内心的一片净土。它的基本倾向是厌世的。其发展的顶点，便是与城邦时代的希腊人和罗马人的志趣迥异的基督教出世精神。这也形成了一种超越主义的思想。

从政治发展上看，这个时期是城邦自由和民主的终结，是强权和暴力、专制与奴役、混乱与败坏的时代。然而正是在这个时期，孕育了西方政治传统中一些新的因素。城邦向帝国的转变带来人的观念的转变，人的自我意识的转变。一种具有新的精神面貌的人出现于历史舞台。这使后城邦时代新的政治文化得以发展。

（六）斯多葛学派：人权思想的起源

1. 自然法思想

斯多葛派的宇宙观将自然的过程看作一种没有偶然性余地的必然性过程。每个人的理性是宇宙普遍理性的一部分，他的本性也是宇宙本性在人身上的分有或体现。这个支配宇宙和人的理性就是自然法，是人的行为的最高准则。"在整个希腊化时期，直到罗马帝国前期，斯多葛派一直是哲学，也是政治思想发展的主流。它对当时及后世社会以及政治制度的影响是多方面的。其中原因之一，在于许多国王和高级官吏信奉斯多葛主义。它对公民个人伦理修养的影响也是明显的，只是更加偏向于人与自然，而非人与政治体的和谐。"①

自然法思想与近代人权观念有着难解难分的亲缘关系。人权思想起初也是诉诸自然和人类理性，称"自然权利"。它实际上是西方悠久的自然法传统的一个近代衍生物。自然法是从自然中引申出的规则和法律，而自然权利则是从自然中发现的人的权利，自然法是自然权利的渊源和依据。

自然法的观念自诞生之日起，就承担着社会批判的职能。尽管它有时也被用来替现实辩护，但它的主导作用是在实证的法律之上树立更高的权威，对现实的法律和秩序进行批判，提出改进的要求。在斯多葛时代，城邦的民主已经消逝，人民与政府、法律的同一已不复存在，于是，斯多葛派便求助于自然的权威，以曲折地反映正义的要求。到了近代，代表着觉醒了的理性的思想家们在开始否定现存秩序，构思新的理性王国的原则的时候，自然法是他们现成的工具。这时自然法的主要内容便是人的自然权利。

2. 精神自由和平等思想

在城邦时代，个人生活的善总是离不开城邦。但是，斯多葛派却超越了城邦的界限，从更宽广的角度来审视人生，提出了"按自然生活"的口号。根据他们的观点，人不仅是特定城邦或国家的成员，还是整个宇宙的一个组成部分。服从普遍的自然法就是对人的最高要求。

斯多葛派极力推崇人内在的精神自由，对精神自由的珍重，正是近代人争取政治和法律自由的原动力。斯多葛派注重内心生活，把人的精神特征置于首位。斯多葛派将同样的平等原则也运用于外邦人或野蛮人。人成为某个具体国家成员是一种偶然，同样是世界公民，就不再有文明人与野蛮人的区分了。

斯多葛派在西方思想史上首次产生了人类一体的观念。它把人看作一个统一的类别，依据人人具有的精神本质确立了人的平等以及相互间兄弟姐妹性质的关系。

斯多葛派的人类平等思想标志着人的观念以及人学发展的一个重大飞跃，它为近代自由主义和人权概念的形成提供了一个关键性的要素。只要在人类学意义上确定为人，都应自然享有权利。这些权利是人的本性的要求。这样一种人权观念必须以一个"一般的人"的观念为前提。这个前提最初是斯多葛派提供的，后来又在基督教中得到强调和发展。

---

① 王乐理：《西方政治思想史》（第一卷），天津人民出版社2005年版，第457页。

三 共和精神与宪政

（一）原始民主制：共和精神的胚芽

1. 前共和时代

罗马的政治文化构成西方政治文化传统的第二个组成部分。罗马与希腊的历史发展步伐是不一致的。当希腊文明臻于成熟并开始走向衰落的时候，罗马却正处于生机勃勃的上升时期。由于希腊人与罗马人同种同族，两种文化具有亲缘关系和较强的兼容性。由于罗马人的作用，希腊化时代已经向东方倾斜的希腊文化转向西方。罗马人充当了希腊文化传输给中世纪西欧的桥梁。

希腊人的理论天才与罗马人高超的实践智慧相结合，西方政治传统中又汇入了一些崭新的因素，它开始成为一种复合型的文化。当然，由于罗马人的选择继承，希腊文化的一些因素开始潜化，要到中世纪末期才重新显化出来。这相当于西方文化的一个暂时遗忘而又恢复记忆的过程。

罗马共和精神孕育于王政时代。王政时代的罗马处于氏族公社晚期阶段。罗马的氏族组织有一些独特之处，这对它后来政治文化特点的形成有直接影响。相传王政时代罗马社会组织包括氏族、胞族和部落。每十个家庭组成一个氏族，每十个氏族组成一个库里亚（即胞族）。到共和时代，罗马的人民大会仍采取以这样的团体为单位的投票形式。

王政时代的罗马社会已经出现了贵族与平民、保护民与被保护民、奴隶主与奴隶之间的分化和对立。这是当时罗马社会的基本面貌，其中贵族与平民的关系处于核心的地位。王政时代是罗马城邦形成时期。原始的氏族制度开始解体，阶级分化开始出现。传统的氏族组织构成城邦政治组成的基础，整个王政时代，王都是城邦的首脑。王政时代为期不长，仅有七个王的统治。最后一个国王塔克文因推翻岳父的统治而爬上王位。在位期间，他推行暴政，王变成专制的君主，激起罗马人的不满，终于被贵族和人民所推翻。

2. 原始民主制

王政前期罗马的管理机构类似古希腊荷马时代的原始民主制或称部落民主制，主要由王、元老院和库里亚大会三个部分组成。

王是军事首长，这是他的主要职权。王没有立法权，改变现行政治制度必须得到人民和元老的批准。他也没有财政权。王是终身职，但不能世袭。罗马的王政时期有着强有力和积极的政府。这与罗马人崇尚权威、纪律和秩序的观念是一致的。

库里亚大会是这时期主要的民主机构。它由全体氏族成年男子即战士组成，所以库里亚大会也是武装公民的集会。集会时按库里亚为单位议事和表决，每个库里亚有一票表决权。公社生活中最重要的事务都要在这里做出表决。它宣布战争，通过或否决新法案，对新王的人选进行表决，对死刑案件做出最后决定等。它由王召集，会上一般没有讨论，表决的方式是呼喊。它没有创制权，基本上属于一个批准机构。人民的选举权只是作为习惯存在的，并非被严格遵守的程序。

元老院具有较大的权威，代表罗马古老的传统，是保守派的堡垒。在希腊城邦民主制度发达的时代，元老贵族的权力普遍受到排挤而衰落，但在罗马，元老院与人民大会的平衡长期保持着，甚至元老院的寿命比人民大会还长，这也体现出罗马政治的某些特点。

王政时代后期最重要的事件是塞尔维乌斯改革。塞尔维乌斯改革显然是出于军事目的。它赋予平民公民的权利和义务，使他们成为国家的组成部分，从而增强了国家的军事力量，抑制了贵族势力，扩大了王权的基础。平民被整合到城邦之中，是罗马后来共和政治形成和发展的必要前提。这次改革是由原始氏族制度向国家组织过渡的重大步骤，它以财产和地域的原则取代了氏族的血缘关系，作为国家组织的基础，用有产者和富人的统治取代了氏族贵族的统治。它人为地强化了等级界限。这反映出西方人政治心理和政治思维的某些特征。

等级界限的清晰化，促使每个等级内聚力加强和产生集体意识，激励他们采取团体行动积极地维护或改变本等级的地位和权利。所以这种改革的一个必然结果，就是下层平民参与意识的复苏，等级间的竞争和斗争活跃起来。这就为共和政治的到来准备了前提。①

（二）共和国的建立：罗马人自由的开端

1. 共和国的建立

鉴于国王专制的悲惨经历，罗马人发誓不再选举新的王，甚至连王这个词也成了人民最痛恨的字眼。任何个人专制都被宣布为严重的罪行，要受到死刑的惩罚。罗马人对专制王权的憎恨一直持续到共和国末期，从中可见专制统治在罗马人的精神上留下了多么深的创痛与耻辱。

王权倾覆后，行政长官取代原来王的地位。行政长官的权力并不亚于王，但他们不是一个人而是两个人共同执政。行政长官要为自己任职期间的所作所为承担责任。罗马人民通常会因为这样的权力转换逐渐消除嫉妒

---

① 参见丛日云《西方政治文化传统》，黑龙江人民出版社2002年版，第237—259页。

情绪。

　　限任制使行政长官受到人民和元老院的有效控制。将行政长官的权力限定为一年的做法，粉碎了专制王权，是罗马人自由的开端。所以，行政长官职务的出现，是王政时代结束和共和制度创立的标志。

　　共和制度取代王政，无疑是一次巨大变革，是罗马历史上最有意义的事变。由于共和国的建立，罗马人免除了外在权力的压迫，实现了政治上的自治，成了自由人。然而，共和制度的发展完善经过了几百年的过程，推动共和制度发展完善的主要因素是罗马对意大利的政府以及平民与贵族之间的斗争。

　　共和国建立后，既为了自身的安全和生存，也为了掠夺土地和奴隶，满足征服欲，罗马进行了持续不断的征服战争。共和国的建立和共和制的政治生活，进一步培养了平民的参与精神和能力，也使他们获得了一个依合法途径争取政治权利的有效手段。他们利用初步获得的自由去争取更大的自由。很多情况下，没有平民的参与和支持，国家便处于危殆之中。

　　然而，强大起来的平民不甘心充当消极被动的工具，这便是西方人积极性格的一个表现。他们提出改善社会地位、政治权利的要求。并且能够采取集体行动，以理智和克制的方式进行斗争。经过多次激烈的斗争，设立了平民保民官和平民会议，颁布成文法。平民还获得了担任高级官职并通过这个途径进入元老院的权利，与贵族通婚的权利，等等。这些斗争成果推进了共和国的民主，扩大了共和国的社会基础，也改变了罗马的社会结构，使氏族贵族与上层平民合流形成新贵族。共和国也由初期的贵族共和国转变为"平民—贵族共和国"[①]。罗马平民不屈不挠的斗争精神，给后世的鼓舞是巨大的，也充分反映了西方人不畏强权的民族气质。

　　2. 罗马人的自由

　　罗马人热爱自由，但由于其自由的获得乃是通过具体的政治手段的不断完善，所以也就不存在后来人类对自由的追求中产生的负面影响。相反，他们获得自由的手段，倒是为近代西方的自由民主运动提供了资源。

　　现代人回顾西方的历史，常常将希腊和罗马相提并论。其实，这两个地方的文化与民族精神是很有差别的。希腊人基本上是一个商业民族，罗马人则是个农业民族；希腊人浪漫，富于玄想，好奇心强，而罗马人务实，不作玄想，更不想去探问世界的终极秘密。人们常说：罗马人在武力上征服了希腊，希腊人则在文化上征服了罗马。实际上，罗马人所学到的

[①] 参见丛日云《西方政治文化传统》，黑龙江人民出版社2002年版，第263—264页。

希腊文化大多是表层的，希腊人的民族气质和文化精神，罗马人始终没有学到手。然而，好作知性追求和哲学玄想的希腊人虽然爱好自由，却给自由带来了长久性的危害。

有学者指出，罗马人比希腊人享有更多的自由，对自由的意识也深进了一步。"个人已经消失，个人只能够在普遍的目的下实现他自己的目的。这时国家开始有了一种抽象的存在，并且为着一个目的而开展，个人共同参加来实现这个目的，但是，不是一种完全和具体的参加。在这个目的的严格要求下，自由的个人是牺牲了，各个人必须牺牲自己来为这个抽象的普遍的目的服务。……历史的兴趣和个人脱离关系，但是个人自己却得到抽象的、正式的'普遍性'。'普遍'克服了个人，各个人必须把他们自己的利益归并在'普遍'之中；不过他们也得到了一种报答，就是他们自身具有的普遍性，那就是他们的人格被承认了：他们在个人的能力上，已经是确实具有权利的个人了。"① 总之，罗马人对人类自由的发展又做出了进一步的贡献。

（三）权力制衡：罗马的国家机制

1. 高级官职

由于罗马国家规模较大，事务复杂，所以国家组织比较发达，分工精密，设立的官职也比较多。处处体现的共和精神为自由保留了充分的空间。

从共和初年的行政长官演变而来的执政官是共和国最高官职。执政官还具有最高行政权力，其职权包括召集元老院和人民大会，担任这些会议的主席，提出建议和法案，领导官吏的选举，执行元老院和人民的决议，维护国内秩序，主持某些节日等。棒束是象征执政官权力的标准，但是在人民大会面前，它则向人民倾斜，以示对人民的尊重。

独裁官可能设立于共和国初期。独裁官任期不超过六个月，期满后或危机解除后，他必须交卸职权。这种在特殊时候把全部大权集中于一人的方式是对军事和行政官吏以及各种机构间互相分权和制衡制度的一个必要补充。

最高裁判官也称为"大法官"，其地位仅次于执政官。由百人队大会选举产生，平民也拥有获得此官职的机会。最高独裁官发布的命令和做出的判决是罗马法的重要渊源之一。后来又有治理行省、统帅军队乃至可以

---

① [德] 黑格尔：《历史哲学》，王造时译，生活·读书·新知三联书店 1956 年版，第 152 页。

代理执政官的权力。该职任期一年。到共和国末期，随着行省数量的增加，人数亦增加。

监察官任期只有18个月。在监察官任满交卸职权后的两年半或三年半时间里，罗马没有监察官一职。平民也有担任此官职的机会。监察官决定补充元老院的人选，这是一项特殊的权力，也是这一官职特点所在。其目的在于惩罚那些法律涉及不到的，其他官吏也管不着的不良行为，维护良好的风俗、习惯和社会风尚。此外，监察官以最高财政官员身份管理国有财产和公共工程。他须把自己的财产投入公共工程的建设，以履行自己的职责。

保民官每年从平民大会选出，只有平民才能充任，任期一年。最后人数达到10人。消极的否决权是保民官权力的突出特点。保民官也有很大的司法权和采取强制措施的权力。他有权传讯任何公民和官吏，甚至执政官。此外，保民官还是平民大会的主席，后来可能又获得了召集元老院会议的权利。由于保民官是不负实责的，容易滥用其职权。作为补救措施，对保民官的权力作了种种限制。保民官的权力受到其他保民官干涉权的制约，他的否决权对独裁官的行为无效。另外，保民官的权力只在罗马城内和城外一罗马里范围内有效，做出的否决权只有在该保民官任职期间有效。

2. 元老院和人民大会

元老院由三百名元老组成。平民经过多次斗争，已经获得了担任各种高级官吏的权利。从高级官吏中选拔元老的做法，使平民能够进入元老院，改变了元老院的成分。但是，实际担任高级官吏的一般只限于富裕平民，因为当时罗马的高级官职没有薪俸，有的职务还必须在自己所掌管的公共事业中投入个人财产，所以普通公民实际上没有能力充任高级公职。另外，多数高级官职是从百人队大会中选举产生的。高级公职向平民开放带来的一个直接后果，就是平民的上层部分与原来的贵族合流，形成一个新的封闭的特权集团，称为"新贵"。他们不是以氏族血缘关系为基础，而是以拥有大量的土地、财产和担任高级官职所获得的社会地位为基础。他们人数很少，把持着高级官职，垄断了元老院。

元老院会议由执政官、大法官和保民官、独裁官召集。表决时采用不同意见者分别站开的方式或对每位元老分别询问的方式。

当罗马国家扩展到广大地域以及公民数量达数十万之众以后，人民大会决议相当困难，大量国家事务必须落在规模较小的元老院手里。此外，与其他权力机构相比，它还具有连续性、稳定性、内部一致性等特征。

元老院有权审批人民大会的决议，军事方面的最高控制权，外交大权，还有权管理财政和国家财产。由于元老院成为罗马共和国的事实上的权力中心，所以，罗马共和国一般被认为属于贵族共和国。但是，从法理上说，真正的最高权力机构应该是人民大会。

人民大会是全体罗马公民的集会，是普通公民行使政治权利的机构。自由民作为权利义务主体，须具有自由权、公民权和家庭权。自由权即自由身份，是自由民不可缺少的权利。公民权是公民享有的特权，包括选举、担任官职、荣誉、婚姻、财产和遗嘱能力等。家庭权是家长的权利。只有依法享有上述三种权利的人，才享有完整的公民权利并承担相应的义务。只有那些具有罗马公民权的人才属于罗马人民，参加人民大会是他们的特权。

罗马的人民大会不是一个而是三个，即库里亚大会、百人队大会和部落大会。这几个大会在历史上是相继出现的，其构成方式和职权各不相同。

库里亚大会是最古老的人民大会。自塞尔维乌斯设立百人队大会后，它就失去了实际权力。由于罗马人重视传统，所以使它仍然作为古代的遗物而保存着。到共和国末期，它已完全蜕化为空洞无用的形式了。

一般认为，百人队大会自塞尔维乌斯改革创立后，就取代了库里亚大会而成为主要的人民大会。一切重要的法律必须在大会通过才有效。因为百人队大会的组成形式和表决方式有利于贵族和富人，无法表达普通平民代议制，后来平民自己设立了平民会议。此后百人队大会的职权包括：批准或否决元老院提交的宣战、媾和、联盟的议案；选举普通的高级长官；审判一切有关剥夺被告全部公民权的刑事案件。

部落大会是平民反对贵族，争取政治权利斗争的一个重要创造。起初会议自由平民参加，不分等级也不论财产资格。会议选举保民官。会议的决议只对平民有约束力。后来，部落大会成为真正具有完整立法权的立法机构，会议的决定无须元老院批准即成为法律，全体人民都必须服从。贵族也不得不参加会议。实际上，这时平民上层已经与旧贵族融合形成"新贵"，相应地，平民的概念也发生变化，指自由民下层群众。直到共和国末年，部落大会一直是人民大会最重要的部分，也是共和国最民主的机构。部落大会的主要职能是通过法律。

三个人民大会并存，是罗马人民大会的一个显著特点。罗马国家几个人民大会相继出现及其权力的演变，恰好是罗马国家发展和民主化进程的几个里程碑。最早的库里亚大会是氏族制度的政治形式，它以血统为基础，平民被排斥在外。随着罗马国家从氏族制度中成长并发育成熟，它成为只具有传统象征意义的衰朽躯壳。百人队大会打破了血缘关系，以财产为基础，接纳平民为其成员，但其中富裕公民占有明显优势。部落会议是共和国最民主的政治机构。这三个大会之间有分工，但没有相互合作与制约，没有构成一个立法机关的整体。

罗马的人民大会是公民直接行使民主权力的机构。在共和国时代，罗马公民的人数是相当庞大的。公民们遍布共和国全境，有的远居行省，还有的从军远征或驻守边疆，所以，真正能够参加人民大会的只是罗马城内及附近的居民。即使这样，人民大会的人数也是相当多的。这样庞大的人数参加的大会是不可能的。古罗马人没有代议民主的观念，他们的观念与希腊人一样，民主权利只能由公民自己亲自行使。然而，他们公民的人数使得直接民主显得十分不适应。并且他们的人民大会也没有希腊人早已创造的常设机构，所以，难以使它充分发挥作用，实现工作的有序化和高效率。由于人民大会固有的这些缺陷，使许多权力落入元老院和高级官吏的手中，便是很自然的了。

罗马人民大会没有创制权，只能就提到会议上的议案进行表决。而且它也不能讨论和修改，只能对议案全文通过或全盘否决。大会投票是以集体为单位，而不是以个人的方式进行的。这种两极投票和团体表决方法部分地解决了众多公民实行直接民主带来的困难，但也为权势人物控制选票提供了方便。而且投票不是公开的而是秘密的。在程序上的这些缺陷又进一步削弱了人民大会的作用，妨碍了公民充分表达自己的意志和实现对国家事务的有效控制和管理。

实际上，罗马的人民大会从来不是国家真正的最高权力机构，而是与执政官、元老院相互制约、互相平衡的国家机构的一部分。

（四）共和精神的衰败：公民集团的瓦解

1. 由城邦到世界帝国

罗马由共和国向帝国的过渡具有双重内容。首先，它是狭小的城邦经过不断扩张领土而发展为庞大的世界帝国的过程；其次，它也是由城邦共和国向帝国独裁政治演变的过程。这两个过程大体上是平行发展的，其中前者是后者的主要原因。

经过一系列大规模的征服战争，到公元前1世纪末，罗马的版图已经囊括从北非到莱茵河、多瑙河畔，从大西洋到两河流域的广大地区，地中海成了它的内湖。在这片政治地理十分复杂的广袤的土地上，分布着众多不同种族、文化、宗教和政治制度的区域、部落和王国。它们是被罗马的武力统一到一个政治共同体中来的,相互之间并没有足以使它们成为统一国家的经济、文化和种族上的紧密关系。当罗马的势力范围仅限于意大利的时候,其城邦结构还没有发生重大变化。因为罗马并没有把意大利变成真正统一的国家。但是,罗马对意大利以外的地区却采取了另一种政策,这些地区大部分变成了受罗马直接管辖的行省。

除了领土扩张外,罗马的公民权也开始扩散。在恺撒执政期间,一些行省城市获得了公民权。大批的外邦人涌入罗马,而罗马的公民则由于驻防、征战、在行省分配到土地等原因而迁居行省。具有共和精神的罗马公民被湮没在没有共和传统的广大臣民的海洋中。征服者实际上成了被征服者。罗马封闭的城邦结构也被打破了,它也使广大的世界帝国融合起来,由一个自给自足的城邦变成了帝国的政治中心。

随着城邦向帝国的过渡,以城邦结构为基础的共和制度也变成过时的东西了。地域意义上的帝国过分庞杂的内容必然突破狭小城邦的政治外壳,要求政治上的帝制与之相适应。而建立帝制的条件由罗马共和国的扩张给准备好了。

2. 公民集团的瓦解

大规模的征服战争给罗马社会带来一系列深刻的社会变革。这些变革瓦解了共和制度的基础,为建立帝制准备了前提。

罗马从被征服地区掠夺的土地大部分被贵族占有,小土地所有者的破产瓦解了城邦的公民兵制度。为了保证战争中的兵源,城邦时代临时召集的公民兵就被职业的雇佣军所代替了。这些军队形成特殊的利益集团,在共和国末期,他们成了具有野心的军事将领夺取政权,实行独裁统治的工具。

小农大批破产造成了庞大的无产的群众,他们靠救济为生。在政治上他们成为显贵的仆从。他们投他的票,充当他的打手,为他的政治目的服务。在罗马向外扩张的过程中形成了一个新的阶层,即骑士。他们仅次于元老阶层的富豪。他们与下层平民和无产者一起构成所谓的"新民主派"。这些金融贵族和暴发户也把唯利是图、营私舞弊带到罗马的政治生活之中。

上述社会变化反映在罗马人的精神面貌上,就是公民公共道德的堕落。城邦时代淳朴的社会风尚、爱国主义热情及自我牺牲精神都已经不见了。"一个居民分散开来的城市再也不能形成一个统一的整体;而且既然人们不过是由于一个特殊的法律上的规定才成为罗马公民的,人们便不再有同样的高级官吏,同样的城墙、同样的神、同样的庙宇、同样的坟墓,因此人们就不再用和先前相同的眼光看待罗马，人们也不再像以前那样地爱自己的祖国，对罗马的依赖之情也不复存在了。"① 取而代之的是个人的贪欲、野心和对党派私利的追求。长年不断的战争也铸造了罗马公民残忍和不宽容的性格。所以，公共政治生活中私欲和强权取代了美德、原则和正义。官职成了个人野心追求的对象，选票可以为金钱而出卖，人民大会成了党派倾轧的场所。党派斗争动辄兵戎相见，罗马城和人民大会、元老院集会的地方一次又一次变成屠场。

3. 独裁统治

苏拉依靠军事力量建立起恐怖统治，迫使元老院和人民大会对政治制度进行改革。他增加元老院的人数并加强它的权力，还取消了平民保民官的创制权和人民大会的部落表决制度，改由按百人队为单位表决，以使富人能够控制人民大会。

苏拉通过恢复废弃的独裁官职务，并且不规定他的任职期限，以人民授权的方式，为其独裁统治披上了一层合法的外衣。但是所谓人民授权只是表面形式，苏拉的专制实际上是以职业军队的力量为基础的。与以往的共和国的独裁官不同，苏拉的独裁在时间上和职权范围上都是无限的。

苏拉独裁是贵族寡头势力对民主派的胜利。其目的在于重建社会秩序，打击平民势力，恢复贵族寡头占优势的共和国。但是，他以军人强权战胜公民意志，使军队成为国家事务的主宰，以残暴的手段进行政治斗争，在共和外衣下实行个人无限制的专制独裁，架空人民大会和元老院等民主机构，把高级长官变成向独裁者负责的仆从。这一切，实际上已经毁灭了共和制的基本精神，是对共和制的第一次致命打击，为继起的军事独裁开辟了先例。

恺撒统治期间，共和国的元老院、人民大会和高级官职形式上仍然存在，但都要听命于恺撒，他总揽政治、经济、司法、军事和宗教大权于一身。他削弱了元老院的地位，使元老院变成了附属于他的咨议机构。而且扩大了元老院所代表的地域和社会阶层。事实上，这是建立官僚行政机构的初步行动。恺撒还改革了行省的管理制度。他致力于缩小罗马与行省的差距，使行省罗马化。还把公民权和拉丁权大规模授予行省人民。各行省的城市自治权得到提高。

恺撒独裁和苏拉独裁的性质和目的不同。苏拉代表贵族派，力图恢复贵族共和国制度，而恺撒属于民主派，目的在于摧毁贵族寡头的共和国，

---

① [法] 孟德斯鸠：《罗马盛衰原因论》，婉玲译，商务印书馆1962年版，第50页。

建立专制帝国。在共和国末期,维护传统共和原则的是贵族,而民主派的胜利就意味着首领的独裁和共和原则的破坏。通过恺撒的独裁统治和政治改革,一个专制帝国的粗略轮廓已经形成了。

(五) 共和国的精神遗产:波利比阿与西塞罗

1. 波利比阿(Polibius,公元前 210—前 128 年)

波利比阿是希腊政治家、历史学家和政治思想家。他认为罗马人成功的主要原因要到他们的政治制度中去探寻。

罗马人就其公民参政的广度深度和公民自由精神得以充分发挥的程度而言,它比雅典的全盛时代要逊色一些。罗马人的政治制度主要服务于实际目的,不像雅典人,从参与政治事务中得到一种精神上的满足,把政治领域也作为享受人生和实现自己生命价值的一个领域。

罗马人长于政治实践,却不善于政治思维。他们的政治创造是通过多次斗争和解决政治问题的训练,借助从一次次灾难中吸取的经验而完成了。事实上,他们还缺乏把握和解释复杂政治问题的理性能力。波利比阿来到罗马,是罗马征服了长于理性思考的希腊民族的结果,是务实的罗马世界和崇尚理性的希腊世界相遇的一个象征。

波利比阿认为,国家的政体决定了这一民族的特质,影响到国家决策与一切事业的成败。他将国家的产生与政体的更替视为一个合乎自然规律的过程,其中所有的正常政体都以特定的方式蜕变为变态政体,直到一个政治衰败的顶点。他把六种政体描述为一个前后相继依次蜕变和更替的过程,即君主政体—暴君政体—贵族政体—寡头政体—民主政体—暴民政体。每种政体的蜕变,都表现为统治者道德的败坏。他通过这些阐述,使政治家了解某种政体之所以产生的原因,预测它以后的成长、兴盛、衰落与灭亡,并且力求改善自己国家的政治体制,做出明智的、切合实际的政治决定。"波利比阿与前人的不同之处,在于他更为主张优良政体须依据被统治者的同意以及统治者智慧与善良的治理。他认为王政的起源不仅在于人民需要依赖一个最强有力的人,而且在于他们相信国王能够给予每个人以所应得的份额;人民的服从不再是出于畏惧权力,而是赞同国王的判断,合力拥护这种统治方式。"①

波利比阿认为,制约与平衡是罗马共和国的机构特征。罗马人的高明之处就在于使执政官、元老院和民众的权力实现相互制约与均衡。三种因素中任何一个企图打破与其他部分的平衡,追求至高无上的或者优势的权

---

① 王乐理:《西方政治思想史》(第一卷),天津人民出版社 2005 年版,第 389 页。

位，都会遭到另外两种力量的抵制。

具体而言，执政官需要得到人民和元老院的支持，才能实现自己的目的。元老院可以表彰或贬损执政官。战争的根本决定权在人民手中。元老院必须在公共事务中尊重人民的意愿。没有人民的授权，它不能调查最严重的反对国家的罪行和实施死刑。涉及元老们自身的利益、荣誉和权力的提案，要由人民表决通过或拒绝。同样，人民必须对元老院表现谦卑和顺从，在公私事务方面尊重元老院成员。在社会经济生活的众多事务中，人民受元老院的摆布和支配，它可以向他们施以恩惠或使其受到损害。而且单个公民在执政官权力支配之下的时候，也不愿去反对执政官的计划。

波利比阿使用混合政体概念包括两层意义：一是社会各种集团力量之间的混合与平衡；二是各种不同性质的政治权力的制约与平衡。事实上，他除了谈到三种因素的制约平衡外，制约平衡原则也渗入共和机构各个部分。一种显得过大的权力在另一方面采取措施予以抵消，另一种过大的权力则限定其行使的时间和地域。增加一种权力以补救或限制另一种权力，分割一些权力以防止其过于集中等。他意在实现一种完善的制约与平衡机构。

古代人还没有现代的分权观念。罗马政体中，行政、司法、军事、宗教权力往往混合在一起，同一机构和官职可以兼有这几种权力中的某些部分。波利比阿所说的"三种要素"与后来的"三权"内容不同。但却与近代分权学说的发展有直接的关系。体现于罗马政治体制中的制约与平衡思想经过波利比阿的提炼和总结，后来又经过西塞罗的有力阐发，成为西方政治传统的重要组成部分。

2. 西塞罗（Marcus Tullius Cicero，公元前106—前43年）

在西塞罗的著作中，罗马共和精神第一次获得了系统的理论形态。在《论共和国》中，西塞罗为国家下了一个流传千古的定义："国家是人民的事务。人民不是偶然汇集一处的人群，而是为数众多的人们依据公认的法律和共同的利益聚合起来的共同体。"① 这个定义包含的主要思想有以下几方面。

第一，国家是人民的事务。人民应该包括罗马公民以及不享有公民权利的自由人。西塞罗强调国家的整体利益至高无上，赞美公民对国家承担

---

① [古罗马] 西塞罗：《论共和国、论法律》，王焕生译，中国政法大学出版社1997年版，第39页；[美] 萨拜因：《政治学说史》（上册），盛葵阳等译，商务印书馆1986年版，第206—207页。

的责任,同时又主张法律确认公民的权利,国家有义务保护私有财产。西方学者十分重视"人民的事务"这个术语在国家概念发展史上的地位,认为是它取代了古代希腊人狭隘的城邦概念,把一个不断扩张的、由法律维系起来的、囊括不同民族、不同身份人们的共和国意识注入人们的观念中。

第二,权利与利益意识。当代西方学者十分重视西塞罗有关私有财产权的主张。实际上,把他的思想放到当时罗马国家的社会背景下,就可以知道他这样做既有利于元老贵族的利益,也有利于同一部分人极力维护的共和国体制。西塞罗明确指出,建立立宪国家和自治政府的主要目的,就在于保护个人的财产权。因为,人们聚居在一起而形成社会,寻求城市的保护,就是希望自己的财产不受侵略。[①]

西塞罗事实上谈到了三种不同的政体形式。王政、贵族制、民主制。他依次评价了各种政体的优缺点。王政的长处是国王关心自己的臣民,其缺点是多数人被排除在公共立法和协议之外。贵族制的优点是人民推选德性和智慧方面最优秀的人进行统治,较为软弱的人也乐于听命于最优秀的人。贵族制的缺点是民众不能享受自由,没有参与任何公共协议的权力的可能。民主制的民众的权力无比强大,因为民众有权制定法律,进行审判、决定战争、和平、缔约,是每个公民的权利和财富的主人;同时,人人平等地享有自由的权利,而使彼此协调一致,使一切为自己的安全、自由相适应。民主制的缺点是不存在任何地位等级,一切都按照人民的意愿进行,本身是不公平的。

由于这三种单一政体都不可靠,西塞罗提出第四种体制,它由这三种国家体制适当地混合而成。其特点在于包括卓越的王政因素,把一些事情托付给显贵的权威,把另一些事情留给民众们协商和决定。这就是西塞罗所主张的混合政体。这种体制的优点首先是具有一定的公平性,其次是具有稳定性。[②] 西塞罗把混合政体看作制度上的保障。

西塞罗指出,自然法对于人类是普遍适用的。但是,自然法是善良的人在内心里遵守的行为准则,坏人却可以对它置之不理。斯多葛派的自然法学说借助于西塞罗的个人声望被罗马帝国时代的法学家普遍接受,并对罗马法的改革发挥了重要的影响。接着,它又被基督教的神学家纳入其神

[①] 参见王乐理《西方政治思想史》(第一卷),天津人民出版社2005年版,第428—429页。

[②] 同上书,第432页。

学体系，成为整个中世纪法学的基石之一。

西塞罗关于人类自然平等的思想是与自然法思想联系在一起的。在他看来，既然人类都同等地受自然法的支配，他们之间就应该是平等的。既然自然法是联系人类整体的共同纽带，所有的人都应该是一个世界国家的成员。由于所有的人都是同一个世界国家这个人类大家庭的成员，所以，每个人都应该享有作为人类一分子的尊严。他在伟大的人类集体之内，而不是在它之外。这个集体中每个人应该彼此互相尊重各自的人格。即使是奴隶，也不应该视为会说话的工具，而应将其视为一个终生受雇于人的劳动者。

西塞罗的这种自然平等思想标志着西方思想史上人的观念的一个重要变革，也是西方政治哲学的一个重要的转折。从西塞罗起，政治哲学开始成为所有人的政治哲学。

（六）帝国时代：政治和法律的遗传基因

1. 政治的遗传基因

纵观西方国家形态史，有一个统一的帝国时代，即希腊化帝国与罗马帝国。希腊化帝国存续时间不长，后来又被罗马帝国吞并。所以，帝国时代主要是罗马帝国时代。

奥古斯都建立的是具有西方特色的专制制度。它是出于特殊形势的需要而不是自然形成的。它的臣民是堕落的，也是难以驾驭的，但不是消极懦弱的。所以专制统治必须从共和传统和人民的同意中为自己寻找权力依据，尽可能通过共和体制的外壳行使专制权力。

在奥古斯都时代，罗马已经是一个庞大的世界帝国。罗马的各行省具有各种各样的体制、法律、生活方式、宗教、习惯和文化传统。奥古斯都一方面致力于行省罗马化的工作，另一方面对各地区、民族、部落、城市原有的体制、风习则采取比较宽容的态度。他只要求各行省之间能够和睦相处，为国家提供必要的赋税和军队。各行省在此前提下保持一定程度的自治和多样化制度，中央政府在其他方面尽可能尊重当代的传统，不予干涉，不强求划一。

城市则享有比行省更广泛的自治权。公民权的扩大意味着城市普遍获得自治权。城市自治制度是城邦制度的残余，它减轻了中央政府的行政负担，造成了基层行政单位积极、活跃和多样化局面，部分地保留了公民的民主生活。

罗马帝国横亘西方历史五个世纪，给西方政治传统带来了一些新的成分。

第一，在帝国时期，实现了由狭隘的公民国家向普遍的全体自由臣民国家的转变，并相应地带来关于人的观念的巨大变革，这是向近代全体公民的国家过渡的前提。第二，帝国首次获得了在一个庞大国家里实行政治统治和行政管理的经验，并创立了一系列新的体制。例如，权力分离的原则和官僚体制的建立。第三，帝国实现了由人民直接行使权力向由元首"代表"人民行使权力的转变，创立了西方式的个人专制体制。罗马帝国的专制并没有像中国的皇权那样形成一个连绵深远的根脉，以致它因由悠久的传统而具有天然合法性，使人根本不去思考它的根据和来源。罗马帝国的专制只是一种需要，几百年的专制并没有培养起臣民的忠君道德，也没有形成完整的被普遍接受的专制主义理论。皇权作为共和精神的变异的生命体内就潜隐顽强的共和精神的遗传基因，在适当的条件下，这种基因就会显现出来，为自己制造新的生命形态。第四，罗马帝国的霸业和罗马皇帝的权势，都达到了西方历史上的顶峰，它们成为刺激西方人野心与征服欲的精神力量。

2. 法律的遗传基因

罗马法是罗马人最辉煌的成就，是罗马文明对西方乃至全人类最值得称道的贡献。罗马法以私法为主体，其精华和影响最大的部分也是私法部分。私法本身构成法律传统的组成部分而不是政治传统的组成部分。罗马私法包含着权利观念，以权利为法的基础。

"法学是关于神和人的事物的知识；是关于正义和非正义的科学。"而"正义是给予每个人他应得的部分的这种坚定而恒久的愿望"。① 法由一般维护社会秩序的功能转向保障个人权利，这是罗马法的一大特色。后世的西方人将罗马私法中广泛应用的"权利"概念引申到公法领域。

权利概念提供了调整社会关系的一种崭新的角度和尺度。权利具体规定了团体和个人应得的内容，它为团体和个人的利益划定一个界限，设置一道屏障，使它所承认的利益具有独占性、排他性特征。权利侧重于个人或团体利益的保护，强调个人和他人的区分，还使每个人为自己筑起了围墙。所以，权利概念本身就天生注定带着个人主义的印记。

权利概念在近现代西方政治法律思想中扮演了重要角色，是古典自由主义理论的基石。人们常说西方文化是"个人本位"的文化。这种"个人本位"是通过权利概念集中反映出来的。西方政治文化的优势和"基

---

① [古罗马] 查士丁尼:《法学总论：法学阶梯》，张企泰译，商务印书馆1989年版，第5页。

因缺陷"都包含于权利观念中。但是,罗马法中的权利还不是人权。人权学说以抽象的人的概念为基础,抹去人之间所有具体差别,把人仅仅作为人来对待;它关于人的观念是纯粹个人主义的。

但是,罗马法中的权利还不包括人人平等的内涵。在罗马法中,人具有不同身份和等级地位,享受不同的权利和义务。罗马法上的权利的突出特征不是普遍平等而是不平等。它只承认在平等人中的平等,而不平等的人之间是严格的不平等。不过,罗马法已经将斯多葛派的自然法纳入法律体系,规定了权利向人权发展的方向。罗马法的权利已相当接近近代人权。起初,罗马法上的权利是有差别的权利。它把人区分为各种身份,不同身份的人享有不同的权利和义务。然而,随着社会的进步、法学的发展和人们观念的改变,罗马法逐渐被人道主义和平等主义的因素所渗透而发生嬗变。这种嬗变使罗马法愈趋开明、人道和平等。

第二章　从基督教到自由主义

自由主义是近代西方政治文化的主流和典型表现。它把个人视为国家的基础和终极价值，把国家视为服务于个人的工具，在个人与国家之间划出界线，限制国家权力的范围，维护个人的权利。表面上看，自由主义是作为基督教神学的对立物出现的，然而在深层里它却是悠久的基督教传统的产物。近代人权观念的形成在很大程度上得益于基督教传统。

一　奴役与自由

（一）外在奴役下的内在自由

1. 人的尊严

自由主义是以中世纪末期开始的数百年世俗化进程的成就为前提的。世俗化进程包含对上帝信仰的冷漠，使上帝淡出人类生活；包含对上帝领地的侵夺，从而挤出人的活动空间；也包含对上帝的进攻，以显示人的力量和自信。在政治领域，世俗化意味着排斥上帝超自然力量对政治事务的干预，从上帝的重压下解放人性，从神权那里争得人权。由于世界受惠于世俗化的成就，所以人们从世俗化的出口看过去，看到的是人权从神权下的解放。然而如果我们沿思想史之流从古典时代下行，就会发现，起初正是基督教使人在神的庇佑下获得某种尊严、某种平等和自由。近代人在世俗化进程中获得的解放，是在基督教所肯定的原则基础上的进一步发展和扩张。当近代人痛感神权侮辱了人的尊严的时候，这种感受正是在基督教文化中孕育形成的。[1]

古代人的自由主要是政治自由。政治自由是对政治权力的分享。但在城邦整体主义社会结构中，个人自由只是作为政治自由的副产品出现的，它使个人有了一个相对自主的领域，但这个领域尚未成为个人的权利，私

---

[1] 丛日云：《在上帝与恺撒之间：基督教二元政治观与近代自由主义》，生活·读书·新知三联书店2003年版，第53页。

域和公域之间尚未形成鲜明的界限。也就是说，虽然古典时代已经出现了类似近代个人自由的倾向，但是那时的自由仅表现为微弱的萌芽，并没有成为政治传统的主流。

面对强大的国家权力，基督教肯定了其信徒生命的精神基础，确立了其精神生命与上帝的联系及其彼岸命运，从而提升了人的地位和尊严。"很久以前，基督教曾完成一场伟大的精神革命，它从精神上把人从曾经在古代甚至扩散到宗教生活上的社会和国家的无限权力下解放出来。它在人身上发现了不依赖于世界、不依赖于自然界和社会而依赖于上帝的精神性因素。这只是基督教人格主义的真理，是古代的、基督教以前的世界所不知道的。"[1] 对大多数人来说，作为具体国家的成员，难说有什么尊严，在等级体系的网络上，人性遭受扭曲，但他们同时还是基督徒，是上帝的特选子民，是天国的公民，这构成他们人格尊严的基础。

基督教的一个原则是人的尊严。每个人必须被尊重，因为他是按照上帝形象造出来的。在上帝的最高意志下，个人有着至高无上的价值，并且被赋予个性的灵魂。整个世界都是为人类创造的，人类是创造的高峰。人类不仅与其他生物一样有生存和感觉能力，还有与天使一样的理解与推理能力。基督徒们相信，通过受洗入教，他们就分享了神的本质，不再是原来的自然人。但是，由于人的本性介于天使与野兽之间，所以天国的席位并非对所有的人开放，也并非对所有的基督徒开放。所以，基督教许给人的尊严要根据人的信仰而定。

基督徒相信，通过受洗入教，他们与上帝订了契约，从而使自己在天国中的一席之地有了保证。在他们的心目中，人之间首要的区分是属于基督追随基督的人与不属于基督不认识基督的人之间的区分，他们无疑自认为属于前者，并在此种认同中获得自信与自尊。与此相比，世俗社会的各种分野即使不是无关紧要，也被降到了次要的位置。实际上，宗教"在我们朝生暮死的世界中构成了人类的尊严"。[2] 从历史上看，基督教的确使信徒们产生了新的自我认同、自我感觉。人的精神不属于任何自然存在的维度，人的灵魂得救也与其世俗境遇无关。由于与上帝的关系，基督徒获得一种荣耀和信心。显而易见，这种自我意识和信念培养和支持着基督

---

[1] [俄] H. A. 别尔嘉耶夫：《精神王国与恺撒王国》，安启念、周清波译，浙江人民出版社 2000 年版，第 34 页。

[2] [法] 邦雅曼·贡斯当：《古代人的自由与现代人的自由：贡斯当政治论文选》，阎克文、刘满贵译，商务印书馆 1999 年版，第 187 页。

徒的自信与自尊。无论在世俗社会中的地位与境遇如何，每个信徒都在与上帝的直接联系中找到自己人生的支点。这种信念支撑起一个内在的世界。在这里，世俗社会的屈辱不能玷污，人间的奴役不能进入。人的尊严最初就出现在人们心灵的这一隅，它也只能立足于这里。①

基督徒在人与上帝的关系中重新确定人的价值，从而使西方社会关于人的自我意识发生了重大变革。个人的尊严和价值在基督教中得到提升。但是，在基督教神学的核心，始终存在着一种深刻的二元主义的悖论：人是按上帝形象创造的，上帝创造他以使其分享造物主的永恒喜悦；但它同时又是堕落的生物，注定承担着罪和由罪而来的惩罚。所以，在基督教神学理论中，对人类尊严的肯定和对人性的贬低并存。它所贬低的是人物质存在和世俗生活，它所称扬的是人的精神性和彼岸性特质。基督徒虽自认为是上帝的选民，但世俗社会的建构不能以此为基础。选民不是天使，他只是具备了进入天国的候选人资格。所以，在构建世俗社会秩序时，必须将人视为有罪的和堕落的生物。中世纪的社会政治思想倾向于强调人的自然堕落而非尊严，认为这种有罪的生物在现实秩序中不配享受自由。所以它强调对权威的服从，强调秩序的重要性，为奴隶制和强制权力做出辩护。只是这一切都不涉及人的精神生活和来世命运。②

也就是说，在精神生活中，人们的尊严得到了提升，但是在世俗生活中，人们则被视为堕落的生物。基督徒在现实生活中，一方面忏悔赎罪，另一方面又相信自己是上帝的选民。关于他们与上帝独特关系的自我意识和信念使他们与所在的世界区分开来，并支撑着他们在政府和社会的重压下坚守自己的信仰。

2. 内在自由

在城邦时代，所谓的自由主要是政治自由，其核心是公民自治。当专制的世界帝国取代了作为公民自治团体的城邦的时候，公民的自由也随之丧失。这时候的自由只有到人的内在精神世界寻求。因为，城邦时代公民的自娱只是少数人的自由的特权，当所有的人都沦为专制帝王的奴仆的时候，所有人在本性上仍然可以追寻精神自由和道德自由。

基督教的自由有二重含义：其一是免除原罪，灵魂得到拯救；其二是人的内在精神世界脱离外在秩序的独立性，不受世俗社会关系的束缚或世

---

① 丛日云：《在上帝与恺撒之间：基督教二元政治观与近代自由主义》，生活·读书·新知三联书店 2003 年版，第 61 页。

② 同上书，第 59 页。

俗权力的控制。也就是说,基督教的自由是以对人的内在方面和外在方面的区分为前提的。

人的自由仅涉及人的精神世界和来世命运,与人的命运和现世处境无关。外在奴役仅涉及人的肉体,人的精神仍然可以是自由的;内在的奴役是人成为自己情欲的奴隶,这是真正的奴隶。内在世界相当于躲避国家侵犯的"避难所"。基督教将人的内在世界划为上帝的领地,赋予其彼岸命运,从而将人的内在世界的自由视为弥足珍贵的宝物和致力于实现的最高目标。

将人的内在世界独立,并且将其划归上帝,也使其具有了神圣的意义。基督徒也因此获得了人格尊严的基础。对上帝的责任感和敬畏感,支持着他们对内在自由的追求和固守。"人的个性自由不能由社会赋予,就其根源和特征而言也不可能依赖于社会,它是属于作为精神性生物的人的。……人的不可剥夺的规定着社会权力在人身上起作用的界限的权利,不是由自然界决定的,而是由精神决定的。"而基督徒就发现和肯定了人的这种精神性因素。"如果没有上帝,没有高踞于世界之上的真理,那么人就整个地服从于必然性和自然界,服从于宇宙或社会、国家。人的自由在于,除恺撒王国外还存在着精神王国。上帝的存在是人的自由的特许状,是在人为争取自由而与自然界和社会的斗争中对人的内在辩护。……精神王国和恺撒王国之间的二元论,是对人的自由的完全必要的确认。"①

即使在外在奴役下,人们仍然可以拥有内在自由。实际上,"对自由的最普遍的包容一切其他定义的定义,认为自由是人的内在的出自精神的而不是外在的规定"。这种内在自由对于个人价值的提升弥足珍贵。"自由根植于精神王国,而非恺撒王国。恺撒不愿意给任何人以自由。只有通过对恺撒王国的限制,才能得到自由。客体化世界是恺撒王国,是具有奴役性的世界。人们常常对自由所做的另外一种区分,是内在自由与外在自由。人们说,人可以是内在地自由的,即使处于压迫之中也一样,当他被放在火堆上烧的时候,他也可以是自由的。这话是对的。但是内在自由问题比通常人们所想的要更复杂,特别是当人们对人的内在生活不感兴趣的时候。人不仅能成为外在世界的奴隶,而且也能成为自己本身的奴隶,成为自己的低层次本质的奴隶。奴隶在外部社会中的解放还不是从内部奴役

---

① [俄] H. A. 别尔嘉耶夫:《精神王国与恺撒王国》,安启念、周清波译,浙江人民出版社2000年版,第34、21—22页。

状态的解放。人可以从内心成为奴隶。"① 由此可见，虽然人们可以在外在奴役下获得内在自由，但是内在自由的保持需要人们真正从内心摆脱奴役的状态，这与人们对内在自由的追求和向往是分不开的。

随着罗马帝国的灭亡，西方历史进入了中世纪。对于西方中世纪的政治生活，很长时期以来，人们大多抱着贬抑的态度。中世纪是人类自由最受压抑的时代，但同时又是人类为获得自由而必经的一个历史阶段。从表面上看，中世纪的西方于宗教领域是罗马教会的一统天下，于世俗领域是封建专制主义，既没有发生过类似于英法等国的自由民主革命，亦不曾有过类似于古代希腊和罗马的民主政治，但实际上，在西方自由主义的发展史上，却是一个极其重要的时期。与其说中世纪是一个黑暗的时代，不如说它是黎明前的黑暗时期。

（二）世俗等级秩序下的精神平等

1. 精神平等

城邦时代的社会结构严格区分本邦人和外邦人、自由人和奴隶、公民与无公民权的自由人、贵族和平民等各种身份。平等仅在于同一身份内部，主要是自由公民内部。那个时代西方社会的特征在于，各种身份集团间的界限清晰、僵硬，并且格外强调不同身份的人内在精神特征上的不平等。关于身份的偏见根深蒂固，平等的思想只是背离主流传统的微弱呼声。

到城邦解体后的世界帝国时代，不同民族开始了大规模和深层次的交流融合，种族之间和各种身份团体之间的界限开始被打破，曾独享特权的城邦公民被淹没或稀释于多民族帝国的臣民当中。从人与整个人类和宇宙的关系来看，人是一个普遍抽象的类。人首先是人类整体的一员，具有共同本性。这就突破社会身份地位的界限，由人的精神特征确定人的价值。从人都有理性和向善的能力等精神素质上，人类具有同质性和平等的精神价值。

这种精神平等思想标志着西方思想史上人的观念的一个重要转折，它超越了城邦时代政治哲学在不同身份的人之间设立的坚深界限，开始以一种普遍平等没有根本差别的眼光来看待所有的人。基督教将这种平等思想经过神学的改造后纳入宗教的政治哲学体系并为其注入了前所未有的精神力量。在基督教，人的理性能力和道德素质的平等转换成了在上帝面前的

---

① [俄] H. A. 别尔嘉耶夫：《精神王国与恺撒王国》，安启念、周清波译，浙江人民出版社2000年版，第65页。

平等，作为上帝选民的平等。基督教将所有的人视为"上帝的儿子"，相互平等。这样，通过对上帝的信仰而提升了人的存在，使人获得新的精神生命，从而将人从动物中超拔出来，获得平等的价值和尊严。基督教超越了民族的狭隘界限，秉持上帝选民的观念，不分民族、等级和阶级，主张由于信仰基督而形成一个亲如一家的整体，相互平等。

奴隶在世俗社会中虽然受到奴役，但是基督教认为奴隶和主人的区分在上帝面前没有任何意义。人的内在精神生活与奴隶还是主人的身份无关。人能够过高级生活还是低级生活，都是人的内在精神生活问题。奴隶身份仅与人的外部特征有关，与人的道德和精神特征无关。所有的人都有同样的道德和精神能力过宗教生活，认识上帝，成为上帝的子民。主人并不比奴隶更亲近上帝。虽然这样的论述可能为奴隶制的存在辩护，但是基督教认为奴隶状况只涉及人的外在方面，不存在于人的道德和精神生活中。

虽然人在世俗的等级秩序中深受奴役，但是人仍旧能够在精神上实现平等。关于精神自由的论述也可以推导出享有这种自由的人精神上是平等的。上帝按照自己的形象创造了作为理性存在物的人，人在本性和在自然状态上是平等的。也就是说，没有人在上帝赋予的本性上是奴隶还是主人。在本性上，人都是平等的，自然也使所有的人平等。①

基督教关于奴隶的论述虽然认为不平等是合法的，也不意味着平等完全消失。因为不平等仅涉及肉体，不涉及精神和灵魂。肉体可能被奴役，但精神是自由的。上帝使所有的人在本性上平等，很可能奴隶好于他的主人。在上帝面前，人们是一体的，以统一的价值救赎，以同样的洗礼再生。"中世纪的教会法学家将人类的原则视为奴隶制度的起点。他们认为，是罪而非自然使人对奴隶和自由人之分。奴隶制是人类始祖犯罪的结果和对罪的惩罚，但也是一种补救，以使人的犯罪倾向得到抑制。奴隶制的真正目的，是矫正人的罪的欲望和犯罪激情，创造出谦卑和无罪的品质，从而使自然法在其中得以实现。这样一来，奴隶制虽然违背自然，但是它不仅是人们应该予以忍受的，还是有用的。不过，他们同样承认人在上帝面前的平等。"②

在中世纪严格的世俗等级制度下，教会成为下层平民跻身社会上层的

---

① See Carlyle, *A History of Medieval Political Theory*, Vol. I, p. 114.
② 丛日云:《在上帝与恺撒之间：基督教二元政治观与近代自由主义》，生活·读书·新知三联书店 2003 年版，第 79 页。

主要渠道。"真正重要的不是基督教政治哲学对平等的吁求，而是这种对精神平等吁求与对现世不平等的承认并存。由此再次凸显了精神与肉体、外在与内在、精神秩序与世俗秩序、此岸与彼岸的分离。"① 这种外在的屈辱和内在的尊严并存，社会身份的不平等与人格的平等互衬，正是基督教平等思想的特色。

2. 个性意识

基督教政治哲学通过将人的肉体与灵魂、此岸命运与彼岸命运、外在世界与内在世界的分离，从而突出了人的精神价值，或作为精神存在物的价值。在人类思想史上，人的尊严最初就是以这种方式获得的，个人价值得到高扬也是以此为基点的。基督教的信仰滋育着个人意识的成长，独立人格的形成。从这点上说，它也在孵化着自由主义精神。

城邦是公民的自治团体，当然也是一个等级团体。这种共同体被视为一个统一的人格，一个有机的整体，个人的价值在于融入整体并为整体尽自己的义务。个人与社会整体的紧密相依和完全融为一体，使个人不能离开整体而生存。人不是他自己，而是共同体的成员。他只是作为共同体的一部分而存在，没有独立的价值。在那个时代，集体的生存权利是压倒一切的，个人要为之做出无条件牺牲。城邦的公民实际上是"国家的奴隶"。② 在这样一种社会秩序中，古典城邦时代的人还没有形成个性意识，没有作为个人的自我意识。

罗马人以法律为纽带将公民联系在一个庞大的共同体中。社会系由法律制度结合个人而形成，这样的理想虽为希腊人首倡，却没有办法超越狭小的城邦领土而实现这一理想。如今罗马人把自然的城市居民社会，变成了虚构的公民社会，这便克服了天然的限制，使城邦理想用于整体世界。这便创造了一种迥然不同以往的帝国体制。

较之此前的古典时期，"罗马人更倾向于将臣民视为能够承担法律责任的个体，可以自由处理自己的事务。那时的多数帝国，当权者往往不吝以武力加道德统治人民，罗马人却把希望寄托于法律，以之为达到社会和谐的手段。对个人而言，伦理和宗教或许非常重要；只要它们不去煽惑人心，违反法律义务，国家便往往不予干涉。这样，文明世界的大多数居

---

① 丛日云：《在上帝与恺撒之间：基督教二元政治观与近代自由主义》，生活·读书·新知三联书店 2003 年版，第 82 页。

② [法] 邦雅曼·贡斯当：《古代人的自由与现代人的自由：贡斯当政治论文选》，阎克文、刘满贵译，商务印书馆 1999 年版，第 27—28、305 页。

民,比之以往更能够预先了解到他们的权利和义务,并以此筹划自己的生活。这空前繁荣的帝国早期景象被后人视为黄金时代,其实这种繁荣,正是法律之下的自由这一概念带来的结果。"[1] 由于个人与公共权威距离遥远,在公共政治生活中变得微不足道,人们从公共生活中撤出,转而注重个人生活。从对个人内在世界的关注和自省中,个人自我意识得以萌发。

古代人的精神世界存在超越主义的境界,它集中体现在宗教意识中。宗教是一种思维方式,那个时代,人们是以宗教的方式理解自己以及自己与所处世界之间关系的。宗教产生于人类超越主义的欲求和内心深处的反省,个性意识的觉醒也往往受到特定宗教意识的有力催发。基督徒以单个人的方式与上帝发生关系,成为彼岸世界中的一员。从这个角度上说,个人的宗教和道德体验超越了政治权威甚至是宗教社会的权威。尽管人在阶级、等级、民族、宗教、性别等方面千差万别,但作为人,大家在某些基本权利方面是平等的。基督教首先将这样一个概念运用于精神生活领域,将人从整体主义的社会联系中剥离出来,使其以个人身份构建起无形的上帝之城,为后来人权思想的形成打通了道路。由于人权理论是早期自由主义的基础,所以人权理论的核心预设当然也是自由主义的核心预设。

基督教解放了个人。在基督教信仰的支配下,基督徒个人的灵性生活和宗教体验也滋养着个人主义精神。也就是说,虽然基督教的观念认为个人在世俗生活层面是整体主义和有机论的,但是在个人的精神世界是以个人主义为特征的。基督教内在的精神生活,包括祈祷、忏悔、内省和其他形式的灵修活动,使他们感受到与上帝同在、与上帝亲密沟通的体验。这种体验对他们个性的形成具有重要意义。个人作为一个个个体存在,通过直接面对上帝,与上帝进行心灵的交流、对话与沟通而沉思自己的人格,根据其自身的权利对自己做出判断。从这个意义说,基督徒的个人主义主要是一种个人化的体验、感受和态度。

但是,12—13世纪对个性的发现,从总体上并没有摆脱基督教神学的范畴。这是基督教占统治地位的时代,人性还没有完全从与神性的融合中分解出来。不过,毕竟在基督教内孕生了一股不可遏止的个人解放的力量,为近代人挣脱世俗秩序奴役的外壳而获得解放跨出了第一步。

---

[1] [美]弗里德里希·沃特金斯:《西方政治传统:现代自由主义发展研究》,黄辉、杨健译,吉林人民出版社2001年版,第16—17页。

(三) 基督教政治信仰中的国家意识

1. "上帝"之城与"世人之城"

城邦时代的政治哲学完全是世俗的,它在人与自然或城邦的关系中来界定人的本性和地位,古罗马帝国时期的天主教思想家奥古斯丁[①]则从人与上帝的关系中对人进行了考察。

奥古斯丁认为,人出生即有"原罪",人的得救不能指望自己,必须靠上帝的恩典。不过,基督教的上帝也从未许诺人们要保护此世的财产与幸福,使人们免遭各种不幸。在奥古斯丁看来,一些基督徒在宣传基督教时,常将上帝说成是人间幸福的保佑者,这种宣传背离了真正的信仰。

区分所谓"上帝之城"和"世人之城"是在这种语境下奥古斯丁思想中最具特色的内容。"上帝之城"概念集中概括了基督教的社会理想。"上帝之城与世人之城的分野,源于天使的反叛,直接起因则是亚当的堕落。人类始祖犯罪,导致两座城的划分。它们分别是圣者与不义者之城、骄傲者与谦卑者、虔诚者与伪善者、被拣选者与被摈弃者之城。是预定要得救者与受惩罚者之城。两个城的根本区别在于它们以两种不同的爱为基础:两种爱创造了两座城,由只爱自己甚至连上帝也轻蔑的爱,造成了地上之城,由爱上帝发展到连自己也轻蔑的爱,造成了上帝之城。结果,地上之城为自己而自豪,天上之城为主而自豪。"[②]

"两个城的区分,实质上是依据基督教伦理对人进行的区分,一个城的人选择肉欲的生活,另一个城的人选择精神的生活。两个城的区分只是理论上的区分,在现实生活中,它们是混合在一起的。上帝之城依上帝至高至善的权威来统治,其成员在上帝统治下过着圣洁的生活,所以它是永生和光明之国。而世上之城依靠人的力量来统治,其成员过着肉欲的生活,充满着罪恶,它是短暂和黑暗之国。在奥古斯丁看来,人类的历史就是两个城之间相互斗争而上帝之城不断取得进展并终将获得最后胜利的历史。只有在上帝之城里才有真正的和平,而世人之城必然是罪恶的渊薮,痛苦的源泉,它注定要灭亡。"[③]

2. 教会与国家

在区分"上帝之城"与"世人之城"的理论框架内,"奥古斯丁阐述

---

① 奥古斯丁(Aurelius Augustine,354—430)是古罗马帝国时期天主教思想家,欧洲中世纪基督教神学、教父哲学的重要代表人物。在罗马天主教系统,他被封为圣人和圣师,他的政治哲学首先是一种神学。

② Augustine, *The City of God Against the Pagans*, Book XIV, XVIII.

③ 丛日云:《西方政治文化传统》,黑龙江人民出版社2002年版,第418页。

了他的关于教会与国家关系的见解。他并不认为上帝之城和世人之城可以等同于人间任何一种社会组织。基督教会并不等同于上帝之城,因为教会内也混杂有灵魂未能得救的人。而世俗国家也并不等同于世人之城,因为,现存的权力是由上帝设立的。因此,正如他明确指出的,在现实生活中,两个城是混合在一起的。根据奥古斯丁的看法,上帝之城至少可以由教会来代表,世人之城可以由异教国家来代表"。①

双城论在中世纪的政教之争中,常被误以为国家与教会关系,由于奥古斯丁所说的两个城并不能与教会和国家相提并论,所以两个城的关系并不等于教会与国家的关系。他虽然没有正面提出关于世俗国家与教会关系的完整理论,但他的双城论对中世纪界定政教关系产生了巨大的影响。

奥古斯丁认为,在上帝的事业上,国家要为教会服务。奥古斯丁采用了一个价值中性的国家定义,即"一个由所爱的事物一致而联合起来的理性动物的共同体"。② 奥古斯丁以成员的"爱"来定义国家,把国家纳入他的双城论体系。他认为,两个城的区分是以两种爱为基础的,对上帝之爱是最高(或最终)的爱。两个城的成员的爱是共同的,这使两个城的公民在现实生活中的广泛领域里可以达成一致。虽然分属两个城的人有着根本不同的动机和追求,但是也存在做出一致决定的可能。上帝让他们相互平等和不受任何人管辖(除了上帝)。但是,人类由于欲望的驱动而征战,不承认所有的人在本性上都是平等的。人们不得不运用自己的理性,去设计各种可行的方法和制度,来应付新的情况,国家因此产生。

奥古斯丁认为,国家是人类自然的社会性受到玷污和因罪而成为自私的结果。在最后的情况下,国家也是恐惧、痛苦与死亡的根源。然而,上帝之城和世上之城共同希求安全和交往。所以,奥古斯丁一方面阐述国家是人类受到惩罚的结果,另一方面又给予国家有限度的承认。

尽管国家权力机构是一个低劣的人类建制,即使统治者是邪恶之徒,基督徒只能心怀谦卑地服从。从基督教的伦理出发,奥古斯丁认为,国家既构成被统治者的苦难,也构成了统治者的苦难,因为被统治者遭受统治者的奴役,统治者又为罪所奴役,这种苦难正是上帝对人类的惩罚。所以,虽然国家作为政治权威本身谈不上是正义的,但它作为上帝实施公正的惩罚的工具却又是正义的。国家的存在得到了上帝的允准,所以反抗国

---

① 丛日云:《西方政治文化传统》,黑龙江人民出版社2002年版,第427页。
② See J. H. Bunes, ed., *The Cambiridge History of Medieval Political Thought*, Book XIX, XXIX.

家就有冒渎上帝之嫌。只有当基督徒被强迫做直接违反上帝法则的事时，才可以拒绝服从，但他仍然有义务屈从于世俗当局的审判与惩罚。

奥古斯丁转变了西方政治思想史上对国家的看法。从奥古斯丁开始，西方人认为国家只是一个满足人类低级需要的人类建构，国家要达到的目标是有限的。国家有其存在的价值，但也应有其合理的权力范围。这种认识恰恰是近代西方自由主义者对国家的基本理念。

二 教权与俗权之争

（一）世俗权力的神性与俗性

1. 世俗权力的神性

基督教通过对世俗权力的神性的确认，为国家的存在提供了宗教的合法性，从而抵制了教会内滋长的无政府主义倾向，而且也为国家的起源提供了重要依据。在政治哲学领域，对国家起源的解释就是确定国家的出身或身份，人们赋予国家什么样的地位、性质、职能和权力范围，以及人们对国家的态度和情感，都与此有关。

城邦时代的希腊人出于对国家的认同感和一体化感觉，觉得人类不可能没有国家。没有国家，人类生活就是不完善的，人的本性就没有充分展开和实现。随着世界帝国的到来，人们对国家的认同感不复存在。国家表现为纯粹外在的存在，是人们必须忍受的，但是国家的存在与人性的完善无关。

《圣经》中还叙述了王权产生的来由。《圣经》中关于王权建立的历史叙述试图阐明：第一，上帝只是不情愿地答应了以色列人设立王的请求。以色列人原没有国王，由先知直接按上帝的意旨统治。上帝认为犹太人要求立王的行为与他们厌弃上帝而侍奉别的神的性质相似。第二，先知们对于设立王也是不情愿的。当世俗权力溶解于教会权力中，没有获得独立的时候，王权的形成是分化的关键一步，是犹太教士不情愿的。第三，王注定将是人民的负担。总之，犹太教将国王的设立视为上帝的意志，因为它得到了上帝的批准，但是上帝只是不情愿地答应了犹太人的请求。这样说来，犹太教在神授王权的形式下确认了王权的合法性的同时，也赋予了它一个并不光彩的出身。在希伯来历史叙事传统中，国家从一出生便带着原罪的胎记。[①]

[①] 参见丛日云《在上帝与恺撒之间：基督教二元政治观与近代自由主义》，生活·读书·新知三联书店 2003 年版，第 120 页。

当基督教挟着希伯来的传统嵌入西方思想界的时候,形成了基督教独特的国家起源理论。人类在自然状态是无罪的,上帝创造人是自由而平等的,不需要强制性权力。根据"原罪说",政府的建立成为可能。也就是说,政府制度之所以必要,是因为人类有罪,它是上帝为补救人的罪过所做的安排。① 其实人对人的统治并不是世界秩序的一部分。统治者奉行其各种欲望,实际是一种难以容忍的傲慢,因为人本来是相互平等的,人对人的统治不符合人的本性。在基督教这里,人类原本如天使一般,但后来堕落了,所以产生了国家。国家的作用在于消除堕落带来的部分后果。

基督教将政府权力的来源归结到世界的至高存在或上帝,除了上帝,没有别的权力来源。权力结构如同一座金字塔,权力自上而下流动,处于其顶端的是上帝。政府权力是代表的权力,即代表上帝行使权力。

面对世俗权力,人人都应当顺从,因为没有权力不是属于上帝的。凡是权力,都是上帝给予的,抵抗权力就是抵抗上帝的命令。世俗权力是神圣的理论几乎是基督教内各派的共识。但是应当将世俗权力与特殊的君王及其行为区分开来,世俗权力是神圣的,但具体在位的君王及其特殊的行为则不必然具有这种神圣性。如果君王违背了上帝的命令,那么他行使的权力就不是上帝的意旨,而是恶魔的工具。尽管这样,世俗权力的神圣性特点也不能因君王的任何渎职而失去。

这就是说,君王是上帝的代表,无论他怎样做,他都是上帝的代表。恶劣的君王与好的君王一样,都是上帝任命的。无论君王好坏,都应该得到尊重,因为其权威来自上帝。即使君王没有体现出政府存在的神圣目的,其行为仍然体现着神意。无论君王的品质如何,行为如何,都是上帝命令的,是上帝命令的执行者。总之,世俗权力的神圣性是基督教政治哲学的一部分。

中世纪各派思想都一致承认世俗权力的神圣性。最有意义的不是关于世俗权力的神圣性的精彩论述,不仅是王权派对此认可,而且在反对王权派的阵营中,也没有否认这一点。世俗权力的神圣性为王权抵抗教权奠定了坚实的基础。这样,世俗权力的自主性便得到了保障。坚守世俗权力的神圣性,为中世纪形成政教分离的格局提供了前提。

2. 世俗权力的俗性

虽然世俗权力具有神圣性,但是具体的君王具有俗性。

君王通常既是君王又是教士,并承担部分教士的职能。这意味着,他

---

① See Carlyle, *A History of Medieval Political Theory*, Vol. I, pp. 128–129.

的职责和他的人身不是纯世俗的，而是具有某种神圣性质。但他与教士不同，教士位列神品，而君王仍是个俗人。

在罗马帝国时代，君王的人格和职位被罩上一层神圣的神性光环。在中世纪西欧，日耳曼的君王也着力神化自己。由于中世纪西方人的心理特点，加冕礼这类宗教仪式所包含的象征意义影响很大。君王通过徒油礼和加冕礼直接得到上帝的恩典和特许，成了上帝在人间的代表。"皇帝在罗马的加冕仪式是任命宗教职位的礼仪：除了象征世俗权力的剑、金球和王节，皇帝还接受一个指环，作为信仰的象征，并受命为助祭，在举行弥撒时帮助教皇。他和教士一样分享两种圣餐，被承认为圣彼得和圣约翰拉特兰宫的牧师会成员。"① 这种仪式被认为是使君王由继承、选举甚至篡夺得来的皇位具有合法性质甚至神圣性质的标志。

君王也许与一般的俗人不同，但毕竟是个俗人。如果君王提出过分的要求，常会受到教俗双方成功的抵制。例如，罗马皇帝对教会事务的最高权力，主要是从帝国安全与统一的考虑出发，对教会的组织和管理实现外部监控。当教会内部发生争论时，皇帝一般并不直接干预信仰问题。

君王是上帝意志的执行者，无论行为如何都代表上帝，但这并不等于君王本身就是上帝。世俗权力具有神性，但君王并不神圣，他只是个俗人，他的行为可能是违背上帝意志的。这种观点在基督教中占据绝对的统治地位。它将世俗权力与具体的君王区分开来。在承认了世俗权力的神圣性的同时，也确认了君王本人及其行为的俗性。君王不是先知，不是上帝，他只是个俗人。违背上帝意志的君王就是暴君，他不再具有行为的合法性，基督徒也没有服从的义务。这样就看到，君王本人的部分神化只是出现于一时，但是并没有取得主流地位。

基督教并不神化君王，对君王的神化和崇拜在基督教看来属于异教。在中世纪，关于社会分层的一个基本观念是对属灵等级与属世等级的区分，君王和所有世俗的王公贵族都是属世等级。这种划分也使世俗权力在世俗领域实现了独立和自主。

世俗权力是人的原罪的补救。人类的原罪是最初的、原始的罪，是深植于人性深处的根本的罪。其他的罪都由它产生。由于人的罪，人世间的和平和正义便受到威胁。于是，便需要人对人的统治，需要强制性的政治权力。世俗权力是对罪的惩罚，当然是世俗的惩罚。它遏制人的罪的本性

---

① 丛日云：《在上帝与恺撒之间：基督教二元政治观与近代自由主义》，生活・读书・新知三联书店 2003 年版，第 134 页。

的膨胀和扩张，它也致力于在由堕落的人组成的社会里实现和平与秩序。如果说世俗权力的神性为国家的存在奠定了一个有限但坚固的根基，那么原罪补救则为其必要性提供了有限但坚实的理由。

世俗权力也是维护和实现正义的工具。它是上帝在世间用来止恶扬善的工具。政治权威的基础和目的是维持正义。即使认为君王是上帝的代表，无论其好坏，正义与否，都应当服从。但是这并不意味着不对正义与非正义的君王做出区分。中世纪的神学家认为暴君经常实行非正义的行为。正义为世俗权力树立起了一个道德原则和目标。奉行正义的君王在政治秩序中喜欢自由，反之则喜欢奴役。

无论是原罪的补救，还是实现正义的工具，基督教为国家规定的职能都是工具性的。作为对罪的补救，它是消极的工具；作为实现正义的手段，它是积极的工具。无论如何，国家本身不是目的，它不能为自己而存在，也不能要求为它而存在，它只是人们实现其他目的的手段和工具。作为遏制人的罪的工具，它的功能极为消极，简直就是以恶制恶。作为促进正义的工具，它也是以消极的防范性措施为主。国家不是正义的化身，也不热衷于采取主动行为。基督教将国家定位于消极的工具，仅赋予其工具性价值，沿着基督教开辟的方向，产生了自由主义的工具主义国家观。

3. 政治冷漠

"我的国不属于这世界"①，这是所有基督徒面对国家和政治事务都会说出来的话。他们相信，作为基督徒，他们的精神生命不属于这个世界，基督不做此世的王，他们的最终归宿也不在这个世界。他们认为在世俗国家中偶然地成为臣民，需要为国家尽义务，但是这只是朝圣旅途中的一个阶段，不需要与国家计较。

人的灵魂不朽，而国家忽生忽灭。基督徒是上帝的选民，有着圣洁的灵魂和彼岸永生的命运，而国家不过是负责人的现世生活的俗物。基督徒滞留于这个世界，但不能沉迷于这个世界，若要不沉迷于这个世界，就要与这个世界保持一定的距离。因为他们不属于这世界，所以这世界也必然将他们视为异类。对此他们能够从容应付。这样，追求灵魂拯救的超越主义价值取向和对彼岸命运的信念，大大降低了国家和政治生活在基督教的价值体系中的地位。基于以上思考，基督徒开始以冷漠、疏远的心态对待国家。

基督徒把人们的目光引向天国，从而不再把世俗国家作为人们的精神

---

① 《圣经·约翰福音》，第ⅤⅢ章第36节；另见第Ⅷ章第24节。

家园。基督徒不再有城邦公民那种对国家或政治共同体的内在认同。他们只给予国家有限度的承认，有条件的肯定，更不会产生对国家的神化与崇拜。基督徒将精神世界从国家中撤出，将目标转向天国，只将那具沉重的肉体留给国家去支配。他们认为宗教生活是高级的，而世俗生活是低贱的、暂时的。为了"等待"天国，他们只能耐心忍受世俗秩序。基督徒只是消极地为国家尽最低限度的义务，不会把政治生活视为人生价值的实现，因而也不会将全部身心奉献给国家。

近代自由主义者把政府视为不可避免的祸害，早期基督徒对世俗权力的敌意，表现出与自由主义者相通的心理。

（二）教权与俗权之争

1. 二元化权力体系

"恺撒的物当归给恺撒，上帝的物当归给上帝。"① 这句话揭示了基督教对待世俗权力与上帝权力之间关系的根本态度。前面谈到的关于世俗权力的神性与俗性的二元观念，回答的是世俗权力的性质问题，这里，"恺撒的物"与"上帝的物"的二元分割，涉及的是世俗权力的范围问题。基督教承认了世俗权力的范围，但以确认上帝的权力范围为前提；肯定了上帝的权力范围，但也为世俗权力留出了地盘。这句话的前后两部分是相互限定的，基督教采取的是二元主义而非一元主义路线。

这种二元分析路径基于两个领域的精神权力与世俗权力、教权与王权相区分的二元化权力体系。它也是理解基督教政治教义的基石。基督教传统中"恺撒的物"与"上帝的物"的分割经过近代的转换，成为自由主义的个人的物与政府的物，即个人权利与国家权力的分割。这种二元分割是自由主义的精髓。

在现代社会，作为宗教组织的教会属于公民社会领域、与作为政治组织的国家是相互分离的。一个国家存在着多种教会，作为一个国家的公民并不意味着同时是某一教会的成员。当代人在分析古代和中世纪基督教会与国家之间的关系时，容易将当代的教会与国家观念投射到过去的时代，将教会与国家理解为相互分离的两个独立实体。但是，从基督教获得合法地位到宗教改革前的一千多年里，教会与国家并不是相互分离的两个社会组织实体。

事实上，中世纪的国家和教会是统一的。上帝是每一存在的唯一源泉和目的，它才是绝对的统一。在人类共同体内，世俗的和精神的组织秩序

---

① 《圣经·马太福音》，第ⅩⅦ章第21节；《马可福音》，第Ⅶ章第17节。

通过上帝的教导而被中世纪接受。基督教共同体与世俗共同体是同一的，所谓政教间的分化和冲突都发生在这个共同体的内部。在这期间，人们看到的冲突主要发生在教皇与皇帝、主教与国王之间。在人们的观念中，很自然地认为教皇代表教会，皇帝代表国家，但这样的理解会使人误入歧途。包括所有信徒的作为宗教共同体的教会是广义的教会，而与之相当的按教阶制组织起来的教士团体则是狭义的教会。广义的教会与国家是重合的，狭义的教会则是在国家或教会内分化出来的相对独立的权力体系。当将教会与国家相对待时，指的是狭义的教会。

教会具有系统严密的组织形式和权力体系。没有教会独特的权力结构、强烈的独立要求及其获得的成功，就不会有赋予西方政治文化个性特征的政教二元化权力体系。即使在罗马帝国后期，争取教会在宗教事务方面的独立始终没有停止。

教会作为宗教共同体，是建立在共同信仰的基础上的，连世俗国家也需要从宗教信仰中获得其合法性。在这个共同体内，人们公认上帝是一切事务的终极原因，也是人类社会的终极权威。违背上帝的意志的法律是无效的，但上帝的意志是由教会来宣布的。在各种宗教生活、宗教礼仪和庆典中，在社区活动和交际活动中，教会处于中心的地位。世俗统治者要服从教会的宗教管辖权，而教士却不受世俗司法的管辖。对教会领袖来说，世俗权力具有极大的诱惑。教会部分地受其权力欲望驱使，部分地出于宗教的考虑，极力将世俗事务赋予精神性特征，以攫取更多的世俗权力。

西罗马帝国的解体和日耳曼国家的建立，为西方教会即天主教提供了一个难得的契机，使其获得相对独立的地位。天主教会在政治上和组织上脱离东方帝国，形成独立的权力中心，使西方各国"基督教化"并建立起统一的超国家或跨国家的教会组织，对宗教事务和信徒精神生活享有相对独立的管辖权，这一切都标志着西欧社会实现了国家与狭义的教会在组织上的分化和政教二元化权力体系的初步形成。这是中世纪西欧最引人注目的特征之一。

作为一种政治思想和价值观念的二元主义在基督教会里则有着更为悠久的历史传统。但是，在任何时代，西方的政教二元化权力体系都不是定型的体制，更不是僵死不变的，而是在左右倾斜中实现的，在动态中发展的。在教会与国家权力的竞争过程中，弱势一方总能守住底线，并有机会转变为强势；强势一方也不至于将对方完全压倒，并有可能转变为弱势。两者在相互消长中达到一种不稳定的动态平衡。

2. 教权与俗权

在中世纪的政治生活中，教权与俗权既相互依存，又相互竞争、限制和制约，保持着紧张的关系，达到一种脆弱、微妙和不稳定的平衡。这是中世纪基督教文明的典型特征。

面对世俗的国家，将宗教性的权力限制在一定的范围内，就是在一定程度上承认世俗权力的独立性和自主性。面对教权被世俗权力吸收的危险，教父们关注的重心在于维护教会的独立，使精神事务免受国家控制的自由。因为他们认为"教会是尘世间相对独立的秩序，它不存在于国家内部，而是与国家平行的。教会有自己的法律和原则，自己的行政权威，它们完全不依赖于国家。作为外在于和独立于国家的教会权威，教会与国家的关系是两个独立但又紧密联系的权力的关系"。[1]

教会在宗教事务上具有独立的管辖权，不受世俗权力的干预。教会的某些权利，就其事务本身的性质来说，根据上帝对世界的安排，是神圣的和不可亵渎的。虽然教会承认世俗秩序的神圣性，坚持基督徒有服从的义务，但是，当统治者严重犯罪时，教士必须予以谴责。但是这种权力只是否定性的而不是肯定性的，是消极的而不是积极的。

"在二元化权力体系下，教皇与皇帝是同根连体的双头鹰。它们扎根于共同的宗教信仰，诉诸同一个历史传统。对双方的共同基础，他们是不争的。他们也都承认对方的合法性和双方互相依存。他们所争的是：在一个共同体内，两种权力体系孰高孰低？他们各自的权力性质如何？相互的地位和权力关系怎样？各自的权力范围如何界定？"[2]

基督教信仰精神而轻世俗，属灵等级优于属世等级，所以，精神权力高于世俗权力，负责精神事务的教皇具有超过负责世俗事务的皇帝的尊容。对于这种教权优于或者重于王权的结论，争论双方的分歧并不大。即使是王权派，一般也能承认教权在精神和道德上处于较优势的地位。双方真正的分歧是在权力关系上，在于教皇和皇帝谁是最高权威。他们都承认两权性质不同，应该分开，但两权绝不是平等的，每一方都声称此权高于彼权，为此双方展开了殊死的斗争。即使对待同一事件，双方论证也极其不同。例如，皇帝需要教皇的加冕来神化王权，而教皇也需要通过皇帝加冕来提高自己。

---

[1] 丛日云：《在上帝与恺撒之间：基督教二元政治观与近代自由主义》，生活·读书·新知三联书店2003年版，第180页。

[2] 同上书，第248页。

应该说，即使教权派主张教权从整体上高于王权，但并不意味着他们同时也主张教权在世俗事务上也是最高的。精神权力高于世俗权力与精神权力在世俗事务上高于世俗权力是不同的概念。前者意味着教皇有权对最高世俗统治者实行监督和宗教性惩罚，后者意味着教皇在世俗事务上行使最高统治权。"最重要的不是双方的克制态度，而是对方的存在和权利要求构成每一方权力扩张的不可逾越的客观障碍。教会热衷于教会自由，这是植根于基督教信仰深处的强烈冲动。与之相对，世俗权力方面也要维护政治自由和政府自由，这是每一种权力都有的生存与扩张的本能。在中世纪，自由是一种特权。两种特权都有自己的理论的、历史的和法律上的根据，且大部分也为双方所认可。对于二元化权力体系或二元主义政治文化来说，两者同等重要。没有教会对自由全力的伸张，世俗政府就会实现对社会的全面控制；但没有对世俗政府自由的坚持，就会出现神权政治，也就无所谓教会自由了。"① 实际上，教皇一般是从外面对世俗领域权力的运用实行监控，通过制定基督教共同体的基本准则和对世俗统治者的监督指导而间接地指导世俗生活，而不是直接在世俗领域里实行统治。

面对教权派的进攻，皇帝坚持要求基督教共同体首领的地位。对他来说，教会是帝国的一部分，精神权力是帝国的黏合剂，是帝国命脉所系，他不能漠然置之。当权威不确定的时候，就更需要臣民或信徒有更多的自主性，没有人确保他灵魂得救，只能由自己做出选择，并承担选择的后果。两种权力范围的不确定性为信徒做出选择增加了困难，也培育了他们更多的勇气和锻炼了他们的智慧。西方人的思维追求清晰，但这种思维方式却运用于本身十分模糊的领域。因为这种权力争论的讨论并不会达成一个确定的结论，但它在西方思想界形成一种思维习惯，即权力的归属需要有权利的根据，权力的关系需要说明，权力的范围需要精确界定，权力的运用要有理由。它不能接受没有权利根据的权力、没有界限的和无理性的权力。

在教权与王权的二元主义结构下，要建立一种稳定的秩序需要付出极大的代价，有时根本是不可能的，但西方人的价值观却不是热心于建立秩序，而是建立动态的适应变迁需要的政府形式；不是一劳永逸的稳定，而是具有活力、充满变化和容纳多种可能性的秩序。在两种权力的紧张和动态关系中，普通民众多了些自由的空间，个人和社会在两权的争夺及其所造成的权力夹缝中得以伸展和成长。早期王权派拒绝承认皇帝权力来源于

---

① See Carlyle, *A History of Medieval Political Theory*, Vol. Ⅵ, p. 378.

教会，认为它直接来源于上帝。但中世纪晚期的神学家越来越强调王权来源于社会共同体、民族共同体和人民。① 由于将王权建立在新的基础上，到中世纪末期，王权就能够以民族的代表自居，唤醒和聚集民族的感情和力量，与教权展开较量。争论的双方都承认在同一基督教共同体内存在两种性质不同的权力：精神权力和世俗权力，它们应该合作，不应该分裂；应该分工，但不能合并。

教权与王权之争最终达成一种妥协。同时，双方都采取了克制的态度。双方都寻求维护基督教共同体的统一，并同意这种统一是建立在教士与俗人、教权与俗权分工合作的基础上的。所以双方都承认对方最低限度的权力，并不想完全否定对方，一劳永逸地摆脱对方的钳制和制约。双方都以精神权力与世俗权力的二元论为基础，这个二元论不时遭到破坏，但总体上被人们所信守。它是双方斗争的前提，也构成双方斗争的舞台。

但二元论能够实现，"最重要的不是双方的克制态度，而是对方的存在和权利要求构成每一方权力扩张的不可逾越的客观障碍。教会热衷于教会自由，这是植根于基督教信仰深处的强烈冲动。与之相对，世俗权力方面也要维护政治自由和政府自由，这是每一种权力都有的生存与扩张的本能。在中世纪，自由是一种特权。两种特权都有自己的理论的、历史的和法律上的根据，且大部分也为双方所认可。对于二元化权力体系或二元主义政治文化来说，两者同等重要。没有教会对自由全力的伸张，世俗政府就会实现对社会的全面控制；但没有对世俗政府自由的坚持，就会出现神权政治，也就无所谓教会自由了"。②

中世纪教会与国家、教权与王权相互独立、相互限定。一方为另一方设置的围栏，也是自己权力扩张的障碍和另一方抵御它侵犯的屏障。双方相互侵吞、互相介入、互相重合，但各自余下的内核却是坚硬无比，对方难以侵入。直到中世纪末期，教权与王权之争都没有一个最终结局，双方的权力关系从未固化在某一清晰的界限上。

（三）人的双重政治角色

1. 人的二重性

基督教提高个人的地位是通过将个人劈成两半来实现的。基督教信仰区分了人的灵魂与肉体、内在世界与外在世界、精神（宗教）生活与世俗生活、来世命运与现世境遇、天堂幸福与世俗幸福。通过把前者从后者

---

① See Carlyle, *A History of Medieval Political Theory*, Vol. Ⅵ, pp. 345–346.

② Ibid., p. 378.

剥离开并与上帝建立起直接的联系,从而赋予人的精神生命以某种高于世俗秩序的神圣意义和超脱世俗秩序的独立价值。

真正将人的肉体与灵魂的区分赋予重大意义的是基督教。有形的社会共同体与无形的另一世界的共同体是重合的、连续的,并没有分离和对立。公民的肉体与灵魂、生与死,都属于城邦或家庭。人的来世命运只是此世命运的直线延伸。

耶稣传道的使命就是在世俗世界里呼唤精神的觉悟,从罪恶的肉体中救拔沉溺于其中的灵魂。罪虽然不是人的天性,上帝造人之初,人是无罪的,但由于遗传和习惯,罪成为人的第二天性。人的肉体属于这个世界,是卑污的、偶然的、暂时的存在;而人的灵魂能够为圣灵所充满,与上帝相沟通,从而得到永生。耶稣的救世活动将人分解成两半,赋予其不同的意义,判定了其不同的命运。但是,基督教认为人的生命本质是精神和神的世界。肉体生命追求有限的生存,而精神生命则力图超越有限,追求自由和永生。人的希望不在此世,而在永生。执着于暂时的,便会失去永久的;迷恋此岸,便会迷失彼岸。基督徒追求精神生命永生的信仰,是后来教会精神权力最基本的和最强大的能量源泉。

得到拯救的是灵魂,而不是肉体。事实上,天国与尘世的对立,正是与灵魂和肉体的对立相对应。在高扬精神的同时,肉体被定义为罪的载体,得救的负累。不但如此,信徒还要牺牲肉体生命而换取精神生命。信徒通过悔改,遏制灵魂被肉体拖向深渊的趋向,转而回向天国。这就设定了基督教超越主义的价值取向。

基督教对人生命本质的理解代表着对人生意义的另一种寻求。基督教信仰突出强调人的灵魂永生的意义,贬低现世生活的价值,从而把人们的目光引向来世和天堂。这样就产生了一种独特的生活观念和生活方式。

城邦时代的人们尽管也相信神灵和人的灵魂不死,但是,他们生活的重心在世俗世界。他们有彼岸意识,但在此生此世,他们全身心投入城邦的政治生活。既然来世不过是此世的直线延伸,他们就不会因为来世信仰而漠视现世生活。公民们将整个的身心投入城邦生活,将整个人的精神和肉体贡献于城邦。他们以城邦为精神的支柱或寄托,相信通过优良的城邦生活,一个公民才能达到完美的道德境界和实现自己的本性。城邦主义就是公民宗教,也是公民的生活方式。城邦的宗教具有政治意义,城邦的政治生活也具有宗教意义。在罗马人那里,宗教是政治组织的一个不可分割的部分,是一种民族、部落或家庭感情,而远非个人对精神力量的虔诚之事。宗教的虔诚与热爱部落、国家或家族的情感融为一体,罗马法甚至将宗教作为公法的一支。① 所以，城邦时代的人对基督教式的世俗生活与精神生活的区分没有任何概念。

基督教对生活的理解包含双重的二重性。首先是天国生活与世俗生活的二重性，而在尘世生活中，又区分为精神生活与物质生活、宗教生活与世俗生活的二重性。精神生活和宗教生活虽在尘世进行，但它的目的是超脱世俗生活。城邦时代的人立足现世生活而向往来世，其世俗生活是在世俗层面上横向扩张，企图满足人的肉体和情欲；而基督徒则是立足来世来过现世生活，致力于向外和垂直向上的超越，使人的灵魂摆脱肉体而得进天国。

基督徒的这种新的生活观念否定了通行的世俗生活准则，将世俗生活与来世生活对立起来。为了得到上帝赦免和宽恕，使其灵魂进入天国，基督徒甚至被教导要爱自己的仇敌。他们认为灵魂得救才是他们真正追求的目标。面对世俗地位的不平等，它强调人的精神的平等；而人的精神虽然是平等的，但却要服从世俗的权力。这是一种摆脱世俗成见，以新的观念过现世生活的要求。然而，基督徒并没有完全否定世俗生活的价值。基督被钉死在十字架上，经受了肉体的折磨和痛苦。死在十字架上的不仅是一位神，同时也是一个人。神性与人性在基督身上结合为一体。"神过的是凡人的生活，忍受的是肉体必得忍受的痛苦，由此，遂给了人类一个信息，便是我们不应该逃避痛苦与屈辱，而应将其视为臻于最高精神目的的工具。"②

强调精神生活和强调世俗生活的钟摆不时摆向两边，但中轴线是二者的动态平衡。基督教的主流传统对世俗生活既不是消极逃遁，也不是全身心地投入；既不是完全弃绝，也不是使其圣化。它使两者分开，保持着距离和张力，同时肯定精神生活第一的原则。这是基督教的特点。从政治哲学发展的角度来看，这种对人的本质的二元性理解及与此相关的对人类生活的全面二元性分析，是基督教二元政治观的基石。

2. 一仆二主

基于灵与肉的分离、精神生活与世俗生活的区分，无论教会与国家争斗还是妥协，都使臣民陷入一种尴尬的处境。他们被视为教会这个基督的

---

① 参见［英］詹姆斯·布赖斯《神圣罗马帝国》，孙秉莹等译，商务印书馆1998年版，第10页。

② ［美］弗里德里希·沃特金斯：《西方政治传统：现代自由主义发展研究》，黄辉、杨健译，吉林人民出版社2001年版，第28页。

身体的一员，但这个躯体却有两个头。平行的两种权威分享着他们的忠诚，并列的两套法律分割了他们的生活。当两种权威和法律发生冲突的时候，他们必须做出自己的选择。教会与国家的分化和政教二元化权力体系的形成，植根于基督教的信仰，所以这种尴尬是基督徒无法选择的宿命。

根据基督教的信仰，人被理解为二重性的，即分成灵魂和肉体两个方面，两者有着不同的价值和命运。肉体属于这个世界，是鄙俗的，甚至是罪恶的，只有灵魂才能进入天国，得到永生或坠入地狱。由于人的二重性，便有人的生活的二重性，即精神生活和物质生活，或宗教生活和世俗生活。世俗生活是人的罪的产物，它本身就是罪恶的渊薮，只有宗教生活才是神圣的，属灵的。基督徒把今生看作因罪而受到的惩罚和一个赎罪的过程，是通往天堂或地狱的旅程中短暂的一站。

社会组织也分化为两个，即教会与国家。与此相适应，社会的权力体系也分化为教权（或精神权力）与王权（或世俗权力）。但是，这种教会与国家的分化并不是各自分离，成为两个独立的实体。同一个社会实体，既是教会，又是国家；同一批人，从一个角度看，是构成教会的教民，即教士和信徒；从另一个角度上看，又是构成国家的臣民或公民。在中世纪，除了不长的几段时间之外，教皇较为独立地行使着最高教权，一般不受世俗君主的直接控制。

教权与王权的分化以及二元化权力体系的形成，使基督徒开始扮演一种全新的政治角色。从此，他们一身二任的双重角色，使他们必须尽双重义务，即宗教义务和世俗义务。人的生活不再是一个整体，而是被劈成了两半，一部分要向教会负责，另一部分要向世俗政权负责。虽然两部分的界限并不总是很清楚的，更不是僵固不变的，但某种界限总是存在的。教会与国家任何一方，都不能控制人类生活的全部。互相矛盾的权力要求并存，相互对立的权力斗争没有以一边倒的方式结束。这便是政教斗争的特点：它总是开放着空间，保持着张力。

这样，西方人便处于一仆二主的地位：同一个人，受两个大体上平行的权力的管辖。教皇与皇帝在自己的权力体系里没有在上者，但在他们身旁有一个竞争者、监督者，有时也是在上者。这种教俗两界最高权威教皇与皇帝之间的关系是很特殊的。它是教权与王权斗争的焦点。在这种秩序下，基督徒习惯于将他们的生活分成两半，分别要向两个主人负责。为了灵魂得救，他们要依赖教会；为了世俗的利益，他们要诉诸政府的权威。二重性的生活使他们形成一种根深蒂固的意识，即他们的两个主人都只能支配他们生活的一半，无权干预不属于其权力范围的另一半。

在这种两权相互制约的模式下，当一种权力暴虐失政时，人民不至于无处逃避，求告无门，另一种权力或许会对其进行抵制、予以纠正，为人民提供一定的庇护，在一定程度上减缓其暴虐失政的后果。从此，个人与国家和教会形成一种三角关系，个人与国家或与教会发生纠纷都可求助于第三者。这在一定程度上缓解了国家或教会的压迫力量。

人民虽然在两权争斗中被置于尴尬的境地，但因此也就有了更多的选择权。尤其当权威不确定的时候，就更需要臣民或信徒有更多的自主性，没有人确保他灵魂得救，只能由自己做出选择，并承担选择的后果。两种权力范围的不确定性为信徒们做出选择增加了困难，也培育了他们更多的勇气和锻炼了他们的智慧。西方人的思维追求清晰，但这种思维方式却运用于本身十分模糊的领域。因为这种权力争论的讨论并不会达成一个确定的结论，但它在西方思想界形成一种思维习惯，即权力的归属需要有权利的根据，权力的关系需要说明，权力的范围需要精确界定，权力的运用要有理由。它不能接受没有权利根据的权力、没有界限的和无理性的权力。

在教权与王权的二元主义结构下，要建立一种稳定的秩序需要付出极大的代价，有时根本是不可能的，但西方人的价值观不是热心于建立秩序，而是建立动态的适应变迁需要的政府形式；不是一劳永逸的稳定，而是具有活力、充满变化和容纳多种可能性的秩序。在两种权力的紧张和动态关系中，普通民众多了些自由的空间，个人和社会在两权的争夺及其所造成的权力夹缝中得以伸展和成长。这种精神权力对世俗权力的抵御和监督，给西方人留下了自由的遗产，为西方留下了规范国家权力的优良传统。教会与国家之间具有某种张力是十分可取的。"正是两大权力之间的这种冲突，有效地防止了个人遭受完全奴役的危险。如果西方人民成功地使自己避免了东方停滞的神权政体，那全赖教会与国家的长期竞争，最终植根于这样一个事实，即教会与国家都是独立自足的机构，事实上构成两种分离独立的国家。"①

三　基督教、国家与人权

（一）二元主义的思维定式

1. 思维定式

基督教在教权与王权之间做出二元分割，并在两者间保持某种张力和

---

① ［意］圭多·德·拉吉罗：《欧洲自由主义史》，［英］R. G. 科林伍德英译，杨军译，吉林人民出版社2001年版，第18页。

脆弱的平衡；在上帝与恺撒的物之间划出界线，使两个领域相互交叉但不是完全重合，这不仅是某些思想家或思想流派提出的理论，而且是贯穿整个古代中世纪基督教思想史的主流政治哲学；它不是政治斗争的特定形势造成的一种暂时的状态，而是以特定的政治信仰为根据的相对稳定的政治体制；并且它不仅停留在制度和理论层面，它还透入一般西欧人的政治心理，是他们的政治价值取向、政治态度和政治情感，也就是说，是西欧基督教时代政治文化的核心特征。

从公元1世纪耶稣原则上区分了恺撒的物和上帝的物，到5世纪格拉修斯完整地阐述了精神权力与世俗权力分工的思想，到17世纪的洛克系统地从理论上对个人权利与政府权力关系做出阐述，以及18世纪美国宪法对一系列个人权利正式做出阐述，贯通这1800年西方人政治思考和政治设计的，就是二元主义的思维方式。这1800年中，世事变迁，人们所思考的政治主题和从事思考的背景已大不相同，但二元主义的思维方式却没有变化。[1]

以二元的而非一元的观念认识政治秩序，追求二元分割而非一元合并，要在人的生活中划出一个界限，将人的生活劈成两半，分属两个领域，在界限的两边保持一定程度的张力而非僵硬的对待，保持相对的平衡而非一边倒的优势，这是一种思维定式，也是一种政治心态和政治审美观念。二元主义思维方式贯穿于基督教政治哲学与自由主义政治哲学，构成两者联结的桥梁。

2. 自由主义的中轴

在基督教之前，古代政治哲学家关心国家权力的归属和目的问题，基本不涉及国家权力的性质和范围问题。他们思考的是，国家权力由谁来掌握，以什么为目标？他们不考虑，国家权力是什么样的权力，其权力界限何在？围绕古典时代主题构建的政治哲学只能是一元主义的，整体主义的。基督教改变了西方政治哲学的论域，将政治哲学的主题转向对国家权力性质的分析和范围的界定，将一元主义的政治思维转向二元主义的，而自由主义则接过基督教政治哲学的话题，并结合新的政治条件做出了近代的回答，也就是说，基督教政治哲学设定了政治理论的中轴，而自由主义则继续围绕这个中轴旋转和展开。与此同时，它也必然继承基督教二元主义的思维方式。

---

[1] 参见丛日云《在上帝与恺撒之间：基督教二元政治观与近代自由主义》，生活·读书·新知三联书店2003年版，第297页。

基督教关于精神权力与世俗权力的二元观念转变为自由主义关于个人权利与政治权力二元化的观念；基督教对政府权力予以界定和规范的思路为自由主义所继承，它只是将教会对世俗权力的限制转变为个人权利与公民社会对政府权力的限制。

以往教会充当了上帝在尘世的代理人和个人私域的监护者，但在个人长大成熟后，便推开这个代理人，直接与上帝相沟通。结果，以往的上帝是教会伪造的，"上帝之物"被化为教会之物；而现在他们自己每个人都开始伪造上帝，继而又以上帝自居。

（二）从上帝的物到个人的物

1. 三种模式

基督教二元主义政治哲学的核心是上帝的物与恺撒的物的二元区分，自由主义的核心是个人权利与国家权力的二元对立。为了认识基督教二元主义与自由主义的内在联系，将其与古代国家所存在的精神权力与世俗权力、教权与王权关系的另外两种模式进行比较分析，从中会发现，自由主义是基督教的遗产以及个人的物能够从上帝的物中蜕变而生的缘由。在古代世界，精神权力与世俗权力并存于所有的国家，但两者的关系不大相同。大体说来，教权与俗权的关系有三种模式。

第一，世俗国家吞没了教会，王权吸纳了教权。这类国家的共同特点在于：世俗政权或直接承担起道德教化的功能，行使着宗教权威，或将教权作为政权的一个有机组成部分发挥其作用。个人生活的一切都受世俗政权的支配。古代中国、古代希腊和罗马、东正教的拜占庭和俄罗斯等都属于这个类型。在教会与国家都是一元结构从而两者相互重合的地方，社会共同体首先是国家，其次才是教会。在国家一元化而教会多样化的地方，即一个国家内并存多个教会的地方，教会成为世俗国家的组成部分。在这种模式内，有的国家形成了相对独立的教会，握有相当程度的精神权力，但教会的权力屈居于世俗王权之下。有的国家虽然有精神权力和宗教组织，却没有形成组织化程度较高的教会，因而教权与王权没有形成结构性的分化，精神权力完全被世俗权力所吸收。

第二，教会吞没了国家，教权吸纳了俗权。国家成为教会负责世俗事务的附属部分。《圣经》中记载的古代犹太人的由先知统治的国家，穆罕默德创立的伊斯兰教国家等都属于此类。社会共同体首先是教会，其次才是国家。人的整个生活都被赋予宗教意义，规范人类生活的首先是神的戒律和教会法律，不仅个人的精神生活，而且个人世俗生活的每一个细节，都受到宗教权威的支配。

第三，教权与王权相互分离、各自独立、相互平衡的二元化模式。这是中世纪西欧基督教社会形成的政教关系模式。在古代文明中，除西欧外，只有印度接近这个模式。这种模式的特征在于，在一个统一的社会共同体内，出现了教会与国家结构上的二元分化。从一个角度看它是国家，由皇帝或国王统治着教俗两类人群，即主教和一般教士，贵族和其他臣民，当然，如前面已经谈到的，世俗权力对教士的统治是有条件的；从另一个角度看，它又是教会，由教皇领导着教俗两界基督徒，即由主教和其他教士等组成的神职人员，以及包括皇帝或国王、贵族和平民等在内的世俗信徒。在这个共同体内，教士团体按教阶制原则严密地组织起来，取得相对独立的地位，精神权力与世俗权力、教权与王权实现了分化，两者的关系不是像在其他国家那样趋于一种极端的解决，一方完全吞没或压倒另一方，而是既相互依存、相互交叉，又各自独立，相互平行、对立、平衡与制约，保持一定程度的紧张但又不至于完全破裂。两个权力体系形成了各自传统的相对稳定的控制领域，由此便把人的生活分成两个部分，一部分由教权控制，另一部分由王权控制。

在前两种模式中，一种是世俗的极权政治，另一种是极端的神权政治。它们的共同特征在于，社会组织是一体化的，政治权力体系是一元化的，个人的社会角色是统一的，个人的生活表现为一个完整的整体。也就是说，个人的整个生活都受一个权威的控制，这个权威既是精神权威，又是世俗权威；既是教会权威，又是国家权威。从而使它具有无限制的压迫力量和对个人无孔不入的控制手段。它也使个人软弱无助，没有任何手段可以抵御国家或教会权力的控制、干预和侵犯，也没有任何方式可以逃避它。在他与压迫者间，没有第三者可以诉求。他的全部生活，包括精神生活和世俗生活，甚至生活的细节，都受一个无所不在的权威的任意支配。而这个权威没有被其他权力所分散、分解，不会遇到有组织的竞争、制度化的制约，也不受到任何认真的争议，表现为一种天然的权威。它专断、任性，无限膨胀，个人在它面前被压缩到近于零的程度。

所以，在这两种模式中，由于没有教权与俗权间的张力与竞争，结果社会处于死寂状态，缺少创造性活力的源泉。而且由于国家或教会的权力没有限制，在这些文化中都没有形成国家权力有限的观念，个人也没有任何自由的空间。

一般人容易将教会视为单纯的黑暗势力和愚昧的守护神。但他们忽视了，教会在古代社会还守护着人的内在世界，抵御世俗国家的侵扰。宗教是人类严酷的世俗生活的慰藉，也是残酷的世俗暴政的避难所。它还可以成为警醒和改造世俗世界的神圣力量。对于古代政治权力的专制、腐败和无限扩张来说,教会能够成为对它的制约和监督力量。诚然,教会也会成为一种压迫的力量,但如果教权与俗权分离,两种压迫力量就会得到减缓,并在一定程度上互相抵消,而两者合流,则压迫力量会无限强大。所以说,"宗教是一切正义、爱情、自由和仁慈观念的共同核心,它在我们朝生暮死的世界中构成了人类的尊严,使人类不受时间左右、不为邪恶控制地团结在一起。它是一切美好、伟大、善良的事物得以摆脱时代的堕落与不义的永恒条件,是用自己的语言昭示美德的不朽声音,是从现在走向未来、从尘世走向天堂的吁求,是一切被压迫者在任何情况下的神圣后盾,是受害的无辜者与被践踏的弱者的最后希望"①。

在西方,这种持续上千年的二元化政教关系模式在人们深层心理上积淀为一种根深蒂固的意识,即国家的权力是有限的。国家权力的有限性得到确认,但不是因为上帝的有限授权,而是人民的有限授权。人民只将他们过共同的社会生活所必需的最低限度的公共权力授予了国家,所以国家也只能享有这部分权力。它不能够想干涉什么就干涉什么。免受国家干预的不仅是人类的宗教生活,而且包括宗教生活的一系列个人权利。这些权利被视为"自然的",即与生俱来的,与人的自然存在联系在一起的,是人的本性的要求。人们建立国家后,并没有将这些权利交给国家,而是保留在自己手中。它们是神圣不可侵犯的。正是这些个人权利,构成国家权力的绝对界限。在自由主义那里,个人权利取代了教会权力而成为国家权力的解毒剂和无限膨胀的障碍。

所以,正是上帝的物到近代演变为个人的物和社会的物。基督教的原则"恺撒的物归恺撒,上帝的物归上帝",已经演变为"个人的物归个人,政府的物归政府"。作为自由主义基石的个人权利是基督教二元化权力体系的文化遗产,也是上帝留给人世间的遗物。"如果伦理的和宗教的体制不曾被认为大体上独立于并在重要性方面超过国家和法律的实施,那就很难想象自由能起到它在欧洲政治思想中所起的作用了。"如果没有中世纪宗教自治和宗教自由信念的"残存物","则关于个人私生活和自由的现代思想就几乎是无法理解的了"②。

---

① [法]邦雅曼·贡斯当:《古代人的自由与现代人的自由:贡斯当政治论文选》,阎克文、刘满贵译,商务印书馆1999年版,第187页。

② [美]萨拜因:《政治学说史》(上册),盛葵阳等译,商务印书馆1986年版,第228、239—240页。

2. 历史轨迹

上帝的物变成了个人的物需要历史地考察。毫无疑问，中世纪的人并没有享受到近代人的权利和自由。教会争取的自由不等于信徒个人的自由，国家不加干预的部分被教会牢牢地控制着，而教会对信徒精神生活的强制往往是通过国家政治权力的支持实现的。教会以世俗的手段在尘世间行使上帝权威，其对个人权利和自由的压制和摧残往往远甚于纯粹的世俗权力。中世纪的人只是在国家和教会的并存与竞争中，多了一些选择和判断的自由。

然而到中世纪末期，随着中央集权的民族国家的形成，教会的权力开始衰落，教会对个人的控制力也开始松弛。新教将从教会那里取来交给个人的物主要是信仰的权利，它既不许教会侵犯，也不许国家染指。但是，新教在将信仰的权利完全交给个人的同时，又加强了国家的权力。它把整个外部世界和世俗领域完全交给国家去支配，包括宗教生活的外在方面。这样，它就既解放了个人，也解放了世俗国家；既加固了个人良心的堡垒，又扩张了国家的领地，从而建立了个人与国家两极直接的二元对立。这样，中世纪的教权与王权的对立转变为近代个人与国家（政府）的对立，由于失去了教会这一层屏障，个人便凸显在与国家对立的前沿；没有了教会的监护，个人便需要独立面对国家，抵制国家权力扩张的是对个人自由和权利的伸张。

在世俗国家不断扩张的年代，历史传统开始表现出来强大的反弹力量。世俗国家企图控制人们的宗教和私生活的行为缺乏历史的传统和依据，没有根基，新教所培育的个人自由精神使人们尤其厌恶由那些世俗统治者决定他们最珍重的信仰问题和宗教生活。而这些统治者与他们同样具有原罪，在精神价值上并不高于他们。

上帝的物转变为个人的物并进而扩展为近代一系列个人权利并非和平实现的，它经过了比中世纪的政教之争更为惨烈的厮杀。在教会弃守的领地，人民与不断膨胀扩张的专制王权展开了争夺。经过 16 世纪的宗教战争和尼德兰清教徒的反叛、17 世纪的英国革命、18 世纪的北美独立战争和法国大革命，国家扩张权力的企图遭到挫败。

（三）二元化权力体系与自由主义

1. 二元政治观与自由主义

二元化权力间的斗争给西方留下了近代自由主义这一遗产。由基督教的二元政治观向自由主义二元政治观的转变主要包括以下几个方面。

第一，基督教对人的灵魂与肉体、内在世界与外在世界的区分演变为自由主义关于人的内在精神与外在行为、只与自己有关的行为与涉及他人的行为的区分。基督教认为，人的灵魂只对上帝负责，只有肉体才属于世俗社会；自由主义认为，人的一部分行为只与自己有关，不影响他人，这部分行为完全是自由的，只有影响到他人的行为才需向社会负责，政府和社会才有权干预。

第二，基督教关于人的精神生活与物质生活、宗教生活与世俗生活的区分，在自由主义这里转变为私域与公域的区分。在私域内，个人是最高主权者；只有在公域内，个人才服从外在权力。私域是个人的圣地，公共权威不得进入。

第三，基督教关于精神权力与世俗权力互相监督、互相限制的二元模式转变为近代宪政主义的分权与制衡、有限权力的政府模式。在基督教那里谈的精神权力与世俗权力的界限，两种权力互为界限，互相限制。在两种权力相互竞争、相互监督、相互制约中，每一方都强调对方的权力是有限的，需要予以防范，受到对方的监督，每一方都试图为自己的权力找到更坚实的根据。在双方共同推动下，限制和规范权力的观念、制度和技术发展起来。中世纪的世俗统治者是在教会的监督下统治国家，这种政治模式到近代演变成宪政制度，即政府在代表民意的议会和独立的司法机构的监督下行使权力，同时三种权力相互之间相互制衡。在长期的政教之争中，政教二元化权力体制和观念对西方人已成习惯，每种权力都有其界限已经得到广泛认同，人们难以接受无限的权力，而且形成精确辨析权力界限的思维习惯。政府权力受到规范和限制，便是个人自由的主要保障。

第四，基督教关于精神权力与世俗权力、教会与国家的对立到自由主义这里演变为公民社会与国家的对立；上帝的物和恺撒的物的对立演变为个人权利与国家权力的对立。原来由教会与国家分割的领地现在由个人和公民社会与国家分享，原来个人的物分属上帝和恺撒，现在一部分属于国家，另一部分归个人自己。原来教会对世俗权力的制约和监督转变为公民社会对政府的制约和监督。

总之，自由主义是在世俗化历史进程瓦解中世纪的神圣秩序后，在世俗秩序的基础上对其二元政治结构的重建。

实际上，二元主义的思维方式渗透到基督教与自由主义政治哲学的各个部分，比如基督教关于人的无罪状态与有罪状态的对立在自由主义这里转化对人性内在的善与恶的因素的分析；关于自然与习俗的对立转变为自然状态与公民社会的对立；关于神法与人法的对立转变为自然法与实证法的对立，等等。

所不同的是，基督教对权力的横向分割在自由主义这里转变为在个人（和社会）与政府间的纵向分割。在横向分割的条件下，两种权力都承认对方的权利，在纵向分割的条件下，个人权利成为政府权力不可逾越的障碍。当初上帝给国家画地为牢，如今个人接过上帝的权杖，守护着国家的边界不许其僭越。结果，以彼岸名义所做的保留被个人在此岸所获取，以往借上帝之神威对国家权力的抵制产生了永久性的后果。这样，个人成熟了，上帝便不再管人间事务，教会也由监护人变成顾问。

2. 基督教信仰与人权

自由主义对个人权利范围与国家界限的观念起源于基督教。中世纪西欧的基督教社会形成了一种独特的二元化的政教关系。教权和王权形成各自传统的相对稳定的控制领域。事实上，人的生活分成了两个部分，使人具有二重性的政治角色，也产生了独特的指向双重权威的两种忠诚。

这种政教关系在西方人深层心理上积淀为一种根深蒂固的意识，即国家的权力是有限的。无论从历史传统上还是从赋予国家的理论上的地位来说，国家权力不可能是绝对的、无所不能的、万能的。国家权力只与人的一部分生活有关，并且只与价值上较低的那部分有关。个人生活还有一部分是国家无权干预的。基督教赋予国家的权力主要是消极性的，保障性的权力，它只是个低俗之物，没有伟大的使命，也没有神圣的目标。

诚然，中世纪的人并没有享受到近代人的权利和自由，国家不加干涉的部分被教会控制着。但是，仔细分析近代人所得到的和得到承认的私人领域，其核心部分正是中世纪教会控制的领域。教会并没有给个人以自由，但它将这些领域攫为己有，从而防止了国家的干预。这是它不自觉地给近代人留下的一份珍贵的遗产。

中世纪教会企图使国家附属于教会，这个努力虽然没有成功，但是，国家是人们得救的一个辅助性的工具的信念却树立起来了。这个信念经过近代的转换，便演变成国家是实现个人权利的工具的自由主义信念。基督教认为，人都是有原罪的，即使人贵为君王，也与普通人一样有原罪，也不是完善的圣人。所以，基督徒服从政府的权威，但它仅仅是世俗权威，绝不是从内心里对世俗权威的认同与依从，更不会把自己整个的命运交给它去支配。这种对国家或政府怀疑的态度也是自由主义对政治的一个基本估价。它无疑是基督教信仰的贡献。

对一般人的信任带来个人生活的自主（人权）和集体生活的自治（民主）。对个人的信任胜于对政府的信任，或者说，既然政府不值得信任，那就不如把命运掌握在自己手中。这种观念也源于基督教。基督教信仰也产生了人民控制政府的愿望和需要。历史上，基督教一直作为政府的对立物，合法地承担着监督、限制、控制、制约政府的功能，具有高于政府的道义上的权威。它在赋予君主权力神圣性质的同时，也不断揭露其世俗性的缺陷，因而为其附加了各种限制，使其神圣性具有可以撤销的特点。

政教之间长期的冲突与争斗，也有助于这两个主人的"仆人"养成独立判断和选择的习惯，从而在内心里筑起了抵御外部权威的堡垒。历史发展表明，教会权威的生命力远不如世俗国家长久，中世纪之后，教会开始失去世俗权力，其精神权力也受到极大的削弱。然而它满意地看到，它已经使西方人意识到小心提防世俗国家的必要性。以往教会对世俗政府的监督和制约已经转换为社会和人民对政府的监督和制约。可见，中世纪的政教关系与近代的立宪主义有着明显的历史联系，为近代自由主义思想中的人权保障提供了依据。

第三章 自由主义的兴起

文艺复兴是欧洲历史发展的重要转折点。在这一时期，人开始作为摆脱了封建束缚的独立的个人出现，但个人并没有摆脱专治王权的国家。文艺复兴时代的人文主义重点强调的是人性和人格上的独立，而不是近代建立在自然权利基础上的个人的独立。文艺复兴时代提出的人格独立和人性的发现，为近代建立在人权意义上的独立个人的实践建立了基础。没有人格的独立意识和发展，也就没有人权意义上的独立个人的形成。作为自由主义先驱的欧洲政治思想家们，为自由主义在思想领域的诞生做出了重要贡献，英国的T.霍布斯和荷兰的B.斯宾诺莎是自由主义先驱的突出代表。英国的J.洛克以自然法和契约论为基础，系统论证了自然权利、政府权力、法治和分权的主张，第一次系统阐述了自由主义理论，奠定了自由主义的理论基础。洛克成为资产阶级"自由思想的始祖"，[①] 传统形式自由主义的开拓者。

一 文艺复兴与人文主义

文艺复兴运动兴起于意大利。意大利的思想家高举希腊、罗马的文化大旗，主张复兴古典文化。然而，这种复兴不是古代文化的简单恢复，而是新的具有人文主义精神的思想文化的体现。人的解放是人文主义的核心思想，并由此成为近代自由主义的重要基点。

文艺复兴时代的思想家主张把人从各种封建的束缚中解放出来，还人以自由，使人在精神上获得独立。他们崇尚"我想做什么就做什么"的个人解放；他们主张把人从教会的束缚下解放出来，实现信仰自由。深受人文主义思想影响的德国宗教改革家路德剖析了人们对教会的迷信，揭露了教会的欺骗行为，助推了人们思想的解放。

路德反对通过罗马教会提出的通过各种悔过形式实现救赎的主张。他

---

① 《马克思恩格斯全集》第7卷，人民出版社1959年版，第249页。

继承了保罗《罗马书》中提出的"义人因信得生"的思想。在他看来，对上帝的真心信仰是基督徒获救的唯一条件。他说："对基督的真实信仰乃是无比的宝库，它带来一切救赎，救人脱离一切恶事。"[1] 又说，基督徒的信仰"不仅从耶稣基督而来……从基督的血、伤和死发生，不需人教"。[2] 他在论善功中反复宣传"除了上帝所命令的以外，没有善功"[3]。明善功，必先明白上帝的戒令。他认为，信仰是诸善功之首，是产生和考验诸善功的。一个人只有内心真心信仰上帝，才能有真正的善良行为，才能获得上帝的拯救。路德说："首先要记住我说过的话：无需'事功'，单有信仰就能释罪、给人自由和拯救。"如果没有内心的信仰，只强调外在的善功，诸如搞一些不切实际的圣职、祈祷、斋戒、施洗、忏悔赎罪、捐献等，只能造就伪君子，造成社会的普遍虚伪。路德主张"因信得救，不靠功行"。以此为基础，路德认为，只有《圣经》才是信仰的唯一权威，他主张教徒个人有权凭借自己的良心和理智解释《圣经》。任何人，无论是王公贵族、教皇还是主教，都无权把自己对《圣经》的解释强加于人。这种个人的良心和理智为近代西方个人主义思想的兴起奠定了基础。海涅在评价路德这一思想时指出："自从路德说出了人们必须用圣经本身或用理性的论据来反驳他的教义这句话以后，人类的理性才被授于解释圣经的权利，而且它，这理性，在一切宗教的争论中才被认为是最高的裁判者。这样一来，德国产生所谓精神自由或由如人们所说的思想自由，思想变成了一种权利，而理性的权能变得合法化了。"[4]

文艺复兴时代所主张的人的解放，就是要把人从封建关系和封建教会的束缚中解放出来，这种解放的最终目标就是要确立人的自由、自主和尊严。皮科·德拉·米兰多拉在《论人的尊严》中说上帝嘱咐："亚当啊，我们既不叫你只待在什么地方，也不规定你长成什么样子、专门做什么事情，这些你都可以随意选择，按你的意志、你的决定去办。其他造物的形貌在我们制定的法律中都规定了。对你没有任何限制，你就按自己的决定

---

[1] [德] 路德：《基督徒的自由》，《路德选集》（上册），宗教文化出版社2010年版，第356页。

[2] [德] 路德：《论善功》，《路德选集》（上册），宗教文化出版社2010年版，第23、34页。

[3] 同上书，第19页。

[4] [德] 亨利希·海涅：《论德国宗教改革和哲学的历史》，商务印书馆1974年版，第42页。

来确定自己的面貌吧,我给你这个权。"① 从这段精彩的文字中我们可以领悟到"造物主"对人性的宽容,对人的独立性的认可,对人的主体地位的确信。人有信仰的自由、有信仰选择的自由,有信仰多元化的自由,体现了以人为本的精神实质。

人文主义把人作为独立的人来加以分析,反映了资本主义发展的需要。在人文主义津津乐道的抽象的人的时代,是资本主义起步的时代。资本主义要发展,离不开资本的自由流动和人的自由流动,离不开人的创造性的发挥。没有这种具有自由自主精神的人,没有这种具有创造精神的人,资本主义也就无从谈起。正是从这种意义上说,资本主义需要文艺复兴,需要人文主义为其鸣锣开道。

人文主义思想家把人从各种封建的关系中解放出来,使人成为抽象意义上的个人。文艺复兴时代的学者布克哈特在《文艺复兴时代的意大利》中指出:"文艺复兴于发现外部世界之外,由于它首先认识和揭示了丰满的完整的人性而取得了一项尤为伟大的成就。"② 布克哈特在这里用的词是"人性",强调了人文主义思想家所说的人注重的是人性和人的自由意志,这与17、18世纪自然法复兴时代所说的人有着明显的不同。在后者的思想中,人性和人权是联系在一起的。而在人文主义时代,人文主义思想家所追求的只是在意志、个性上和信仰上获得自由。这一体现是多方面的。

首先,人文主义思想家反对禁欲主义,主张人的幸福和快乐。欧洲文艺复兴时代的主要学者和思想家荷兰人伊拉斯谟,在他影响最为广泛的著作《疯狂颂》中歌颂了人性的解放,认为人只有遵循自然规律,才能得到幸福。他写道:"……神明在上,请他们告诉我,如果没有欢乐,也就是说没有疯狂来调剂,生活中哪时哪刻不是悲哀的,烦闷的,不愉快的,无聊的,不可忍受的,在这里我本来只要引用索福克勒斯的话来作证就行了,这是一位伟大的、最值得人赞颂的诗人,他对我十分称颂,他说:最愉快的生活就是毫无节制的生活。"③ 伊拉斯谟在字里行间描述并表现了

---

① 意大利人文主义哲学家、著名的文艺复兴学者皮科·德拉·米兰多拉(Pico della Mirandola,1463—1494),《论人的尊严》(*On the Dignity of Man*)是他的有名的演讲。可参见[苏联]伊·谢·科恩《自我论》,佟景韩等译,生活·读书·新知三联书店1986年版,第150页注释。
② [瑞士]雅各布·布克哈特:《意大利文艺复兴时期的文化》,何新译,商务印书馆1979年版,第302页。
③ 北京大学西语系资料组编:《从文艺复兴到十九世纪资产阶级文学艺术家有关人道主义人性论言论选辑》,商务印书馆1971年版,第29页。

一种放纵,其实这一放纵描述的深层含义为,处在封建教会等级束缚的人们,渴望摆脱清规戒律的约束,从而放纵欲望,企盼自由。

薄伽丘是文艺复兴时期的早期代表人物、人文主义的先驱,他在代表作《十日谈》中对禁欲主义思想进行了直接攻击。书中的人物冲破了中世纪宗教思想的束缚和禁锢,意识到现实中的人、生活着的人是最真实的。他在第四天第三个故事中讲道:"三个后生爱上了三姐妹,一起私奔到克里特岛。大姐出于嫉妒,毒死她的爱人;二妹要救大姐的性命、顺从了公爵的求欢,结果被自己的爱人杀死;他带着大姐逃亡他乡。三妹和她的爱人被这血案连累,遭到逮捕,后来他们买通看守……"①薄伽丘认为,人有享受现世生活幸福的权利,在描写僧侣教士情欲放纵的故事中,他所嘲讽的也不是他们的恋爱关系,而是他们的伪善,这种伪善正是教会的禁欲主义传统造成的恶果。在《十日谈》中,许多故事都以对聪明智慧的赞美为主题,使聪明智慧的人走运,愚蠢鲁钝的人遭殃。书中塑造的许多正面人物一般都是"全面发展的人",他们身心健康,容貌俊美,而且有聪明才智和文化教养,这正是文艺复兴时期对于人的理想。

其次,文艺复兴思想家认为,理性是人的本性。近代以来,理性被普遍视作人的本性。理性观念虽然有多种含义,但它在一定意义上首先肯定了人的主体性。从个体角度说,主体应该克服盲目性,增强自觉性。人不应仅仅凭借感情和本能而行为,更应该在理性的自觉的指导下而行为。正如苏格拉底所认识的,人如果不能控制自己,人就是奴隶。由这样的观念出发,人对于外界的刺激不能给予合理的认识和回答,人只听凭于外界的支配或他人的支配,人本身就是奴隶。因此理性所具有的这种主体精神使西方人具有一种强烈的独立意识。文艺复兴运动的兴起,使人们对精神自由的渴望随同人的自我发现从心灵深处奔泻流淌出来。人文主义者认为,人首先是世界创造者。宗教改革家路德认为,坚持人的理性是精神信仰的唯一根据。不断瓦解的封建体系使人的个体自觉意识渐渐苏醒,在精神领域内以人这个自我为主体的空间扩大了。人面对多种多样的复杂事物和不断变化的客观现实情况必须独立做出决定,这就要求人必须培养属于自己的判断应对能力,于是人的独立的理性即思想意识体系开始恢复,坚定灵活的"自我"开始形成,人的精神从混沌中分离、崛起最终独立,人的理性回归。

文艺复兴运动是从人的内部即灵魂深处解放了人的精神,其精神实质

----

① [意]薄伽丘:《十日谈》,方平、王科译,上海译文出版社1988年版,第382页。

就是人文主义，这是一种全新的世俗态度，当这一精神内核逐渐升华并以一种爆发力转向外部成为人的理性的能动的力量源泉时，人才会成为具有主体意识的个人。

最后，主张信仰自由。个人的宗教信仰自由问题不仅是个人的问题，对于宗教来说，是一个重要的政治问题。而教会的权威，也正是建立在个人对其尊重的基础上的。文艺复兴时代人文主义思想的传播，特别是宗教改革以后，君权神授和宗教崇拜的意识在人们头脑中普遍淡化。在传统的封建思想意识受到冲击和挑战、开始走向衰落的同时，信仰自由的理念正在形成之中。

恩格斯描述说："路德放出的闪电引起了燎原之火，整个德意志民族都投入了运动了。"[1] 宗教改革家认为，人能否成为上帝的选民并不取决于教会。新教认为，所有的信徒——俗人、教士、贵族、国王——都是自己灵魂和命运的主人；新教寻求在上帝和个人之间建立直接的关系；新教认为不论是否得到上帝的拯救，都取决于自己而无须借助教会的帮助和担保；新教的领袖们坚持认为个人有独立判断的权利，主张简化宗教仪式和教会组织，使人们摆脱中世纪教会的某些束缚。因而，宗教改革和新教的兴起使自由信仰理念深入人心，推动了西方个人主义的发展。对此，人们在评价到宗教改革的伟大意义时指出，"宗教政革的巨大历史意义正在于把信仰个人主义化，并且提出了思想宽容的核心问题，尽管新教本身并不是一个非常宽容的宗教……但与旧教相比，这些要求基本适应了市民阶级追求个性、思想和贸易自由的愿望，为自由主义的发展留下了广阔的余地"[2]。

人文主义思想家注重人的个性解放、幸福快乐、理性和意志自由，就其主要特征来说就是强调人的主观的精神上的自由，并不是外在的自由，只是人权和公民权意义上的自由。这种思想特点，集中反映了这一时期的资产阶级在总体上还十分弱小，在他们的身上还带有很强的两面性。一方面，作为资产阶级，他们的利益和要求，决定了他们必将把反对封建等级关系和封建教会作为第一要务；另一方面，他们势单力薄，难以和封建贵族及封建教会抗衡，不能不寄托在王权下，希望能通过王权来实现自己的利益要求。因而他们还不能像 17、18 世纪强大起来的资产阶级那样向封建国家要求更多的政治权利。文艺复兴时代资产阶级的两重性，决定了人

---

[1] 《马克思恩格斯全集》第 7 卷，人民出版社 1959 年版，第 407 页。
[2] 顾肃：《自由主义基本理论》，中央编译出版社 2003 年版，第 213 页。

文主义思想中的"人"只能是精神自由和个性解放意义的人,而不是近代奠基于人权意义上的人。这种精神自由、个性自由是人权意义上的自由的基础。

文艺复兴时代的人文主义重点强调的是人性和人格的独立,但仅仅停留在人格或人性意义上认识人,仅仅在精神世界上确立的自由,并不意味着人在现实的法律关系上确立了人的独立与自由。宗教改革运动中信仰自由的提倡,催生了以后的自然权利理论。

文艺复兴以后,随着教权的衰落,新兴国家在欧洲各地逐渐建立起来。

在文艺复兴以前的思想传统当中,人们一直把国家看成伦理组织,将政治和伦理联系在一起。希腊思想家始终认为,对国家来讲最重要的要求就是伦理,追求伦理的善,追求道德的目标成为国家的政治目标。罗马思想家虽然强调法律,但是他们也同样把国家看成伦理组织、善的组织,是实现善的工具。

意大利思想家马基雅维利把道德原则排除在权力运行之外,直接关注政治行为的实际结果。他认为,国家的根本问题是权力问题。他把国家看成一个权力组织。

马基雅维利也看到了共和国的重要作用。他认为,只有在共和国里才能实现一个国家的长治久安。他认为,共和国是那种"由一大群人的共同同意而建立起来的""由人民统治的"的国家。[①] 因此,共和制符合自由、平等的要求,平等是共和国的基础,"建立共和制的地方,存在着或能产生显著的平等;与此相反的制度,则存在着显著的不平等"[②]。这就易于废除封建特权,从而保证公民参加国家管理,缓和因财富不均引起的社会矛盾,增强公民对公共事业的热爱,培养公民必须具备的美德,从而奠定了国家长治久安的基础。马基雅维利认为,自由是共和国的根本特征,它保证"共同福祉"的实现,促进国家的强大。共和国与自由是不可分割的。

法国思想家布丹承袭了马基雅维利的权力思想,进一步把社会政治体看作一个权力系统,并以此为前提提出了主权概念,强调主权的绝对性。布丹在《国家论》一书中第一次提出了国家主权概念,认为

---

① [英]安东尼·吉登斯:《民族—国家与暴力》,胡宗泽等译,生活·读书·新知三联书店1998年版,第107页。
② 同上书,第126—127页。

国家的权力是至高无上的最高权力。现代意义的国家主权理论逐渐成熟。

文艺复兴中"人"和"国家"（state）的发现为近代自由主义思想奠定了新的基础。尤其是前者的发现，把人从封建关系和封建专制中解放出来，高扬了个性和精神自由，在人的内心世界树立起了个人的权威，这为自由主义的发展培育了温床。近代以来，理性被普遍视作人的本性。理性观念虽然有多种含义，但它在一定意义上首先肯定了人的主体性。从个体角度说，主体应该克服盲目性，增强自觉性。人不应仅仅凭借感情和本能而行为，更应该在理性的自觉的指导下而行为。正如苏格拉底所认识的，人如果不能控制自己，人就是奴隶。由这样的观念出发，人对于外界的刺激不能给予合理的认识和回答，人只听凭于外界的支配或他人的支配，人本身就是奴隶。因此理性所具有的这种主体精神使西方人具有一种强烈的独立意识。文艺复兴运动的兴起，使人们对精神自由的渴望随同人的自我发现从心灵深处奔泻流淌出来。人文主义者认为，人首先是世界创造者。宗教改革家路德认为，坚持人的理性是精神信仰的唯一根据。不断瓦解的封建体系使人的个体自觉意识渐渐苏醒，在精神领域内以人这个自我为主体的空间扩大了。

在文艺复兴和宗教改革时代，无论是人文主义思想家还是宗教改革家都表现出了对人的理性、信仰自由和精神自由的歌颂。自由是人的本性，已经成为诸多思想家的共识。人的这种自由，国王是不能随意侵犯的。不仅如此，这一时期的思想家在对人的本性的分析中，开始探讨平等问题。认识到人在本性上是平等的。近代自由平等的观念开始向封建等级制度提出挑战。

人文主义思想家也看到，当人从封建等级关系和教会中解放出来后，所面对的是王权。服从王权是毫无疑问的，但不是无条件的。也就是说国王不能超越应有的界限侵犯臣民的自由和权利，不能滥行加税。超越了这一界限，人民也就解除了对国王服从的义务，甚至可以起来诛杀"暴君"。

文艺复兴和宗教改革以后，新的以人为本的国家观念日益走向成熟，对人的发现逐渐和自然权利思想相结合。人们认识到，国家只能是人的联合组织，国家只能是建立在"权利"之上、按照"契约"行使权力的主权组织。文艺复兴和宗教改革时代新的国家观念的产生，为自由主义国家观的诞生奠定了基础。

二 自由主义的先驱者

文艺复兴运动中强烈的人文主义倾向和朦胧的个人主义意识，N. 马基雅维利开创的从人和人的经验出发考察国家、权力、政治的原则与方法，都为近代自由主义的诞生提供了营养与温床。两位可称为自由主义先驱的欧洲政治思想家——英国的 T. 霍布斯和荷兰的 B. 斯宾诺莎则在思想领域为自由主义的诞生做了最有意义的贡献。

（一）霍布斯：现代个人主义的最初代言人

霍布斯是西方近代政治哲学的奠基人。尽管他的具有自由主义色彩的政治主张与他最终的社会理想大相径庭，但他对近代自由主义的形成具有的深刻影响却是不容置疑的。

霍布斯的政治哲学以两条人性公理为基础：一是自然欲望公理，二是自然理性公理。依据人性公理，人要逃避反自然的死亡，要保存生命。因此，霍布斯把自我保存看作"首要的善"，并由此推演出自然权利、自然法和一切德行。

霍布斯推崇个人意志，从抽象的人性原则出发，以人的理性和经验审视国家，这使他的思想具有了深刻的道德基础。他提出，人在国家中的自由，是在法律未加规定的一切行为中去做自己的理性认为最有利于自己的事情的自由。个人享有法律限制之外的一切行为的自由。

霍布斯是西方近代最早阐述自然法、社会契约论的思想家之一。霍布斯明确地将个人不可转让、不可剥夺的权利看作国家权力的基础，并由此强调政治权利与义务的必要性。

霍布斯理论鲜明的个人主义立场，使他成为西方政治思想由传统向现代过渡的重要代表，受到广泛的赞誉。因此，霍布斯无疑是现代个人主义的第一位也是最杰出的代言人。

1. 近代政治科学之父

霍布斯（Thomas Hobbes，1588—1679）出生于英国南部威尔特郡（Wiltshire）的马尔麦斯堡镇（Mallmesburg）一个贫穷的乡村牧师家庭。他出生的 1588 年，英国正遭逢西班牙"无敌舰队"的入侵，他的母亲或许受到了惊吓。霍布斯生性胆怯，自言"恐惧"是其孪生兄弟。这或许可以解释为什么在他的学说当中，"恐惧"的情感占有相当重要的地位，与其同时代的人相比，霍布斯对于"和平与安全"的时代主题有着最为敏感的感受与迫切的需要。当然，考虑到霍布斯敢于提出一个挑战传统与各派政治思想的政治学说，这种生性的胆怯与理论上的勇气其实集于霍布斯一身。

自从大学毕业起,终其一生,霍布斯均与贵族家庭相联系,要么是担任贵族的家庭教师,要么是担任贵族的秘书或出游时的随从。他担任过大贵族卡文迪许家族的家庭教师,还担任过威尔士王子(威尔士王子后来复辟为查理二世)的数学教师。也正因如此,霍布斯于1640年的第一部政治著作看起来即像出自保王党人之手,他的重要著作《论公民》即献给他"最尊敬的主人"威廉·卡文迪许,德芬郡的第三代伯爵。在他的所有著作当中,他从未停止过对君主制表示好感与尊敬。

通过他的学生哈德威克勋爵,霍布斯结识了培根等当时英国最著名的科学家。1621—1625年,霍布斯担任了培根的秘书,亲身受到培根经验主义、唯物主义的熏陶。在得知伽利略、开普勒的成果之后,霍布斯在伽利略的潜移默化下对于数学方法十分赞赏。随后,他"发现"和研究了欧几里得几何学。1637年,霍布斯作为他从前的学生的家庭教师,陪同他在意大利游历时访问了伽利略。1640年霍布斯逃亡巴黎期间,受到许多第一流的数学家和科学家的欢迎。这其中尤其包括笛卡尔。笛卡尔所代表的大陆哲学强调思维与逻辑的作用,也深深地影响了霍布斯。所有这些,使霍布斯得以综合英国的经验主义与欧洲大陆的先验主义哲学,以两种方法运用于其政治哲学的构建之中。一方面,他的著作以对人、人性的观察为基础;另一方面,他运用数学方法构建理论,逻辑严密,论证一贯。

将数学方法应用于政治哲学,使霍布斯所打算进行的与传统政治哲学的决裂成为可能。在霍布斯看来,一切学问知识(learning)都来自人类天性的两个部分,一个是激情,另一个是理性。由理性所产生的学问只有数学,而学说则产生于人的激情。前者不会引起争吵和辩论,因为它只存在于将数字与动作对比;在这些事中,人们的利益与真理不会相互反对。但在后者,则无事不会引起争论,因为它比照人们,与他们的权利及利益相关;在教义中常常理智会反对人,人会反对理性。由此出发,霍布斯认为那些在他以前"那些就普遍意义上的正义与政策著书立说的人们,都在互相攻讦,其本身也都自相矛盾"。因而,在此以前的政治学,在霍布斯看来,都算不上真正的科学。他认为"要将学说归于理性的法则与正确无误,除此之外别无他法:首先,将这些原理归于某一基础,这些基础激情也不会猜疑,也难去取代;接下来,逐渐将这些原理建立于自然法的真理之上(自然法迄今为止还一直建立在空中悬而未决),直到整个都无法驳倒"。① 通过这种数学方法的应用,霍布斯认为政治学方能摆脱激情和偏见,第一次被提升到科学的高度,成为理性知识的一个部类。此前,格劳秀斯已经尝试着运用这种方法于法学,但是霍布斯第一次使之运用于政治学,而且自觉地意识到要与亚里士多德以来的政治学传统进行决裂。霍布斯的这种方法,以及在下文中我们将述及的他的政治哲学的全新内容,使他当之无愧地成为近代政治哲学的奠基人,而为近代政治科学之父②。

霍布斯的主要政治著作有《自然法与政治体原理》《论公民》《利维坦》。《自然法与政治体原理》一书于1640年以手稿的形式私下流传,这是霍布斯思想成熟之后"最早的、最精练"的一部著作。它论述了人的感觉、想象、记忆、梦、思想、语言、言词表达等作为自然的人的一系列现象以及自然状态、自然法等,也阐述了政府的起源、形式、对政府的服从与反叛等问题。他代表了霍布斯把对于自然现象的几何分析扩展到人性与世俗社会的"最纯粹、最彻底的努力"。③《论公民》一书的宗旨与内容,则如他本人所说,主要是"阐述人的义务":"在这本书里我们将简要地阐述人的义务,首先是作为人的义务,其次是作为臣民的义务,最后是作为基督教徒的义务;在这些义务之下,不仅包括自然法,国家法的要义,及它们的真正起源、正义的力量,还包括基督教本身的本质。"④

《利维坦》是霍布斯最为重要的一部政治学著作。该书将号称"国民的整体"或"国家"(拉丁语为 Civitas)的这个庞然大物"利维坦"看作像人们制作钟表一样用艺术造成的一个"人造的人";这个"人造的人"是以保护自然人为其目的的。作者称《利维坦》一书是"为了论述

---

① Thomas Hobbes: *The Elements Of Law Natural And Politic*, editet with an introduction by J. C. A. Gaskin, Oxford University Press, 1994, pp. 21 – 22.

② 当代西方政治思想认为政治思想可以分为政治哲学与政治科学,前者主要涉及价值等形而上层面,后者则关注政治运作等形而下层面,当代西方所谓的政治学一般只涉及后者。但此处所谓政治科学,指的是政治学之作为科学。它不仅包括当代意义上的政治科学,而且首先指的是当代意义上所谓的政治哲学。因为霍布斯虽厌恶经院哲学,而思寻求可应用性的学问,但其著书之宗旨与主要内容所及,仍只不过是当代人所谓的政治哲学。

③ Charles H. Hinnant, *Thomas Hobbes*, Twayne Publishers, 1977, p. 44.

④ Thomas Hobbes, *De Cive*, *The English Version*, Edited By Howard Warrender Oxford University Press, 1983, p. 29.

这个人造人的本质",它在内容上探讨:"第一,它的制造材料和它的创造者;这二者都是人。第二,它是怎样和用什么'盟约'组成的;什么是统治者的'权利''正当的权力'或'权威',以及什么是保存它和瓦解它的原因。"① "第三,什么是基督教国家;第四,什么是黑暗国家。"②利维坦这一强大的怪物被他用来表示强大的国家,被他视为活的上帝。

　　霍布斯的这三部主要政治著作内容与宗旨基本上是一以贯之的。正如一些研究者所注意到的,霍布斯"政治思维的根本原则"在1640年的《自然法与政治体原理》与11年后的《利维坦》期间"大致未变"③,他的政治理论的"主要构架"从《论自然法与政治体原理》到《利维坦》也"基本未变"。他在《利维坦》中的主权理论的基本结构已经在《论自然法与政治体原理》中奠定④。当然,这三部著作之间在写作背景与内容的侧重点方面还是有所差别的。霍布斯散发《论自然法与政治体原理》的手稿时,有过在长期国会的辩论中支持国王的地位的打算。《论公民》与《自然法与政治体原理》的主要区别在于《论公民》省去了关于人性的讨论(关于人性的讨论占了《自然法与政治体原理》的最初13章),而增加了关于宗教的部分。这一部分的基本论点是神职人员应该彻底从属于国家。而这与英国内战之前激烈的宗教论争息息相关。在他发表《利维坦》一书时,书中关于通过获取(也就是通过征服),而不是盟约的途径而得的主权的观念在分量与含义上都发生了变化,他试图捍卫新英吉利共和国政府的合法性。而《利维坦》与《论公民》相比,涉及宗教以及国家与教会关系的材料所占的比例前者更远远大于后者。所以如此,一个原因是贯穿整个17世纪40年代关于神职人员的权力的问题被非常热烈地争论着,且意见极为不同。长老会牧师试图在英国建立一个严格的、不宽容的宗教系统,在这一系统里世俗平民的意见要由教会人员严格审查。《利维坦》的一个主要目的是驳斥长老会的观念——而所有长老会的理论赋予神职人员以高

---

① [英]托马斯·霍布斯:《利维坦·引言》,黎思复译,商务印书馆1986年版。
② 商务译本在引言中漏掉了这两句未译,而笔者所查数种《利维坦》英文版均有此二句。《利维坦》全书分成四个部分,这两句所概括的正是该书后两部分的主题。
③ Johann P. Sommerville, *Thomas Hobbes: Political Ideas in Historical Context*, The Macmillan Press Ltd. 1992. p. 3.
④ Arihiro Fukuda, *Sovereignty And The Sword: Harrington, Hobbes, And Mixed Goverment in The English Civil Wars*, Clarendon Press. Oxford 1997, pp. 39–41.

于国家的权力。①

霍布斯的著作与现实政治的状况及其发展息息相关。正如他出版《论公民》(1642)这一事实所表明的那样。按照霍布斯的哲学体系,《论公民》本应在另两部著作之后出版,但因为霍布斯在英国内战即将爆发前,即特别关注于政治②。因而霍布斯提前将这一作品抛出。而在他的所有政治著作中,他总不时地发表对于现实政治与宗教问题的直言不讳的评论。他的写作也体现了明显的现实针对性。"尽管有着科学的形式,或者说也许因其形式是科学的,他的著作是挑战许多思想流派的论战,这些思想流派中最突出的是牧师及其在大学当中的同气相求者,也有英国普通法的律师。"③ 霍布斯在自己的《论公民》的序言中同样直截了当地说:"我发现这些东西遭到一些人最坚决的反对:我使世俗权力变得太大,但这是神职人员所反对的;我完全取走了良心的自由,但这是各个教派所反对的;我使君主凌驾于市民法之上,但这是律师们所反对的。"他希望人们正确而全面地了解其学说,他苦口婆心地劝说人们宁愿选择忍受在政府之下的某些不便,也不要固执己见扰乱公众安宁。④ 他后来在回顾其作品时,甚至得意于影响了"至少1000个绅士"的思想。

"通过社会契约,处于自然状态的人通过出让权力而组成国家,这是霍布斯国家起源理论的基本过程。这一契约的过程同时也为进入到文明社会中的人,即臣民与主权者规定了权利与义务。霍布斯关于臣民的权利(或自由)以及主权者的义务(以及权利)的规定是其国家起源说的一个合理推论,同时也确立了霍布斯政治哲学当中统治者与被统治者之间的基本秩序。"⑤

霍布斯是从公民的自由出发来论证臣民的权利的。在霍布斯看来,"作为一个臣民,他有两种自由,一种是即使有主权者的命令,人们仍然可以拒绝不做的自由。这与社会契约有关,即人们在建立一个国家时究竟

---

① Johann P. Sommerville, *Thomas Hobbes: Political Ideas in Historical Context*, The Macmillan Press Ltd. 1992, p. 23.
② Norberto Bobbio, *Thomas Hobbes And The Natural Law Tradition*, Translated By Daniela Gobetti, The University of Chicago Press, 1993, p. 76.
③ James R. Stoner, Jr., *Common Law And Liberal Theory: Coke, Hobbes, And The Origins of American Constitutionalism*, University Press of Kansas, 1992, p. 73.
④ De Cive, p. 37、36.
⑤ 徐大同主编:《中外政治思想史》,中央广播电视大学出版社2004年版,第112—113页。

让出了哪些权利。霍布斯认为，在这一点上，每一个臣民对于权利不能根据信约予以转让的一切事物都具有自由。另一种是在主权者未以条令规定的地方，臣民有自由根据自己的判断采取或不采取行动。这主要取决于法律的基本情况。

由第一种自由出发，霍布斯得出了臣民自我保存的自然权利。在霍布斯看来，这一权利即使是主权者也不得侵犯、不得剥夺，如果主权者侵害了个人的这一权利，那么，对主权者的命令，个人有拒绝服从的自由，以至抵抗的权利。霍布斯从自然法出发，第一次以自然权利论证和承认了个人为了自我保全而反抗主权者的行为，这甚至为当时的封建统治者称为"叛乱的火种"。然而，我们亦不能过高估计霍布斯对于臣民这一权利的辩护，霍布斯并不主张为了他人而反抗主权者，并反对人们组织起来反抗暴力统治，这有着一定的局限性。

从第二种自由出发，霍布斯将自由与主权者制定的法律联系在一起。霍布斯认为，人在国家中的自由，并不是免除法律的自由，而是在法律未加规定的一切行为中，去做自己的理性认为最有利于自己的事情的自由。除了法律限制以外，个人享有一切行为的自由。霍布斯认为，并不是公民所有的行为都可以用法律规定。因此，那些既没有被命令也没有被禁止的事情几乎肯定有无数件，而每个人都可以按自己的意志去做或不做什么。"①

霍布斯为资产阶级的经济自由做了重要的辩护。"关于法律未加规定的行为，霍布斯认为应该包括买卖或其他契约行为的自由，选择自己住所、饮食、生活方式以及按自己认为适宜的方式教育自己子女的自由，等等。我们看到，霍布斯将人们在经济领域里的行为自由视为人民的一项基本权利，主张贸易自由发展，这在西方政治思想史上具有重要的进步意义。他第一次把国家权力限制在政治活动的领域里，而把经济领域作为自治的领域留给了个人。霍布斯的经济自由思想直接影响了洛克，并通过洛克对法国的自由思想和欧洲自由主义思潮产生了很大的影响。"②

但是，霍布斯的政治理论同时也是其哲学思考之结果。一般说来，霍布斯"主要是一个政治哲学家"③。他认为自己所从事的是阐述永恒的真

---

① 徐大同主编：《中外政治思想史》，中央广播电视大学出版社2004年版，第113页。
② 同上。
③ Norberto Bobbio, *Thomas Hobbes And The Natural Law Tradition*, Translated By Daniela Gobetti, The University of Chicago Press, 1993, p. 76.

理，而不是为一时一事而写作。他的政治学研究只是其哲学研究的一部分。在1647年出版的《论公民》拉丁文第二版的序言当中，他将他自己所打算构建的哲学体系分为三个部分，(1) 关于物体及其属性；(2) 关于人及其特殊才能与情感；(3) 关于政府及其臣民的义务。有关这些主题的著作《论物体》《论人》《论公民》就成为霍布斯的"哲学三部曲"。《论公民》的英文第一版的副标题是"关于政府与社会的哲学入门"，也表明了这一著作目的在于构建关于政府与社会的哲学。一些研究者也认为霍布斯的政治理论是一种纯粹的哲学体系构建的结果。例如，高斯密斯（Goldsmith）就抱怨说在他以前，霍布斯试图创建一个包括自然与政治科学在内的哲学体系的努力，既未为人所理解也未被大多数评论者认真地加以对待。他认为霍布斯是在创建一个基于伽利略科学的前提与方法之上的科学或哲学系统。"对政治科学的概念上的部件进行阐述成了霍布斯的政治理论。"[1] 而萨拜因的《政治学说史》则更进一步断言霍布斯的政治哲学"决不是实际政治观察的产物"。[2]

2. 霍布斯的国家观：构造"利维坦"

利维坦是《圣经》中所描述的一种巨大的海兽，霍布斯以之比喻"国民的整体"或"国家"，因而，霍布斯有关"利维坦"的一系列论述，实际上即是其国家学说。

关于利维坦的产生，霍布斯以其人性论作为基础，以自然状态、自然法、社会契约等一整套学说为中介加以阐述。

霍布斯提出，人们一方面根据自然权利，另一方面也是在所必须地被迫运用自己的一切力量保存自己。霍布斯质问说，如果人的本性不是如此，为什么国家与国家之间在边境上要构筑堡垒、派兵驻守？即令在一个治安良好的国家里，为什么人们旅行时也要随身带剑，不关门就不敢睡觉？霍布斯认为，他所指出的这一人类本性是"所有的人根据经验都知道的，没有人能够否认的原则"。[3] 在国家成立以前，人类生活在一种自然状态中。在自然状态下，人人都是平等的，这种平等体现在每个人的脑力与体力实际上是相当的，因为没有人弱到不足以威胁强者之安全，也没

---

[1] M. M. Goldsmith, *Hobbes's Science of Politics*, New York, Columbia University Press, 1966, Preface, p. 242.

[2] [美] 乔治·霍兰·萨拜因：《政治学说史》（下），刘山等译，商务印书馆1986年版，第534页。

[3] Thomas Hobbes, *De Cive*, *The English Version*, preface to the reader, p. 32.

有人强到足以对付其他一切人。每个人对同一事物都具有同等的权利,甚至对彼此的身体也是一样。同时,人人又都是自由的,每个人都有运用自己的权力以求保全自己的本性,即具有保全生命的自由。这种自由就是人的自然权利。既然人们的权利是平等的,而人人又只顾自己的保全,因此,当人们同时想占有某物而不能共有或分享时,则必然成为仇敌,每一个人都企图用伤害他人的手段来达到自己的目的。由此,霍布斯得出了自然状态是"一切人反对一切人的战争"(every man against every man)状态的结论。在那里,人人都生活在死亡的恐惧中,人的生命是"孤独、贫穷、龌龊、凶残和短促的"。在自然状态下,人们自由地运用自己的权力保全自己,结果却导致战争状态,破坏了"自我保存"。因此,他认为人们必须放弃自己的这种自由与权力,摆脱自然状态。自然法为解决这个问题提供了方便的准则。霍布斯认为,自然法既是自然状态下人们享有的一种权利(the righ of nature),又是对自然状态下的人们进行约束的一种法律(a law of nature)。作为自然权利,"就是每一个人按照自己所愿意的方式运用自己的力量保全自己的天性——也就是保全自己的生命——的自由"。任何人只要让理性主宰自己,理性就会让自己发现,最有利于保存自己的方法,莫过于和平,建立稳定的、相互信任的社会关系。因而,自然律有许多条,但其中第一个同时也是最基本的是告诉人们"寻求和平、信守和平"。

人们为了摆脱"自然状态",寻求和平,彼此之间共同约定:大家都放弃自己的全部权力并把它交给一个人或由一些人组成的会议,使他(们)担当起他们的人格,并且承认他在公共和平与安全的事务方面所做的一切都是大家同意的。这样,国家就诞生了,用霍布斯的话说:"这就是伟大的利维坦(leviathan)的诞生,——用更尊敬的方式来说,这就是活的上帝的诞生。"[①]

这个人造的"活的上帝"凌驾于一切世俗社会与教会之上。它集中掌握着世俗的一切立法、司法与行政的权力,它的权威在宗教方面同样起作用。所有这些在《利维坦》1651年版的扉页图画上表现得淋漓尽致:扉页图画分为上下两大部分。上半部在前面位置画着一座用墙围着的城市,上面有很高的教堂尖顶;后面,一片土地逐渐升高达到一座小山,从山上浮现出一个腰部以上的男人的半身像;他的头上戴着一顶王冠,右手挥着一把利剑,代表世俗权力;左手抓着一支权杖,代表宗教权力;在扉

[①] [英]托马斯·霍布斯:《利维坦》,黎思复译,商务印书馆1986年版,第131—132页。

页下半部,书名两边各画着一个城堡和一座教堂、一顶公爵冠和一顶主教冠、一门大炮和一道闪电、一堆战争的工具和一堆宗教论战的武器、一片战场和一场学院争论。在扉页顶端有一行字:"根本不存在超越现存国家的权力"。"活的上帝",将一切争论与战争,不管是世俗的还是宗教的,都压在它的脚下。它就是和平与安全的象征与化身。

中世纪的欧洲,在形式上曾经有一统欧洲的基督教,而实质上是由成千上万个领地、教区、基尔特和自治市所组成的一个十分松散的混合体。而即令这样一种松散的联合体,自宗教改革以后也无法维持原有的相对的、局部的稳定与和平。宗教改革以来传统欧洲的政治、宗教体系已经被打得七零八落。因此,有必要建立某种其他的架构,以便在这一架构之下人类与各个民族能够安全地生活①。彻底抛弃中世纪的政治与宗教体系,代之以近代国家的联合体系,是"17 世纪政治思想的关键所在"②。在霍布斯思想形成时期,这种要求尤其显得迫切。缺乏和平与秩序所带来的苦难,一如霍布斯对自然状态的描绘。"在人人相互为敌的战争时期所产生的一切,也会在人们只能依靠自己的体力与创造能力来保障生活的时期中产生。在这种状况下,产业是无法存在的,因为其成果不稳定。这样一来,举凡土地的栽培、航海、外洋进口商品的运用、舒适的建筑、移动与卸除须费巨大力量的物体的工具、地貌的知识、时间的记载、文艺、文学、社会等等都将不存在。最糟糕的是人们不断处于暴力死亡的恐惧和危险中,人的生活孤独、贫困、卑污、残忍而短寿。"③ 正因如此,以一种新的组织架构来为人们求取和平与秩序,成为不少思想家的共同趋向。培根对于强大君权的赞成,他赞成的其实并非专制君主,而是强大君权所将导致的、所代表的强大国家。哈林顿等虽然主张混合政府,但他也与霍布斯一道寻求绝对主权。④ 他呼唤的是一个规模庞大大的、"为海洋定下法律"的"进取的"而不是仅仅"自保"的国家。霍布斯所构造的"利维坦"(即国家)则是对"近代国家"的一种明确而集中的阐述。不仅如此,霍布斯还直逼近代国家的根本特征——强大的主权,以及根本职

---

① *Political Thought in England, From Bacon To Halifax*, p. 1.
② G. P. Gooch, *Political Thought In England: From Bacon To Halifax*, Oxford University Press, 1915, p. 1.
③ [英]托马斯·霍布斯:《利维坦》,黎思复译,商务印书馆 1986 年版,第 94—95 页。
④ Arihiro Fukuda, *Sovereignty And The Sword: Harrington, Hobbes, And Mixed Government in The English Civil Wars* Clarendon Press, Oxford 1997, Introduction.

能——保护自然人，使其获得和平与安全，并为此作了辩护与论证。当内战前后，各派政治思想或为宗教、或为国王的特权或臣民的自由论战的时候，霍布斯超脱于这种争论之上，为一切形式的近代国家辩护："无论在哪里我都会明确地说，无论何种政府都应该有一种最高的、有效能的权力。"① 以这种最高的、有效能的主权作为灵魂的国家，其最重要的意义在于它能够取代其他一切人类组织，在类似于霍布斯所描绘的自然状态的混乱局面下，为人类提供"和平与安全"。霍布斯的强大的"利维坦"实质上所道出的正是一切形式的近代国家的核心。培根、哈林顿以及其他一些思想家在当时也隐约地意识到甚至在论述中触及这一核心，但没有人像霍布斯那样认识深刻、阐述透彻，像他那样紧紧抓住这一"17世纪政治思想的关键"。霍布斯的"利维坦"的诞生，是西方政治思想走出中世纪、走进近代的重要标志。

按照"实然"而不是"应然"来对待人类及与人类有关的科学，早在马基雅维利那儿即已开始。霍布斯对于政治哲学的关键性贡献，或者说使近代政治哲学与古典政治哲学最重要的区别，在于他所倡导的自然权利说，以及彻底的自利的个人主义。正是霍布斯"以一种前无古人、后无来者的清澈和明确，使'自然权利'，即（个人的）正当诉求，成为政治哲学的基础，而不去自相矛盾地到自然法或神法那里寻求借鉴"②。因为尽管此前格劳秀斯已经初步地"ius"在某种意义上看作个人所合法地拥有某物或从事某事的权利，但他仍认为"严格的和适当意义上的权利"以"法"为前提。而霍布斯则将自然权利视为第一个随人的自然的欲望而生的法律现实和道德现实。自然法被他置于后一阶段。正如费希特对"原初的权利"之说明一样，自然权利也可以靠自身运作，自行获得合法性，并一个绝对法则的意义上，使自己自行构成法律。欧内斯特·巴克指出，近代政治哲学相对于古典政治哲学的独特性在于，"近代思想从个人权利出发，并将国家的存在视为保障个人发展的条件，而希腊思想，则从国家的权利出发"。③

霍布斯同样具有划时代意义的理论贡献在于他是"掌握了主权观念

---

① Thomas Hobbes, *De Cive*, *The English Version*, Oxford University Press, 1983, pp. 36–37.
② [美] 列奥·斯特劳斯：《霍布斯的政治哲学》，申彤译，译林出版社2001年版，第188页。
③ [英] 欧内斯特·巴克：《柏拉图及其先行者》，转引自 [美] 列奥·斯特劳斯《霍布斯的政治哲学》，申彤译，译林出版社2001年版，第187页。

的充分重要性的第一个人"。① 在古代西方，思想家们认为，理性应该制约非理性，因而法应该统治人。合法的统治者被归于法或理性。而霍布斯则认为，理性并足以成为主权的来源与根基，因为人皆有理性，且各人之理性并无重大之区别。他不是将最高统治的权力视为理性，而是视为意志。霍布斯所构想的人性论、自然状态说、契约论，从其主要目的和功能上来说，都是构建其关于国家与主权学说而所需的理论环节。

霍布斯的自然法、契约论是对西方传统的关于社会起源、正义与自然法的观念以及传统契约论的一种背离。首先，"他抛弃了传统的社会、正义与自然法的观念"②。从亚里士多德以来的西方主要传统一直认为，人是天生的政治（社会）动物，社会之所以形成，其原因是人天生是合群的，具备社会性的。在霍布斯看来，进行统治（反叛也是如此）不是一个道德问题，而成为一个方便与否的问题，权宜之计的问题。而这就对所有那些珍惜道德义务的传统真实性的人构成了一种挑战。整个传统自然法观念的基础是这样一种信仰，那就是，独立于政治制度或人的激情之外，在对与错上有着一个真正的道德差别，所有的人都得尊重这一道德差别，所有的人类制度，包括国家，都得受这一道德差别的指导。一些作家把这种差别与上帝的意志看成一回事，而其他许多的律师、平民或圣典学家，已经把他们阐述的实际的人类制度，不管是罗马的还是宗教的，都当作自然法的具体体现。在根本上，仍然有这种一种思想，即认为有一个真正的标准，而不仅仅与自我利益有关，通过这一标准可以对行为与制度进行评判。正是在这种气氛当中，社会契约理论形成了。在宗教专制主义者（religiousmonarchonmachi）手里，其主要功用就是将之作为尊重这一标准的保证。君权神授的拥护者也接受同样一个基本前提，将尽职的君主与暴君区别开来，承认其道德责任，尽管这一道德责任只对上帝而不是对其臣民③。其次，在霍布斯的契约论中，订约者则是各个个体，他们之间相互订约，每个人都放弃自由，让权于主权者而形成国家。此外，传统的契约论主要是为反抗统治者提供论证的，而霍布斯契约论的目的与结论却导向对于统治者的服从。④ 正因为霍布斯的契约论与传统契约论有着重大区

---

① 转引自［美］列奥·斯特劳斯《霍布斯的政治哲学》，申彤译，译林出版社2001年版，第190页。
② The Political Theory of Possessive Individualism: Hobbes To Locke, Introduction.
③ J. W. Gough, *The Social Contract: A Critical Study of Its Development*, p. 118.
④ Michael Lessnoff, *Social Contract Theory*, Basil Blackwell, 1990, pp. 9 – 10.

别，无怪乎有学者指出，尽管霍布斯采用了契约的术语，他仍然处于契约论思想的主流之外①。

当然，霍布斯契约论对传统契约论的背离并不影响他作为所有契约论者当中"最伟大的契约论者"②的地位。"霍布斯既被嫌弃又遭羡慕，但没有人能够否认他在契约论学说史上的重要性。随后的作者或受他影响，或得尽力对他做出回应，如果他们不同意其学说的话。总之，无人能够幸免于这二种结局。"③ 霍布斯的契约论的地位如此，其关于自然状态、自然法的理论之地位同样如此。

3. 国家与教会的关系

在霍布斯所处的17世纪，"教会与国家的冲突"才是"真正尖锐的问题"④。天主教在英国的复辟与罗马教廷的干涉的威胁依旧存在，新教各派虽一致反对天主教与罗马教皇，但新教内部之间也意见不一，论争同样十分激烈。各派教士们常常利用宣讲的机会，将自己对于政治、社会的观点以宗教作为包装而四处传播。

霍布斯将制定宗教法典、审定包括宗教教义在内的一切学说的立法权、对于教士的任免权属之于世俗主权者。霍布斯根据《圣经》上的记载，将有权力制定宗教法典的摩西、亚伦和继任的大祭司都看作世俗主权者，从而得出结论说，从摩西、亚伦和大祭司开始，"直到现在为止，制定宗教法典之权，也就是将《圣经》规定为法律之权原先便是属于世俗主权者的"⑤。他明确指出，"审定什么学说适合于和平以及对臣民应当教导哪些学说的权力，在所有的国家中都不可分割地属于最高世俗主权者，不论这种主权是操在一个人手中还是一个会议手中都一样"，"任何臣民除开得到他们的允许和批准以外，都不能合法地向百姓宣教"⑥。不仅如此，最高世俗主权者还有权掌管教士。他指出，在每一个基督教体系的国家中，世俗主权者既然是最高的牧者，全部臣民都交给他管辖，教士要教导的既然是世俗主权者的臣民，那么，所有其他教士的任命、传教的权力以及执行其他教士职务的权力都是根据他的

---

① J. W. Gough, *The Social Contract: A Critical Study of Its Development*, p. 112.
② Michael Lessnoff, *Social Contract Theory*, p. 10.
③ J. W. Gough, *The Social Contract: A Critical Study of Its Development*, p. 113.
④ John Dewey, *The Motivation of Hobbes' S Political Philosophy*, p. 8.
⑤ [英]托马斯·霍布斯：《利维坦》，黎思复译，商务印书馆1986年版，第417页。
⑥ 同上书，第435页。

权力而来的。于是霍布斯推论说:"所有其他教士的传道、教诲和有关教士职位的其他一切职权,都是从世俗主权者那里得来的,他们不过是他的下属;正如同市长、法官、司令官等等都只是他的下属一样;他是全国的主管者、是审理一切案件的审判者和全部军队的统帅,——这种人永远是世俗主权者。"①

在 17 世纪的政治思想家的头脑中,没有任何问题比国家与教会之间的关系问题占据得更为持久。在每一派清教徒联合起来批判教皇的主张的同时,他们在对于诸如应该授予什么人或机构以宗教信仰与实践方面的权威的问题上,同样地互不一致。路德将之授予世俗统治者,他的坚定的国家万能主义一般为清教国家所追随。另一方面,加尔文及其信徒教导说教会应该主宰国家并控制其成员的生活。② 正因如此,在英国,乃至在整个欧洲,宗教论争成为政治与社会动荡的最主要的根源。因而,解决宗教与国家的关系问题是每一个思想家都无法回避的问题,即使霍布斯似乎是 17 世纪最为超脱于这种宗教论争的政治思想家,关于教会与国家的关系问题仍然是霍布斯不得不花大力气加以解决的问题。在他的政治著作中宗教问题所占的篇幅,以及他一次又一次地针对"无神论"的指控而作的辩解,还有他本人虔诚地从事的宗教实践活动,充分地说明了这一点。毕竟,"17 世纪才从深深植根的中世纪的观点中探出头来"。例如,才在霍布斯之前 50 年,理查德·胡克的著作中,还在用经院派哲学为国家控制英格兰教会辩护。③ "除了霍布斯是可能的例外之外,直到 17 世纪末所有的政治理论家要么将宗教作为其系统的基础,要么将捍卫某种形式的信仰或使其至上当作他们的主要目标。"④ 在这样一种背景之下,霍布斯将其政治理论主要建立在世俗的论证之上,将信仰作为理性之补充,对国家的起源及其在此岸世界的使命作了一种理性的合理化论证;这一做法对于西方政治思想的发展起着划时代的作用。正如有些论者所指出的,这对于这一事业在政治学的世俗化过程中代表着一种决定性的时刻。国家不再是治疗原罪的药剂,而成为最为强烈、最为可靠的对激情加以约束的权威。如果说奥古斯丁是基督教时代的入口,那么霍布斯就是基督教时代的出口。

---

① [英]托马斯·霍布斯:《利维坦》,黎思复译,商务印书馆 1986 年版,第 436 页。
② G. P. Gooch, *Political Thought in England: From Bacon To Halifax*, Oxford University Press, 1915, p. 156.
③ A. P. Martinich, *The Two Gods of Leviathan: Thomas Hobbes On Religion And Politics*, p. 9.
④ John Dewey, *The Motivation of Hobbes' S Political Philosophy*, p. 11.

奥古斯丁引领西方人由古典世界进入基督教世界；霍布斯引领他们由基督教世界步入近代。作为一个处于最前沿的政治哲学家，他见证了一个特定的基督教安排秩序的世界之逝去，及其被经验科学的前景所取代。[1] 诚然，在霍布斯之先一个世纪的马基雅维利已经撇开宗教于不顾而以纯粹世俗的观点探讨政治问题，但对于宗教问题的不予理睬并未能从根本上给神权政治观以打击，有经验而无经验科学的支持也使马基雅维利对于政治所做的世俗的论证不能站在坚实的基础上。因而马基雅维利将政治独立于道德与宗教，只是将其作为一种做法（as a matter of practice），不过是停留在权术论的层面之上，而霍布斯则第一次将这种政治与宗教、道德的分离上升到哲学理论的高度（as a matter of philosophic theory）[2]。马基雅维利之后的时代里基督教神权政治观依然活跃，宗教纷争依然纠缠着政治，只不过是宗教论争的队伍中增添了各种新教。而霍布斯的政治思想则有了相对马基雅维利而言的明显进步。由于有最新的近代经验科学作为基础与方法，他那系统的政治理论已经能够完全脱离圣经的论证而独立存在。《利维坦》即使没有以"上帝的传谕之道"作论证，也不会影响其政治思想的严密论证与逻辑一贯。而他认为上帝的传谕之道（虽然有些是超乎理性的，但却）同样不与人的天赋理性相违背。[3] 因此，他根据以理性主义加以解释的圣经，对于预言等宗教现象、对于教权与国家的关系问题做出了彻底的、激进的有利于世俗主权者的解释，才给予神权在政治学中的地位决定性的一击，并根本改变了西方政治思维的特征，使信仰、神权的政治思维方式为经验科学的思维方式所取代。其后，洛克与哈利法克斯等人才能够撇开"君权""圣权"整个问题于不顾[4]。可以说，西方政治思想由17世纪走向18世纪，紧要的几步在霍布斯这里基本完成了。

4. 专制主义与自由主义的矛盾

法国哲学家笛卡尔在评论霍布斯1642年的《论公民》一书时，认为"作者的全部目的是为了支持君主制"。而因遭受洛克批评而闻名于后世

---

[1] Damien Grace, Augustine And Hobbes, Ross Fitzgerald: *Comparing Political Thinkers*, Pergamon Press, 1980, p. 54.

[2] William Archibald Dunning, *A History of Political Theories: from Luther to Montesquieu*, New York, the Macmillan Company, 1923, p. 301.

[3] [英] 托马斯·霍布斯：《利维坦》，黎思复译，商务印书馆1986年版，第291—292页。

[4] [美] 乔治·霍兰·萨拜因：《政治学说史》（下），刘山等译，商务印书馆1986年版，第581页。

的王权主义者菲尔默在评论《论公民》与《利维坦》的时候,也说没有人将"君主的权利"讨论得如同霍布斯一样"充分而明智"。[①] 因此,后世有不少人认为霍布斯的政治思想即是致力于论证君主制的绝对权威,坚决拥护君主制。事实上,霍布斯对于君主制确有好感,但为君主制而辩护却不是他的主要目的。他自己在写作《论公民》时即向自己提出,"不按照这一意见,那就是应当给予贵族制或民主制,然后是君主制以递减的服从;因为尽管我在第十章里通过论证尽力让人们获得这样一种信仰,即君主制是最为方便的政府(这是我承认在这整本书里唯一没有证示,而很可能只作出声明的),然而无论在哪里我都会明确地说,无论何种政府都应该有一种最高的、有效能的权力"[②]。无论在《论公民》还是在《利维坦》中,霍布斯都自负地表明他所写的都是"真理",都是"恰当的",但为君主制辩护却成为他公开承认的唯一例外。从《利维坦》及他的其他著作来看,他为君主制确实表达过不少赞颂之词,提供了不少论证。但是,他之所以赞成君主制,最根本的原因是它是"最为方便的政府"。他既不执着于对某一君主或君主制正统的忠诚,也不偏执地认为君主制是他唯一可以接受的政府。事实上,他在各种著作中,提及统治者时从来都是将"一个人"与"一个会议"并提。霍布斯的政治思想的中心主题是"国家"与"主权"。至于这一国家是由谁掌握,一个人还是一群人,政体是君主制还是民主制或贵族制,在霍布斯看来无关紧要。他所关心的是"国家的和平与秩序",是"任何政府都应该有的最高的、有效能的权力"。"一切政府形式中的权力,只要完整到足以保障臣民,便全都是一样的。"[③] 因此,不能认为霍布斯的全部政治思想完全是为维护君主专制服务的。

由于霍布斯政治思想的中心主题是"国家"与"主权",是在构建一般意义上的"现代国家",因此当代西方一些研究者认为,霍布斯既不是为自由国家而辩护,也不是为专制国家而辩护。其实,霍布斯那种以不加限制的主权为"灵魂"而形成的国家,必然是专制的。

在霍布斯试图构建的"国家"(利维坦)中,主权是不加限制的,绝对的。主权者的权威是不能取消的。霍布斯认为,人们为了脱离痛苦而悲

---

① Johann P. Sommerville, *Thomas Hobbes: Political Ideas in Historical Context*, 1992 The Macmillan Press Ltd., p. 3, 18.

② Thomas Hobbes, *De Cive, The English Version*, pp. 36–37.

③ [英] 托马斯·霍布斯:《利维坦》,黎思复译,商务印书馆1986年版,第141页。

惨的自然状态，寻求和平并使和平得到保障，就互相订立了一种社会契约，将原有的自然权利交给主权者（一个人或一个集体）。而这种授权一经做出，"便不能以取消主权作借口解除对他的服从"，"处死一个主权者，或臣民以任何方式对主权者加以其他惩罚都是不义的"。臣民必须以主权者的是非为是非，而不能有自己的私人判断。主权者的权威是至上的，一切法律来自主权者的认可和宣布，宗教教义也由他宣布。至于司法权、行政权，以及对外宣战与媾和的权力等，全部由他掌握。主权者的权力是"不可转让和不可分割的"。[1] 在霍布斯的前辈、为主权作强有力辩护的布丹的理论中，财产权还构成对主权的限制；而在霍布斯这里，财产权也不能用以抵抗主权。查理一世没有经过其臣民的同意征收了税收，这种做法在几十年后的洛克那里显然是对天赋的财产权的侵犯，是不可饶恕的、应加推翻的暴政，但在霍布斯这里却被加以合理化的论证，[2] 因要求专制权力而被处死的查理竟被霍布斯视为一个自觉的主权者的殉道者。[3] 比较霍布斯与洛克对于主权的描述，很容易看出专制与自由的明显区别。不仅如此，霍布斯还明确指出，"暴君政治这一名词的含义正好等于主权这一名词的含义，不论主权是操在一人手中还是许多人手中都一样"，"容忍人们对暴君政体公开表示仇恨便是容忍人们对国家普遍怀着仇恨"[4]。由此可见，霍布斯所构想的国家毫无疑问是专制的。正因为专制权力提供了世俗化的论证，所以有西方学者提出，霍布斯政治思想的真正赏识者是18世纪实行开明专制的君主们。[5]

我们可以从霍布斯关于主权的学说里发现不少与其专制主义主张相矛盾的地方。

一方面，霍布斯认为由于每一个臣民都是主权者每一行为的授权人，对其他任何事物都决不缺乏权利。主权代表人不论在什么口实之下对臣民所做的事情没有一件可以确切地被称为不义或侵害的；于是，在一个国家中，臣民可以而且往往根据主权者的命令被处死，然而双方都没有做对不

---

[1] ［英］托马斯·霍布斯：《利维坦》，黎思复译，商务印书馆1986年版，第134—137页。
[2] *Thomas Hobbes, Political Ideas in Historical Context*, p. 2.
[3] *The Piety of Thomas Hobbes*, By Herbert W. Schneider, *Thomas Hobbes in His Time*, edited by Ralph Ross Herbert W. Schneider Theodore Waldman, University of Minnesota Press, 1974, p. 95.
[4] ［英］托马斯·霍布斯：《利维坦》，黎思复译，商务印书馆1986年版，第572页。
[5] J. Bronowski & Bruce Mazlish, *The Western intellectual Tradition: From Leonardo To Hegel*, Harper & Row, Publishers, Inc., p. 207.

起对方的事。（165）但另一方面，霍布斯又将主权者的权力限制在一个范围之内，那就是人们建立主权的目的——求得"臣民本身之间的和平和对共同敌人的防御"，当我们拒绝服从就会使建立主权的目的无法达到时，我们便没有自由拒绝，否则就有自由拒绝。[1] 例如，如果主权者命令某人把自己杀死、弄伤、弄成残废或对来攻击他的人不予抵抗，或者命令他绝饮食、断呼吸、摒医药或放弃任何其他不用就活不下去的东西，这人就有自由不服从。如果反抗了主权者或者犯了死罪，人人自知必将因此而丧生，为了保命，他们有自由拿起武器反抗主权者。对主权者的前一次反抗是不义的，后一次则不算不义，因为他们原来服从主权者其原因就在于自我保存，而现在不能达到这一目的，也就没有必要服从主权者了。中世纪以来的暴君可抗论者，将反抗暴君的权利属之于下层官吏或贵族阶层，如果属之于人民，则只有将人民作为一个抽象的集体，而由贵族、特权阶层作为具体代表才算是正义的，而在霍布斯这里，第一次将反抗的权利属之于个人，这不能不说是一个巨大的跨越。

一方面，霍布斯指出个人自由的危害，认为"把只属于公众的权利当成了个人的遗产和与生俱来的权利"是一种错误，其后果"会产生骚乱，并使政权更迭不已"。但另一方面，他将建立主权的目的限制在保障个人的自我保存这一范围之内，本身即为个人自由撕开了一条口子。既然个人能够拥有生命自由，财产的自由也就不难从这一口子中溜进。既然个人的生命安全是与生俱来的自然权利，而且是自然律禁止个人自我放弃的，当个人把财产作为维持生命及其发展的最重要手段时，就不可能拒绝将财产权作为天赋权利的说法。事实上，当霍布斯说到，安全"不单纯是指保全性命，而且也每个人通过合法的劳动，在不危害国家的条件下可以获得的生活上的一切其他的满足"[2]，霍布斯离洛克只有半步之遥了。

一方面，主权是不可分割的，不可转让的。但另一方面，霍布斯认为主权者的"某些权利，像铸币权、处理未成年继承人的财产与人身的权利、市场先购权以及其他明文规定的特权，主权者都可以转让而仍然不失去其保卫臣民的权力"[3]；在国家状态当中，"在法律未加规定的一切行为

---

[1] ［英］托马斯·霍布斯：《利维坦》，黎思复译，商务印书馆1986年版，第169页。
[2] 同上书，第260页。
[3] 同上书，第139页。

中，人们有自由去做自己的理性认为最有利于自己的事情"①。虽然霍布斯认为臣民的自由只有在主权者未对其行为加以规定的事物中才存在，似乎主权者有规定一切事物的权利，但实际上，他承认主权者不可能对一切事物都作出规定，从他列举的范围来看，买卖或其他契约行为的自由，选择自己的住所、饮食、生业，以及按自己认为适宜的方式教育子女的自由等等都是主权者不加规定的，而这些实际上已经基本囊括了经济与社会活动的范围。②

5. 霍布斯对近代自由主义理论的贡献

霍布斯的政治思想因其理论原则与思维方法的开创性，对于近代自由主义的兴起以及古典自由主义理论的形成提供了重要原则与方法。

首先，霍布斯政治思想的理论原则是个人主义的，而个人主义正是西方近代自由主义的核心。这正如麦克弗森等人所指出的，"作为一种基本的理论立场，个人主义至少可以远从霍布斯开始。尽管其结论几乎不能称作自由的，其理论预设却是高度个人主义的"。③ 霍布斯受伽利略等人创立的近代物理学的影响，将自然科学的思维方式引入政治学。他不强调社会先验的整体性，而是将社会看作由一个个的原子式的个人组成的相互之间并无天然联系的集合，而社会不过是一种以个体的人为材料的人工构建物，就如同人们制造钟表一样。他不像亚里士多德那样认为"人天生是政治动物"，因而组成政治社会，而是主张从个人基于自我保存的利益与意志出发，构建公民社会与国家；他也不认为组成国家的目的是为了实现正义，而是认为组成国家的目的仅仅是为了和平、稳定的秩序，"是以保护自然人为其目的"。④ 他也不像传统的观念那样将自然法当作一种道德律令，而是将个人的自我保存等作为自然法的主要内容，义务不再是先天地存在的，个人的利益先于义务而存在。总之，"他抛弃了传统的社会、正义与自然法的观念，从互不联系的个人的利益与意志中推演出政治权利和义务"⑤。

霍布斯将其政治思想建立于个人主义的基础上，从而为自由主义在近

---

① [英]托马斯·霍布斯：《利维坦》，黎思复译，商务印书馆1986年版，第164页。
② 同上书，第165页。
③ C. B. Macpherson, *The Political Theory of Possessive Individualism: Hobbes To Locke*, Oxford University Press, 1962, Introduction.
④ [英]托马斯·霍布斯：《利维坦·引言》，黎思复译，商务印书馆1986年版。
⑤ *The Political Theory of Possessive Individualism: Hobbes To Locke*, Introduction.

代的兴起锻造了理论基础,这被证明是政治思想史上的一次重大变革。事实上,在霍布斯的同时代人中已经有人意识到霍布斯的个人主义的理论基础的革命性。特尼松(Tenison)在其于1670年发表的《重审霍布斯的信条》中说,由于霍布斯以(个人的)自我利益的辩护来使自然法合理化,霍布斯的"国家的基础就是干草断柴,更容易让一切都燃成大火而不是为你的政府提供支持(的理由)"。还有,"为世上所有君主悲哀的是,如果这一学说是真理并且流行开去;如果大众相信这一学说,君主……将因为大众的野心与设想的利益所带来的矛和带钩的镖铐而不再安全。"霍布斯诉求于个体利益的原则只不过是"煽动叛乱的种子","霍布斯的原则推翻了一切政府的基础"。霍布斯本人事实上也意识到,一个政府除非关心共同福利,否则不大可能保持足够的力量获得服从——尽管他本人从未使这一道德明确化。[1]

其次,霍布斯的政治思想赋予国家的目的与职能表明国家只有工具的意义,只有消极国家的意义。而将国家视为工具,也是近代西方自由主义的基础之一,赋予国家警察的职能,则更是自由资本主义时期的古典自由主义国家观的典型特征。在霍布斯那里,国家没有积极的功能,它唯一的职责是维持秩序,维持和平与秩序是利维坦得以建立的理由和存在的根据。利维坦是一个警察,而不是一个导师。他的国家是一种"必要的恶",一种保卫人们以防止人类的野蛮本能的工具,而不是达至自由而进步的文明的工具。因此种种,当20世纪初年西方自由主义已实现由古典自由主义向新自由主义的转型之时,有人开始抱怨说"不让国家有积极的职能是霍布斯的系统里面最糟糕的部分"。[2] 这种抱怨,正好反映了霍布斯的国家理论与极权国家的重大区别,与古典自由主义的某种相近性。霍布斯的学说为19世纪的功利主义者所复活这一历史事实也表明了这一点。因此,尽管霍布斯的政治思想所构建的远不是一个自由国家,但赖以构建其理论的某些原则却成为近代自由主义的基础。霍布斯开创了新的道路,而洛克则正是沿着这些道路走下去的。[3] "即使18与19世纪紧接而

---

[1] John Dewey, *The Motivation of Hobbes'S Political Philosophy*, *Thomas Hobbes in His Time*, edited by Ralph Ross Herbert W. Schneider Theodore Waldman, University of Minnesota Press, 1974, p. 11.

[2] G. P. Gooch, *Political Thought in England: From Bacon To Halifax*, Oxford University Press, 1915, p. 38.

[3] *The Western Intellectual Tradition: From Leonardo To Hegel*, p. 208.

来的功利主义的学说，在根本上也只不过是 17 世纪设计出来的个体主义原则的重申：边沁建立在霍布斯之上。"① 有一些西方学者的论著直接称霍布斯为自由主义者②，这或许有点过分，但是，说霍布斯政治思想的理论前提与主要原则是自由主义性质的，应该是大致不错的。

（二）斯宾诺莎：欧洲大陆自由主义的先驱

作为个人主义者，斯宾诺莎的思想受到霍布斯的极大影响。他把自由看作政治的真正目的，看作自己政治思想的核心。斯宾诺莎赞同霍布斯的人性原则，认为自我保存是一切人的共同本性，"一个人的幸福即在于他的能够保持他自己的存在"，③ 理性是实现自我保存的重要条件。

出于荷兰当时的社会政治状况，斯宾诺莎突出论证了信仰自由与思想自由。他深信："自由比任何事物都更珍贵"，④ 共和国中应当维护思想自由，提供更多的自由思想的条件。在斯宾诺莎看来，每个人都是自己思想的主人，这是不可转让的天赋权利。为了维护国家安全，统治者应当让人们自由思想，自由发表言论。允许自由思辨的政府才是最好的政府，反之必是暴虐的政府。

斯宾诺莎推崇个人自由，把个人自由看作理想社会中不可或缺的因素，看作天赋的权利，是衡量政府优劣的重要标准。这都使他比霍布斯更接近自由主义。然而同霍布斯一样，斯宾诺莎也不是自由主义者，因为他们都不关注人类社会的发展前景。"霍布斯看来，市民社会总有可能回复到战争频仍的野蛮自然状况，而据斯宾诺莎看来，自由的人将始终是凤毛麟角；大多数个人和社会将始终受激情和幻想的支配，而不是受理性支配。在他们两人看来，无知和奴隶制是人类的自然状况，而开明和自由只是人类生活中的例外。他们都是自由主义的先驱，而不是自由派人物，因为他们并不抱有自由派的那种信念（或幻想），即自由和理性将成为人类中的通则。"⑤

1. 斯宾诺莎与霍布斯

霍布斯的政治思想虽然遭遇了不少批判，但在欧洲大陆得到了继承与

---

① *The Political Theory of Possessive Individualism: Hobbes To Locke*, Introduction.
② 《布莱克维尔政治学百科全书》一方面承认霍布斯难以确定究竟是不是自由主义者，但同时又称霍布斯为"坚定的自由主义者"，见邓正来编《布莱克维尔政治学百科全书》，中国政法大学出版社 1992 年版，第 415—418 页。
③ [荷] 斯宾诺莎：《伦理学》，商务印书馆 1988 年版，第 170 页。
④ [荷] 斯宾诺莎：《神学政治论》，温锡增译，商务印书馆 1963 年版，第 272 页。
⑤ [英] 约翰·格雷：《自由主义》，桂冠图书股份有限公司 1993 年版，第 20 页。

发展。在这些继承与发展者当中,荷兰的斯宾诺莎(Benedict de Spinoza, 1632—1677)最为突出。在英国之外,霍布斯的政治著作产生最大影响的国度是荷兰。霍布斯的《论公民》的拉丁文版于 1642 年在巴黎出版之后,在阿姆斯特丹又出版了两次,《利维坦》也随之流传到欧洲大陆。这两部著作在荷兰知识界很快声名鹊起,并引发了不少争论。①

在斯宾诺莎的著述中,有两位思想家的观点他引用最多,霍布斯是其中之一(另一位是马基雅维利)。当代德国哲学家雅斯贝尔斯曾经指出:"斯宾诺莎极大地赞扬过马基雅维利,但是从他那里借用的观点却很少。他几乎不提霍布斯,但是他的很多观点显而易见来自霍布斯。"② 在斯宾诺莎死后拍卖的藏书当中,就有霍布斯的《论公民》一书。而在斯宾诺莎的《神学政治论》出版之前,有人已将《利维坦》译成荷兰语,而此人不仅是斯宾诺莎的朋友,而且是"斯宾诺莎小组"的成员。此外,霍布斯的政治与社会思想在《论公民》当中已经简要但已相当全面地反映出来了。因此,斯宾诺莎是否读过《利维坦》,其实丝毫已无关紧要。在斯宾诺莎的《神学政治论》和《政治论》当中,我们不时地可以碰到霍布斯《论公民》当中的类似的话语甚至原话而有似曾相识之感。事实上,霍布斯也曾读到过斯宾诺莎的《神学政治论》,并对一个朋友评论说斯宾诺莎已经"超过他(霍布斯)一箭之遥,因为他不敢写得如此大胆"。在著作为同时代人所攻击这一点上,斯宾诺莎也有与霍布斯类似的命运。1674 年,斯宾诺莎的《神学政治论》与霍布斯的《利维坦》同被荷兰总督乔治三世认为"宣传无神论"而遭禁止。

斯宾诺莎的学说在形而上学的基础方面与霍布斯有着很大差异,但在政治与伦理学说的许多方面结论却颇为一致。斯宾诺莎继承了霍布斯的人性论、自然权利、自然状态、契约论、主权权威等术语的使用,都认为自然状态下的人先于社会而存在;都企图通过重新诠释圣经来还宗教的本来面目,都推崇数学,以之为新的理性的模式和方法;在政治学论证方法上以经验论的人性之必然为基础进行推理;甚至霍布斯政治思想中的矛盾之处也为斯宾诺莎所继承。另一方面,斯宾诺莎对这些术语的使用一定程度上改变了原有的内涵和使用目的,这又使二者的结论不尽相同。例如,同

---

① Ramond G. Gettell, *History of Poltical Thought*, The Century Co. 1925, p. 231.
② Karl. Jaspers, *Spinoza*, Boston, 1985, p. 73. 转引自谭鑫田《政治的真正目的是自由——斯宾诺莎的政治哲学评析》,《山东矿业学院学报》(社会科学版)1999 年第 3 期。

样有自然状态与自然权利区分，霍布斯与斯宾诺莎一视自然状态为自由状态，一则视国家状态为自然状态；一则视自然状态下之人才有绝对的自然权利；一则认国家状态之下才能实现自然权利；又如，同样使用契约论为绝对权力辩护，一个得出结论说君主制是最好的政体，另一个却得出结论说民主制是最好的政体。斯宾诺莎是宗教自由的热烈拥护者；霍布斯则将宗教事务也归属于世俗主权。霍布斯关注的首要点在于主权的绝对性，斯宾诺莎则相反，其目的在于获得个人的自由。

斯宾诺莎的哲学在很大程度上与他的家庭及个人一生的际遇相关。斯宾诺莎的祖先原是西班牙的犹太人，为了躲避宗教迫害而到葡萄牙，而后在他祖父一代又来到荷兰。在他24岁时，又被犹太教会革出教门。17世纪60年代反牧师的、宗教宽容主义的、共和人士的著作，构成了斯宾诺莎政治著作的主要背景。斯宾诺莎政治哲学的两个最突出的特征是寻求宗教自由，以及证明贵族共和国作为一种政治组织的科学性与优越性。

反映斯宾诺莎政治思想的主要著作有：《伦理学》《神学政治论》和《政治论》。

《伦理学》研究了实体的基本结构以及世俗存在与永恒秩序之间的关系。在这本书中，他详尽地阐述了作为他的政治思想基础的形而上学。《神学政治论》致力于将神学与哲学分开，是其最重要的一部政治著作。在一封通信中，斯宾诺莎自承撰写该书的原因有三：其一是神学家的偏见。其二是普通群众的偏见。其三是"哲学思考的自由，以及想什么就说什么的自由。我们要全力为这种自由辩护，因为在我们这里由于传教士的淫威和无耻，这种自由常常是被禁止的"。①《政治论》是一部不曾全部完成的政治学著作。斯宾诺莎在题记中自言《政治论》一书的目的在于说明君主政体和贵族政体如何组建才不会蜕变为暴政，公民的和平与自由才不会受到损害。该书没有或很少提及宗教，是一本严格意义上的政治学论著。它一反传统政治哲学的脱离实际，抛弃了传统政治哲学家所惯用的那些他认为无用、虚幻的概念，而代之以采用马基雅维利等对政治生活特性的真实的、科学的分析。虽则有一些对于理论的阐述，但主要是对于政治生活的一些具体的甚至可以说是琐碎的类似于《君主论》那种形式的分析；有一些推理，但更多的是依据历史经验与荷兰政治制度、政治过程等政治生活的实际。

与过去几个世纪相比，20世纪对待斯宾诺莎的政治思想似乎更为公

---

① ［荷兰］斯宾诺莎：《斯宾诺莎书信集》，洪汉鼎译，商务印书馆1993年版，第138页。

正。斯宾诺莎的政治哲学在一定程度上结合了传统哲学与近代科学，这足以引起了人们对它的极大兴趣。① 有论者认为，斯宾诺莎的政治思想没有像其他作者的思想一样被广泛地研究，也许反而是流传下来的对我们今天更为有益的思想。② 也有学者认为斯宾诺莎综合了马基雅维利、霍布斯、亚里士多德和笛卡尔等的学说，超越了其思维的历史，创造了对人这一政治动物的状况和能力的持久统一的看法，应被尊为"卓越的政治学家之列"。又有学者认为，斯宾诺莎"根据《君主论》一书他得出一个与《论公民权》（即霍布斯的名著《论公民》——引者）类似的结论；而且在霍布斯专制主义的基础上构设了一个比洛克和卢梭所构造的更安全的、广泛自由的上层建筑"③。苏珊·詹姆斯从斯宾诺莎的自由理论中发掘出当代西方自由主义的一些困境与弊病所在。④ 可以肯定的是，他对民主、自由等政治哲学问题的看法能不断给当代仍然以自由、民主为价值，仍然生活在或试图生活在自由与民主的政治体制当中的人以启发。

2. 构筑自由的宗教信仰世界

《神学政治论》是斯宾诺莎政治思想的代表作。"神学政治论"的名称容易使人误以为这是一本神学著作。但实际上，斯宾诺莎的目的与霍布斯一样，恰好是通过讨论宗教神学和重新解读《圣经》来结束宗教对政治的影响，纠正人们对宗教的错误观念，以及对政治权威的错误观念，并最终捍卫哲学思考的自由。

霍布斯在讨论与基督教体系的国家有关的政治学说时，是"从《圣经》中去寻找原理"；而认为奇迹已绝，预言不必听。其方法则在运用上帝赋予人的自然理性，即通过推理得出结论。而这种推理又与自然科学不同，其正确性取决于对《圣经》中语词的用法和意义作正确的理解。斯宾诺莎解读《圣经》的方法上继承了霍布斯，但又不同于霍布斯。

斯宾诺莎解释《圣经》的方法"与解释自然的方法没有大的差异"。而因为解释自然的方法在他来说就是要解释自然的来历，根据《圣经》

---

① ［美］列奥·斯特劳斯、约瑟夫·克罗波西:《政治哲学史》（上），李天然等译，河北人民出版社1993年版，第561页。

② 邓正来主编:《布莱克维尔政治学百科全书》，中国政法大学出版社1992年版，第734页。

③ Duff, R. A.，*Spinoza's political and ethical philosophy*. Glasgow: James Maclehose, 1903. 转引自《布莱克维尔政治学百科全书》第734页。

④ Susan James:《力与差异：斯宾诺莎的自由理论》，载马德普主编《中西政治文化（论丛）》，天津人民出版社2001年版。

的历史来研究《圣经》。即除了根据《圣经》的语言之外还考证了《圣经》各编的遭遇、各编作者之生平、学历、写作动机等等，并找出其中矛盾与含糊之处。运用这样一种方法来解释《圣经》，斯宾诺莎发现圣经"是有错误的，割裂了的、妄改过的，前后不符的"；并且发现上帝和犹太人所订之约的原文已经失传，现存的圣经只不过是断简残篇①。

虽然斯宾诺莎声言《圣经》仍然是上帝的经典，但这种方法的运用，已经使《圣经》的权威大为动摇。这正如时人所指出的，"从作者这本书至少很容易看到，由于他的方法和论证，一切圣经的权威都被推翻了，作者提到权威也只是为了形式的缘故……按照作者的教导，对于那些没有得到圣经的民族（上帝把圣经授予了犹太人和基督徒），上帝常常借助于其他的启示引导他们走上理性和忠顺的正道"②。事实上，斯宾诺莎的确认为一个人"无论他只是听理智的指挥，还是只是依从圣书，实质上是听命于上帝，是完全幸福的"。一个富于理智的人，甚至可以无须《圣经》的启示，同样可以过上有道德的生活。这实际上已经表明，圣经亦是可有可无的。用他的话来说，若是一个人对于《圣经》绝对一无所知，却有正确的意见与人生的原则，他就是绝对幸福，真有基督的精神。斯宾诺莎的这种圣经阐释方法，其本意不过是要批驳一般传教士"把宗教变为迷信，崇拜纸墨为圣经"，而其结果与其初衷大相径庭。在时人看来，斯宾诺莎的"这个学说取消和绝对推翻了一切信仰和宗教，偷偷地贬卖了无神论，或虚构了一个不能使人们对其神性肃然起敬的上帝"③，是一个典型的无神论者，或至少是一个自然神论者。时人的这一判断对斯宾诺莎来说，不算太过冤枉。

斯宾诺莎致力于将宗教信仰与哲学分开。事实上，二者分开是《神学政治论》的主要目的，是斯宾诺莎所认为的《神学政治论》一书中"最重要的问题"④。在斯宾诺莎看来，《圣经》的目的只是教人服从上帝。为了服从上帝，在行动上应做的事可以总结为爱人。凡爱人如己，就是真服从上帝，真爱上帝，这是区分是否有真正信仰的唯一标准。爱上帝、服从上帝，爱人如己就是全部教义之精髓。有了这样一个标准或是基本教义，持有不同意见的人，就不能随便冠之以无神论之名；斯宾诺莎进

---

① ［荷兰］斯宾诺莎:《神学政治论》，温锡增译，商务印书馆1963年版，第177页。
② ［荷兰］斯宾诺莎:《斯宾诺莎书信集》，洪汉鼎译，商务印书馆1993年版，第186页。
③ 同上。
④ 同上书，第201页。

而申论说,哲学在目的与基础方面均与宗教信仰(即神学)不同。宗教的信仰只在寻求服从与虔敬,而哲学的目的只在寻求真理;宗教的信仰基于历史与语言,只能求之于《圣经》与启示;而哲学是根据原理,这些原理只能求之于自然。因此,他认为在宗教的信仰(即神学)与哲学之间是"没有连结或密切的关系的"。"宗教的信仰可以容许哲学的思辨有最大的自由,容许我们对于任何事情爱怎么想就怎么想。"①

斯宾诺莎在阐释《圣经》方面所做的工作,在一定意义上是沿着霍布斯开创的道路前进的。但是,他走得更远,其神学政治论影响也更为深远,以至于当代霍布斯的研究者们反过来称《利维坦》为霍布斯的"神学政治论"。考虑到17世纪宗教与政治的纠葛成为实际政治与政治思想的根本难题②,不难理解斯宾诺莎何以将哲学与宗教信仰的分开作为最重要的问题,何以会在讨论政治问题之前,如此费尽周折,浓墨重彩地试图将神学与政治做一个根本的了断。事实上,在自认为解决了神学与哲学之间的关系之后,斯宾诺莎才开始讨论政治问题。而对政治的讨论,他所依据的完全是"理智"或者自然,以及"经验"。即使他后来引《圣经》为据,也是将其作为历史的经验而不是神启来对待。斯宾诺莎对《圣经》的解读以及他将哲学(政治真理的探讨亦包括于其中)与神学彻底分开的做法,已远远超过其前辈霍布斯。

不仅如此,斯宾诺莎还提出了宗教信仰的自由。从上述《圣经》的简单教义出发,他认为一个人只要爱上帝、服从上帝,在行动上爱邻人,他就是虔诚的教徒。事实上,这一简单教义是基督教各个派别都认可的,如果教义满足于此,所有的宗教论争就变得毫无意义、毫无必要了。斯宾诺莎还指出,因为人心的习惯不同,因为信仰和礼拜的细枝末节之处有别,有人容易信仰这个,有人容易信仰那个,每个人可以而且应该"自由选择自己的信仰的根据"③。信仰是否虔诚,关键要看其结果。只要每个人都爱上帝,在行动上行仁义,爱人,争讼可休,天下仁爱,世界太平。通过归复基本教义和主张信仰看行动这种论证方式,斯宾诺莎构筑了

---

① [荷兰]斯宾诺莎:《斯宾诺莎书信集》,洪汉鼎译,商务印书馆1993年版,第201页。
② 在《神学政治论》的序言中,斯宾诺莎指出有些人把"宗教的观念弄坏了",对"政治权威"产生错误见解,有些异教迷信者拒不服从其合法君主,圣经被误读,产生深切的仇恨与纷争。因此之故,斯宾诺莎致力于将信仰与知识、神学与哲学分开。[荷兰]斯宾诺莎:《神学政治论》,温锡增译,商务印书馆1963年版,第13—15页。
③ [荷兰]斯宾诺莎:《神学政治论》,温锡增译,商务印书馆1963年版,第15页。

一个自由的宗教信仰世界，尽管他仍然坚持世俗统治者应同时拥有宗教特权这一主张。

3. 国家学说

把哲学与神学分开，保证了哲学与神学都各有其思想的自由，也为探求政治真理提供了可靠的前提。斯宾诺莎正是在这一前提下从事政治学研究，提出了他的国家学说。

在政治学研究的基本态度上，斯宾诺莎与马基雅维利一脉相承。他批评一般哲学家没有按照人们本来的面目来看待人，而是按照他们所希望的样子来想象人。因此，他们所设想的政治体系从来没有实用价值，而是些只能在乌托邦或诗人讴歌的黄金时代才能实行的模式。① 为此，斯宾诺莎也力图抛弃应然的研究，致力于实然的探讨，抛弃玄妙的空想，致力于有可操作性的、"最符合实际的"设计。这种基本态度，也决定了他像马基雅维利一样，注重经验的方法。正如马基雅维利从罗马共和国的历史当中寻求经验一样，斯宾诺莎除了关注荷兰共和国的现实政治，也从希伯来人的联邦和他们的历史中，引申出一些政治学说来。

不过，在政治学的研究上，斯宾诺莎与马基雅维利不同，而与格劳秀斯尤其是霍布斯异曲同工的是他对理性方法的运用，他试图"通过可靠和无可争辩的推理，并且从人的真正本性去确立和推论最符合实际的原则和制度"。②

与霍布斯一样，斯宾诺莎的国家学说也是基于对人性的洞察。他的"一切论证都是根据人性的必然性，也就是每个人的自我保全的普遍愿望"③。他的政治学说也是从个体的自然权利开始的。他也一样认为"每个个体应竭力以保存其自身，不顾一切，只有自己，这是自然的最高的律法与权利"。他也认为人们形成社会，不仅可以保卫防御，并且使分工成为可能，因而形成社会是"绝对必需的"。他也认为人的理智在求得真正的利益与保存，而最大的利益与最好的保存方式是结成社会。国家存在的目的是为了让人能够更好地自我保存，"国家状态的目的不外乎生活的和平与安全"。关于自然状态下的人结成社会或国家（与霍布斯一样，斯宾诺莎同样未在社会与国家之间做出区分）的方式，斯宾诺莎也是通过契约论来进行说明。他以民主制为例，说明通过契约对自然权利的让渡。在

---

① [荷兰]斯宾诺莎：《政治论》，冯炳昆译，商务印书馆1999年版，第4页。
② 同上书，第6页。
③ 同上书，第34页。

民主制社会，每个个体把他的全部权力交付给国家，国家就有统御一切事务的自然权利，也就是说，"国家就有唯一绝对统治之权，每个人必须服从，否则就要受最严厉的处罚"。① 为了维护和平与安全，国家不仅应该有对世俗的统治之权；还应有对宗教的统治之权。至此，斯宾诺莎对霍布斯几乎是亦步亦趋。

霍布斯在理性的论证方法之外，还通过从圣经中寻找论据以图解决宗教与政治之间的纠葛，并通过将世俗与宗教都属之于主权者的方法来最终消除宗教论争对政治的影响。在这一方面，斯宾诺莎与霍布斯同样有惊人的相似。

斯宾诺莎论证说，在希伯来人的联邦中，当高级祭司篡夺了世俗统治者的统治之权之后，宗教就降为退步的迷信，而律法的真正的意义与解释就变得腐化了，宗派、党派林立，争端四起。而有私人地位的预言家，由于随便警告人、责备人、非难人，篡夺了世俗统治者的判断之权，同样使争端四起；内战随之发生。由此，斯宾诺莎得出结论说，把发布命令和处理政务的任何权让与牧师对于宗教与国家是多么有害。宣传和实行公所众认的教义，是多么有助于安全。同样，把决定什么合法或不合法之权授予统治权而不是预言家，是多么必要。同时因为希伯来的历史说明，上帝的命令是由拥有统治与立法之机的人间接得来的，上帝是通过现世的君主间接统治人民，除了从这个意义上说之外，上帝在人间是没有王国的。因此，裁决宗教问题之权属于统治权，统治权是神权的解释者。宗教的外形即敬神的仪式、礼节应该符合社会的和平安宁与幸福。斯宾诺莎所有这些论证，甚至会使人误以为出自霍布斯的《论公民》与《利维坦》之中。

然而，在似乎同样的论证过程中，斯宾诺莎开始与霍布斯分道扬镳。

首先，虽然斯宾诺莎与霍布斯一样认定和平与安全是国家状态的目的，但二人对和平的理解却大不一样。在霍布斯看来，"和平就是除战争之外的时期"②，就是免于战争，它的存在只与最高权力的存在与有效行使直接相关。只要能免于战争，即万事大吉，哪怕为此付出再大代价，只要主权能有效存在与行使，主权者产生的方式如何、国家的政体如何，所有这些均非所计。这样，和平就成为公民社会的最典型特征与国家的最高价值与目的。但在斯宾诺莎看来，和平"不仅是免于战争，而且是精神

---

① [荷兰]斯宾诺莎：《神学政治论》，温锡增译，商务印书馆1963年版，第216页。
② Richard Tuck ed., *On the Citizen*, Cambridge: Cambridge University Press, 1998, pp. 28 – 29.

上的和谐一致"。而君主制国家表面看来最有利于确保和平，但其实质却是"奴役，而不是和平"。而"如果奴役、野蛮和荒芜都冠以和平的美名，那么，和平就成了人类所遭受的最大不幸"①。斯宾诺莎的这种观点，实际上已经在和平这一价值之上安排了一个更高的价值——自由，从而在事实上消解了霍布斯关于国家状态的最高目的，也造成了他与霍布斯在政体主张方面的不同。

其次，虽然斯宾诺莎与霍布斯一样认为国家的建立不外乎通过契约自由创设（by institution）或通过战争征服（by acquisition）这两种方式。但是，在关于两种方式的动因的看法方面，二人却有明显的分野。霍布斯明确指出："在两种情形下，人们都是出于畏惧而服从的"，都是出于对死亡与暴力的恐惧，唯一的不同只在于人们通过契约创设主权者是因相互畏惧，而以力征服产生的主权人们畏惧的是主权者本身。② 斯宾诺莎则认为，这两种建立国家的方式有根本的区别。对于以武力征服方式建立的国家来说，民众服从主权者主要是出于恐惧，但对于通过契约创设方式建立的国家来说，民众服从主权者主要是出于希望。"前者追求的是改善生活，后者只不过是力图避免死亡。"相应地，对两种方式建立的国家的观感就大不同一样了。在霍布斯，两者几乎在一切方面无别，但在斯宾诺莎，虽然与霍布斯一样认为两者"就一般的权利而论没有本质的不同"，却认为前一种方式建立的国家是自由的国家，后一种则是暴政；前一种拥有的是自由的国民，而后一种拥有的只是奴隶。③

斯宾诺莎与霍布斯政治思想的最大不同，在于他们对自然权利的看法。

霍布斯认为，自然权利就是每一个人"按照自己所愿意的方式运用自己的力量"保全自己的天性或生命的自由，也即用"认为最适合的手段去做任何事情的自由"。这样，"每一个人对每一种事物都具有权利，甚至对彼此的身体也是这样"。于是，自然权利对自然状态下的人来说是绝对的、近乎无限的。但在斯宾诺莎看来，这种情况过于理想化，是不可能是实际存在的。在他看来，权利不是应该存在、将会存在的某种事物，而是实际存在的事物。他"把自然权利视为据以产生万物的自然法则或

---

① [荷兰] 斯宾诺莎：《政治论》，冯炳昆译，商务印书馆1999年版，第47—48页。
② Richard Tuck ed., *Leviathan*, Cambridge: Cambridge University Press, 1991, pp.138-139.
③ [荷兰] 斯宾诺莎：《政治论》，冯炳昆译，商务印书馆1999年版，第43—44页。

自然规律，亦即自然力本身"①，认为"权利只是依据力量来衡量"②，这样，一个人的自然权利就不可能是近乎无限的，他的力量有多大，自然权利就是多大，他对自然只可能"具有同他的力量一样大的权利"③ 自然规律赋予万物与人的力量并非平等（而霍布认为自然使人在身心两方面的能力都十分相等），相应地，我们可以发现自然权利在其实现方面或是结果上是不相等的，尽管就权利而言，无分智愚是一律平等的。

斯宾诺莎将自然权利等同于自然力本身。力量有多大，自然权利就有多大。作为个体如此，作为国家亦然。斯宾诺莎认为，"国家或最高掌权者的权利无非就是自然权利本身"④，国家的权利与国家的力量是一样大的，但国家的力量不取决于每一个体的力量，而取决于宛若受一个头脑指挥的集体的力量。单一公民或臣民的权利越少，国家的力量超过个体的力量就越多；由此，每个公民除了根据国家共同法令持有者之外，无权从事或占有任何事物。而国家拥有超出其臣民的力量之外的力量，即能实现单个个体所无法实现的事，保存处于其下的每个个体，增强每个个体的生存力。除此之外，国家没有其他存在的必要，没有其他的力量，也就没有其他的权利。国家所具有的这一权利，与个体的自然权利，即竭力保存自身之存在的愿望是完全一致的。对国家法律的服从，即是对理性指令的服从。越是服从理性的指导，个体越拥有力量，越能实现其自然权利。因此，从一定意义上来说，就个体而言，在自然状态下所拥有的自然权利，在国家状态下不仅仍然保有，而且丝毫不会受到损害。雅里希·耶勒斯问及斯宾诺莎与霍布斯的政治学说有何差别时，斯宾诺莎回答说："我永远要让自然权利不受侵犯，因而国家的最高权力只有与它超出臣民的力量相适应的权利，此外没有对臣民更多的权利。"⑤

4. 为民主声辩

斯宾诺莎与霍布斯的政治学说的差异是对民主政治的不同看法。斯宾

---

① [荷兰] 斯宾诺莎：《政治论》，冯炳昆译，商务印书馆1999年版，第10—11页。
② 同上书，第74页。
③ 同上书，第10—11页。
④ 同上书，第24—25页。
⑤ [荷兰] 斯宾诺莎：《斯宾诺莎书信集》，洪汉鼎译，商务印书馆1993年版，第205页。上述引文出自斯宾诺莎的一封信。原信为荷兰文，已缺失，后从拉丁文重新翻译过来。——英译版本为："I always preserve natural right intact, and only allot to the chief magistrates in every state a right over their subjects commensurate with the excess of their power over the power of the subjects. This is what always takes place in the state of nature."

诺莎对民主制、贵族制、君主制三种形式的国家所做的分类与霍布斯相仿。即根据民众权利转让的对象，从而是最高权力掌握者的人数来划分的。不过，斯宾诺莎认为就实际运作层面而言，君主制其实是贵族制的一种。他认为，一个人并不足以有如此大的力量，从而如此大的权利来掌握国家的最高权力，而是必须找一群人如军事将领、顾问官或心腹之交来辅佐，将公共事务再委托给他们。民众权利转让的对象，从而是最高权力掌握者的人数来划分的。由此，表面看来是完全君主制的，在实际运作中是一种"隐蔽而非公开的，从而是最坏的贵族政体①。而贵族政体的实际情况也比民主制差得多。在斯宾诺莎看来，在所有政体中，民主政治是最自然，与个人自由最相合的"②。

斯宾诺莎对于民主的定义颇为奇特。在他看来，民主可以定义为作为一个整体行使其全部权力的社会：

> 若是每个个人把他的权力全部交付给国家，国家就有统御一切事物的天然之权；就是说，国家就有唯一绝对统治之权，每个人必须服从，否则就要受最严厉的处罚。这样的一个政治体（即国家）就是一个民主国家。民主国家可以定义为作为整体行使其权力的一个社会。③

在这里，斯宾诺莎所主张的民主有两个特点。其一，民主政治最为自然，与自然状态无异。斯宾诺莎认为，在民主政治中，没人把他的自然权利绝对地转付于人，以致对于事务他再不能表示意见。他只是把自然权利"交付给一个社会的大多数"，而他本人又是那个社会的一分子。在民主国家当中，凡是依法享有公民权的所有人，不管这种权利是与生俱来的，还是依靠机遇幸运而获得，都有权要求在最高议事会上行使投票权，并且出任国家官职。这样，所有的人仍然是平等的，与他们在自然状态之中无异。在贵族政体中，一个人是否被选拔为贵族，完全取决于最高议事会的

---

① [荷兰] 斯宾诺莎：《政治论》，冯炳昆译，商务印书馆1999年版，第48页。
② [荷兰] 斯宾诺莎：《神学政治论》，温锡增译，商务印书馆1963年版，第216页。
③ 温锡增译本作：这样的一个政体就是一个民主政体。民主政体的界说可以说是一个社会，这一社会行使其全部的权能（参见 [荷兰] 斯宾诺莎《神学政治论》，温锡增译，商务印书馆1963年版，第216页）。其中"政体"一词译得不甚准确，应译为"政治体"或"国家"方为恰当。英译为："A body politic of this kind is called a democracy, which may be defined as a society which weilds all its power as a whole."

意志和自由选择。任何人的投票权与充任官职权既非来自继承，也非凭其权利即可要求的。① 从这一意义上来说，民主国家最为自然，也与个人自由最为相合。

其二，民主政治能行绝对统治，民主国家是"完全绝对统治的国家"②。斯宾诺莎认为："如果存在所谓绝对统治的话，实际上必然是全体民众（作为一个整体）才可能有。"从国家的契约论来源来说，国家有统御一切事物的自然权利；"就是说，国家就有唯一绝对统治之权，每个人必然服从，否则就要受最严厉的处罚"③。甚至，统治权的命令再不合理也必然服从。此外，从斯宾诺莎的权利与权力一致说来看，民主国家的统治既然依靠全体民众行使，凡有公民权者均可凭其权利参与国事，因而无须考虑对统治权的任何反对力量。④ 当国家不存在反对力量时，绝对统治即可实现。

一方面民主制最自然，最与个人自由相合；另一方面，民主制国家却是实行绝对统治的国家。今人看来，这是十分矛盾的。但在斯宾诺莎却不这样认为。在他看来，民主政体的基础与目的，在于避免不合理的欲求，竭力使人受理智的控制。最自由的国家是其法律建立在理智之上，国中每一分子必须绝对遵守他的国家的法律，服从他所属的统治权的命令。并且越自由，就越守法，越听命；越守法，越听命，就越自由。这种矛盾赖以解决的关键，是民主制的统治最为理性，民主制国家不可能有不合理的命令。在这里，我们可以看到卢梭的强迫自由说与民主学说的前奏。

斯宾诺莎还打算就民主制的建构做出设想，但遗憾的是，在《政治论》一书恰好写到民主制的章节时竟未得终篇而病逝。尽管如此，他业已写就的著作已足以让我们对其民主思想做出基本的判断。一方面，我们不难发现其民主主张的保守性。他对公民权做出了种种限制（如年龄、

---

① ［荷兰］斯宾诺莎：《政治论》，冯炳昆译，商务印书馆1999年版，第144页。译文"任何人都不能凭藉法律要求得到那些权利"有误，应为"任何人都不能凭藉其（公民）权利要求得到那些权利"。英译为："No one has the right to vote or fill public offices by inheritance, and that no one can by right demand this right"。此处意在比较君主制、贵族制与民主制，尤其是后二者，投票权与充任官职权在君主制国家凭继承，民主制国家凭公民的权利，而贵族制国家凭最高议事会的选拔。asis the case in the dominion, whereof we are now treating.

② ［荷兰］斯宾诺莎：《政治论》，冯炳昆译，商务印书馆1999年版，第94页。

③ ［荷兰］斯宾诺莎：《神学政治论》，温锡增译，商务印书馆1963年版，第216页。

④ ［荷兰］斯宾诺莎：《政治论》，冯炳昆译，商务印书馆1999年版，第92—93页。

财富、性别），主张要将妇女和奴仆排除在外，不能过体面生活，所谓"操除贱业"者排除在外。他对妇女的看法远比霍布斯倒退。在霍布斯看来，男女无论就体力还是智力都并不存在大的差别，并且明确反对认为男性优越，可以专擅管辖之权的观点。但斯宾诺莎则认定女性具有弱点，断言"妇女在本性上没有与男子同样的权利，而且必然不如男子。因此，两性平等掌权是不可能的，而男子受妇女支配则更不可能"①。斯宾诺莎所主张民主制国家的最高议事会"甚至比贵族制的最高议事会规模更小"，他所主张的民主制在实际上只能是寡头专政。但一方面，我们能清楚地得知斯宾诺莎对民主制的赞赏及其民主制的基本含义，认定凡享有公民权的人凭其权利可以出任国家的任何官职。认定"自由比任何事物都为珍贵"，以维护和实现自由为最高鹄的而又对民主予以激赏与力倡，斯宾诺莎的政治哲学确实有理由被认为是"历史上第一个声明民主自由主义立场的"②。斯宾诺莎的民主理论引起当代研究者的强烈兴趣，其《神学政治论》被看作"民主宣言书"，不少有影响的研究著作称斯宾诺莎"在哲学界首开先河，写下了一系列为民主声辩的论著"③，他"完全有理由被看作是现代民主的一位理论家"④。

5. 伸张思想自由权

霍布斯认为有些自然权利是无法转让的。在霍布斯笔下，自然状态中的个体转让自然权利进入国家状态时，保留了其保全生命的自然权利。斯宾诺莎同样认为有些自然权利是不会也无法转让的，这种权利即是自由判断之权，思想自由之权。对思想自由权的伸张与强调是斯宾诺莎的政治学说与霍布斯政治学说之间的又一个重大差异。

斯宾诺莎认为，即令个人自愿自然权利也是无法割弃的。人是自己的思想与感情的主人，没有哪种权力能够左右一个国民的爱或恨，也没有哪种权力能够让其国民受辱而处之泰然。因为所有这些，都深深植根于人性。只要他或她仍然是人，在任何情况下，包括在国家状态中都仍然把这种权利保留在身，这是他的自然权利。

---

① [荷兰] 斯宾诺莎：《政治论》，冯炳昆译，商务印书馆1999年版，第146—147页。
② Lewis. S. Feuer, *Spinoza and the Rise of Liberalism*, Transaction, Inc., NewBrunswick, New Jersey, 1987, p. 65.
③ [美] 列奥·施特劳斯、约瑟夫·克罗波西：《政治哲学史》（上），李天然等译，河北人民出版社1993年版，第539页。
④ [意] 萨尔沃·马斯泰罗内，《欧洲政治思想史：从15世纪到20世纪》，黄华光译，社会科学文献出版社1998年版，第128页。

斯宾诺莎认为，允许思想自由权的存在于政治无害，在一定意义上也是政治的目的。他认为，政府的作用固然离不开约束与强制，但这本身不是目的，真正的目的在于加强个人生存与工作的自然权利，而不是伤害个人，是要人"有保障地发展他们的心身，没有拘束地运用他们的理智"①。为了保持社会的安宁，个人有必要放弃其自由行动之权，却不能放弃自由思考与判断之权。只要是出于理性的思考，只要没有以个人利益去求变革的企图，个人的想法可以与当局有分歧，甚至可以有反对当局的言论。

斯宾诺莎认为，思想自由或许有时确会引起不便，但是世上从未有十全十美的事。世上那么多坏事都可以容忍，思想自由为何就不能容忍？更何况，思想自由本身还是一种德行，强制言论一致是绝不可能的。所以，政府应该容许有判断的自由，这样人们不管有多大分歧，都能和平共处。在民主政治中，治权可以控制个人的行动，但不能控制他的判断与理智。"把意见当作罪恶的政府是最暴虐的政府，因为每人都对于他的思想有不可夺取之权。"②

不过，斯宾诺莎不认为思想自由是无限制的。危险性的意见，即危害最高之权，危害社会安定的意见也是不能允许的。无限制的言论自由也是极其有害的，因为言论和行动一样，也会有损于权威。他声称要研究言论自由的限度，但实际上并未明确地指出这个限度何在。他所讲的言论自由主要还是指发表科学研究成果、表达哲学思考的自由。

尽管如此，斯宾诺莎对思想自由的主张，表明"自由行动已经抵达一个必将出现的地方，因为思想已经敢于声称其自由之权了"③。

作为欧洲大陆的政治思想家，斯宾诺莎的著作在整个近代对于欧洲政治学并未产生重大影响。他的犹太民族的身份与他泛神论者、无神论者的名声，使他遭受了种种偏见和攻击。尽管如此，由于洛克与斯宾诺莎在对待个人自由方面有着明显的相似，而洛克十分熟悉欧洲政治思想，也曾在荷兰有过为时不短的逗留，有理由相信洛克曾受到斯宾诺莎著作的影响。此外，斯宾诺莎的许多思想（如人民主权论、强迫自由说等）后来被卢梭接受，并通过卢梭影响了欧洲的革命运动。

---

① [荷兰] 斯宾诺莎：《神学政治论》，温锡增译，商务印书馆1963年版，第272页。
② 同上书，第255页。
③ Lewis. S. Feuer, *Spinoza and the Rise of Liberalism*, Transaction, Inc., NewBrunswick, New Jersey, 1987, p. 119.

三 自由主义的启蒙宣言

自由主义政治思想是英国资产阶级在反对封建专制、争取民主权利的斗争中逐渐形成,在巩固资产阶级政权、维护资产阶级利益的过程中不断得到发展的。

革命中的英国资产阶级以理性主义和个人主义为基础,提出了以后成为自由主义理论支柱的政治主张。J. 洛克由于最早系统地阐述了这些原则,成为西方自由主义第一人,是传统形式自由主义的最初代表。

洛克的思想是对封建英国和革命中的英国各种思想的清理,对英国政治传统和政治经验的总结。他指出,英国社会具有浓重的个人主义色彩,这种社会是由自由个人组成的社会,是法治的社会,在社会中法律面前人人平等,人们彼此尊重他人的权利,社会虽有共同的目的,却不形成对个人的束缚。显然,这种市民社会为自由主义的形成提供了必要的条件。

洛克指出,生命、自由和财产是不可让与、不可剥夺的。政府"未经本人同意,不可取走任何人的财产的任何部分"。①"政府作为订立契约的一方,应当承担保护个人权利的责任。为了使人们的基本权利得到最有效的保护,政府应当实行法治与分权。当政府忽略或破坏了它在契约中的承诺,侵犯个人权利时,人民有权以革命的方式建立新政府,在一切情况和条件下,对于滥用职权的强力的真正纠正办法,就是用强力对付强力。"②

洛克的这些思想和主张,使自由主义理论得到系统的阐述,为自由主义奠定了理论基础,为传统形式自由主义的发展规划了方向,对美国、法国革命产生了极大的影响。

洛克的思想不及霍布斯深刻,但受到广泛的欢迎,产生了意义深远的影响。这要归功于洛克思想的现实性。作为一名哲学家,洛克并没有拘泥于抽象的逻辑论证,他的思想追随英国的政治传统,着眼于现实的政治问题。尽管缺少缜密严谨的理论体系,并带有一定的实用色彩,但我们仍然可以说,洛克实现了自由主义最初在理论与实践上的完美结合。

洛克的成功与不足,对自由主义者的影响是深刻的。一方面,它使自由主义者认识到,未来的自由主义总要依据社会状况的变化不断修正自己的方向,顺之者昌,逆之者亡;另一方面,自由主义理论逻辑体系的缺

---

① [英]约翰·洛克:《政府论》(下篇),叶启芳等译,商务印书馆1964年版,第86页。
② 同上书,第95页。

乏，是造成未来自由主义思想混乱的重要原因，尤其到了当代，更是歧义不断、争斗无常，出现了形形色色的自由主义。

（一）洛克与光荣革命

约翰·洛克（John Locke，1632—1704）是政治思想家，也是一位哲学家、神学家、医生、经济学家。他出生于萨默塞特一个清教徒的商人家庭，英国革命期间，他的父亲站在议会一边，参加过克伦威尔的革命军队。1652年，20岁的洛克进入牛津大学基督教会学院学习。当时的教师当中有不少是英国最早主张宗教宽容的，这对洛克日后的宗教宽容产生了一定的影响。

洛克在其青年时期曾经受到霍布斯思想的强烈影响。其最早的政治著作《政府短论》两篇，主张每一个体将其整个自由都交给最高立法权力，而最高立法权力作为所有人的代表，其建立则是一切公民社会建立的标志。最高立法权力的决定约束着所有人的良心，人们对权威只能有消极的服从，所谓的自由是指法律未加规定的部分。洛克之接受霍布斯的学说，与其时的历史背景有着密切的关系。从克伦威尔逝世到斯图亚特王朝复辟之间的动荡不安的无政府主义的岁月，显然是这位有点多疑而缺乏自信的牛津大学教师成为权威的坚决捍卫者的根本原因。

对洛克思想影响最大的是辉格党的领袖沙夫茨伯里伯爵。自1667年洛克担任其秘书以后，二人私交颇深。1688年的光荣革命，伯爵是主要策划者之一。虽则伯爵早在光荣革命之前数年即已逝世，而洛克日后则被视为辉格党的哲学家。正是在伯爵的影响与支持下，洛克开始参与一系列具体的政治事务，举凡殖民地、通商贸易、议会斗争等均介入其中，成为伯爵极为得力的一位助手。洛克认识到，关于政治的知识应从实践中得来，可以说，正是从具体的政治实践的经验当中，而不是从纯粹的哲学思辨当中，洛克的政治思想得以最终形成。事实上，"洛克的成熟的政治理论则在他在沙夫茨伯里家的那一段日子里建立起来的"[①]。洛克的政治著作所论证的，其实更多的是一些从实际的经验当中得出来的政治结论。

1675—1679年，洛克数度到法国旅行。这对洛克的思想形成也产生了很大的影响。到法国的旅行使他产生了对法国病（法国的梅毒，以此

[①] 邓正来主编：《布莱克维尔政治学百科全书》，中国政法大学出版社1992年版，第426—427页。

喻言法国的专制主义)① 的厌恶。对专制主义的批判，对政治权力的不信任与限制，是洛克学说有最深远影响的内容之一，也是日后洛克被尊为"自由主义的始祖"的重要原因。

洛克参与了对查理二世及其兄弟詹姆士二世的密谋，② 在事情败露以后，洛克于1683年9月被迫跟随莎夫茨伯里伯爵流亡到荷兰避难，并在那儿一直待到光荣革命发生以后，于1689年跟随玛丽公主在格林威治登岸。由于那时对莎夫茨伯里伯爵这位议会领袖的所有朋友所生的敌意如此之大，洛克害怕回国。而当牛津大学基督教学院邀请他回院遭到拒绝之后，激怒了他在宫廷中的敌人，导致他的从学院除名。③

在荷兰的逗留同样对洛克的政治思想产生了深刻的影响。④ 作为一名流亡他乡的难民，洛克对于人的自由、人的本性、人的自然权利有了更深的思索。在他看来，他的流亡是对一个有着专制政权的政治社会的脱离，他希望被压迫者能够恢复原本具有的自由。

整体看来，洛克的政治思想无论在主要结构还是在具体细节上，都并没有什么原创性，其政治思想也不是特别激进或先进，但它总结并综合了整整一代或几代政治思想家的工作。⑤ 霍布斯的政治思维方式及其所确立的个人主义原则，平等派所提出的不少主张，哈林顿关于分权等的一些设想，都为洛克所吸收，洛克并且上溯理查德·胡克，与中世纪的传统接

---

① 拉斯内推断洛克在日记中所指的一本书名 De Morbo Gallico（论法国病）即是《政府论》的手稿封页上的书名，考虑到洛克当时环境的险恶，他所熟悉的西德尼已经因其政治著作而致死，作为医生的洛克以此来作掩护，并非不可能。"法国病"一词作为梅毒的一种委婉说法，指秘密的、危险的、令人尴尬的事，《政府论》在当时正是秘密、危险的。而洛克与沙夫茨伯里伯爵无疑认为专制主义是一种典型的法国病，正如梅毒在当时是典型的法国病一样。Peter Laslett, The English Revolution and Locke's "Two Treatise of Government", In *Cambridge Historical Journal*, XII (1), 1956, p.52, In John Dunn and Ian Harris: Locke I, edward Elgar Publishing Ltd. 1997, pp.90-105。
② 也有论者认为，洛克并未卷入此次密谋，只不过因为其政治态度及其与沙夫茨伯里的友谊众所周知，自然为人所怀疑。为谨慎起见，他决定追随其主人流亡。见 J. W. Gouth, Introduction, In J. W. Gough ed., The Second Treatise of Government, N.Y, The Macmillan Company, 1956, ix。
③ *Original Letters of John Locke*, *Alg. Sidney*, *And Lord Shaftesbury*, T. Forster, M. B. F. L. S. M. A. S. London: Privately Printed., Routldge/Thoemmes Press, 1997 Reprint Of The 1847 edition, xvi.
④ [意] 萨尔沃·马斯泰罗内：《欧洲政治思想史》，社会科学文献出版社1998年版，第132页。
⑤ J. W. Gouth, Introduction, In J. W. Gough ed: *The Second Treatise of Government*, N. Y: The Macmillan Company, 1956, xii.

轨。不过，在上述思想家当中，霍布斯因当时一直有"无神论者"的恶名，洛克生前一直否认与其存在联系，甚至说自己对霍布斯的著作没怎么读过。但第二次世界大战以后的学者通过对洛克思想的分析，洛克之受霍布斯极大影响显然铁证如山。值得注意的是，洛克愿意提及和推崇普芬道夫的著作，而普芬道夫，正如上章所述，本质上正是一个日耳曼的霍布斯主义者，其学说的核心本质上更接近霍布斯。

洛克最有名的哲学著作是《人类理智论》[①]，政治著作是《政府论》两篇[②]以及《论宗教宽容》。《政府论》上篇主要是对保王派的理论家菲

[①] 19世纪以前，一般研究者认为该书完成于1687年，但福斯特根据自己所拥有的洛克的手稿本认为，该书在更早的时候即已完成。该书的日期是以另一种墨水由其后人随意签上去的。见 Original Letters of John Locke, Alg. Sidney, And Lord Shaftesbury, T. Forster, M. B. F. L. S. M. A. S. London: Privately Printed., Routldge/Thoemmes Press, 1997, xvi。

[②] 关于这两篇政府论的写作目的、成书年代，甚至是否同为一篇，都存在很大的争论。在洛克的《政府论》出版以后，直至1948年以前，他一直被描绘成一位光荣革命的辩护者，人们一般认为他的《政府论》两篇都是为了论证革命的合理化，以及辉格党所主张的政府原则而写作的。1948年，随着博莱恩图书馆将洛克的笔记等向研究者们开放，一些学者利用这些原始材料，得出了关于《政府论》成书年代的新结论。彼得·拉斯内根据资料推断，《政府论》两篇在1679—1681年，至迟于1683年即已完成。不仅如此，《政府论》下篇似乎比上篇成书更早，光荣革命完成后，洛克在结构上做了调整，并在内容上根据最新的事变增加了今日我们所见的《政府论》下篇的最后一章。在此基础上，拉斯内进而提出洛克写作该书的最初目的。他认为《政府论》不是在为一场已经成功的革命辩护，而是在呼唤一场即将到来的革命。一般传记作家承认洛克卷入了沙夫茨伯里反对詹姆士二世的密谋，但对其卷入程度估计不足。他认为洛克被怀疑犯有叛国罪并逃往荷兰不是没有原因的。洛克的《政府论》实际上是为支持沙夫茨伯里的密谋而写的革命宣传的小册子。拉斯内特进而在1960年版《政府论》两篇的序言当中提出，以前的研究者在洛克研究上有三大教条，即认为洛克是在为光荣革命作合理化论证之外；是对霍布斯的回应；是作为一个"哲学家"来写作。拉斯内的后一推断遭到有些学者的反对（如de Beer博士更倾向于认为洛克的著作是驳斥菲尔默的论文而写的纯粹的论文，而非什么革命小册子）。然而他关于《政府论》成书年代的考证则有着比较确凿的史实基础，现在一般学术界都改变了《政府论》成书于光荣革命之后或其间的看法，承认在其首次公开发表前10年即已成书。愚意以为，不论该书最初的写作目的为何，它之于光荣革命之后出版，其理论恰好又足以为光荣革命及革命所奠定的英国宪制提供理论基础，从而该书在客观上有着为革命及其宪制辩护的功用，从这一意义上来说，将其看作光荣革命的辩护著作，亦未尝不可。有关拉斯内的详细考证，可参见 Peter Laslett, The English Revolution and Locke's "Two Treatise of Government", In Cambridge Historical Journal, XII (1), 1956, pp. 40 - 55, 关于这一考证的归纳，可以参见 J. W. Gouth, John Locke's Political Philosophy (second edition), Clarendon Press, 1973, pp. 134 - 153。

尔默的"人生而服从"理论的驳斥。1680年，菲尔默的《论父权制》出版后，它所受到的欢迎程度充分说明了它所体现的理论是当时英国占主导地位的学说。[1] 洛克之所以选择菲尔默而不是同样主张绝对君主制的霍布斯作为批判对象，一方面固然是因为霍布斯与洛克之间在理论上有着原则与基础的一致（虽则他们的结论迥异），另一方面也是因为霍布斯的理论远不如菲尔默的著作那样深入人心。

《政府论》（下篇）则是洛克最为有名的政治理论著作。应该说，虽然洛克的政治哲学充满了"逻辑上的漏洞和不连贯性"[2]，或者说充满了兼收并蓄各种思想而具有的相当的复杂性[3]，但是，洛克政治思想的主要结论和原则却是十分清楚的。正是这篇于光荣革命次年出版的著作[4]，被认为是对光荣革命本身及光荣革命所奠定的英国宪政作辩护。书中以自然权利为基础，提出了反抗暴政的权利，而这正是光荣革命合法性的主要理由；书中将最高权力属之于立法权，属之于议会，而这正是光荣革命所奠定的英国宪政制度的最大成就。1691年，法国的胡格诺教派神父达尼埃尔·马泽尔将《政府论》下篇译成法文，洛克的政治思想遂通过此译本而广泛流传于欧洲大陆。

同样匿名发表的《论宗教宽容》在当时甚至更有现实意义，影响也更大。在《政府论》被译成法文传播到欧洲之前，《论宗教宽容》已被译成法文、荷兰文，成为法国、荷兰现实宗教、政治斗争的理论武器。路易十四通过武力镇压来改变胡格诺派的宗教信仰，而《论宗教宽容》则明确指出"没有仁爱，没有那种不是通过暴力而是通过爱心来体现的信仰，任何人都不能成为基督徒"；《论宗教宽容》主张所有君主都应该像教皇一样成为和平君主，而荷兰当时正在组建反路易十四的大同盟，《论宗教

---

[1] William Archibald Dunning, *A History Of Political Theories: From Luther To Montesquieu*, N. Y: The Macmillan Company, 1923, p. 337.

[2] J. W. Gouth, *John Locke's Political Philosophy* (second edition), Clarendon Press, 1973, pp. 137 – 139.

[3] [美] 乔治·萨拜因：《政治学说史》（下），刘山等译，商务印书馆1986年版，第602页。

[4] 1690年是该书第一版封页上的日期，但其上印着的准印许可证明是1689年8月23日，是年11月该书已经面市。在洛克生前，该书在英国还出过1694年、1698年两个版本。但这些版本上均未印有洛克的名字，这或许是害怕因著作而获罪（西德尼即因其著作而被绞死），也可能是洛克害怕为声名所累。第一个印有洛克名字的《政府论》版本直到洛克死后十年，即1713年才得以出现。

宽容》的这一主张使他们师出有名。

关于洛克本人的宗教信仰一向存在争论。有人认为他是一位严厉的索齐尼派教徒（Socinian），另一些人力图论证他是阿里乌（Arian）异端的支持者，① 还有一些人认为他的观点近于贵格派（Quaker）学说，但通读其手稿与著作，就会发现将之视为阿里乌派或索尼齐派则不那么妥当。由于有着对于自由天生的强烈热爱，以及对偏执的宗教政体的无情的敌意这一思想基础，他与其他哲学家一样，意见多面而摇摆，在不同时期采纳了不同的教义。这也难怪，各个宗派都是从天主教这一母体当中游离出来的，偏向不同宗派的教义，其实不过是对圣经及原有的天主教义各有侧重而已。洛克早期偏爱于阿里乌主义，是因为阿里乌派可以无拘无束地阐释圣经，随后因与贵格派友人的交往所受的影响，热爱贵格派的原理。因而，洛克在某种意义上成了阿里乌派与贵格派的混合物。他显然不相信三位一体、赎罪、纯洁观念及教会政体的神权。②

晚年的洛克拒绝了重要的政治职务，隐居于埃塞克斯，潜心著述，完成《制定利息法和提高货币价值的后果》《教育漫话》《二论、三论宗教宽容》。1704年5月1日，洛克在玛莎姆夫人正给他读东西的时候突然去世。然而，他的生命的终结之日，恰好是其政治思想在整个新旧大陆投胎转世的开始之时。

洛克在世时，即令在光荣革命胜利后，其经典著作《政府论》两篇发表以后，亦受到教、俗两界人士之非议与攻击。但总的说来，其三大名著中，政治学著作《政府论》反而是受非议最少的。它虽然自称是一种抛开现实的纯理论论证，但其全部论述的重心最契合当时大多数英国人的心理。其论述政教关系的《论宗教宽容》所受非议远较《政府论》为多，洛克后期的《论基督教的合理性》一文，甚至被视为霍布斯主义的翻版，因而洛克摆脱不了被视为"无神论"者之命运。其《人类理智论》因强调经验主义的认识论，反对任何天赋与神启观念，所受攻击亦远多于《政府论》。

---

① 索齐尼派又译苏西尼派，是由16世纪的意大利神学家Socinus叔侄二人创立的一个教派，其主要教义是否定基督教的三位一体教义，认为耶稣仅为一凡人。阿里乌派是由第4世纪基督教异端派神学家阿里乌所创导，认为耶稣不是神，仅为高于其他生物的被造物。

② *Original Letters of John Locke*, *Alg. Sidney*, *And Lord Shaftesbury*, T. Forster, M. B. F. L. S. M. A. S. London: Privately Printed. , Routldge/Thoemmes Press, 1997, xvii – xix.

在后世，洛克对现实政治的影响在英国政治思想家当中是最为巨大的。美国与法国两大革命影响了整个世界历史的进程，而洛克的学说则影响了这两次大革命。洛克对两大革命的影响主要是集中在其《政府论》下篇，尤其是关于生命、自由和财产作为天赋自由权的思想，以及其以革命手段反抗暴政的思想。

学术界对于洛克的研究，在将洛克视为自由主义之始祖这一点上，无论各家各派，都是基本认可的，即令学术界对于洛克的生平因其早期史料缺乏甚至并没有一个完整的图景。就这一点而言，洛克的命运与霍布斯大不相同。对于洛克研究的最大学术争论，主要出现在第二次世界大战以后的史学界。侧重于以史学方法研究政治思想的学者们，通过博德莱恩图书馆所公开的关于洛克的史料，尤其是其早期著作的研读，发现了一个霍布斯主义的青年洛克。尽管这并没有完全地、最终地改变洛克在人们心中已经定型的图像，但毋庸讳言，洛克之作为纯粹而地道的自由主义者的形象已经被打了一些折扣。通过揭示洛克早期政治思想，人们逐渐地发现洛克那些成熟的、经典的著作当中向不为人所注意的、反自由的一面，对于洛克与霍布斯的关系，虽然尚存疑问，但对于二者之间的相似性多于二者之间的对立性这一点，已经有了新的认识。

后世的学者对于洛克学说的连贯性，尤其是反对天赋观念、强调经验主义认识论的《人类理智论》与从天赋观念即不证自明的自然权利出发的《政府论》之间的矛盾与不连贯感到十分困惑。在哲学上，洛克是一个典型的经验主义者。洛克认为，感觉得来的观念通过心灵的重复、比较和结合，可千变万化，而成为新的复杂观念。人的理智诚然如同巧妇，可以加工材料，构成复杂观念，然而若无感觉和反省为心灵提供认识材料，巧妇亦难为无米之炊。人的理智却没有能力发明或制造一个新的简单观念，也没有能力破坏心灵中的观念。

从这个意义上来说，人的心灵当中并未有任何先天赋予的理论或实践原则。道德律也不能说是天赋的，因为那不是自明的或一致公认的。如果按照洛克在《人类理解论》一书当中所表达的经验主义的认识论，自然法就无法存在。因为它正是洛克所反对的那种先天赋予的、内在固有的规则。换言之，《人类理解论》"没有为自然法的存在留下任何余地"。[①] 但是，我们看到，洛克政治学说的一个至关重要的理论前提即是自然法，正

---

① Peter Laslett, Introduction, In John Locke, *Two Treatises of Government*, edited with an introduction and notes by Peter Laslett, p. 81.

是从其自然法学说当中，洛克推导出其政治理论。在《政府论》中，洛克告诉我们无须深究自然法的具体细节，也无须探察自然法的强制手段，却要人们相信这么一种法律的存在："虽然我不准备在这里论及自然法的细节或它的惩罚标准，但是可以肯定，确有这种法的存在，而且对于一个有理性的人和自然法的研究者来说，它像各国的明文法一样可以理解和浅显，甚至可能还要浅显些。"①

这样，洛克最重要的哲学著作《人类理解论》与其政治著作《政府论》这两部著作里面反映出的观点存在着显而易见的矛盾。在第二次世界大战以前的西方学界，这种经验主义的哲学与以先验理性为基础的政治理论之间的缺乏联系已成定论。但1948年布德莱恩图书馆将洛克的早期著作公之于众的结果，使这种情况发生了转机。②

洛克的这些早期著作中，包括9篇用拉丁文写的《论自然法》。其时间跨度为1663—1664年。当时洛克在牛津大学基督教会任道德哲学的审查员，洛克撰写的这些与自然法有关的论文即为其讲授之内容。这些论文的主要内容是，存在一种道德法或者自然法，这种道德法之为我们所知，不是凭直觉，也不凭人类的普遍同意，而是通过理性，在感觉材料的基础之上进行加工。自然法之具有约束力，需要考虑上帝的正义，立法的观念，及惩罚的作用。自然法尽管有着普遍的约束力，却也能为环境及特定的道德关系所改变。③ 这些论说预示了后来《人类理解论》当中的内容，尤其是对内在固有观念的批评，同时又（尤其是其中第8篇）与后来在《政府论两篇》当中的观念相近。在洛克看来，自然法与自然权利既是先验地存在的，又是借助理性凭经验感知的。这二者之间并不存在什么矛盾。而且以往学者们误认洛克对自然法未作任何分析与说明，事实上在其早期著作当中这一工作已经做过了。

（二）宗教宽容论

1. 国家与教会

宗教的性质、国家与教会、政治权力与宗教权力的关系，是宗教改革以来长期困扰欧洲各国的一大难题，正如洛克1660年在自己《政府短

---

① [英]约翰·洛克：《政府论》（下篇），叶启芳等译，商务印书馆1964年版，第10页。

② W. Von. Leyden, John Locke and Natural Law, John Dunn and Ian Harris ed., *Locke I*, Edward Elgar Publishing House Ltd. 1997, p. 115.

③ John Locke, *Political Essays*, edited by Mark Goldie, Cambridge University Press, 1997. pp. 79 – 159.

论》中所指出的,"宗教已经成为战争与争论的一个永久的基础"①。1685他写作第一封《宗教宽容书简》之时,这一难题仍然萦绕在他的脑海中,他认为严格区分公民政府的事务,并正确规定二者之间的界限,是"高于一切的"②。在此之间的25年中,洛克从未停止过对这一问题的思索,在光荣革命之后,洛克依然得为自己关于宗教的观点辩解。关于这一难题,洛克一生中也提供了两种截然不同的解答方式。在《政府短论》中,他提出的方案是绝对主义的和强制宗教信仰的一致,而在《宗教宽容书简》中,他则为宗教宽容做了经典的辩护。③ 如果说教会与国家、政治权力与教权难题的基本解决在实践上是由欧洲各国达成共识,签订《威斯特伐里亚和约》,这一难题在思想上的澄清,则可以说只有到了洛克精确地做过区别与分析之后。

洛克讨论了整个宗教改革的经验,他认为基督教领导人劝导君主与俗人时有两个错误的信念:其一是认为通往天堂只有一条真正的道④;其二

---

① J. H. Burns, ed., *The Cambridge History Of Political Thought* 1450-1700, Cambridge University Press, 1991. p. 642.
② [英]约翰·洛克:《论宗教宽容》,吴云贵译,商务印书馆1982年版,第5页。
③ 1667年的《论宽容》手稿,标志着洛克思想发生了决定性变化。手稿中他反复地声称,行政长官的唯一关注的是"和平、免受伤害与人民的安全",任何法律不按照这一标准就是多管闲事。因为没有特定的仪式能够危害国家,这并非国家强制之事。他认为不仅玄想的神学意见是自由的,而且崇拜的地点、时间方式也是自由的。洛克开始在宗教领域与世俗领域之间开始建立一个理论栅栏。在洛克完成《论宗教宽容》这一经典著作的写作之前11年,即1674年的《世俗与宗教权力》(*Civil and Ecclesiastical Power*)的手稿当中,《论宗教宽容》中所提出的主要观点均已完整地提出。洛克的这些手稿可见Locke: *Political Essays*, edited by Mark Goldie, Cambridge University Press, 1997。
④ 原文为 For there being but one truth, one way to heaven, what hope is there that more men would be led into it if they had no rule but the religion of the court and were put under the necessity to quit the light of their own reason, and oppose the dictates of their own consciences, and blindly to resign themselves up to the will of their governors and to the religion which either ignorance, ambition, or superstition had chanced to establish in the countries where they were born? 应译为:如果人们除了王室的宗教之外别无规则,如果他们被迫放弃自己的理性之光,违背自己良心的指令,去盲目地迎合他们的统治者的意志,去盲目地信仰因无知与野心,或因迷信而碰巧在其所出生之国建立起来的教会,要是<u>真理只有一个,到天国之路只有一条</u>,那又怎能指望把更多的人引进天国呢?划线之句本应是反问句,其意在否定和批评这一观点,但吴译本将该句译成陈述句后,似变成了洛克对该句的正面肯定了。

是认为基督徒有义务运用武力和强迫的方式去坚持与传播真正的道路并镇压异端。而所有这两个错误的发生，首先是因为他们没有能够正确地区分教会与国家，政治权力与教会权力。

洛克主张，国家是由人民组成的一个社会，人们组成这个社会仅仅是为了谋求、维护和增进公民们自己的利益。民政官长有强制之权，其权力使用的是强力，但强力之使只能仅仅限于公民事务，也仅在于保卫和扩张公民权利，而不能以任何方式扩及拯救灵魂。而教会则是人们自愿结合的团体，人们加入这个团体，是因为他们认为能够用上帝可以允许的方式礼拜上帝，以达到拯救灵魂的目的。① 教会的一切规定应当有助于共同礼拜上帝，教会不应也不能受理任何有关公民的或世俗财产的事务，教会的权力仅在于规劝、训诫和勉励，以及逐出教会，但在任何情况下也不得行使强力。

洛克对国家与教会及其各自权力的界限与性质的分析，与霍布斯及青年洛克的主张相比有着更大的合理性。霍布斯的主张诚然使教会不再能干涉国家，教权不再对民政事务有效，但他让主权者有审定与解释宗教教义、任免教职的各项权力，实际上是将主权者凌驾于教会之上。而洛克本人在《政府短论》中也反复强调要"允许行政长官同时既考虑公共和平的利益又考虑宗教的增长与尊严，以同样的法律规定二者"。认定"只要世上有社会，政府与秩序，统治者依然必须拥有对一切与得救无关紧要的事情的权力"②。他们希望借此可以防止教权之为害，以换取世俗的和平。但霍布斯与青年洛克所持的这种绝对主义的方案，对于受基督教熏陶达千年之久因而特别珍视灵魂得救与内在自由的欧洲人来说，是难以容忍的，因而并不能得到他们所想望的获得和平的结果。而洛克的这种严格区分，却使宗教与强力、与政治权力完全摆脱了干系，政治权力无论如何扩张，亦不能以宗教为名义，不能延伸到宗教领域，唯其如此，宗教之争最多也就只能是茶杯里的风暴，而不只是戴十字架的斗剑出鞘，人类的和平才可能得以实现，人类宗教信仰的自由也才可能得到真正的保障。

2. 宗教宽容与信仰自由

事实上，宗教宽容与信仰自由甚至早在 16 世纪即为法国的政治家们

---

① [英] 约翰·洛克：《论宗教宽容》，吴云贵译，商务印书馆 1982 年版，第 5—8 页。
② John Locke, *Political Essays*, edited by Mark Goldie, Cambridge University Press, 1997. p. 60, 8.

所奉行①，17 世纪在荷兰也成为奉行的国策。然而，就前者而言，他们奉行宗教自由的政策的原因，在于他们看到宗教迫害会撕裂国家，陷国家于动乱，其后果是灾难性的；就后者而言，奉行宗教自由政策乃是因为这可以招徕人口、资金、技术，有利商贸与整个国家经济的繁荣。可见，在洛克以前政治家们所奉行的宗教宽容与信仰自由，一般均出于功利主义的原因。就洛克本人而言，在 60 年代后期开始主张宗教宽容，也是与其恩主沙夫茨里伯爵一样出于宗教迫害可能乱国，宗教宽容可以富国的功利原因②。宗教宽容所涉及的，就是对待他人宗教信仰的态度，准许他人有宗教信仰的自由。这种自由可以使一个人可以信仰他认之为真的宗教教义，可以采用自己认之为虔诚的礼拜方式、礼拜时间、地点，等等。总之，所有关于宗教宽容的论点，洛克认为可以全部归结为一句话："每个人应当享有同其他人同样的权利。"在这种功利动机的驱使下将宗教宽容与信仰自由奉为政策而不是道德原则者，往往从不否认国家有迫害个别宗教或对它的特权提出异议的权利。《威斯特伐里亚和约》中，除天主教、路德教、加尔文教、英国国教几大新旧教派之外，一些小宗派仍然未予承认，可以而且应该加以迫害，这一事实也证明了这一点。

信仰摆脱刀剑，依然可能会有纷争，这是客观存在的事实。而对不同的意见与信仰实行宽容，则是主观可为的。洛克指出，基督教世界之所以发生以宗教为借口的一切纷乱和战争，并非因为存在各式各样的不同意见（这是不可避免的），而是因为拒绝对那些持有不同意见的人实行宽容（而这是能够做到的）。这样，宗教宽容所涉及的，就是对待他人宗教信仰的态度，准许他人有宗教信仰的自由。这种自由可以使一个人可以信仰他认之为真的宗教教义，可以采用自己认之为虔诚的礼拜方式、礼拜时间、地点，等等。总之，所有关于宗教宽容的论点，洛克认为可以全部归结为一句话："每个人应当享有同其他人同样的权利。"无论以何种方式礼拜，无论属何种教派，"凡属法律准许人们在日常生活中自由做的事，也请允许每个教会在神圣礼拜时享有这种自由。请保证任何人不至因为这

---

① [美] 乔治·霍兰·萨拜因：《政治学说史》（下），刘山等译，商务印书馆 1986 年版，第 457 页。
② 洛克在 1667 年的《论宽容》的手稿当中忠告行政长官说，宗教迫害在没有必要的地方肯定会将无辜的宗派变成叛党。他也开始采用政治经济学家的语言，忠告说宽容会促进人口与产业，以及国家的财富与权力。参见 John Locke, *Political Essays*, edited by Mark Goldie, Cambridge University Press, 1997. xviii.

些原因而蒙受生命、人身、房屋和财产上的任何形式的损害"①。就一个人与另一个人的关系而言,"无论是异教徒、伊斯兰教徒,还是犹太教徒,都不应当因为他的宗教信仰不同而被剥夺其社会公民权"②。

需要指出的是,洛克主张宗教宽容的对象中并不包括无神论者,也不包括天主教徒。因而,洛克虽然已经将宗教宽容与信仰自由由一种功利的政策上升为道德原则,但就其宽容的对象而言,他与当时的一般英国人持有相同的偏见,甚至也没有超出威斯特伐里亚和约所规定的宗教政策。在他看来,"那些否认上帝存在的人,是根本谈不上被宽容的"。至于天主教徒,他也认定他们会奉一个外国的首脑,唯罗马教皇的马首是瞻,天主教徒被认为"一入会就把自己托付于另一个君王的保护和役使之下",因而也得不到宽容。③所有这些,只能算是洛克的时代局限了。

(三) 权利政治观

1. 自然权利与政府的目的

与霍布斯一样,洛克设想了一种先于政治社会的权利,即自然权利。这种自然权利,即"生命、自由和财产"(lives、liberties and estates),洛克根据一般的名称称之为所有物(或财产,property)。④ 为了保护上述所有物,人们才置身政府之下。因此,"政治社会(或公民社会、国家)与政府的重大的和主要的目的,即是保护人们的生命、自由与财产"。⑤

洛克实际上继承了霍布斯的自然权利说,在其内涵上作了扩展。在霍布斯,只将生命的保存权视为自然权利的唯一内容,而将财产权予以取消,使其不致成为主权的一个限制。而洛克所说的自然权利中包括了财产权,这使他有理由被认为是一切资产阶级的代言人。霍布斯将自由权抛开,从而为他限制天赋自由提供论证。这样,就不存在以革命反抗暴政的可能性,也不存在以宪法控制主权者而行宪政的可能性。因而,洛克对于霍布斯自然权利概念所做的这一扩展被证明有着深远的意义。将自由纳入人们的自然权利之内涵中,这一做法也影响了美国独立战争

---

① [英]约翰·洛克:《论宗教宽容》,吴云贵译,商务印书馆1982年版,第45页。
② 同上书,第46页。
③ 同上书,第41页。
④ Peter Laslett, Introduction, In John Locke: *Two Treatises of Government*, edited with an introduction and notes by Peter Laslett, p. 350. 或译作"生命、特权和地产",参见叶启芳译《政府论》(下),第77页。
⑤ [英]约翰·洛克:《政府论》(下篇),叶启芳等译,商务印书馆1964年版,第77页。

与法国大革命的思想家与政治家们。尽管后二者的天赋人权观在内容上略有区别，但无一例外地将自由作为最根本的人权纳入自然权利之中。

洛克对自然权利内涵的概括，同时也是对当时英国人极为模糊但又最为珍视的一些传统权利观念的纳入。当时的英国人倾向于认为，"英国民众祖传的基本自由与财产受到保佑，高于并超出世上任何君主或国家的臣民"。而宗教、自由与财产的三位一体，在17世纪无数的立法会议的训诫中和向大陪审团所提出的指控当中，几乎都会被援引。在17世纪70年代几乎所有议会开幕式中，都会被重申。这些自由与权利观念在当时的英国人心目中是根深蒂固的，虽则是十分模糊的。英国人坦承："当外国人问我们，臣民的这些自由、权利、特权与财产到底指什么时，能解决这一问题的人一千个里面找不到一个。"[1] 而洛克的伟大之处正在于，将英国人的这些模糊的概念，尤其是自由与财产纳入了自然权利的内涵之中，视为最基本的人权而加以普遍化。

2. 社会契约与权力的起源

洛克认为，为了更好地保障每个人的自然权利，人们结成政治社会受制于政府的支配。而脱离自然状态是经过社会契约进行的。

在洛克以前的契约理论当中，有些思想家如阿尔色修斯、苏亚雷斯，以及洛克本人非常推崇的普芬道夫都采取双重契约说，即第一个是社会契约，以结成一政治共同体；第二个是政府契约，在人民与政府之间，即统治者与被统治者之间订立契约，结成统治与服从的关系。双重契约说者一般把重点放在政府契约上；另一些思想家，主要是霍布斯，则主张社会契约说，其重点在社会契约，而很少关心过政府契约问题。在他看来，共同体一旦建立，它可以把自己的所有权利和权力都交给具有最高主权的"利维坦"，政府根本就不需要与共同体订立契约，因此也就不必服从这一契约所产生的限制。

洛克显然属于社会契约论一派。许多论者对此往往大感不解，认为洛克的社会契约论存在含糊之处。在这里，洛克实际上借用了英国特有的委托统治的思想（Trusteeship），而免去了政府与人民之间的政府契约。政府契约约束政府，但同时往往也同样地约束着人民。在洛克的学说中，是否违反委托，其判断权属于作为委托者的人民，给予委托、解除委托（解散政府）者也都是人民。由此看来，洛克以委托统治来代替政府契约，其最终目的在于始终确保人民相对于政府的最

---

[1] John Spurr, *England in the 1670s*, Oxford Blackwell Publishers Ltd. 2000, p. 215.

高权力。

社会契约论在后人看来可能是机械的、法理的、先验的而免不了批评，但是它仍然表达了人类心灵始终坚守的两条最基本的价值和观念：自由的价值，或者说，是意愿（will）而不是暴力（force）才是政府的基础的观念；正义的价值，或者说，是权利（right）而不是强力（might）才是所有政治社会以及任何一种政治秩序的基础的观念。[1] 这可以说是对近代所有的契约论者，甚至包括主张绝对主义的霍布斯的契约论的根本精神的概括，但这两点对于洛克的社会契约论显得尤其真实。谁也不像洛克那样如此强调人天生是自由、平等和独立的。可以说，主张契约论者不少，但只有洛克最为突出地发挥了这一理论的功用。

3. 权利政治观的确立

西方近代政治学是从中世纪神学的束缚下解放出来的。正如马克思所指出的，欧洲中世纪是神学在知识活动的整个领域中拥有无上权威，政治和法律都掌握在僧侣手中，"教会教条同时就是政治信条，圣经词句在各法庭中都有法律的效力"。[2] 因此，这种情况也被马克思称为神学世界观，就政治观而言，自然也就是一种神学政治观。到后来，"代替教条和神权的是人权，代替教会的是国家"[3]。到以个体的自然权利为根据论证政治关系与政治秩序，以权利为基础界定权威与自由、社会公共权力与个体自由之间的关系，一种新的政治思维方式——权利政治观——得以形成。[4] 这种新型政治思维方式的确立，首先在于霍布斯，而全面阐述自然权利即天赋人权，并以此为根据阐述了近代国家之下合理的政治关系，并成为经

---

[1] Ernest Barker, Introduction, in *Social Contract Essays by Lock, Hume, And Rousseau*, Oxford University Press London, 1971.

[2] 《马克思恩格斯全集》第7卷，人民出版社1959年版，第399页。

[3] 《马克思恩格斯全集》第21卷，人民出版社1965年版，第545页。

[4] 这种以权利为根据的观念不仅局限于政治关系，也逐渐扩展到经济、社会关系，形成对于整个人类社会关系的根本观念。"以前，经济关系和社会关系是由教会批准的，因此曾被认为是教会和教条所创造的，而现在这些关系则被认为是以权利为根据并由国家创造的。"这种状况被马克思称之为区别于神学世界观的一个法学世界观。法学世界观的毫不掩饰的体现是在英国革命之后的半个世纪，被马克思视为典型的资产阶级对专制主义政治斗争的法国大革命之前（参见《马克思恩格斯全集》第21卷，人民出版社1965年版，第545页）。但就法学世界观所包含的权利政治观而言，早就在英国革命前后诞生，其具体的体现即是以霍布斯、洛克为代表的新型的政治思维方式。

典性的论说而深刻地影响后世政治实践与政治思想者，则为洛克。①

从霍布斯与洛克的自然权利以后，以权利的眼光、术语和范畴来看待和讨论政治学及政治问题的权利政治观，从近代以来以至今日西方，已经成为西方政治思维的一种传统与习惯，"权利"一词仍或明或暗地主导着西方的政治话语。正如西方学者所指出的："今天，我们习惯于根据'权利'来讨论政治学：人们谈到'公民权'，人权，及'财产权'。在对外政策上，民族与伦理集团声称'自决权'。在最文明的社会里，个人声称平等的言论自由权，工作权，健康照顾权——当然还有平等的投票权。"一些本属伦理、宗教和其他学科领域的社会问题，一旦涉及政策的制定与立法而变成政治问题，也会立即转换成这种政治思维方式："例如，流产的话题常常采取胎儿的设想的'生命权'与母亲对胎儿的'控制权'之间的冲突这样一种形式。"②

（四）自由主义的始祖

1. 宪政与法治

人们有时把洛克视作为一个较早提出民主、分权、法治的理论家。这是事实，但实际上，民主、分权理论在他的学说当中并未展开，也不占有特别重要的地位。"相形之下，洛克对法治的强调更为有力和隽永。"③

在霍布斯的学说中，近代国家的权威除了受其所赖以存在的目的的约束之外，基本上是不加限制的。在霍布斯，英国传统的普通法仍只不过是主权者的命令，国王在普通法之上而非在普通法之下。因为老习惯取得法律的权威时，这权威不是如普通法律师所认为的那样，因其历史之久远或人为之理性而成法，乃是由于主权者以缄默表示自己的同意，表达自己的

---

① 西方学者追溯权利政治观的奠基者时，总要将霍布斯与洛克并提，但更乐于征引洛克。这可以从罗杰的一段话得到证明：要懂得这样一种研究政治学的方式，探讨一下在我们的传统中那些最初形成这些思想的政治理论家，会大有助益的。一般说来，生命、自由与财产的权利这种盎格鲁—撒克逊的观念会被追溯到约翰·洛克（1632—1704）。但先于洛克本人的，是一个同样著名的思想家——托马斯·霍布斯（1588—1679）。对霍布斯来说，正如对洛克来说一样，政治生活只能根据一切人类的"自然权利"来加以理解。对两位思想家来说，政治共同体基于一个社会契约；霍布斯如同洛克一样，教导说一切合法的政治机构建立在被治者的同意的基础之上。参见 Roger. D. Masters, Hobbes and Locke, in *Comparing Political Thinkers*, edited by Ross Fitzgerald, Pergamon Press (Australia), 1980, p. 117。

② Roger. D. Masters, Hobbes and Locke, in *Comparing Political Thinkers*, edited by Ross Fitzgerald, Pergamon Press (Australia), 1980, p. 117.

③ 邓正来主编：《布莱克维尔百科全书》，中国政法大学出版社1992年版，第427页。

意志之后方才成法。尽管霍布斯言及自然法的约束，但在霍布斯看来，自然法在自然状态下不是正式的法律，在国家成立之后只有成为国家的命令，成为民约法之后才成为实际的法律。霍布斯的整个出发点与宗旨所在，恰好在于主权者的权威的不受限制。霍布斯的学说反映了近代国家权力扩张的要求，却与西方政治文化传统发生了彻底的决裂。而洛克的一个伟大之处，恰好在于接续了西方的宪政传统，实现了对政治权威的有效控制。

"在霍布斯看来，加入社会以后，自然法的作用即归于消失，自然法要起作用，除非经过主权者的命令，而成为国法的一个组成部分，而主权者本身则不服从任何国法，相应地自然法对于主权者也就没有约束。自然法是立法者以及其他人的'永恒的规范'。它规范主权者、主权者所立之法。"一句话，自然法是一种高级法。正是因为洛克承认自然法这样一种高级法的约束力，才使任何人间权威及一切人定法置加了一个顶头上司，宪政才成为可能。尽管洛克认为自然状态是一种和平的状态，但是，在这一状态中，自然法的执行是每个人都可以进行的，一个人在执行自然法的时候所能做的事情，人人都有权去做。这样一来，就可能会出现使用或企图使用强力的现象，从而造成了战争状态，即对另一个人的人身用强力或表示企图使用强力，而又不存在人世间可以向其诉请救助的共同尊长。

在自然状态中，每个人都可以自由地根据自己的判断去做自己愿意做的事，这是导致战争状态的基本原因。由于人们的自私、偏袒、用心不良、感情用事、报复心理，等等，人们充当自己案件的裁判者是不合理的。洛克指出：人们充当自己案件的裁判者是不合理的，自私会使人们偏袒自己和他们的朋友，而在另一方面，心地不良、感情用事和报复心理都会使他们过分地惩罚别人，结果只会发生混乱和无秩序；所以上帝确曾用政府来约束人们的偏私和暴力。

洛克将国家的产生归因于自然状态的不便。在洛克看来，公民政府就是针对自然状态的种种不方便情况而设置的正当救济办法。在自然状态中，人人有惩罚别人的侵权行为的权力，但是，这种权力既不正常又不可靠，会使他们遭受不利，这就促使他们托庇于政府的既定的法律之下，希望他们的财产由此得到保障。这就是政府或公民社会的起源"。[①]

洛克将公民社会置于政府之上，公民社会对于政府形成制约。洛克认为，社会或者共同体，始终保留着一种最高权力。社会或者共同体为了保

---

① 徐大同主编：《中外政治思想史》，中央广播电视大学出版社2004年版，第118页。

卫自身及其每一成员的自然权利起见，建立了立法权，以之委托给政府，并给政府的立法权施加了限制。一旦人民发现立法行为与社会对它的委托相抵触，人民仍然享有最高的权力来罢免或更换，从而取消委托。

如果只从作为上帝意志的自然法以及统治者、政府必须向其所统治的社会负责这一点而言，洛克与他乐于反复引证的胡克并没有重大区别。胡克的《论教会政体》当中，即已经申论了如下主张：人类法作为指导人类行动的尺度，还有上帝的法条和自然法作为更高的法则。制定法律来支配人们全部的政治社会的合法权力，属于同样的整个社会，未经社会同意，就不会处于任何统治之下。而胡克的这些重要主张，所承续的又是从托马斯·阿奎那以来的西方政治文化传统[1]："道德对权力的制约、统治者对所统治的社会的责任以及政府要服从法律等都是公理。"[2] 正是从这一意义上，我们可以认为洛克通过胡克而承续了西方的政治文化传统。

但是，洛克并非这一传统的单纯阐释者。在他的学说当中，政治社会相对于政府的至上性，最终又为个体的自然权利的至上性所取代。他认为，人们结成公民社会，置身政府的目的，在于保护他们的所有物，即生命、自由与财产，政治社会的权力最终又来自自然状态下个体的授权。[3] 即作为个体的人放弃两种权力交给了社会，社会再将之委托给了政府。这两种权力即为了保护自己和其余人类而做他认为合适的任何事情的权力，以及处罚违反自然法的罪行的权力。社会的权力既来自个体的授权，社会的建立来自上述特定的目的，因而"社会或由他们组成的立法机关的权力绝不容许扩张到超出公众福利的需要之外，而是必须保障每一个人的所有物"[4]。这样，个体的自然权利构成了对公民社会与政府的最终限制。从这一意义上说，洛克又吸收了霍布斯关于自然权利与公民社会关系的原

---

[1] 洛克引证胡克《论教会政体中》的一些重要段落，甚至其本身即是胡克从托马斯·阿奎那处引证的。参见 Peter Laslett, Introduction, In John Locke: *Two Treatises of Government*, edited with an introduction and notes by Peter Laslett, p. 358。

[2] [美]乔治·霍兰·萨拜因：《政治学说史》（下），刘山等译，商务印书馆1986年版，第587页。

[3] 洛克认识到，要求每一个体都表示同意方能形成政府，在事实上是不可能的，因而，洛克主张大多数人享有替其余的人作出行动和决定的权利。大多数个体如果同意，即可以将共同体力的权力交给一个人或一群人，以组建政府。而这与最初建立共同体需要经过每一个个体的明确同意不同。

[4] John Locke, *Two Treatises of Government*, edited with an introduciton and notes by Peter Laslett, 中国社会科学出版社1999年版，p. 353。

理。他将霍布斯那种典型的近代政治思想与宪政传统糅合到了一起，进行了创造性的转化。从而开启了西方近代宪政主义的新传统。

在洛克看来，"要使人们参加社会的目的得以实现，最重要的工具与手段是那个社会所制定的法律"。①

在洛克看来，实行法治，"其根本有四：其一是反对立法权的绝对与专断，其二在于法律的确定与有效。其三在于财产权的神圣不可侵犯，其四在于立法之权不可转移或错置。在洛克看来，使用绝对的专断权力，是与社会和政府的目的不相符合的"。② 因为加入社会的人民始终保留生命、自由与财产之权，因而立法权要保护个体的生命、自由与财产，而不能像霍布斯学说中的主权者一样对人们的自由、财产以至生命都可绝对的权利（霍布斯承认主权之为绝对的，但也不同意主权之为专断的，即任意而为，为所欲为。他也主张主权者制定良法并保障其实施才是治国的最佳方略）。在洛克看来，"法律的目的不是废除或限制自由，而是保护和扩大自由。因而在一切能够接受法律支配的人类状态中，哪里没有法律，哪里就没有自由"③。此外，洛克极力强调的就是公民的财产权。

2. 分权学说

在洛克的政治学说当中，有专章论述了国家的不同权力及国家权力的统属，其中涉及了分权学说。④

在洛克看来，国家的权力可以分为立法权、执法权与对外权（federative power，或译外交权、联盟权）。洛克对这国家权力的这种区分，部分地是从这三种权力的不同特点，按照其对于处理共同体事务的不同功能而做出的。在这三种权力之中，立法权是最高的，却是不必经常存在的。执

---

① John Locke, *Two Treatises of Government*, edited with an introduciton and notes by Peter Laslett, 中国社会科学出版社1999年版，p. 382。

② Ibid., p. 383。

③ [英] 约翰·洛克：《政府论》（下篇），叶启芳等译，商务印书馆1964年版，第36页。

④ 人们一般将分权学说的发明归之于孟德斯鸠。然而，早在1836年，一位德国人（Carl Ernst Jarcke）已经发现洛克为权力分立与平衡学说的创始者，不过，他视这一学说为对英国宪政的荒唐而不可思议的描述。Harry Janssen 进而指出，真正揭示英国宪政之秘密的是斯威夫特（Swift）的《论雅典与罗马中贵族与平民的斗争与纠纷》（Discourse of the Contests and dissensions between the Nobles and the Commons in Athens and Rome）但尽管洛克所提出要分立的权力在术语上与孟德斯鸠不同，也不是以职能为标准进行划分，但毕竟视洛克为权力分立与平衡学说的创始者还是有着相当的正确性的。参见 J. W. Gouth, *John Locke's Political Philosophy* (second edition), Clarendon Press, 1973, pp. 104–105。

行权负责执行被制定和继续有效的法律，所以立法权和执行权往往是分开的。这两种权力与处理共同体的对内事务有关。对外权包括战争与和平、联合与联盟以及国外的一切人士和社会进行一切事务的权力。这一权力是处理共同体与其他国家或这个社会以外的人们的公共安全与利益的权力。这一权力有赖掌握者的智谋，而非事先制定的法律。

这些权力之所以必须分开，似乎部分地也是洛克洞察人性的结果。洛克指出，如果一批人同时拥有制定和执行法律的权力，这就会给人们的弱点以很大的诱感，攫取权力以使自己免于服从法律，或是制定与执行法律时，使法律适合他们自己的私人利益。因此，为共同体的福利计，应该将立法之权置于不同的人手里，让他们恰当地集会，或自己掌握立法权，或者与他人一起掌握立法权，立完法之后，随即又散开，这些人自己也受所制定的法律的支配，有着这种约束，能使他们制定法律时注意为公众谋福利。对人性的这种观点，与洛克一向所持的态度存在一定的差异。整体说来，洛克对人性是持一种乐观态度的，在他那里，自然状态下的人尚且是理性的、互爱的，人们很难理解，何以进入公民社会状态之后反而人性变坏。从这一意义上来说，将人性的弱点看作权力必须分开的决定性因素并非洛克分权理论的基础，因而其重要性是不可高估的。

洛克所分的三权中没有将司法权列入，这部分地是因为在当时的英国，上议院本身即是最高的司法机构。而洛克则对外权加以分列，则显然是因为在17世纪的欧洲，由于国与国之间战争与结盟在当时不规范的国际环境当中属于经常性事务，而且这些事务的处理得当与否对于国家有着重大的影响，涉及国家的重大利益，因而洛克特别突出了这一权力。

洛克所提出的各项权力，基本上是以英国古代宪制的各个部门的权力作为论述背景的，尽管洛克并没有直白地如此说。洛克提出了将政府权力的各个组成部分置于不同的人手中的愿望，着意强调立法机关在政府各部门当中应处于支配地位，行政机关向定期召集的议会负责。这正好成了光荣革命后英国宪制对权力的新安排。虽然分权学说在洛克的政治思想中并不占有重要地位，洛克作为自由主义的始祖也并未将分权提高到孟德斯鸠所视的高度（洛克并未有"无分权即无自由"的思想，他倒是作出了"无法律即无自由"的论断），洛克关于分权的必要性的说明甚至还不如哈林顿清晰，其后孟德斯鸠的三权分立学说甚至也是对洛克学说和英国宪制的一种误读。但毋庸置疑的是，后来的思想家与政治家们都从中受到了启发，分权也成了近代自由主义者的一个政治主张。

3. 暴政可抗与政府的解体

在洛克的学说当中，对后世影响最大的一个方面是强调反暴政的权利。①

反暴政学说往往包括这么几个问题：其一，何为暴政，其标准是什么；其二，暴政之抗，根据何在；其三，由谁来抗，以何种形式。

关于区分是否暴政的标准，洛克并未超越其前辈，继续以政府统治的目的及统治权力的运用为标准。在洛克以前，暴政之标准往往基于两个，其一是看统治之目的在统治者之私利还是公共利益，其二是看统治者是否依据法律而不是意志来行使权力。洛克区分是否暴政的标准基本也是这两点。不过，洛克特别强调财产权，以之为全部利益的代表，认为"统治者如果不以保护其人民的财产而以满足他自己的野心、私愤、贪欲和任何其他不正当的情欲为目的，那就是暴政"②。这一强调与洛克的整个学说中对财产权的高度重视是一致的。

关于反抗暴君的根据，洛克以前的作家往往将之视为一种义务，尤其是宗教性的义务，纯宗教性的反抗理论依据维护上帝律法的契约思想。这在加尔文派教徒是如此，即使在胡格诺派教徒那里仍然有这种明显的痕迹。在他们那里，虽则正处于一个从提出纯宗教性的反抗理论到创立真正的政治性的反抗理论的过渡，即既从责任的角度又从权利的角度来讨论暴政可抗，其着重点所在却还是强调反抗的责任，而不是反抗的权利。③ 但在洛克，已经将之发展成为一种纯政治性的反抗理论，强调反抗的道义权利。他认为，如果法律停止，法治遭到破坏，使人无法诉诸法律，此时，暴政开始，"未经授权的行为可以像以强力侵犯另一个人的权利的人那样遭受反抗"。因为这种强力使一个运用他的人进入战争状态，既然如此，对他的反抗即成为合法。④ 洛克的这一反抗理论，才构成了彻底世俗化的关于反抗权利的理论。

---

① 拉斯内特等人考证《政府论》（两篇）的成书年代，其中一个重要论据即是洛克对于反抗暴政的权利的强调，似乎洛克是在号召人们拿起武器发动革命，正是从这个意义上说，《政府论》是在呼唤一场即将到来的革命，而不是在为一场已经胜利的革命作辩护。

② [英] 约翰·洛克：《政府论》（下篇），叶启芳等译，商务印书馆1964年版，第122页。

③ [英] 昆廷·斯金纳：《现代政治思想的基础》，段胜武等译，求实出版社1989年版，第611—612页。

④ [英] 约翰·洛克：《政府论》（下篇），叶启芳等译，商务印书馆1964年版，第125—126页。

关于由谁来反抗暴政的问题，在洛克以前的理论当中，往往将反抗的责任置于作为人民整体，而以下级官吏、等级会议等由人民选举产生的官吏作为人民的代表。在胡格诺派作家的反暴政学说当中，没有任何一个地方提及公民个人有杀死或哪怕是反抗统治者的权利。[1] 在胡格诺派作家看来，国王诚然为人民所设，因而可以为人民所反抗，但人民在设立国王时不是作为个人而是作为整体而行动的，因而人民制约君主的权利是一种集体权利，而不是个人权利。而合法的下级官吏或者等级会议则有来自人民的授权，他们作为人民的代表才以合法地对国王加以反抗。这样，人民虽然作为整体有着反暴政的道义权利，却又被排除了个别公民乃至全体人民采取任何政治上的行动的可能。但在洛克的学说当中，公民个体也成为反抗暴政的主体。这样，反抗暴政的学说才变得完全民众化。当然，这与洛克学说的强烈的个人主义色彩也是一致的。

然而，如果将反暴政之权属之于个人，则个人可能会借口暴政可反而将自己指为暴政的合法政府加以反抗或推翻，这样会导致战争和动乱的发生，从而使人类进入无政府状态。这也是洛克以前的著作家们在提倡反暴政学说时，而不是反抗暴政的人民。洛克申言："在一切情况和条件下，对于滥用职权的强力的真正纠正办法，就是用强力对付强力。"[2] 人至于作为统治者的君主或立法机关是否辜负其所受委托之权，其判断之权应该归之于人民。如果人民与暴政之间在世上没有裁判者，人民可以诉诸上天，而以武力反抗暴政。

洛克反抗暴政的学说，就其最初宗旨而言显然是针对詹姆士二世当时的倒行逆施，在召唤一场即将到来的革命。不过，洛克的《政府论》两篇恰好出版在光荣革命之后，其反暴政学说也同样为光荣革命的合法性作了辩护，而其政府解体学说则为威廉三世的入主英国提供了合法性，因为詹姆士二世的逃走，政府解体，最高权力又回到了英国人民手中，英国人民通过其在议会中的代表将王冠安放到了威廉三世与玛丽头上，恢复了英国的宪制，"在旧的政府形式下把立法权交给了他们认为的适当的新人"，即由威廉邀请各选区选派代表而组成的代表会议以及新的国王。

---

[1]［英］昆廷·斯金纳：《现代政治思想的基础》，段胜武等译，求实出版社1989年版，第610页。

[2]［英］洛克：《政府论》（下篇），叶启芳等译，商务印书馆1964年版，第95页。

第四章　美法革命与自由主义的迅猛扩展

　　资产阶级革命在 18 世纪进一步深入发展，并在整个西方世界扩展开来。英国资产阶级革命对其他国家起到了重要的先导作用，由此而引发的资产阶级革命进一步在法国和美国展开，从而在西方社会全面地确立了资本主义的制度体系。与这一西方社会政治发展的进程相适应，西方政治思想也有了重要的发展，政治思想围绕着如何组织国家权力、如何保护个人权利等主题展开了更加深入的讨论。

　　以伏尔泰等人为先导，法国将启蒙运动推向了高潮，为法国大革命的进行提供了思想基础。就政治思想的发展来看，大致可以划分为以孟德斯鸠为代表的自由派和以卢梭为代表的民主派。事实上，启蒙运动并不局限于法国，其他如苏格兰的启蒙运动，美国革命前的启蒙运动也十分显著地展开，为美国革命提供了重要的思想准备。

　　美国革命起源于殖民地的独立战争。在取得独立后，美国制定了第一部宪法，完成了宪政民主制度的建设，从而确立了美国政治进一步发展的基础。以汉密尔顿（Alexander Hamilton）为代表的宪政派和以杰斐逊为代表的民主派成为政治思想的两大主流。两大流派为美国政治现代化提供了两条不同的道路。

　　由此，资产阶级革命与自由主义政治思潮的形成有了天然的理论联系。围绕着权力的分配与制约、权利的行使与保障，近代西方的政治思想以社会契约论和自然权利论为基础，对西方政治现代化的实践进行了系统的理论总结，为西方政治思想的发展做出了重要贡献。在英美革命和法国革命的基础上分别形成的具有代表性的"洛克传统"和"卢梭传统"，超越国家与民族的界限成为两种对立的政治思想形态。两种传统不但明确地阐述和论证了个人、社会、国家之间的种种关系，而且对自由、平等、民主、法治、正义等原则和精神进行了理性的思考，从而在制度层次既保持了"宪政民主"的深思熟虑，又焕发了"激进民主"的流光溢彩。

　　自由主义的政治思想体系在这一时期更多地表现为"应然"的状态，

具有革命性。人民主权的确立实际上是对君权至上观念的一种革命。西方政治传统中不乏对权力进行制约的思想因子,但这一时期对政治制度的设计,尤其是美国宪政秩序的确立,实际上为权力的分立与制衡提供了重要的样板,成为自由主义宪政民主理论的基本内涵。从权利的角度来看,在继承古代希腊民主权利的基础上,西方社会通过现代性的自我演进弘扬了个人权利的意识,从而丰富了权利的内涵,自然法向自然权利的转换更是为人权的论证提供了工具。

一 启蒙与革命:自由主义的星火燎原

如果说英国革命是资产阶级吹响了自由主义号角的话,那么,在霍布斯、洛克等人那里,自由主义的理论还只是一种地方性的知识,不仅理论上显得稚嫩,而且其影响亦十分有限。然而,作为资产阶级的主流政治理论,自由主义注定要伴随着资本主义的扩张走向西方社会的核心,建立起自由主义的一统江山。正是在英国、法国、美国等地,尤其是法国发生启蒙运动以及在法国革命和美国革命的推动下,自由主义逐渐走上了发展的高峰。启蒙与革命不仅使人权与公民权的观念深入人心,而且为个人自由的思想理念、宪政民主的制度设计落到实处。从这个意义上讲,正是启蒙与革命为自由主义的进一步发展提供了契机,使自由主义的星火能够燎原。自由主义不仅走出理论操练的困局,而且走出岛国的狭小范围,成为西方社会的主流意识形态。

(一) 启蒙与自由主义的思想前提

18世纪前欧洲哲学与自然科学的发展为启蒙运动奠定了基础,人们可以从笛卡尔、斯宾诺莎和霍布斯等人的唯理论那里得到灵感,看到理性的作用。拉尔夫认为,"这个运动的真正创始人是艾萨克·牛顿和约翰·洛克"。[1]

尽管资产阶级的启蒙运动最早发生于英国的17世纪后期,并且在北欧国家以及美洲均有重要的影响,但是其最高表现却是在18世纪的法国。在牛顿力学体系和洛克哲学的引导下,法国的启蒙运动通过科学宣扬理性,开创了从事实出发的思想道路,不但突出了理性方法的内在功能所在,而且从道德取向价值判断等多个方面取得重要突破,以其巨大的批判性力量为法国大革命做好了准备。

启蒙运动步文艺复兴运动之后尘,继承了它的精神财富,使欧洲资产阶级的思想革命达了"顶峰",成为欧洲历史上第二次思想解放运动。启

---

[1] [美]伯恩斯、拉尔夫:《世界文明史》,商务印书馆1987年版,第301页。

蒙运动继承了文艺复兴、宗教改革的基本成就，总结了英国资产阶级革命的基本经验，对法国大革命和美国资产阶级革命产生了重要的影响。伯恩斯认为，"历史很少有别的运动像启蒙运动那样对人的思想和他的行动发生如此深刻的影响"①。

就启蒙运动的代表人物来看，在法国，伏尔泰成为启蒙运动的先驱，揭开了法国启蒙运动的序幕。在伏尔泰之后，以狄德罗、爱尔维修、霍尔巴赫等人为代表的百科全书派将启蒙运动推向高潮。除此之外，启蒙运动还造就了梅叶、摩莱里、马布利等一批空想社会主义者。

就启蒙运动的作品来看，一大批启蒙思想家从不同的角度出发，写作了大量的文献。这里面包括狄德罗主持的《科学、艺术和工艺百科全书》，历时30年出齐35卷，成为启蒙运动的重要文献。除此之外，伏尔泰的《哲学通信》、孟德斯鸠的《论法的精神》、卢梭的《社会契约论》、布丰的《自然史》以及拉美特利的《人是机器》等著作成为启蒙运动的基本理论贡献。

就启蒙运动的思想内容来看，推崇近代的自然科学和理性主义，主张废除腐朽的封建专制制度，抨击天主教教义，传播资产阶级的人权与民主等构成了启蒙运动的基本主题。其中对平等问题的关注和要求成为法国启蒙运动的一个最基本特征。

理性成为启蒙运动的出发点和目的，构造了这一运动的基本精神。这对18世纪的法国产生极其重要的影响，理性甚至成为18世纪的标志，人们称之为"理性时代"。卡西尔指出，"当18世纪想用一个词来表述这种力量的特征时，就称之为'理性'。'理性'成了18世纪的汇聚点和中心，它表达了该世纪所取得的一切成就"②。

在启蒙运动中，理性几乎成为启蒙运动的代名词。康德在《什么是启蒙运动?》一文中指出："启蒙运动就是人类脱离自己所加之于自己的不成熟状态。不成熟状态就是不经别人的引导，就对运用自己的理智无能为力。当其原因不在于缺乏理智，而在于不经别人的引导就缺乏勇气与决心去加以运用时，那么这种不成熟状态就是自己所加之于自己的了。要有勇气运用你自己的理智，这就是启蒙运动的口号。"③

理性为人们摆脱宗教信仰的束缚做了辩护。狄德罗在《百科全书》

---

① [美]伯恩斯、拉尔夫:《世界文明史》，商务印书馆1987年版，第301页。
② [德]卡西尔:《启蒙哲学》，山东人民出版社1988年版，第3页。
③ [德]康德:《历史理性批判文集》，何兆武译，商务印书馆1990年版，第22页。

中即认为,"理性"是指"人类认识真理的能力",即"人类的精神不靠信仰的光亮的帮助而能够自然达到一系列真理"。而且人们还以理性为人类自由进行论证。狄德罗以理性作为自由的基础,他指出:"自由是天赐的东西,每一个同类的个体,只要享有理性,就有享受自由的权利。"①

启蒙运动并非一个完整而一致的思想体系。就他们所代表的阶级来看,有大、中、小资产阶级的代表,亦有早期无产阶级和贫苦人民的代表;就他们对私有制的态度来看,有主张私有制的合理性,亦有主张废除私有制;就政体的选择来看,有主张开明君主制,亦有主张君主立宪、民主共和的。尽管两派均主张自由、平等,向封建等级和神权开战,但在具体的问题上,还存在着一些重要的差异。自由派主张私有制的永恒性,而民主派则主张其历史性,称私有制为罪恶,主张消灭私有制;自由派注重人的自由权利,而民主派则更重视人的平等权利;自由派对平等的主张并不彻底,甚至主张经济上的不平等,而民主派则不仅主张政治意义上平等,而且主张经济上的相对平等;在政治制度上,自由派主张君主立宪制,实现代议制,而民主派则鲜明地提出了人民主权的思想,主张直接的民主制度。两派对法国大革命的影响亦并不相同,自由派影响了早期大资产阶级当权时期的吉伦特派,而民主派的理论则成为雅各宾派的思想来源。

实际上,无论是哪一派的思想,都为自由主义高潮的到来做好了理论上的准备。民主派的人民主权思想试图解决权力的合法性问题,为权力产生的民主化做了理论上的论证;自由派的人权理论则试图解决权利的保护问题,为个人自由提供了理论上的论证;立宪派的限制权力的主张则试图解决权力在运用过程中产生的腐败问题。这些都为自由主义政治理论的最终形成奠定了基础。

为了更好地发现启蒙运动与自由主义之间的关系,本书仅以伏尔泰的政治思想为例说明启蒙思想与自由主义之间的理论逻辑。

伏尔泰颂扬自由,尤其颂扬个人自由,这实际上与自由主义主张个人自由有着一定的理论上的相似性。伏尔泰从自然法和自然权利出发,认为每个人都享有自由,都具有按照自己的意志行事的权利。自由是人类社会进步的动力,信仰自由免除了宗教战争,而贸易上的自由则扩展了商业。而且伏尔泰亦将自由的保障与法律联系起来,认为法律应该保护自由。伏尔泰还以英国为例,称赞法律对每个人的平等保护。这实际上与自由主义

---

① [法]狄德罗:《狄德罗文集》,王雨、陈基发编译,中国社会出版社 1997 年版,第 577 页。

后来强调的自由依靠法律来保障是一致的。

在政体形式上，尽管伏尔泰还没有主张实行宪政民主制，但伏尔泰赞成英国的君主立宪制，强调权力的制约，这与自由主义的宪政理论亦存在一定程度的一致。伏尔泰认为，政府的职责在于有效地保障自由、平等和正义，这种工具主义的国家观念与自由主义内在地存在联系。尽管伏尔泰曾倾向于开明君主制，但晚年的伏尔泰开始转向共和制度，盛赞瑞士的共和制度。伏尔泰对英国君主立宪制的赞美更体现了他作为一个启蒙思想的大师，其思想同自由主义之间的内在联系。他曾经指出，英国政体中存在着上院、下院与君权之间多种权力的混合与制约关系，并通过完善的宪法、法律以及议会制度进行调解，能够形成一种良好的制约关系。他热情洋溢地指出："英国是世界上抵抗君主达到节制君主权力的唯一国家；他们由于不断的努力，终于建立了这样开明的政府；在这个政府里，君主有无限的权力去做好事，倘使想做坏事，那就双手被缚了……在这个政府里，人民心安理得地参与国事。"①

与法国革命相似，美国在独立战争之前亦进行了场美国式的启蒙运动。杰斐逊的《英属美利坚权利概观》、帕特里克·亨利的《不自由毋宁死》的演说以及潘恩的《常识》等小册子成为人们为着民主与自由而战斗的口号。《独立宣言》发表后，北美各州纷纷建立起保障独立与自由的政府系统，制定了各州的宪法，而且建立起共和政体，以选举产生的代表行使主权。

就思想史的意义来看，无论法国革命还是美国革命，均来源于两场启蒙。伯恩斯认为，"历史很少有别的运动像启蒙运动那样对人的思想和他的行动发生如此深刻的影响"。② 相比之下，美国的启蒙运动并不像法国的启蒙运动那样流光溢彩。然而，美国的启蒙将欧洲存在于意识形态的理论付诸实施，不但以独立宣言宣称了仍然处于欧洲思想家头脑中的自由、平等与独立，与法国大革命中提出的自由、平等、博爱的口号遥相呼应，而且通过历时五个月的激烈辩论制定了人类历史上第一部宪法，成为与《人权与公民权利宣言》相比美的历史性成就。

同法国的启蒙运动比起来，美国的启蒙运动在理论创新方面相对较弱，但却具有很强的实践性因素，甚至反过来对法国的启蒙运动构成影响，为人们留下了丰富的思想资料。围绕着宪政民主制度，美国政治思想形成了一些丰富的主题，如论证北美独立、联邦制、司法独立、限权宪法

---

① [法] 伏尔泰：《哲学通信》，上海人民出版社1961年版，第2页。
② [美] 伯恩斯、拉尔夫：《世界文明史》，商务印书馆1987年版，第301页。

等等均成为这一时期政治思想主题。围绕着北美独立的主题,就有杰斐逊的《英属北美权利综论》、潘恩的《常识》、约翰·亚当斯的《新英格兰人》、詹姆斯·威尔逊的《英国议会权限探讨》等重要作品。然而,就其对美国政治的长远影响来看,权力的分立与均衡、人民主权以及自然权利的思想具有突出的地位。从权力角度来看,构成美国宪政基础的是人民主权理论,美国革命时期几乎所有的政治思想家都是人民主权理论的拥护者;从权利的角度来看,构成美国宪政基础的是自然权利理论,几乎所有的思想家都有着一种根深蒂固的自然权利观念。

美国启蒙运动中的种种理论思考直接影响到了后来的制度设计,对美国革命和美国宪法的形成有着重要的意义,也为后来自由主义的发展奠定了基础。直到现在,美国宪政在分权制衡方面的设计依然为自由主义者所称道。就政治思想的来源看,美国政治思想深受欧洲大陆政治思想的影响。它既接受了来自英国的宪政观念,同时又吸收了来自法国的民主理论。美国第一代政治思想家们创造性地将这两种主要的观念融合在一起,为美国宪政民主制度的形成提供了理论基础。然而,美国革命时期的政治思想家并不是对欧洲政治理论的照搬,而是在17—18世纪已有政治思想的基础上根据美国的政治实践进行了改造,它不但融合了欧洲大陆和英国政治学的基本理论,而且还开创了美国独特的宪政民主理论。

(二) 革命与自由主义的理论体系

18世纪是资产阶级革命进一步深入发展,并在整个西方世界确立起来的历史过程。英国资产阶级革命对其他国家起到了重要的先导作用,由此而引发的资产阶级进一步在法国和美国展开,从而在西方社会全面地确立了资本主义的制度体系。就其政治时代来看,继17世纪英国革命后,18世纪的美国革命与法国革命成为这一巨变阵痛的临产区,在它的血污中诞生的正是19世纪的"列强体系"、常备军和宪法;就宪政民主制的形成来看,"由于在不同程度上糅合了法治,近代西方民主的发展事实上形成了两种传统:卢梭传统和洛克传统"。[①] 这两种传统排列了西方政治

[①] 罗尔斯认为,民主的两个传统即"与洛克相联系的传统和那种与卢梭相联系的传统"。参见罗尔斯《政治自由主义》,第4页。米歇尔曼(Frank Michelman)在《法的共和》一文中亦认同两种传统的划分。Frank Michelman, Law's Republic, *The Yale Law Journal*, Volume 97, Number 8, july, 1988, pp. 1500 – 1501. 尼诺亦认为,如果将宪政主义理解为民主与法治的复合体的话,那么,"宪政主义在这一最为宽泛的意义上体现为卢梭与洛克观念的冲突"。Carlos Santiago Nino, *The Constitution of Deliberative Democracy*, New Haven & London: Yale University Press, 1996, p. 6.

的两条基因链,为自由主义两种传统的形成奠定了基础。

大多数论著认为,自由主义源于法国大革命所引发的政治动乱。伊曼努尔·华勒斯坦认为,从1789年到1989年,资本主义世界经济体系的意识形态基础是自由主义,日期十分精确。法国大革命标志着自由主义登上世界政治舞台。自由主义登上政治舞台是意识形态上的一个一项重大抉择。①

就典型性来讲,法国革命和美国革命无疑成为西方政治现代化的两条道路,成为自由主义向两个方向发展的代表。同为资产阶级革命,美国革命和法国革命是最可资比较的两场革命。作为政治行为的两种模式,美国革命是"阳光",温和而耐久;法国革命则如"闪电","照亮并荡涤旧世界的角角落落,但也迅速回归于黑暗"。②影响如此之大、相隔如此之近的"姊妹革命"在人类历史上绝无仅有,而其结果却又有着天壤之别,为我们提供了两个最具有可比性的个案。

就革命的进程来看,美国在革命胜利后,制宪会议选择了法治,法国却进行了没有形成宪政秩序的民主革命。

但从总体上来看,无论是宪政革命还是民主革命,都是自由主义政治制度安排中必不可少的因素。尽管在法国资产阶级革命和美国资产阶级革命当中,自由主义并没有更好地将两者结合在一起,但此后,随着自由主义政治理论的不断深入,宪政制度的安排与民主制度的设计更近地走到一起,构成了宪政民主制度,成为自由主义政治制度的基本架设。

与西方社会政治现代化的进程相适应,西方政治文明亦获得了充分的发展,政治理论围绕着如何分配和制约国家权力、如何行使和保障个人权利等主题展开了更加深入的讨论。如果将法国革命与美国革命的两条道路放到民主政治的大背景下来考察,我们发现,激进民主与宪政民主正是西方现代政治文明的两种基本制度样式。"就现代西方政治文明的基本内容来看,民主与法治之间的互动不但昭示了国家主权与法律为王两种至上性要求的交叠,在议会主权与宪法至上、人民主权与限权宪法之间保持着持久的张力;而且强化了国家与社会的领域分离,在人民主权与人权、公民权与人权、积极自由与消极自由

---

① [美]伊曼努尔·华勒斯坦:《自由主义的终结》,郝名玮、张凡译,社会科学文献出版社2002年版,第93页。

② 朱学勤:《阳光与闪电——近代革命与人性改造》,《万象》2002年第12期。

之间要求应有的界限。"①

因此，西方政治文明的充分展开本身就从两个方面保持着张力。就政治意识的形成来看，由于在不同程度上糅合了法治，现代西方民主观念形成了两个传统："卢梭传统"和"洛克传统"；与这两种政治意识相对应，就政治制度的理性筹划来看，现代资产阶级革命又可以明确地区分为以美国革命为代表的"法治优位"模式和以法国革命为代表的"民主优位"模式；与之相适应，政治行为的模式亦区分为美国的宪政革命模式和法国的民主革命模式。

实际上，两种模式的考虑只不过出于典型化的需要：一方面，所谓的"优位"出于比较而言，很难说美国革命没有民主，法国革命毫无法治；另一方面，两种模式亦没有完全整合内部存在的矛盾。尽管人们可以将思想观点基本相近的思想家划分为不同的思想流派，然而，每一个活生生的思想个体总是倔强地声称其多样性的存在。他们之间的思想分歧与对立是复杂的，但其民主与法治的理论个性却是鲜明的。

以启蒙运动为开端，法国大革命期间产生的政治思想不断地走向革命，最终达到了资产阶级革命的最高峰，从而形成了所谓的"法兰西风格"。② 法国大革命不仅是法国各阶级粉墨登场的大舞台，更是各种政治思想精彩纷呈的操练场。随着革命的不断深入，革命程度的不断加深，从大资产阶级的制宪派到吉伦特派，再到雅各宾派，直到最后雅各宾派走向恐怖统治，整个过程中各种主张纷纷出台，你方唱罢我登场，使革命时期的政治思想极为复杂。事实上，无论是大资产阶级的温和派，还是吉伦特派，抑或是激进的雅各宾派，其具体的主张和政治制度的设计上均存在着种种不同认识，但是，这些基本的主张大多是围绕着自由、民主、平等、博爱等口号展开的，同自由主义的政治学说框架基本吻合。

比如西耶士，其政治思想就表达了资产阶级走出市民社会，要求政治权利的愿望，这与正处于上升阶段的自由主义政治思想是吻合的。西耶士认为，第三等级是由那些与特权阶层相对立的社会阶层组成的，它包括"劳动阶层""商人和店主"以及"自由职业者"。这实际上就是正在兴起的资产阶级。西耶士第一次明确地提出了第三等级参与政治生活的要求。他明确指出："第三等级是什么？是一切。在至今为止的政治秩序中

---

① 佟德志：《民主与法治的冲突及其均衡——现代西方政治文明的演进模式初探》，《中国特色社会主义研究》2004 年第 5 期。

② 具体内容请参见高毅《法兰西风格：大革命的政治文化》，浙江人民出版社 1991 年版。

它是什么？什么也不是。它要成为什么？要成为某种东西。"①

再比如罗伯斯庇尔。他坚持人民主权的思想，为自由主义主张的人民主权思想做出了贡献。建立民主共和国是罗伯斯庇尔政治纲领的重要内容。他坚持人民是主权者，社会服务人员是人民的公仆。② 他主张，人民主权的国家只能建立民主共和制的政府。在民主国家里，"主权的人民受自己制定的法律领导，自己去做所能做的一切事情，并借助自己的代表去做自己所不能做的一切事情"。③ 罗伯斯庇尔特意指出，民主国家不是人民独立管理一切社会事务，也不是成千上万的人民党派依靠个别的措施来解决整个社会命运，而必须是所有公民真正关心公共的事业。罗伯斯庇尔亲自制定的 1793 年宪法批评了 1791 年宪法，认为后者不尊重平等原则，以选举人资格限制了人民主权，再次确立了人民直接行使主权的原则。其思想深受卢梭的影响，但又在一定程度上修正和丰富了卢梭的政治思想。比如，他放弃了卢梭的小国论，想方设法使人民主权在法兰西这个大国得以实现；他提出的代表制在一定程度上纠正了卢梭直接民主中的理想化成分。另外，他还提出了一些创见，比如基层议会的理论、分区自治的理论、行政、立法和司法职能分开执行的理论，等等。这些设想在理论上丰富了卢梭的人民主权学说。

从美国的独立战争到战后的制宪运动，美国的政治生活一直处于以杰斐逊和汉密尔顿为代表的两种政治思想体系的支配下。制宪会议期间联邦党人和反联邦党人的分歧就已经十分明显，在这之后，随着两党制的形成及发展，这两种思想体系扎下了根，并随着时间的推移以不同的形式表现出来，成为美国政治生活中两个不可或缺的方面。从一定程度上看，这两种思想传统推动了宪政民主传统的形成。美国革命是一场资产阶级的民主革命，然而，正像孟德斯鸠看到的那样，"对宪政政府的信仰是美国传统的核心"。④ 在民主革命完成后，美国成功地实现了宪政秩序，完成了建立民主政体与宪政秩序的双重任务。宪政与民主的不断融合亦使美国的宪政民主制得到不断的修正与巩固。以杰斐逊为代表的民主派和以汉密尔顿为代表的宪政派分别领导了美国的独立革命和制宪革命，为美国政治文化的传统的发展提供了两条道路，两个传统的冲突与融合最终成为美国宪政

---

① [法] 西耶斯：《论特权 第三等级是什么？》，冯棠译，商务印书馆 1990 年版，第 19 页。
② [法] 罗伯斯庇尔：《革命法制和审判》，赵涵舆译，商务印书馆 1979 年版，第 138 页。
③ 同上书，第 171 页。
④ [法] 孟德斯鸠：《论法的精神》上册，张雁深译，商务印书馆 1997 年版，第 8 页。

民主制度的思想源泉。

直到制宪会议召开前，北美革命都是一场民主的革命。然而，革命取得胜利后，保守派的工商业资产阶级逐渐走上前台，它使革命后的美国倾向于宪政秩序。正像美国史学家后来看到的那样，"宪法代表了一种从与争取独立的斗争相伴的强大民主潮流中的后退"。① 它从杰斐逊在《独立宣言》中的民主激情中退出来，从而使法治与秩序成为美国政治的主流。正因为如此，人们很难从宪法当中发现更多的民主性。美国政治学家达尔指出，美国宪法的非民主性是全方位的：选举权、选举人团制度、选举参议员的方式、参议院中的平等代表权、司法权以及国会权力等制度均成为美国宪政体系中无可回避的非民主成分。②

民主派与宪政派围绕着限权宪法与违宪审查等原则进行了一系列的斗争。尽管斗争并没有从根本上解决美国宪法的民主性问题，但是，杰斐逊、麦迪逊等人的努力却使美国宪法的民主维度逐渐得以建立。"美国宪政民主维度的形成得力于后来的宪法修正案，它使美国由共和制向民主制过渡，最终形成了宪政的民主维度，美国的共和也逐渐由贵族共和向民主共和过渡。"③

这些对权力与权利的思考尽管在很大程度上是欧洲思想界影响的产物，但是，这些思想却在美国扎下根来，甚至进行了一些革命性的改造。这些思想为美国自由主义的形成与发展奠定了重要的基础。

1. 人民主权与代议制

包括杰斐逊、华盛顿等人在内的政治思想家均一致承认人民主权的原则。在权力的行使上，人们还几乎一致地认同人民通过其代表来行使其权力的观点。在人民权力的具体实现上，美国选择了代议制民主，它承认主权可以被代表，即由人民选出代表来执行人民手中的权力。这不但是麦迪逊、汉密尔顿等联邦党人论证的主题，同时亦是杰斐逊等民主派论证的主题。

2. 对权力的防范

对权力的防范构成了 18 世纪美国革命时期政治思想的一个重要主题，在此基础上形成了权力的分立与制衡的重要理论。在如何组织国家这个问

---

① [美] 埃里克·方纳：《美国自由的故事》，王希译，商务印书馆 2002 年版，第 52 页。
② Robert A. Dahl, *How Democratic Is the American Constitution*? Yale University Press, 2001, pp. 15–20.
③ Ibid., p. 6.

题上，人们一般认同了源自欧洲的三权分立与制衡的理论，孟德斯鸠成为美国宪政理论的奠基人。围绕着这一主题，无论是民主派还是宪政派，他们几乎都一致地承认了权力应该分开行使，各种权力之间既互相制衡又应该互相合作。但是，在具体权力配置上，民主派则更侧重于立法机关，希望通过民主性较强的国会来实践主要的权力；而联邦派则更要求三种权力机关的均衡，希望通过加强司法的力量和行政机构的权力来制约民主性较强的国会。

3. 对权利的重视

对权利的承认和论证是这一时期政治思想的另一个重要的主题。美国著名的政治思想史家梅里亚姆曾经指出，"革命时期的主要政治学说是那些称为'天赋权利'派的思想"。[①] 围绕着权利，人们基本上形成了个人权利与政治权利两派观点，而对个人权利的重视则构成了美国权利观念的一个重要特点。相比来讲，而联邦派则格外重视财产权利、自由权利等个人权利。民主派格外重视政治权利，认为这种政治权利是自然权利的一部分，正是由于人们拥有了这种政治权利，人们才组织了政府。

（三）宣言与自由主义的双重主题

1789年法国公布的《人权与公民权宣言》第16条规定："凡是各项权利未得到可靠保障，权力没有分立的社会，都不存在宪政体制。"这是第一次完整准确地以现代政治语言表述的宪法性文件，它从权利保障与权力限制两个方面申明了现代政治的双重主题。与其交相辉映的是美国宪法的制定和修改。就1787年宪法来看，其关注的主要是权力的分配与运用；之后不久，美国于1791年12月15日由各州通过权利法案，以修正案的形式补充了美国1787年宪法所缺少的权利维度。法国的人权宣言以及美国宪法与修正案的通过标志着现代西方政治语法的形成，并以最为经典、完整的论述留下了现代西方政治语言的两个分析样本。

美国宪法形成从权力与权利两个方面总结了西方政治文明的优秀成果。于1787年通过的美国宪法是人类历史上第一部宪法，几经修正，仍然是当代美国宪法的主体部分。1787年通过的美国宪法内容非常简短，总计7条。除规定了宪法的修正、宪法的效力以及在宪法上签字的人员外，主要规定了立法、行政和司法三种权力及中央与地方间的关系。1791年，各州通过权利法案，从各个方面列举了美国公民的权利以及联邦权力的范围。美国宪法从权力和权利两个方面全面地阐述了美国资产阶级的建

---

① [美] 梅里亚姆：《美国政治学说史》，朱曾汶译，商务印书馆1988年版，第50页。

国纲领,不仅对美国的稳定和长治久安起到了重要作用,而且对整个西方政治文明都产生了重要影响。

从 17 世纪初开始到美国独立战争前,北美大陆逐渐形成了 13 个重要的殖民地。"在奴隶劳动的基础上,资本主义经济逐渐在北美各个殖民地发展起来。然而,就经济状况来看,各个殖民地的发展是不平衡的。北部的马萨诸塞等四个殖民地合称新英格兰,工商业比较发达;中部的宾夕法尼亚等四个殖民地则以大农场经济为主,是北美的粮仓;南部的弗吉尼亚等五个殖民地则以黑奴劳动的大种植园为主。在 1763 年战争中,英国战胜了法国,成为北美殖民地的霸主。随着北美殖民地与英国之间贸易与经济往来的加强,英国意识到了北美殖民地的重要性,加强了对殖民地的控制,这使他们之间的矛盾与冲突逐渐表现出来。一方面,为了减轻防务负担,英国在北美殖民地增加税收,希望借此转嫁财政危机;而另一方面,北美人民的民族意识逐渐成长,反抗运动也日甚一日。早期的印花税危机、波士顿惨案、波士顿倾茶事件等一系列事件均是这一危机的外在表现,又进一步使本已存在的冲突不断加剧。矛盾与分歧不断深入,并以殖民地为一方,英国为另一方展开。"① 就英国议会主权以及英帝国性质等问题,殖民地人民同英国殖民者展开了广泛的辩论。

经济、政治上的冲突逐渐演化为军事上的冲突。1775 年,北美人民在列克星敦打响了反击英国殖民者、争取独立的第一枪。在人民反英武装革命斗争的推动下,第二届大陆会议渐趋坚决,通过了《拿起武器的原因和必要的宣言》,主张北美独立,并募集和装备军队,进行一系列的独立准备。自 1776 年 3 月开始,各殖民地纷纷要求独立。到 1778 年 10 月,大陆军在约克敦战役中迫使康沃利斯投降,在军事上取得巨大胜利。巴黎和谈进一步巩固了这一胜利,北美取得了独立。

围绕着北美独立战争展开的是一场美国式的启蒙运动。杰斐逊的《英属美利坚权利概观》、帕特里克·亨利的《不自由毋宁死》的演说以及潘恩的《常识》等小册子成为人们为了民主与自由而战斗的口号。第二届大陆会议发表的由杰斐逊起草的《独立宣言》更是将这一启蒙运动推向顶峰。《独立宣言》发表后,"北美各州纷纷建立起保证独立和保障自由的政府系统。各州不但制定了州的宪法,而且建立起共和政体,由选举产生的代表行使主权。北美的独立并没有形成独立的主权国家,而是解放了 13 个主权实体。各州各自为政,邦联国会的权力微乎其微,几乎没

---

① 徐大同主编:《中外政治思想史》,中央广播电视大学出版社 2004 年版,第 128 页。

有能力应付国内外的各种情况。独立战争结束后，美国经济陷入了严重的萧条，阶级矛盾加深。在这种情况下，发生了1786年的谢司（Daniel Shays）起义，为独立后的美国敲响了警钟，这引起了中产阶级的普遍恐慌，由北美十三州人民联合起来建立一个强大而统一的政府成了愈加急迫的任务"。①1787年5月在费城召开了修改邦联条例的会议，该会议在华盛顿、富兰克林、汉密尔顿和麦迪逊等人的领导下开成了一个制宪会议。

民主派与宪政派围绕着"限权宪法"与"违宪审查"等原则进行了一系列的斗争。尽管斗争并没有从根本上解决美国宪法的民主性问题，但是，杰斐逊、麦迪逊等人的努力却使美国宪法的民主维度逐渐得以建立。"美国宪政民主维度的形成得力于后来的宪法修正案，它使美国由共和制向民主制过渡，最终形成了宪政的民主维度，美国的共和也逐渐由贵族共和向民主共和过渡。宪法通过后，华盛顿于1789年4月6日在第一届国会期间被选为第一任总统，开始了联邦党人的统治。在此后的美国政治生活中，两种政治思想在美国发展道路的问题上争论愈演愈烈：在经济主张、政治主张、建国方略乃至对外交往等诸方面，逐渐形成了以杰斐逊和麦迪逊为首的民主共和党和以汉密尔顿为首的联邦党。杰斐逊于1800年大选取得胜利，美国开始了民主共和党人执政的历史。"②民主共和党和联邦党不断地发生分化组合，推动了美国两党制的逐渐形成。

美国宪法为自由主义政治思潮的形成提供了权力与权利两个维度，而其精神则集中体现了自由主义政治制度设计的基本原则。美国宪法从权力与权利两个方面出发，全面地总结了西方政治文明的优秀成果，形成了限制权力、保障权利的基本精神，为以后西方各国宪法的通过提供了样板，其中表现出来的人民主权原则、权力的分立与制衡原则、保障权利的原则都成为资本主义宪法的典范，资本主义国家组织政权的基本原则。

1. 权力原则

美国宪法形成了有效的对权力进行制约的原则。1787年通过的宪法中，除去技术性的规定外，主要解决了如何划分权力和权力之间关系的问题。宪法的前三条分别规定了国会的权力、总统的权力和法院的权力，实际上是对立法、司法、行政权力的规定。前三条构成了美国宪法中权力分立与制衡的基本规定性要求，而第四条则强调了中央和地方之间的权力划分。

---

① 徐大同主编：《中外政治思想史》，中央广播电视大学出版社2004年版，第129页。
② 同上书，第129—130页。

美国宪法典型地体现了权力的分立与制衡的原则。从中央与地方的权力分立与制衡来看，中央和地方的权力各有其界限。比如，在宪法第四条，第三项，一方面规定"国会有权处理、制定有关合众国所属土地或其他财产之必要法则与规章"，另一方面又规定，"本宪法一切内容不得作损害合众国或任何州之权利要求的解释"①。

2. 权利原则

事实上，美国革命爆发之日就已经确立起了权利的主题，那就是被马克思称为"第一个人权宣言"的《独立宣言》。在这一堪与《大宪章》媲美的宣言中，杰斐逊代表殖民地人民庄严地宣告："我们认为，这些真理是不言而喻的，人人生而平等，造物主赋予他们内在的、不可转让的权利；在这些权利当中，包括了生命、自由、追求幸福的权利。"②

尽管如此，在美国的 1787 年宪法中却没有权利方面的规定，宪法险些因此而被搁置。有些州即使通过了宪法，但还是附加了一个条件，即宪法必须在以后附加一个权利法案。1791 年通过权利法案以宪法修正案的形式确立了美国宪法的权利内涵。修正案不仅以列举的方式规定了诸如公民的人身、财产、诉讼、佩戴武器等诸多权利，还为其他权利的保有规定了空间，即在宪法中规定，"本宪法列举之若干权利不得解释为对人民固有之其他权利之排斥或轻忽之意"。③

《人权与公民权宣言》，简称《人权宣言》，1789 年 8 月 20—26 日由法国国民议会通过的一部具有宪法性质的自由权利宪章。宣言共计 17 条，体现了法国大革命的基本原则，成为法国 1791 年宪法、1793 年宪法和 1795 年宪法的重要组成部分。《人权宣言》全面地阐发了 18 世纪资产阶级革命的基本原则，奠定了资产阶级宪政民主的基础，成为法国大革命的一面旗帜，在西方历史上具有不可磨灭的作用。

宣言是对西方资产阶级革命基本经验的总结。宣言对后来资本主义权利体系及宪政法治体系的建立起到了重要的作用，法国宪法将《人权宣言》作为序言，以根本大法的方式加以确认，而且宣言中规定的权利及

---

① [美]汉密尔顿、杰伊、麦迪逊：《联邦党人文集》，程逢如等译，商务印书馆 1995 年版，第 462 页。

② Thomas Jefferson, Declaration of Independence as originally written by Thomas Jefferson, 1776. Thomas Jefferson, *The Writings of Thomas Jefferson* edited by Lipscomb and Bergh, vol. 1, Washington, D. C., 1903 - 1904, p. 29.

③ [美]汉密尔顿、杰伊、麦迪逊：《联邦党人文集》，程逢如等译，商务印书馆 1995 年版，第 467 页。

其基本原则逐渐为资本主义宪法所接受,直到今天仍然起着重要的作用。

《人权宣言》反映了18世纪资产阶级革命一些基本原则。宣言以自由、平等为核心全面地阐发了公民的政治权利、民事权利以及社会权利。宣言强调了对财产权提供法律保护。其所确立的人民主权原则、同等权利原则、分权原则、权利保障原则、无罪推定原则等重要原则成为宪政主义理论的核心。

人权宣言从权利与权力两个方面完整地表述了资产阶级的政治主张,是资产阶级革命要求的一部宣言书。从自由主义的角度来看,人权宣言为自由主义理论的发展从权力与权利两个方面提供了一条重要的线索。

宣言对权利的基本规定是:"在权利方面,人们生来是而且始终是自由平等的。又指出,自由就是指有权从事一切无害于他人的行为;个人的自然权利的行使,只以保证社会上其他成员能享有同样权利为限制。在权利的内容方面,宣言明确地提到了自由、财产、安全和反抗压迫等等权利。"[①] 宣言重视的其他权利内容,还有发表意见的自由、传达思想和意见(言论)的自由、著述和出版的自由。这些以后都成为各国宪法规定的基本权利。以人和公民的权利为基础,宣言规定任何政治结合的目的是保障人权;凡权利无保障和分权未确立的社会,就没有宪法。[②] 保障权利从此成了政治制度的出发点。

与权利原则相关,人权宣言申明了法治的原则。宣言明确规定,"法律的目的就是保障人权。宣言规定,法律是公共意志的表现;全国公民都有权亲身或经由其代表去参与法律的制定。对权利行使上的限制只能由法律规定;法律仅有权禁止有害于社会的行为;凡未经法律禁止的行为即不得受到妨碍。宣言还确定了近代意义上的法治原则,如执法应按照法律所指示的手续;未被宣告为犯罪以前的无罪推定;拘留人身时禁止各种残酷行为"。[③]

宣言在肯定人权的同时还声明了人民主权的原则,指出:"整个主权的本原主要是寄托于国民;所有公民都能平等地按其能力担任一切官职、公共职位和职务;社会有权要求机关公务人员报告其工作。另外,宣言还明确地提到为了全体利益而设立的武装力量;所有公民亲身或由其代表确定公共赋税,并且规定所有公民按其能力平等纳税等内容。"[④]

---

① 参见《世界人权约法总览》,四川人民出版社1990年版,第293页。
② 同上。
③ 同上书,第295页。
④ 同上书,第295—297页。

二 权力与权利:自由主义的理论内涵

就西方政治文明的整体结构来看,权力与权利两大主题的形成标志着政治现代性框架的确立,成为西方政治文明的两根支柱。通过内置了国家、社会、个人等基本主体,这一模式从本质上规定了政治关系的内涵;通过架设"私域自律"与"公域自主"、人权与人民主权、民主与法治等诸多二分法,搭建了西方政治文明的基本结构;而这些要素之间的矛盾亦使西方政治文明的逻辑悖论得以暴露,并以冲突与均衡的循环决定了西方政治文明结构与演变的基本样式。

就自由主义的基本逻辑来看,正是由于从理论上契合了西方政治现代性的这种结构,自由主义才得以成为一种"完备"的思潮,这使自由主义政治思潮与其他思潮明显地加以区别。从历史发展上看,自由主义思潮与西方的政治现代化相映成趣,成为西方政治现代化的领路人;从结构上看,自由主义政治思潮成为西方政治学理论架构的集大成者。这种独特的理论与实践架构不是任何一种思潮能与之相提并论的。

与英国资产阶级革命时期人们重视权利相比,法国革命更重视对权力产生合法性的探讨,最终形成了人民主权的理论;美国革命更重视对权力运用的探讨,产生了分权制衡的理论。两种理论的形成又因为两场革命的互相呼应而互相融合,从而形成了自由主义政治理论在权力方面的基本原则。

(一)人民主权理论

自由主义主要关注的不是权力如何产生,而是权力的范围和运用,但是,作为一种政治思潮,它必然要回答权力如何产生的问题。在这个问题上,自由主义者几乎一致地选择了人民主权的理论主张。从人民主权的角度来看,卢梭代表的大陆自由主义显然具有原创性的意义,但这种人民主权却是一元的,在权力的运用方面难以形成可操作性的内涵;与此相反,以汉密尔顿等人为代表的英美自由主义则选择了二元的人民主权,承认人民主权可分割、可代表,为权力的健康运用打下了基础。

随着欧洲资产阶级革命的进一步发展,主权逐渐同"人民"联系起来。人们可以从古代希腊的城邦中发现人民主权理论的萌芽,或者从西塞罗、马西利乌斯(Marsilius of Padua)的作品中找到人民主权的影子,不仅如此,中世纪教会全体信徒至上的观念亦可以作为人民主权思想的传统资源。然而,真正近代意义上的人民主权只是近代西方主权理论与资产阶级民主革命相结合的产物。

事实上，当人们用主权理论来分析民主时，得出民主主权就成为一个逻辑的必然。霍布斯就曾经做过这样的分析。他指出："他们要做的第一件事就是每个人都要同意某些事，这样，他们可能更接近于这些目的；这不是别的什么不可想象的东西，而只是这样一件事：他们允许全体成员中大部分人的意志，或是由他们决定或是指定了的特定数量的人中的大部分人的意志，或最终是某一人的意志来代表每一个人的意志。而且一旦他们这样做了，他们就被联合起来，作为一个整体的政治。而且如果他们全体的大部分被认为是包含了所有个别的意志，那样的话，他们被称为民主，也就是这样一个政府，在那里，全体或是他们的大多数自愿地组合起来，充当主权者，同时每一个个别的人都是服从者。"①

正像哈贝马斯指出的那样，在人民主权的"战斗口号"中，"各种各样的思想主题都混杂在一起：作为某种新的合法化原则之表达而出现的国家主权；作为第三等级的统治权；作为民族同一性的权力表现等等"②。在法国最早出现的现代人民主权理论正是这样的一个理论拼盘：它试图以人民的权力取代君主的权力，从而为合法化提供更有力的论证。

自布丹提出人民主权思想后，主权的归属就成了国家权力的核心问题。以卢梭、罗伯斯庇尔等人为首，大陆传统的自由主义提出了所谓的人民主权思想。人民主权思想认为，国家主权属于人民，人民意志以"公意"的形式体现出来，人民的权利以立法权为核心，以直接民主为理想形式。在资产阶级革命时期，人民主权思想鼓舞了各国的资产阶级，甚至对英国传统造成重要影响，成为激进自由主义者的理论指南。

以卢梭、罗伯斯庇尔等人的思想为核心，在法国大革命中形成了现代的人民主权理论，人民作为主权者而成为权力合法性的来源。发展到罗伯斯庇尔时，人民与主权者被无条件地同一起来。这位雅各宾派的领袖在各种各样的场合宣称：人民是主权者，主权的实质即在于人民。③

---

① Thomas Hobbes, *The Elements of Law: Natural and Politic*, ed., J. C. A. Gaskin, Oxford; New York: Oxford University Press, 1994, Part II, Chapter 20.
② [德] 哈贝马斯：《交往与社会进化》，张博树译，重庆出版社1989年版，第199页。
③ 罗伯斯庇尔在一系列的演讲中多次肯定了人民与主权者的同一。在《关于人权和公民权利宣言》的发言中，他指出，"人民是主权者，政府是人民的创造物和所有物，社会服务人员是人民的公仆"。另外，在《关于宪法》的演说，中他指出，"主权在实质上属于法兰西人民；所有公职人员都是受人民委任的人员，人民选举他们，也能罢免他们"。参见 [法] 罗伯斯比尔《革命法制和审判》，赵涵舆译，商务印书馆1965年版，第138、154页。

早期人民主权理论以"主权在民"、"公意"、人民立法、直接民主等理论为核心,成为法国大革命的理论来源。在资产阶级革命时期,人民主权思想不但成为法国大革命的主要思想来源,而且对美国资产阶级革命形成了重要影响。它不但逐渐发展成为民主理论的核心原则,而且逐渐被宪政理论吸纳,成为宪政理论的组成部分。自《独立宣言》《人权宣言》之后,魏玛宪法、捷克宪法、波兰宪法、爱沙尼亚宪法以及法兰西第四共和国宪法等均申明了人民主权的要义。

在卢梭那里,主权理论是同公意理论联系在一起的。他指出,"主权在本质上由公意构成",[①] 单个个人将自己的全部权利让渡给集体,从而形成了公意。卢梭指出,"国家全体成员的经常意志就是公意"[②]。正因为形成了公意,普通的人才成为公民,才获得在社会中的自由。由此,我们看到,公意理论是卢梭为统一自由与服从这一矛盾提出的一个解决方案,他试图通过公意将全体的意志和个体的意志统一起来。

在卢梭的理论当中,公意具有至高无上的权威。公意代表着人民的共同利益,永远是公正的,永远以公共利益为依归。在效力上,它远远高于以个人的私利为出发点的私意、团体意志以及众意。作为人民整体的意志表现,公意既不可分割,也不可转让,更不可能被代表。公意体现了意志的普遍性与对象的普遍性,不但是立法的原则,同时亦是主权权力的本质。

卢梭使他的主权理论同霍布斯、洛克等人区分开来。霍布斯赞同专制主义,认为主权掌握在君主手中,主张君主主权;洛克则支持代议制,认为主权掌握在议会之中,主张议会主权。卢梭强调了人民与主权者的同一,强调人民是政治活动中不可或缺的主权。

主权的权威性决定主权是绝对的、神圣的、不可侵犯的,任何个人、团体、法律,都不可能约束人民的主权。人民主权只能掌握在人民那里,人民亦不可能将主权转移给任何人或团体;主权是不可分割的,任何对主权的分割最终会使主权者成为一个"支离破碎拼凑起来的怪物";人民主权亦是不可代表的,代表只能会使公民丧失公民的美德和自由。

由人民主权的特性决定,实现了人民主权的国家只能选择直接民主制,从而否认了代议制的可能性。卢梭认为,正如主权不能转让一样,主权也是不能代表的,因此,只有独立而自由的公民才会体现出对公共精神与公共事务的执着。直接民主制使卢梭式的人民主权只能局限在希腊、瑞

[①] [法]卢梭:《社会契约论》,何兆武译,商务印书馆1980年版,第125页。
[②] 同上书,第140页。

士或日内瓦这样的小国之中，而与现代大国无缘。这一点在卢梭看来亦是个困境。他曾为新成立的科西嘉设计过宪法，但他甚至没有勇气将这一设计拿出来试一下，这决定了卢梭人民主权理论的理想性及其乌托邦命运。

其次，卢梭式的人民主权认为主权是不可分割的，这就使卢梭否认了权力的分立与制衡的重要性。卢梭反对分权学说，认为如果将主权分立法权、行政权和司法权等权利，只能使主权的权威丧失，这样的分权只是从对象上区分了主权，而没有从原则上区分主权。否认分权的重要性使卢梭的人民主权极容易走向一种极权主义的民主，这是后来人们对卢梭批评最多的内容。

从某种程度上说，卢梭的人民主权理论是早期主权理论的一个粗糙复制，存在种种局限。卢梭强调人民作为主权者的至上性，否认对主权的限制，从而拒绝了法治；卢梭给予强调主权不可分割、不可转让，否认权力的分立和制衡，容易在客观上造成专制。另外，卢梭人民主权理论的空想性更是遭到普遍的批评，其直接民主制的人民主权观念遇到了难以逾越的困难。

实际上，卢梭亦为主权设定了一定的限制。他明确地指出："主权权力虽然是完全绝对的、完全神圣的、完全不可侵犯的，却不会超出、也不能超出公共约定的界限……因而主权者便永远不能有权对某一个臣民要求得比另一个臣民更多；因为那样的话，事情就变成了个别的，他的权力也就不再有效了。"[①] 我们看到，卢梭为人民主权设定了两个重要的界限。人民主权既不能侵犯公民的权利，公民的生命与自由自然地独立于主权者的权利之外；另一方面，主权者的权力限于集体之用，由全体公民交出的权力形成的主权者的权利应该，"仅仅是全部之中其用途对于集体在重要关系的那部分"。[②] 这体现了卢梭对人民主权认识的另一面。然而，不幸的是，除了道德约束以外，卢梭并没有对权力提出更为有力的防范措施。个人的权利没有得到有效的保障，其声音微弱，湮没在整体道德的基调中。这使卢梭人主权中的主权者极容易成为专横的极权主义者。

像布丹在主权问题上陷入的困境一样，在解决人民主权的自我约束时，卢梭陷入了极大的混乱，给思想史留下了诸多悬念。他一方面断言主权者不得约束自身，另一方面又倾向于一种"全体对全体的比率"，这一比率实现了主权者与法律的服从者之间的重合。

---

① [法]卢梭：《社会契约论》，何兆武译，商务印书馆1980年版，第44页。
② 同上书，第42页。

在美国，杰斐逊指出，"那些组成社会或国家的人民，正是一个国家中所有权威的来源，人民是国家与政府的唯一立法者"。① 华盛顿明确地指出，"宪法所赋予的权力将永远掌握在民众手中"②。"对人民作为权力来源的承认基本上在美国主要的政治势力之间达成共识，作为民主派存在的反联邦党人自不必说，就是在反对极端民主的联邦党人那里亦不例外。"③ 在"麦古洛克诉马里兰（McCullock v. Maryland）等一系列案例中，最高法院以宪法判例的形式最终确立了人民主权的原则"。④

在美国，人民主权理论的代表是杰斐逊。杰斐逊认为，"正是人民的意志组成了国家，国家的权力来源于人民的授予与委托，人民在任何他们认为胜任的事情上都可以行使他们作为国家主人的权力，这一权力包括了建立、改变和撤销政府机构的权力。正是那些组成社会或国家的人民是所有一个国家中所有权威的来源。这构成了一个国家权力的基础，正是因为有了从人民那里授予的权力，所有那些以国家的权威来做出的这些机构的行为都是国家的行为，他们决不能由任何政府形式的影响，或是受制于管理之人"。⑤

既然权力来自人民，那么人民就有权力收回权力。杰斐逊认为，"人们不但能够通过代理机构来处理日常事务，而且他们还可以以个人或是以集体的方式在他们喜欢的时候来改变这些代理机构。共和主义的原则是人民可以在他们喜欢的时候建立或是改变政府，国民的意志是这一原则唯一

---

① Thomas Jefferson, Opinion on French Treaties, 1793. Thomas Jefferson, *The Writings of Thomas Jefferson* edited by Lipscomb and Bergh, vol. 3, Washington, D. C., 1903–1904, p. 227; 杰斐逊多次表达了类似的观点。另可参见 Thomas Jefferson to Pierre Samuel Dupont de Nemours, 1813. Thomas Jefferson, *The Writings of Thomas Jefferson* edited by Lipscomb and Bergh, vol. 19, Washington, D. C., 1903–1904, p. 197. Thomas Jefferson to John Cartwright, 1824. Thomas Jefferson, *The Writings of Thomas Jefferson* edited by Lipscomb and Bergh, Vol. 16, Washington, D. C., 1903–1904, p. 45.
② [美] 华盛顿：《华盛顿选集》，聂崇信等译，商务印书馆1983年版，第237页。
③ 在《联邦党人文集》中，麦迪逊指出，"首要的权力不管自来何处，只能归于人民……"参见 [美] 汉密尔顿、杰伊、麦迪逊《联邦党人文集》，程逢如等译，商务印书馆1995年版，第240页。
④ 实际上，美国宪政民主维度的形成得力于一系列的宪法判例。这些判例包括但不限于 Chisholm v. Georgia, 2 Dall 419, 471; Penhallow v. Doane's Administrators, 3 Dall 54, 93; McCullock v. Maryland, 4 Wheat 316, 404, 405; Yick Yo Hopkins, 118 U. S. 356, 370。
⑤ Thomas Jefferson: Opinion on French Treaties, 1793. Thomas Jefferson, *The Writings of Thomas Jefferson*, edited by Lipscomb and Bergh, Washington, D. C., 1903–1904. Vol. 3, p. 227.

的实质"。①

　　杰斐逊将人民视为宪法的基础。"因为人民是国家的基础,自然亦是宪法的基础。人民的权威是宪法的基础,国民有权依其意志改变政治原则和宪法。"②

　　事实上,作为最终权力而存在的"人民主权"被事实上加以极为苛刻的限制,几乎被排除了发挥实际效用的可能。美国政治学者本杰明·巴伯(Benjamin Barber)指出,美国式的人民主权理论降低了人民在政治当中的地位,其地位在现实政治中几乎得不到发挥。尽管人们可以将《独立宣言》中的"人人生而平等",以及宪法序言中"我们,人民"的称呼视为美国传统的组成部分,但是,"这一范畴看起来却是空的:它的内容在沉默中被忽略了"③。

　　尽管如此,人民的权利还是存在的,并且常常在一些特别的危急时刻以所谓"我们,人民"的程序在宪政变革中发挥根本性的、原创性的作用。④ 就大的宪政发展来看,"美国宪政发展有三个重要的发展阶段具有转折点的意义。在这些时期,不但宪法被修正,而且宪法的价值、对宪法的解释均在某种程度上发生变化,即'宪法创建'、'宪法重建'和'新政时期'三个时期。"⑤ 为了避开极为保守的最高法院,美国总统如伍德罗·威尔逊(Thomas Woodrow Wilson)、富兰克林·罗斯福(Franklin Roosevelt)都曾采取过直接向人民呼吁的方式来实现重大的社会变革。

　　美国式的人民主权概念体现了宪政民主二元化的复合共和制设计,人

---

① Thomas Jefferson: The Anas, 1792. Thomas Jefferson, *The Writings of Thomas Jefferson*, edited by Lipscomb and Bergh, Washington, D. C., 1903－1904. Vol. 1, p. 330.

② Thomas Jefferson to the Earl of Buchan, 1803. Thomas Jefferson, *The Writings of Thomas Jefferson*, edited by Lipscomb and Bergh, Washington, D. C., 1903－1904. Vol. 10, p. 400.

③ Benjamin Barber, *A passion for democracy: American essays*, Princeton New Jesey: Princeton University Press, 1998, p. 62.

④ Bruce Ackerman, *We The People: Transformations* Vol. II, Cambridge: Harvard University Press, 1991. 这种思想是阿克曼贯穿该书的基本思想,也是阿克曼在宪政研究上的基本创见。

⑤ Bruce Ackerman, *We The People: Transformations* Vol. II, Cambridge: Harvard University Press, 1991. 阿克曼以这几个时期来描述美国的宪政变革,而这几个时期成为其宪政三论(*We The People: Foundations*、*We The People: Transformations*、*We The People: Interpretations*)的总体思路。罗尔斯同意阿克曼的分法,认为宪法创建、宪法重建和新政时期是美国宪法史上三个最富有革新意义的时期。参见 [美] 罗尔斯《政治自由主义》,万俊人译,译林出版社 2000 年版,第 248、431 页。

民既存在于以立法为目标的民主程序中,它同时亦超越这一过程,成为一种终极意义上的抽象存在。

此外,宪政民主二元化体系推动了政治合法性的转换。这一体系的形成一方面使西方传统"高级法"的概念得以传承,另一方面又实现了自然法权威、理性法权威、上帝法权威"人民"权威的转换。它成功地以人民的抽象代替宗教的抽象和自然的抽象,从而完成了"上帝自身在地上的行进"的旅程,为西方世界的世俗化画上了句号。

(二) 公民权的理论

在早期的权利理论中,人权与公民权是分开的,这集中体现在法国大革命时期颁布的《人权与公民权宣言》中。尽管自由主义者以不同的方式谈论权利,但其分类是明显的:一类是人在"自然状态"或是"市民社会"中享有的"自然权利",它是人之为人的基本权利;另一类是人在国家中享有的公民权,它是人走出"自然状态"或"市民社会",进入"国家"时所享有的权利。[①]

相比来看,英美的自由主义传统更注重人权,而大陆的自由主义者更注重公民权,例如,与霍布斯、洛克相比,卢梭更强调了政治权利,其代表作《社会契约论》另有一名,即《政治权利的原理》。该书开门见山地指出:"我要探讨在社会秩序之中,从人类的实际情况与法律的可能情况着眼,能不能有某种合法的而又确切的政权规则。在这一研究中,我将努力把权利所许可的和利益所要求的结合在一起,以便使正义与功利二者不致有所分歧。"[②]

就两种权利来看,在英国革命期间,尽管也存在"无代议士不纳税"

---

① 尽管人们已经认识到两种权利的不同,但是,对这两种权利的称呼却从来没有统一过。最初,人们使用自然权利、社会权利或是政治权利、个人权利这样的称呼来区别两种权利。卢梭明确地论证了政治权利,将这一对称区分为"与公民相应的权利"和"与主权者相应的权利";法国大革命中使用"人权"与"公民权"这样的称呼,康德使用"私人权利"与"公共权利"的对称,黑格尔则用"法权"这一称呼指人们在国家中享有的权利。马克思在《黑格尔法哲学批判》中亦使用类似的称呼。现代权利理论对权利的类型做了更为细致的划分。T. H. Marshall, Citizenship and Social Class, *Contemporary Political Philosophy, An Anthology*, edited by Robert E. Goodin and Philip Pettit, Oxford: Blackwell Publishers Ltd., 1997. 本书倾向于使用人权与公民权的对称来区别这两类权利。但是,由于这一分类的边缘在不同的政治思想家那里可能有所不同,本书并不强求统一,而是在不同的语境下灵活使用相关的概念。

② [法]卢梭:《社会契约论》,何兆武译,商务印书馆1980年版,第7页。

的呼声，但是，人们更重视人权，更重视生命、自由与财产等基本权利，这反映了自由主义的早期要求；随着资产阶级革命的不断深入，到法国大革命和美国独立战争期间，人们斗争的重点开始转向公民权之争，从而更加重视民主权利，使自由主义变得更加激进。

美国革命时期的政治理论以自然权利为北美的独立辩护。杰斐逊有关自然权利的理论体现在《独立宣言》中。杰斐逊庄严宣布："我们认为这些真理是不言而喻的，所有的人生而平等，他们被造物主赋予内在的、不可剥夺的权利；在这当中，包括了生命、自由、追求幸福的权利。为了实现这些权利，在人们中间成立了政府，他的权力来自被统治者的同意；无论何时，任何一种形式的政府破坏了这些目的，人民有权利更换或是废黜它，并且在这些原则的基础上重新建立政府，以这种方式来组织权力，从而实现他们的幸福与安全。"①

作为独立宣言的主要起草者，杰斐逊以明确而坚定的语言将近代以来西方权利政治观的主要内容以正式文件的形式表达出来，并且创造性地将追求幸福这一积极性的权利融入自然权利的理论体系当中，成为美国革命的宣言书。独立宣言一方面宣布了个人不可剥夺的平等权利，另一方面还进一步申明了政府的基础及其权力的来源，对美国革命起到了重要的作用。不仅如此，甚至杰斐逊对于权利那种"不言而喻"的论证方法成为权利政治学的基本思维方式。正像人们指出的那样，没有哪一篇别的文章能如《独立宣言》这样被频频引用，被视为美国精神的体现。

杰斐逊更重视权利的平等性。他认为，"权利如自由之光普照，而绝非只惠及少数富人。而科学知识的普遍传播正向人们揭示了这样一个事实，即人生下来并不是背上装着马鞍，也不是得天独厚的少数人理当穿着皮靴，套着靴刺，堂而皇之地骑在他们背上"。② 杰斐逊将权利的平等视为共和制的原则。他认为，"每个公民在人身、财产及其管理上都有平等的权利是共和的'真正基础'，而共和制最佳的原则就是使所有的公民具有平等的权利"。③

---

① Declaration of Independence as originally written by Thomas Jefferson, 1776. Thomas Jefferson, *The Writings of Thomas Jefferson*, edited by Lipscomb and Bergh, Washington, D. C., 1903 – 1904. Vol. 1, p. 29.

② [美]托马斯·杰斐逊：《杰斐逊选集》，朱曾汶译，商务印书馆1999年版，第696页。

③ Thomas Jefferson, Reply to the Citizens of Wilmington, 1809. Thomas Jefferson, *The Writings of Thomas Jefferson*, edited by Lipscomb and Bergh, Washington, D. C., 1903 – 1904. Vol. 16, p. 336.

正是从自然权利的角度出发，杰斐逊找到了政府存在的基础与原则。杰斐逊认为，政府的原则是建立在人的权利的基础上的，正是为了保卫权利，人们才诉诸建立政府。政府的目的是保证每一个社会成员的不可剥夺的权利，保证这些权利不受暴力的侵害，增进他们的安全感与幸福感，这是政府的基础。对社会契约论要求公民交出部分权利的说法，杰斐逊亦不以为然，认为人们组成社会时并没有放弃自然权利。

法国革命后，围绕着其中的是是非非，西方世界进行了绵延不绝的长时期争论。潘恩对柏克的争论恐怕是最早也是最为激烈、最富有启发意义的一场西方政治思想史上的笔墨官司。潘恩为了回击柏克对法国大革命的攻击而写作了《人权论》一文。在这篇语锋犀利的论文中，潘恩不但驳斥了柏克对法国革命的诬蔑，而且以法国革命为例，以明白畅快的语言申明了人类的天赋权利，甚至以此为基础提出了一套激进的社会改革方案，向在英国一向被奉为圭臬的君主立宪制政体挑战。在这场论战中，柏克成为保守主义的鼻祖，而潘恩则成为激进民主主义的一位"急先锋"。

在《人权论》一书中，潘恩清晰地归纳了自己的人权观点，成为法国革命中人权宣言最为有利的注解。他指出：

一，在权利方面，人生来是而且始终是自由平等的。因此，公民的荣誉只能建立在公共事业的基础上。

二，一切政治结合的目的都在于保护人的天赋的和不可侵犯的那些权利是：自由、财产、安全以及反抗压迫。

三，国民是一切主权之源；"任何个人"或"任何集团"都不具有任何不是明确地从国民方面取得的权力。[1]

潘恩的人权思想直接来源于人权宣言。他盛赞人权宣言，称"任何一个国家的政府如果不从这三条[2]所包含的原则出发，并继续保持这些原则的纯洁性；这个国家就不能称为自由……"[3] 潘恩对启蒙时代的自由平等、天赋人权、人民主权等一系列概念做了进一步的阐述和发挥，为人权理论的发展做出了贡献。

潘恩在某种程度上对启蒙时代的思想进行了改造。英国人柯尔认为，

---

[1] [美]托马斯·潘恩：《潘恩选集》，马清槐译，商务印书馆1997年版，第214页。
[2] 指《人权宣言》的前三条。
[3] [美]托马斯·潘恩：《潘恩选集》，马清槐译，商务印书馆1997年版，第186页。

潘恩所说的"就是18世纪启蒙运动所用的语言"。① 但是，潘恩还是在启蒙时代的基础上前进了一步，他抛弃了原来契约论中关于统治者与被统治者作为契约双方的假设，而是在个人权利的基础上构建契约理论。在潘恩那里，公民社会的构建就是人们达成协议来保障自然权利。因此自然权利成为人的社会权利的基础。为了保障自然权利，人们放弃了原来与他人所隔绝的自然权利，从而使社会权利得以可能。

潘恩的契约实际上是个人与个人之间的契约。由于天赋权利在每个人身上是不充分的，它甚至满足不了他自己的要求。在这种情况下，只有将每个个人的天赋权利集合起来，形成一种权力，即国家权力。但是，潘恩特别强调，这种权力是不能用以侵犯个人的天赋权利的。

由每个人交出来的权利而形成权力，这是潘恩对政治国家形成过程的描述。这一描述从另一个方面论证了社会契约论要达到的目的，那就是权利是天赋的，而政治权力则是由这些天赋权利而赋予的。

潘恩的契约论一方面否认了那种君主或统治者赋予人以公民权利的说法，另一方面也在自然权利与社会权利之间划出了一个界限。对西方政治思想形成了重要的影响。潘恩的思想直接影响了法国的《人和公民的权利宣言》。在这个宣言中，"人的"和"公民的"权利被区分开，自然权利与社会权利被区分开。

根据契约，潘恩将人的生活分为两个部分，即"公域"和"私域"。尽管潘恩并没有明确地区分这两者，但是他还是注意到了这两者的存在。潘恩指出，"注意的目标是主张本身，而不是人"。② 在《林中居民信札》一文中，潘恩明确地区分了政治生活中的两个范畴："个人范围"和"有关公众的事情"。③

就革命权利的争论构成了早期自由主义与保守主义之间进行争论的焦点之一，加上美国革命与法国革命的背景，这一争论不但有其理论意义，而且有着重大的现实意义，它构成了自由主义对社会发展的一个基本认识。

对于国家和社会秩序的形成，柏克在契约论的基础上提出一种"代际契约"的新观念。像资产阶级革命时期的政治思想家一样，柏克认为，

---

① [美]托马斯·潘恩：《潘恩选集》，马清槐译，商务印书馆1997年版，第105页。

② 《常识》的附言，见[美]托马斯·潘恩《潘恩选集》，马清槐译，商务印书馆1997年版，第68页。

③ [美]托马斯·潘恩：《潘恩选集》，马清槐译，商务印书馆1997年版，第69页。

社会确实是一项契约，通过这项契约，人们从市民社会中走出来，把自己组织起来，形成了国家和社会。然而，柏克认为，这一契约并不仅仅是在一代人之间，即统治者与被统治者之间达成的，而且包括死者与生者之间的契约，这一契约构成了伟大的"历史之链"的纽带。他指出："由于这样一种合伙关系的目的无法在许多代人中间达到，所以国家就变成了不仅仅是活着的人之间的合伙关系，而且也是在活着的人、已经死了的人之间的合伙关系。每一特定国家的每一项契约，都只是永恒社会的伟大初始契约中的一款，它联系着低等的自然界和高等的自然界，连接着可见的世界与不可见的世界，遵循着约束一切物理界和一切道德界各安其位的那项不可违背的誓言所裁定的固定了的约定。"①

杰斐逊站在潘恩一边，反对柏克（Edmund Burke）、休谟（David Hume）等人所谓的"代际正义"的理论，更多地主张人民革命的权利。他认为，"人民是国家权力的源泉，人民不但有权推翻君主，而且在共和政体下，人民对政府进行偶尔的反抗也并不是一件坏事，革命是防止政府腐化，促进政府健康发展的'良药'。自由之树是必须时时用爱国志士和暴君的鲜血来浇灌的。这是它的天然肥料"。②

对于"代际约束"，潘恩明确地给予柏克答复。潘恩明确地否认了任何永远约束和控制子孙后代的权利或权力。庄严地宣布，"每一个时代和人在任何情况下都必须像他以前所有的时代和世代的人那样为自己自由地采取行动"。③ 这样，潘恩在同柏克的论争中将自由的权利由一代人之间的平等延伸到不同代的人中间，为宪法的修改和政治体制的改革提供了理论基础。

（三）分权制衡理论

如果说人民主权理论解决了权力如何产生的话，那么，分权学说要解决的则主要是权力如何运用的问题。在权力如何运用的问题上，自由主义一般都强调权力应该分为立法、司法和行政的权力，三种权力分开行使，彼此制约，从而达成一种平衡。从这个意义上讲，分权学说实际上包含权力的分立与制衡两个方面的内容。

---

① ［英］柏克：《法国革命论》，何兆武、许振洲、彭刚译，商务印书馆1999年版，第129页。

② ［美］托马斯·杰斐逊等：《资产阶级政治家关于人权、自由、平等、博爱言论选录》，世界知识出版社1963年版，第66页。

③ ［美］托马斯·潘恩：《潘恩选集》，马清槐译，商务印书馆1997年版，第116—117页。

分权制衡理论的前提是，权力无论来自哪里，都需要加以限制，在世袭的君主权力那里如此，在神授的君主权力那里如此，就是在人民授予的民主权力那里，情况也无须改变。从这一点出发，美国的制宪者们甚至将18世纪英国的"议会主权"当成反面教材。从某种程度上说，美国宪法的确立既得益于英国的传统，同时又是对美国宪法的反动。从文化传统来看，美国确立的宪法至上肯定与英国的法治传统有着密切的亲缘关系。柯克的观点为美国司法审查提供了重要的传统，① 对研究美国宪政理论起源的学者来说，柯克博纳姆医生案中所写的附论引起了人们的重要兴趣。② 另一方面，"1767年英国宣布的议会主权在各殖民地遭到了极为狂热的反对"。③ 正是在这场斗争中，美洲的移民形成了宪法作为基本法优先于政府、优先于普通法观念。④ 帕灵顿指出，"与当时英国宪法的关系而言"，以司法机关审查立法的主张既是"革命的，又是反动的。"⑤

　　美国宪法就是限权宪法的例子。作为最高权威的宪法，它不仅可以限制行政机关的权力，而且对立法机关的权力设置了限制。在《联邦党人文集》第78篇中，汉密尔顿给出了限权宪法的经典解释："所谓限权宪法系指为立法机关规定一定限制的宪法。"⑥

---

① [美]萨拜因:《政治学说史》下册，刘山等译，商务印书馆1986年版，第510—511页。作者原文judicial review为司法审查，译为"复审计划"显然有误。请参见英文原书。George H. Sabine, *A history of political theory*, New York: Henry Holt and Company, 1950, p. 409。

② [美]爱德华·S.考文:《美国宪法的"高级法"背景》，强世功译，生活·读书·新知三联书店1996年版，第42页。

③ [英]弗里德利希·冯·哈耶克:《自由秩序原理》上卷，邓正来译，生活·读书·新知三联书店1997年版，第221页。

④ 相关的内容参见Michael J. Sandel, Democracy's Discontent: America in Search of a Public Philosophy, Massachusetts: The Belknap Press of Harvard University Press, 1996, p. 29; Bernard Bailyn, *The Ideological Origins of the American Revolution*, Cambridge, Mass: Harvard University Press, 1967, pp. 175 - 198; Cordon S. Wood, *The Creation of the American Republic*, 1776 - 1787, Chapel Hill: University of North Carolina Press, 1969, pp. 259 - 305。

⑤ [美]沃浓·路易·帕灵顿:《美国思想史》，陈永国等译，吉林人民出版社2002年版，第270页。

⑥ 原文应译为"所谓限权宪法，就是为立法机关规定某些特殊例外的宪法。"Alexander Hamilton, James Madison, John Jay, *The Federalist Papers*, Beijing: China Cocial Science Publishing House, 1999, p. 466. 此句意译，更为准确。[美]汉密尔顿、杰伊、麦迪逊:《联邦党人文集》，程逢如等译，商务印书馆1995年版，第392页。

由汉密尔顿这一限权宪法的概念生发开来，限权宪法表达的是一系列对于民主的约束与限制，对于立法结果的限制更是被视为对自由、私有财产神圣不可侵犯等一系列自然权利的保护。

分权学说最早源于英国，在法国的孟德斯鸠那里得到发扬光大，并最终在美国的宪法中得到落实，成为自由主义政治制度设计的最基本原则。

孟德斯鸠认为，政治自由的获得只有在国家的权力不被滥用的时候才存在。然而，"一切有权力的人都容易滥用权力，这是万古不易的一条经验。有权力的人们使用权力一直到遇有界限的地方才休止"。在这一点上，即使是品德也并不可靠。因此，"要防止滥用权力，就必须以权力约束权力"①。

正是在这一认识的基础上，孟德斯鸠提出了分权学说。孟德斯鸠的分权学说实际上包含两个互相影响、相辅相成的重要组成部分。第一部分即分权，孟德斯鸠将政府的权力划分为立法、行政与司法三个组成部分；第二部分即制衡，他认为，三种政府权力之间应该是彼此制约，达到一种均衡。

就分权来看，将国家权力分为立法、行政和司法三种权力的分法在西方政治思想史上由来已久，各种各样的权力划分莫不以此为基础。在此基础上，孟德斯鸠也将权力分为三种，即立法权、行政权和司法权。

立法权是制定、修正或废止法律的权力，它又可以分为两种，即创制权和反对权。前者指制定和修改法令的权力，后者指取消法律的权力。孟德斯鸠认为，在一个自由的国家里，立法权应该归人民集体享有，但是，人民直接参加立法活动会有诸多不便，他建议采取代议制。

行政权是执行立法机关制定的法律的权力。司法权依据法律被动地行使，只有原告向法院提起诉讼，法院才能行使司法权，奉行"不告不理"的原则。孟德斯鸠认为，被告人与法官处于平等的地位，他甚至可以依据法律选择法官。

在权力的归属上，孟德斯鸠认为，行政权几乎时时需要处理急速的行动，由一个人管理比由几个人管理好些，因此，行政权应该掌握在国王手中；立法权则需要审慎的考虑，综合权衡各方面的利弊，因此，属于立法权力的事项由许多人处理比由一个人处理要好些。②

为保证政治自由，孟德斯鸠认为，"三项权力应该分开行使，不能集

---

① [法]孟德斯鸠：《论法的精神》上册，张雁深译，商务印书馆1997年版，第154页。
② 同上书，第160页。

中在同一个人或同一个机关手中,如果出现了这种情况,自由便不复存在了。如果同一个人或是由重要人物、贵族或平民组成的同一个机关同时取得了三种权力,那么,一切便都完了"。①

三种权力的划分并不是孟德斯鸠分权理论的核心内容,孟德斯鸠对西方政治思想做出的最大贡献在于他还提出了权力相互牵制、相互制衡,"以权力制约权力"的重要思想。

孟德斯鸠认为,行政与立法之间的制衡尤为重要。行政权不但可以通过"反对权"参与到立法当中去,而且行政权还可以根据它所了解的情况规定会议的召集时间和期限。从行政权的角度来看,它的行为亦应受到了一些制约。例如,尽管行政机关可以决定立法机关召开的时间和期限,但是,立法机关却不应该长期不集会,如果那样,自由便不再存在了。行政权在本质上是有范围的,对于立法机关的决定只限于表示同意。但是,孟德斯鸠并不认为立法权可以对等地钳制行政机关。因为孟德斯鸠认为,行政机关所需要处理的事情几乎总是需要迅速地加以处理的,立法机关的制约可能会使行政机关丧失效率。

孟德斯鸠还主张立法机关的内部分权。他将立法机关分为贵族院与平民院两个部分,分别代表平民和贵族的利益,以防止贵族和平民侵犯各自的利益。这样,贵族和平民的力量可以互相制约、平衡。孟德斯鸠特别强调了贵族院对平民院的制衡作用,认为能够使政体趋向宽和。为防止贵族过分追求私利,贵族应该只有反对权,没有创制权。

在孟德斯鸠那里,权力的分立与制衡只是一个总体的原则,在不同的国家里,分权学说会有不同的实践形式。孟德斯鸠认为,分权还应该结合一个民族的气候、宗教、法律、风俗、习惯等内容来规定,使政体能够在不违背基本准则的情况下,同一个民族的基本精神相符合。

孟德斯鸠的分权学说深受英国和罗马共和国历史经验的影响。孟德斯鸠对罗马历史进行了深入研究,并深得其共和精神的实质。他认为罗马共和国强盛的原因之一就在于通过将权力分配给人民、元老院和高级官吏避免了权力的滥用。孟德斯鸠早年研究洛克的分权理论,后来又旅居英国多年,实地参观英国议会,听取议员辩论,对英国式的分权制度有一定的了解,孟德斯鸠本人也承认他的分权理论是以英国为原型建立起来的。

孟德斯鸠对资产阶级革命产生了重要的影响。法国大革命的第一阶段即是以他的学说为政策的基本原则的,在 1789 年的《人权与公民权宣

---

① [法]孟德斯鸠:《论法的精神》上册,张雁深译,商务印书馆 1997 年版,第 156 页。

言》中，确认"凡享受权利而无切实保障和分权未确立的社会，就没有宪法"，即以孟德斯鸠的分权与政治自由的基本理论为蓝本。美国宪法即以孟德斯鸠的分权理论为指导原则而制定的，使分权理论第一次在实际中得到应用。不但如此，孟德斯鸠明确提出并论述的分权与制衡理论已经成为资本主义国家政治制度的基本组织原则。

美国宪法中分权制衡原则的确立得益于联邦党人，而联邦党人分权与制衡的思想则直接受益于孟德斯鸠的理论。麦迪逊指出，"孟德斯鸠的意思不多不少正好是这样的：在一个部门的全部权力由掌握另一部门的全部权力的同一些人行使的地方，自由宪法的基本原则就会遭到颠覆"。①

华盛顿主张，"行使政治权时，必须把权力分开并分配给各个不同的受托人以便互相制约，并指定受托人为公众福利的保护人以防他人侵犯"。② 麦迪逊提出了政府的目标："我们所争取的政府不仅以自由的原则为基础，而且其权力也要在地方行政长官的几个机构中这样划分并保持平衡，以致没有一种权力能超出其合法限度而不被其他权力有效地加以制止和限制。因此，通过政府法令的会议是以这样的根本原则为基础的：立法、行政和司法部门应该分立，以致没有一个人能同时行使其中一个以上部门的权力。但是在这几种权力之间并未设有任何障碍。"③

汉密尔顿对宪法的主要贡献体现在制宪会议后为通过新宪法而做的宣传上。为了使新宪法能够在各州得以通过，从1787年10月到1788年5月，汉密尔顿同麦迪逊、杰伊等人一起，用"普布利乌斯"的笔名连续发表了85篇论文，全面地阐释了宪法的性质、作用、所依据的原则和具体的规定，同时驳斥了各种对宪法的责难和攻击。这些论文后来由汉密尔顿结集出版，成为美国宪政理论的经典，甚至具有解释宪法的效力。不但如此，该文集还被译为多种语言，对资本主义国家的宪法制定产生了重要影响。④

---

① [美] 汉密尔顿、杰伊、麦迪逊：《联邦党人文集》，程逢如等译，商务印书馆1995年版，第247页。参照原文略有改动。Alexander Hamilton, James Madison, John Jay, *The Federalist Papers*, Beijing: China Social Science Publishing House, 1999, pp. 302 – 303。
② [美] 乔治·华盛顿：《华盛顿选集》，聂崇信、吕德本、熊希龄译，商务印书馆1983年版，第320页。
③ [美] 汉密尔顿、杰伊、麦迪逊：《联邦党人文集》，程逢如等译，商务印书馆1995年版，第254页。
④ 徐大同主编：《中外政治思想史》，中央广播电视大学出版社2004年版，第149页。

尽管汉密尔顿并没有留下鸿篇巨制，但是，汉密尔顿在美国的影响却是不可磨灭的，成为为数不多的可以代表美国政治形象的政治家和政治思想家。甚至有人将那些同汉密尔顿持有相似意见的人称为"汉密尔顿主义者"。

在政治哲学、治国方略、经济政策以及外交政策等多个方面上，汉密尔顿始终是杰斐逊的对手。他积极组织和创建联邦党，并成为该党领袖。撇开联邦党与民主共和党之间的此消彼长不说，汉密尔顿成功地塑造了美国政治文化的另一个方面，与杰斐逊一起塑造了美国政治文化传统的两个方面，对美国宪政民主传统的形成做出了不可磨灭的贡献。如果说杰斐逊是一个出身高贵的民主派，那么，汉密尔顿倒是一个出身卑微的贵族派。汉密尔顿早年处于社会的底层，独立战争爆发后，他投笔从戎，曾任华盛顿的随从参谋，通过与望族通婚，汉密尔顿跻身上层社会。尽管如此，汉密尔顿却成为个天生的贵族论者，他指斥普通人人性的弱点，却认为富人和那些血统高贵的人富于理智、善于判断。在政治上，他极力主张设立参议院，以贵族的力量来均衡大众民主力量。与杰斐逊重农主义的特殊感情相反，汉密尔顿却是个重商主义者。在以华盛顿为首的联邦党人政府中，汉密尔顿担任联邦政府财政部长，对美国建国初期工商业的发展起到重要作用。"在1791年《关于制造业的报告》中，汉密尔顿详细提出了重商主义的一系列政策主张。他认为，政府不但应该拿出公款来弥补个人财力的不足，在对外经济竞争中实行保护性关税、财政补贴等手段，而且必须采取发放政府奖金、技师监督等促进国内工业的发展。"[1]

在政治思想上，汉密尔顿以解决美国现实政治为背景，阐发了立法、行政、司法三种权力"制约与平衡"的原则。

像麦迪逊一样，汉密尔顿认为，共和政体的缺点就在于人民群众的代表控制了国会，而国会的权力过重，从而容易产生腐败。为了达到"非暴政的共和"[2]的目标，就必须使立法、行政与司法三种权力分开来行使，三种权力互相制约、互相渗透，从而起到防止暴政的作用。他指出："把权力均匀地分配不同部门；采用立法上的平衡与约束；设立由法官组成的法院，法官在忠实履行职责的条件下才能任职；人民自己选举代表参加议会……这些都是手段，而且是有力的手段。通过这些手段，共和政体

---

[1] 徐大同主编：《中外政治思想史》，中央广播电视大学出版社2004年版，第150页。
[2] 参见［美］达尔《民主理论的前言》，第11页。达尔认为，麦迪逊体系的中心伦理目标，即非暴政的共和，这可以称为"麦迪逊公理"。

的优点可以保留，缺点可以减少或避免。"①

汉密尔顿主张限制立法机关的权力。他认为，立法机关是最容易腐败的。因为立法机关是一种纯粹的民主机构，它容易为多数人掌握而为着多数人的利益而使少数人的利益受到损害。为此，他不但主张通过行政与司法的手段对此加以均衡，同时还极力主张设立一个由各州任命的参议院以使立法机关互相制约。

汉密尔顿认为，在联邦所拥有三种权力中，立法机关最容易腐败，而法院的权力则更值得信任。因而，他提出了限权宪法的主张，不但为立法机关制定法律设定了限制，而且将审查法律的权力交给最高法院。汉密尔顿指出："所谓限权宪法系指为立法机关规定一定限制的宪法。如规定：立法机关不得制定剥夺公民权利的法案；不得制定有追溯力的法律等。在实际执行中，此类限制须通过法院执行，因而法院必须有宣布违反宪法明文规定的立法为无效之权。如无此项规定，则一切保留特定权利与特权的条款将形同虚设。"②

尽管1787年宪法并没有就司法审查做出明确的规定，但是，汉密尔顿这一限权宪法原则的提出事实上肯定了司法审查的做法。汉密尔顿不但充分肯定了司法独立的原则，甚至进一步加强了司法机关的职能，为三种权力的分立与均衡提供了重要的理论指导。在后来的马伯里诉麦迪逊案中，大法官马歇尔以宪法判例的方式认定了最高法院司法审查的合理性。

尽管汉密尔顿主张在立法、行政与司法之间进行严格地分权，他却主张在行政权力上实行集权。以"手段必须与目的相称"这一"简单而普遍的公理"为依据，汉密尔顿认为，"在适于托付这些国民利益的地方，同时也应给予相应的权力"。相反，如果既把"最重要的国民利益的管理交付给一个政府，而又不敢把适当而有效地管理所需要的权力交付给它，就必然是永远荒谬的"。③

为了保证行政权力的强而有力，汉密尔顿认为，统一、稳定、充分的法律支持、足够的权力是行政首脑所必不可少的。为此，他提出要建立对总统而不是对国会负责的行政班子，总统兼任陆海军总司令，部长由总统任命。在这一套方案中，不但总统的任期不加限制，可以连选连任，而且

---

① [美]汉密尔顿、杰伊、麦迪逊：《联邦党人文集》，程逢如等译，商务印书馆1995年版，第40—41页。
② 同上书，第392页。
③ 同上书，第117页。

总统具备否决议会制定的法律的权力。尽管汉密尔顿的建议并没有得到任何支持就被予以否认，但是，最终通过的宪法还是给予总统以较高的权力。随着行政职能的膨胀，美国总统甚至拥有了帝王般的权力。

作为一个民主主义者，杰斐逊亦赞同分权与制衡的理论。杰斐逊认为，"权力集中在同一些人手里是'专制统治的真谛'，即使是这些权力由多数人行使也并不能使情况有所好转。173个暴君肯定和一个暴君一样地富于压迫性。选举产生的专制政府并不是我们所争取的政府，我们争取的政府不仅仅要建立在自由原则上，而且政府各项权力必须平均地分配给几个政府部门，每个政府部门都由其他部门有效地遏制和限制，无法超越其合法范围"。①

杰斐逊对宪法给予了极高的评价："意识到权力产生滥用的趋向，我们国家的那些知名人士通过建立宪政为国民提供自主的保证，从而修正这种对权力的滥用。"②

然而，杰斐逊的分权更注重立法机构在三权分立中的作用，他认为，"授予法官决定法律合宪性的格外权威并没有任何宪法依据。如果对法律一定要有一个终极仲裁者，那么，终极的仲裁者就是合众国的人民。国会或是三分之二的州有权召集他们，并通过他们的代表在国会中被组织起来，让他们来决定他们更想给两个机关中的哪一个以权威"。③

---

① ［美］杰斐逊：《杰斐逊选集》，朱曾汶译，商务印书馆1999年版，第229页。
② Thomas Jefferson to Washington Tammany Society, 1809. Thomas Jefferson, *The Writings of Thomas Jefferson*, edited by Lipscomb and Bergh, vol16, Washington, D. C., 1903－1904, pp. 346, 130.
③ Thomas Jefferson to William Johnson, 1823. Thomas Jefferson, *The Writings of Thomas Jefferson*, edited by Lipscomb and Bergh, Washington, D. C., 1903－1904. Vol. 15, p. 451.

第五章 后革命时代的自由主义反思

以声势浩大的启蒙运动为思想前导，美国革命和法国革命这两场"姊妹革命"极大地推动了自由主义在西方世界的确立，在英国革命之后奠定了自由主义时代的到来。然而，自由主义思想体系的成熟却不是由革命来完成的。革命之后，西方社会对革命和自由主义的种种问题进行了深刻的反思。正是这些反思将自由主义推进后革命时代①，从而使自由主义政治思潮逐渐摆脱了激进性，走向成熟。

从整个西方政治思想发展的基本特征来看，17—18世纪是资本主义确立的时代的话，19世纪则成为资本主义由革命转向保守的阶段。在政治思想上，革命的理论再也不能适应时代的需要了，资产阶级需要新的理论体系，这推动了西方政治思想的转型，即由革命转向改革，由进步转向秩序，由抽象转向实证等，可以概括为由"应然"转向"实然"。这一阶段贯穿了整个19世纪，甚至持续到了20世纪，这一时期，资产阶级取得了政权，并通过加强统治基础等一系列方法得到巩固。在政治思想上，对资产阶级革命时期政治思想的继承、批判与超越成为主题，主要表现为一种"实然"的状态。

自由主义需要适应这一大局势的转换。显然，后革命时代的自由主义无法再现革命时代自由主义的流光溢彩，却变得更加成熟。同时，这也是对自由主义产生以来最大的一次挑战。自由主义能不能放下革命时代的旗帜，为革命后的西方社会提供一套建设的政治理论，这直接关系到自由主义政治思潮的生命力。自由主义曲折但却成功地做到了这一点，实现了从革命到建设的转型。

从这个意义上讲，法国革命和美国革命，尤其是法国革命，成了重大

---

① 为了强调自由主义政治理论的内在逻辑性，本书此处所指的后革命时代并不是一个在各国均整齐划一的时间断限，而是指英、美、法资产阶级革命完成以后，主要的政治思想家对革命时代形成的自由主义意识形态进行反思的这样一种现象。

的思想史事件。对革命的反思更为深刻的却是革命已经完成的英国和等待革命的德国。冷眼旁观使英国的保守主义与德国的妥协主义的反思对自由主义来说可能更有价值。在对法国大革命进行反思的基础上,英国人柏克创立了保守主义,成为西方世界能够与自由主义、民主社会主义相提并论的三大传统思潮;同时,亦是在对法国大革命进行反思的基础上,德国人康德及其后继者创立了"法国革命的德国理论",以温和与思辨回应了法国大革命的激进与革命。在革命以后,法国的自由主义亦有着重要的建树。

在对法国大革命进行反思的基础上,英国形成了所谓的保守主义政治思潮。英国国内激进派与保守派的争论尘埃落定,以柏克为代表的保守主义取得了最终的胜利。保守主义从所谓的人性论、传统论、革命论、理性论、法治论等基本主题出发,全面地修正了法国启蒙运动对理性、革命、传统等的认识,从一个相反的方面推动了自由主义的成熟。英国的自由主义再一次引领了自由主义的新潮流。英国资产阶级革命完成得较早,相应地,自由主义也就成了19世纪英国占主导地位的思想。如果说斯宾塞还在固守传统自由主义的自由放任的话,那么,密尔对社会主义的情有独钟实际上已经预示了自由主义的转型,之后在英、美声势浩大的新自由主义与进步主义浪潮印证了这一点。

激情澎湃的法国大革命在德国被转化为"德国理论",以思辨的方式表达了革命的要求,从而表现为革命的变体。德国早期的政治思想深受法国的影响,形成了所谓"法国革命的德国理论"。[①] 康德以伦理国家观确立了其政治自由主义基本倾向,为法国革命的德国理论奠定了基础,其后的洪堡、黑格尔等人均从不同程度上继承了这一传统,使法国革命的德国理论发挥光大。无论是走进自由主义阵营的康德,还是试图重建自由主义的黑格尔,他们贡献的所谓法国革命的德国理论实际上对后来自由主义的发展是至关重要的,直到今天,人们仍然不能离开康德谈论自由主义。

革命后的法国社会,阶级矛盾催生出众多的政治思想流派,如以德·波那尔和德·麦斯特为代表的正统派,以圣西门、傅立叶为代表的空想社会主义,以卡贝和布朗基为代表的空想共产主义,以蒲鲁东为代表的无政府主义,以孔德为代表的实证主义,以贡斯当和托克维尔为代表的自由主义,等等。其中,自由主义一派格外引人注目,贡斯当对两种自由的划

---

① [德]马克思:《法的历史学派的哲学宣言》,载马克思、恩格斯《马克思恩格斯全集》第1卷,人民出版社1956年版,第100页。

分，对宪政主义的弘扬，托克维尔对美国民主的发现、对自由的关注影响深远，已经成为自由主义的标准内涵。

一 德国自由主义：法国革命的德国理论

（一）法国革命的德国理论

自从宗教改革一直到 18 世纪，德国还是一个落后的国家。一方面，国家处于封建割据状态，国内诸侯林立。另一方面，资产阶级已经开始崛起，但远没有摆脱封建势力的控制。18 世纪末期，德国一些邦进行了一些自由主义的改革，德国西部的工业逐渐发展起来。

强大的封建专制统治与缓慢发展的资本主义使德国思想界表现出严重的两重性：一方面，新兴的资产阶级对封建专制统治不满，主张进行资本主义的改革，发展经济，实现国家与民族的统一；另一方面，资产阶级又过于软弱，不得不求助于封建君主的权力实现资本主义经济的顺利发展，又表现出妥协的一面。

法国大革命对德国思想界产生了重要影响。当德国正在进行一场哲学革命时，法国大革命爆发了，这给还停留于思辨思考的德国哲学家带来了实践上的震撼。康德将法国革命的启蒙思想传入德国，而费希特则以更为激进的方式迎接法国大革命。法国大革命的胜利带来德国思想界的欢呼，它的失败也就不可避免地带来对法国大革命的反动。狂飙运动和浪漫主义正面挑战启蒙思想的理性主义和法国文化，构成了德国在世纪之交的两场重大思想运动。

产生于 18 世纪中期的狂飙运动经历了 40 年的发展逐渐由最初的文艺思潮扩散成为一场社会思想运动。这场运动既吸收了文艺复兴与宗教改革的精神，又对启蒙思想的偏差做出回应，在事实上成为一场德国式的启蒙运动。这场运动为 19 世纪初德国的浪漫主义铺平了道路，与 19 世纪末尼采的非理性主义遥相呼应。

接踵而来的浪漫主义运动出现于德国的 19 世纪初叶，在 1797 年到 1802 年得到了重要的发展。就发展进程来看，浪漫主义一方面是各种各样的暴动，而另一方面则是那种政治上的冷漠态度和保守；就基本的理论倾向来看，浪漫主义一方面同情整体主义，另一方面又宣扬个人主义。就基本的理论方法来看，浪漫主义既继承了法国大革命时期高扬的理性旗帜，又批判了理性主义的片面性，强调经验和感情在个体行为中的重要性。浪漫主义试图在连续性与传统的框架内保存社群与自由、自由与平等的价值。这为浪漫主义与保守主义的结合打下了基础。事实上，浪漫主义带有一种强烈的保守性,柏克对浪漫主义的代表施莱格尔(Friedrich Schlegel)和诺瓦利斯(Novalis)等人产生过重要的影响。在价值观念上,他们强调传统价值的连续性作用;在社会发展观上,他们强调有机的演进。我国学者郭少棠指出:"当旧政权全力攻击法国大革命和拿破仑的侵略时,浪漫保守主义为他们提供了一套创新而完整的思想方式,去解释现实政治上的保守政策。"①

德国资产阶级的两重性以及对法国大革命的态度决定了德国政治理论发展的两重性,马克思称之为"法国革命的德国理论"。② 就18世纪德国哲学的主要代表人物如康德、费希特、黑格尔等人的基本理论倾向来看,他们一方面深受卢梭等激进革命派思想的影响,对法国大革命心向往之;另一方面又极力地调和革命的激进,采取保守的中庸立场,将理论的探讨局限于思想与精神生活的领域,并以纯粹抽象的哲学语言表达出来。狂飙运动和浪漫主义正面挑战启蒙思想的理性主义和法国文化,在感性与理性、主观与客观的两分法中确立了德国政治文化的传统。

18世纪末19世纪初德国的社会状况决定了德国市民阶级及其知识分子的两重性。他们对封建专制制度表示不满,由于对国家的依赖性以及对人民的畏惧,他们又拜倒在君主权力之下,希望在君主制的范围内实现某种改良,求得资本主义经济的顺利发展。种种现象表明了德国资产阶级的软弱性和妥协性。我们看到,尽管德国市民阶级及其知识分子在反对封建专制的实际斗争中无所作为,但德国古典哲学家的政治思想却以其精深的理论分析在西方政治思想史上占有重要的地位。

德国古典哲学家的政治思想受到早期资产阶级启蒙运动的影响,自然权利、社会契约、平等、自由等观念以及立宪主义的主张等等成为他们政治理论的思想渊源。然而,遗憾的是,由于德国资产阶级在反封建斗争中采取的保守立场和中庸态度,德国古典哲学家并未从上述思想中得出革命的结论。他们只是在精神生活领域追求美好的理想。具有鲜明政治内容的自由、平等、人权等要求,在他们那里都变成了软弱空洞的道德原则,而且是用一种纯粹思辨哲学形式和抽象晦涩的语言表达的。即使是美好的理

---

① 郭少棠:《权力与自由——德国现代化新论》,华东师范大学出版社2001年版,第55页。
② [德]马克思:《法的历史学派的哲学宣言》,载马克思、恩格斯《马克思恩格斯全集》第1卷,人民出版社1956年版,第100页。

想,他们也是或者推到彼岸世界,或者希望通过国民教育在封建贵族集团领导下实现国家制度的改造。但是,也应看到,德国古典哲学家们凭借辩证法,在他们那些迂腐晦涩的言词后面和笨拙枯燥的语句里隐藏着革命。因此,在分析德国古典哲学家的政治思想时,不能忽视其反封建的批判精神。

应该说,在费希特的政治思想中有很多自由主义的成分。费希特不但认为理性在人类社会生活中起重要的作用,而且他还将这一理论延伸到国家理论当中,强调了理性在国家中的作用。人类生活的不断发展使国家亦得到不断的发展,国家的特点被打上了时代的烙印。费希特将国家分为三种类型:第一种类型的国家是专制的,成员分为统治者与被统治者,他们之间存在绝对的不平等;第二种类型是法治的,所有的人在权利方面是平等的,却存在财产的不平等;第三种类型是绝对的,无论在权利方面,还是在财产方面,人们都取得了绝对的平等。费希特认为,只有在"第五个理性技艺时代已经来临之后,国家才是主管自由的和自明的技艺的机构"。[1]

与自由主义不同,浪漫主义强调人类生活的社会性。他们指出,爱,无论是给予还是接受,都是人类最深切,也是最强有力的自然本性,正是这种本性使我们过集体的生活。因此,"价值、需要以及信仰不依靠任何固定的本体,亦没有普遍的本性,只不过是在社会与历史中占有某种特定的位置"。[2]

在德国的政治思想中,国家主义和个人主义两种倾向都有所表现。如黑格尔便极力推重国家,宣扬国家崇拜,认为国家本身就是目的,对个人具有绝对的权力,个人必须绝对服从国家。而康德则极力主张个人权利,主张将人作为目的而不是手段,认为国家是实现个人福祉的工具。但就国家观来讲,他们越来越从相互联系的观点来看待国家、社会、个人,并且从历史的角度出发,破除了早期启蒙思想家那种抽象的、普遍的个人观和国家观,比之以前有很大的进步。

实际上,"法国革命的德国理论"在黑格尔身上体现得更为明显。黑格尔的理论更体现为这样一种特色,即一方面对革命时期形成的自由主义

---

[1] [德]费希特:《现时代的根本特点》,沈真、梁志学译,辽宁教育出版社1998年版,第129页。

[2] Frederick C. Beiser, introduction, see *The Early Political Writings of the German Romantics*, edited by Frederick C. Beiser, Cambridge University Press, 1996, p. xxvii.

理论进行了全面的反思与继承，另一方面又进行了深入的分析与批判。对资产阶级革命时期形成的政治思想，尤其是以英、法为代表的两种革命思想进行批判与修正是黑格尔政治思想的核心环节，这同时也成为黑格尔政治哲学的起点，它构成了黑格尔政治哲学的重要部分，是我们理解黑格尔政治思想的一把钥匙。

黑格尔对资产阶级革命时期形成的政治思想的批判与他所处的时代与国家密切联系在一起。一方面，相比于英、法、美等国，德国的资产阶级兴起要晚得多，作为革命思想理论体系的自由主义亦多受挫折。尽管德国亦受到英、法、美等国思想启蒙运动和资产阶级革命的影响，但是，德国思想界表现出来的"庸人"气质使自由主义停留在经院派的主张以及大学讲坛，没有什么现实影响。加之浪漫主义、民族主义等思潮的影响使得先天不足的自由主义后天失调。另一方面，曾经在革命时期一度盛行的自由主义经过英、法、美等国的发展逐渐开始出现一些危机，无论从思想理论体系来看，还是作为一种社会制度，自由主义的内部矛盾开始暴露。就资产阶级革命的理论体系来看，早期革命思想赖以为据的自然权利理论、社会契约理论存在的问题开始受到批判，自由主义自身在自由与平等、民主与法治、人权与人民主权之间的冲突与矛盾开始显现；从整个西方社会政治思潮的转向来看，保守主义开始兴起，人们开始从对革命的向往转向对秩序的追求。柏克、休谟、康德等人对早期资产阶级革命理论的批判亦为黑格尔的批判理论准备了基础。

（二）康德的权利理论

苏联文艺理论家戈洛索夫克尔将康德比作一座桥。他指出："在哲学这条道路上，一个思想家不管他是来自何方和走向何处，他都必须通过一座桥，这座桥的名字就叫康德。"① 在政治思想发展的历史上，康德也正起着一种承前启后的重要作用。他不但从文艺复兴、启蒙运动的思想家那里汲取思想养料，而且深刻地影响了德国的狂飙运动、浪漫主义等思想运动。从某种程度上看，正是透过康德，"德意志政治文化踏入了'现代'的门槛"。②

康德的思想在现代西方亦有着广泛的影响。第二次世界大战后，新康德主义在西方世界异常活跃，甚至成为"右翼社会党人意识形态的主

---

① ［苏］阿尔森·古留加：《康德传》，商务印书馆1981年版，第122页。
② 郭少棠：《权力与自由——德国现代化新论》，华东师范大学出版社2001年版，第25页。

要理论基础之一"。① 在当代西方，不但自由主义的大师罗尔斯借助康德的道德哲学重建了政治哲学的体系，而且包括亨廷顿、哈贝马斯在内的一些西方政治思想家都在不同程度上通过对康德理论的改造而获得学术研究的灵感。

康德的哲学是以道德为基础搭建起自身体系的，因此，康德的哲学实际上是一种道德哲学。在马基雅维里之后，康德试图以道德哲学为基础，重新确立道德与政治的统一。康德认为，人类理性的立法有两大目标，即自然和自由；与此相应，自然法则和道德法则就成为人类理性立法的两个基本准则，这就是康德所谓的"头上的灿烂星空"和"心中的道德法则"。在这两大法则中，道德法则成为康德政治思想的基础，正是在道德的基础上，康德以自由、权利、法治与共和为主题搭建了政治哲学的基本框架。

就康德政治思想的基本倾向来看，大多数政治思想史家更强调了康德政治思想与自由主义思潮的合拍。美国的自由主义学者哈耶克认为，康德是"德国自由主义的三位最伟大和最早的人物"。② 苏联政治思想史家莫基切夫亦认为，康德"在德国第一个系统地论证了……资产阶级的思想纲领——自由主义"。③ 我国学者李梅亦认为："在康德那里，自由主义基于完全不同的基础被重新确立了。这是康德政治哲学取得的主要成就之一，单单这一成就本身就足以使康德在自由主义的伟大思想家中间占有一席之地。"④

就康德政治思想的体系来看，具有更浓的传统自由主义色彩。尽管康德对法国的启蒙运动做了重要的批判，并在此基础上确立了自己的思想体系；但是，从根本上，康德仍然是坚持启蒙运动的基本精神的。康德坚持启蒙运动的基本精神，坚持权利与法治的原则，相信自由的重要价值，这使康德的思想接近自由主义的基本倾向。对法治的弘扬以及分权主张等思想特征使康德的政治思想与其他欧洲大陆的政治思想家相比更接近英美自由主义的政治理论。

---

① [苏] 谢·伊·波波夫：《康德和康德主义》，涂纪亮译，人民出版社1986年版，第3页。
② [英] 弗里德利希·冯·哈耶克：《经济·科学与政治——哈耶克思想精粹》，江苏人民出版社2000年版，第334—335页。
③ [苏] 莫基切夫：《政治学说史》，中国社会科学出版社1970年版，第301页。
④ 李梅：《权利与正义：康德政治哲学研究》，社会科学文献出版社2000年版，第13—14页。

康德对欧洲大陆激进的启蒙哲学进行了某种程度的修正，带有浓厚的自由主义色彩，他以德国式的辩证思维完成了对自由主义理论体系的建构；然而，康德思想的形成又受法国大革命，尤其是卢梭思想的影响，带有某种程度的激进性，这就使他在某些问题上超越了自由主义。因此，就康德政治思想与自由主义理论的基本特征来看，康德可以说是既完成了自由主义，又超出了自由主义，完成是通过道德，超出是通过历史，而道德与历史之间存在着某种紧张关系，这种紧张关系特别体现于政治领域中，因为政治领域本身既属于历史，也属于道德的应用的领域。①

康德认为，"自由是现实的这个命题证明了它们的可能性；因为这个理念通过道德法则将自己展示出来"②。在康德的道德哲学理论体系中，与自由相比，所有其他在思辨理性里只是作为理念而存在的概念，而且它们现在都附着于自由这一概念，与它在一起并且通过它而得到长久和客观的实在性。

通过在道德和自由之间建立起联结，康德为自由设定了一个无条件的道德基础。在康德的思想体系中，自由与道德法则是一体的，自由是道德法则的存在条件；道德法则是自由的认识条件，自由通过道德律实现自身。③ 自由和道德法则的关系如此密切，以至于道德法则成为设定自由的前提条件，正是通过道德法则，人们才有资格设定自由；反过来，假如没有自由，我们将根本不可能从我们自身追溯出道德法则。④

因此，康德更多地从道德的角度定义自由。在他的逻辑体系中，合乎道德的意志就是自由意志，当人们依据自由意志为自己立下的实践法则来行动时，他就是自由的。⑤ 因此，自由就是自由意志服从自己，构成了"对外的合法的自由"。康德主要从法律的角度解释这一"对外的合法的自由"。他认为，所谓的"对外的合法的自由""乃是不必服从任何外界法律的权限，除了我能予以同意的法律而外"⑥。

由感性和理性的对立出发，康德区别了积极自由与消极自由两类自由。康德从积极和消极两个方面来回答自由，他指出："我们必须假设有

---

① 李梅：《权利与正义：康德政治哲学研究》，社会科学文献出版社2000年版，第16页。
② ［德］康德：《实践理性批判》，韩水法译，商务印书馆1960年版，第132页。
③ 同上书，第2页。
④ ［德］康德：《康德文集》，郑保华等译，改革出版社1997年版，第131页。
⑤ ［德］康德：《实践理性批判》，韩水法译，商务印书馆1990年版，第31页。
⑥ ［德］康德：《永久和平论》，载［德］康德《历史理性批判文集》，何兆武译，商务印书馆1990年版，第105页。

一个摆脱感性世界而依理性世界法则决定自己意志的能力,即所谓自由。"① 当我们进一步解析康德的自由概念时,我们发现,他的自由概念蕴涵着两层意思:就消极的意义来看,自由摆脱了"感性世界",具有内在的独立性,"它可以离开法则的一切实质(即欲望对象)而独立自主";② 从积极的意义来看,自由在独立的基础上使自由的个体具备自己决定自己的性质,在理性世界中,自己的意志成为主人。我们看到,从感性与理性出发,康德进一步确定了人类立法领域的两种自由,即消极自由和积极自由。

这样以理性在实现自由的过程中所发挥的作用,康德区分了两种意义上的自由。他指出:"有意选择行为的自由,在于它不受感官冲动或刺激的决定。这就形成自由意志的消极方面的概念。自由的积极方面的概念,则来自这样的事实:这种意志是纯粹理性实现自己的能力。但是,这只有当各种行为的准则服从一个能够付诸实现的普遍法则的条件下才有可能。"③

这样,自由使每个人成为自己的主人,一方面,它既要求不受别人约束,同时又不去约束别人;另一方面,自由又是理性的自由,它需要服从于理性的"法则"和"要求"。真正的自由不但在于人们"觉得自己应行某事",而且在于他"能够实行某事"。④

正是均衡了英、法政治思维两个不同的方向,使康德能够从容地对待自由,并较早地将积极自由与消极自由两种自由融合在自由的体系当中,为自由主义的发展奠定了基础。在理性与感性、自由与必然以及道德与幸福等多对充满矛盾与对立的概念之间,康德展开了辩证思考的历程,并试图以"至善"这一概念为自由观的最终结论。

像康德的道德哲学理论体系一样,康德的自由观充满了矛盾。在以二律背反为基本要旨的批判哲学的指导下,康德对自由的讨论紧紧围绕着矛盾展开。在自然与自由之间,康德选择了自由,突出了理性的重要作用;在自由与秩序之间,康德提升了自由,张扬了人权的基础性地位。

通过自由学说,康德完成了他的政治哲学理论体系。在这一体系的基

---

① [德]康德:《实践理性批判》,韩水法译,商务印书馆1960年版,第125页。
② 同上书,第33页。
③ [德]康德:《法的形而上学原理——权利的科学》,沈叔平译,商务印书馆1991年版,第13页。
④ [德]康德:《未来形而上学导论》,商务印书馆1981年版,第30页。

础上，康德进一步阐发了其共和思想。

康德政治哲学的核心是权利。在康德那里，权利被理解为这样一些条件，"根据这些条件，任何人的有意识的行为，按照一条普遍的自由法则，确实能够和其他人的有意识的行为相协调"①。康德由权利概念提出了权利与义务、权利与法两对概念。

从权利的一般概念出发，康德进一步提出了权利的普遍法则。康德指出，权利的普遍法则可以表达为："外在地要这样去行动：你的意志的自由行使，根据一条普遍法则能够和所有其他人的自由并存。"② 因此，康德关于权利的普遍法则实际上意味着义务。康德根据这一普遍法则进一步推定，"所有的权利都伴随着一种不言而喻的资格或权限，对实际上可能侵犯权利的任何人施加强制"③。

康德区分了两种权利，天赋的权利是每个人自然享有的权利，它不依赖法律条例而存在；而获得权利则以法律条例为依据。在这两种权利中，一种是私人权利，主要由私法来规定，它是"不需要向外公布的法律体系"；另一种是公共权利，主要由公法来规定，它是那些"需要公布的法律体系在文明社会中权利的原则"。④ 在康德看来，私人的权利是自然存在的，它并不依靠国家而存在；而第二种权利则是人们组成"文明的联合体"之后才有的权利，它需要以法治来保障。

康德认为，文明社会的成员因为制定法律的目的联合起来，他就成为这个国家的公民，他也就因此而具有三种不可分离的权利，或是法律的属性："（1）宪法规定的自由，这是指每一个公民，除了必须服从他表示同意或认可的法律外，不服从任何其他法律；（2）公民的平等，这是指一个公民有权不承认在人民当中还有在他之上的人，除非是这样一个人，出于服从他自己道德权力所加于他的义务，好像别人有权力把义务加于他；（3）政治上的独立（自主），这个权利使一个公民生活在社会中并继续生活下去，并不是由于别人的专横意志，而是由于他本人的权利以及作为这

---

① ［德］康德：《法的形而上学原理——权利的科学》，沈叔平译，商务印书馆1991年版，第40页。

② 同上书，第41页。

③ 同上书，第42页。

④ 康德所说的"私人权利"与"公共权利"也相当于"私法"和"公法"。同一英译者在康德的《永久和平》论文集中就改译为"私法"和"公法"两词。参见［德］康德《法的形而上学原理——权利的科学》，沈叔平译，商务印书馆1991年版，第51页。沈叔平注。

个共同体成员的权利。"①

我们看到,康德从公民自由、法律平等以及政治自由三个方面出发,全面地阐释了法国大革命自由、平等的口号,并发挥了独立的原则,不但完成了法国大革命的基本理论,而且实现了对法国大革命的超越。

为了保障权利的实现,康德提出了普遍权利的公民社会的目标。他指出,"对于人类来说,自然迫使人不得不解决的最大难题,就是实现一个对权利实行普遍管理的公民社会"②。实际上,康德就是追求有保障的权利与有限制的权力的完美结合,并实现最大化。他坚信,在这个社会里,成员享有最大的自由,并且这一自由与他人的充分自由相一致;对抗被限制在法律允许的范围内,人的本性中所具有的潜能得到最充分的发挥。

(三) 洪堡的国家理论

作为19世纪自由主义的重要代表,洪堡较早地接受了自由、民主、平等思想的教育,对洛克、卢梭等人的政治思想有所了解。洪堡先后在学习过法学、哲学、历史等学科,并从康德那里受益。作为自由主义者,伯林反对政府严格控制大学和加强新闻书刊检查,主张维护个性与自由的发展。洪堡的《论国家的作用》被誉为"德国自由主义的《大宪章》"。该书在德国思想界产生了重大影响,被反复印刷多次。除此之外,作者还写作了《关于国家政治结构的思想》等书,具有一定的影响。

洪堡以典型的"德国方式"将17世纪以来西方所确立的自由主义原则融合进德国的政治思想之中,也使自由主义信念在封建传统浓重、资产阶级力量相对软弱的19世纪德国扎下根来。洪堡的自由主义思想对德国政治在思想和行动两个方面的发展产生了重要影响。他提出的以个人主义为基础的自由主义不会排斥友善与合作的观点,甚至与20世纪的自由主义主张不谋而合,引起欧美其他国家自由主义思想家的重视。

洪堡的自由思想建立在对国家与公民之间关系认识的基础上。由此出发,洪堡认为,在私人生活与公共生活之间存在着巨大的差别,它造成了公民自由与国家自由的对立:私人生活的自由既会由于公共自由的增加而减少,也会随着公共自由的减少而增加。因此,拥有绝对政府权力的国家会对个人自由造成威胁。

---

① [德] 康德:《法的形而上学原理——权利的科学》,沈叔平译,商务印书馆1991年版,第140—141页。
② [德] 康德:《关于一种出自世界公民意图的普遍历史的观念》,载 [德] 康德《康德书信百封》,李秋零编译,上海人民出版社1992年版,第260页。

以个人自由为标准，洪堡考察了古代的国家与近代的国家。他发现，在古代的国家和近代的国家之间存在一种巨大的差异，即"古代的国家关心人作为人本身的力量和教育，近代的国家关心人的福利、他的财产及其从事职业工作的能力。古代的国家追求美德，近代的国家追求幸福快乐"①。在洪堡看来，尽管古代的国家在人的体力和智力以及精神方面都做出了重要的贡献，然而，它古代国家所特有的那种整体主义和共同生活的有意安排对自由的限制却危害更大。

洪堡认为，个性自由是国家的最高原则。这一原则就是，"真正的理智并不希望人处于别的其他状况，它只希望给人带来这样的状况；不仅每一个单一的人享受着从他自身按照其固有特征发展自己的、最不受束缚的自由，而且在其中，身体的本质不会从人的手中接受其他的形态，每一个个人都根据他的需要和他的喜好，自己随心所欲地赋予它一种形态，这样做时仅仅受到他的力量和他的权利局限的限制"②。

洪堡反对国家干预个人自由，指出，"为了关心公民的安全，国家必须禁止或限制仅仅涉及行为者的、其后果是违反他人权利的行为，这就是未经他人同意和违背他人意志贬损他们的自由或损害他们的财富，或者担心很有可能导致这种结果的行为，在考虑这样一种可能性时，一方面必须注意令人担心的损害的大小，同时又要注意通过某一项防范性法律产生的对自由限制的重要性"③。为了关心安全，国家必须禁止侵犯公民权利的行为，当发现这类行为时，国家应当强制侵权者赔偿所造成的损失。在相关各方的行为中所产生的一些权利和义务，只要是符合各方意志的自由缔约，国家都应予以保护。

洪堡认为，国家的目的可能是双重的："它既可能促进幸福，或者仅仅防止弊端，而在后一种情况下，就是防止自然灾害和人为的祸患。"④由此出发，"洪堡从对内和对外两个方面的职能来论证国家作用的领域，这就是国家目的的最高原则，既防范外敌又防范内部冲突，维护安全，必须是国家的目的，必须是它发挥作用的领域"⑤。

---

① ［德］洪堡：《论国家的作用》，林荣远、冯兴元译，中国社会科学出版社1998年版，第27页。
② 同上书，第35页。
③ 同上书，第121页。
④ 同上书，第37页。
⑤ 同上书，第60页。

建立一种切实有效的国家结构和确定相应的政府职能，这成为洪堡关注的核心问题。洪堡主张，国家干预的唯一目的在于保障安全，捍卫合法自由的确定性。

洪堡反对国家干预社会公共事务。在洪堡看来，国家必须"身处公民事务之外"，不应该过多地对教育、宗教、艺术、道德、风俗、习惯等社会事务进行干预。洪堡甚至反对国家对公民物质福利的关心，呼吁"国家不要对公民正面的福利作任何关照，除了保障他们对付自身和对付外敌所需要的安全外，不要再向前迈出一步；国家不得为了其他别的最终目的而限制他们的自由"①。

洪堡主张制定一部明确的宪法以限制国家权力的范围。这样的宪法应当对可以成为现实的东西加以规定，对自由的未来的前景加以说明。他认为，国民精神是宪法的源泉和基础，宪法要在民众中唤醒和保持真正的国民意识，使公民摆脱利己主义，参与公共事业。

在洪堡看来，"保障安全的职责只有国家才能提供，任何妨碍人的力量的发挥或是妨碍人的能力的享受都是违法的，只有国家权力才具备对付违法事件的条件。因此，个人要实现人性目的，要在没有外界干预的情况下自主处理事务，国家的存在和国家的行为，是必不可少的。尽管国家权力可能会对个人自由造成威胁和损害，但是，任何民族要求得发展，求得安全，是不可能离开国家的。洪堡把国家视作一种'必要的痛苦'，我们不是要通过摆脱国家享有自由，而是要在国家中享有自由"②。

二 法国自由主义：法国革命的法国反思

（一）法国革命以后的社会与自由主义

1789—1794年的法国大革命推翻了法国腐朽的封建统治，彻底打倒了贵族，解决了农民的土地问题，为资本主义的发展创造了条件。同时，这场革命还打击了欧洲的封建制度，有力地推动了整个欧洲的反封建斗争。列宁指出："这次革命给本阶级、给他所服务的那个阶级，给资产阶级做了很多事情，以至整个十九世纪，即给予全人类以文明和文化的世纪，都是在法国革命的标志下度过的。"③ 然而，革命后的法国社会并没

---

① [德]洪堡：《论国家的作用》，林荣远、冯兴元译，中国社会科学出版社1998年版，第54页。
② 同上书，第19页。
③ [苏]列宁：《全俄社会教育第一次代表大会》，《列宁全集》第29卷，第334页。

有走向稳定，反而阶级矛盾愈趋尖锐复杂，政局动荡反复，各种政治势力之间的斗争空前激烈。

拿破仑在雾月政变成功后执政，粉碎了第二次反法同盟，沉重打击了欧洲封建势力。他主持编制的《民法典》为确立资本主义制度创造了条件。

然而，法国的封建阶级不甘心过去的失败，欧洲的封建势力不容忍欧洲大陆上建立反对封建统治的政权。与此同时，法国资产阶级在革命后充分显现的两面性，都使革命后的法国依然要经历一个革命和反革命、复辟和反复辟的长期、激烈而曲折的斗争。法国资本主义制度的建立和巩固正是在法国社会激烈的政治动荡中完成的。

复辟了的波旁王朝力图恢复封建制度，疯狂迫害包括资产阶级在内的法国人民，激起了强烈的反抗情绪。1830年巴黎发生"七月革命"，推翻了波旁王朝，建立了七月王朝。七月王朝实行君主立宪制度代表了资产阶级中为数不多的金融贵族集团的利益，七月革命中英勇斗争却一无所获的广大工农民众对新王朝极为不满，新兴的工业资产阶级也采取各种形式加以抵制。

1848年法国爆发了二月革命，七月王朝被推翻，法兰西第二共和国建立。当选总统的路易·波拿巴大权独揽，于1852年称帝，法国又恢复了帝制。1870年，法国在普法战争中战败，法国人民重新建立的法兰西第三共和国取代了第二帝国，政权却被资产阶级攫取。1871年巴黎人民举行武装起义，夺取政权，成立了巴黎公社。巴黎公社失败后，革命派和保皇派又进行了反复较量，制定宪法，确立共和，巩固了资产阶级政权。

长期的政治动荡加剧了法国的社会矛盾。19世纪30年代以后，金融贵族一直掌握国家政权，他们垄断了国家各个生产部门，不择手段地谋取一己的利益。工业资产阶级由于力量尚在幼小阶段，在政治上无法与金融贵族相抗衡，对金融贵族的专制统治极为不满而又无可奈何，他们要求政治改革，要求维护工业资产阶级的利益。然而，日益成长壮大的法国工人阶级使工业资产阶级和金融贵族感受到共同的挑战。巴黎和里昂多次爆发的工人起义，充分显示了新生阶级的革命精神和强大力量。工人阶级既使金融贵族都受到实施统治的巨大威胁，也使力图参与统治的工业资产阶级看到又一个潜在的掌权对手。于是，在工人阶级斗争面前，金融贵族与工业资产阶级在共同利益的驱使下结成同盟。

工人阶级和失去土地的农民在激烈的政治动荡中始终过着极为贫困的

生活。他们看到，资产阶级在革命中允诺的自由、平等、博爱都是不切实际的，共和国并不是他们希望的平等乐土。觉醒了的工人阶级和广大劳动人民为了实现自己的美好理想进行斗争，探寻自由解放的道路。19世纪法国的资本主义便是在这种矛盾空前尖锐、斗争空前激烈、政治空前动荡的形势下发展起来的。

自由主义思想在19世纪初期出现，以贡斯当为主要代表。自由主义思想反映了这一时期法国资产阶级的经济和政治利益。在政治上反对任何革命性的变革，主张阶级妥协和社会改良，在经济上主张自由竞争。贡斯当严格区分了政治自由和个人自由，提出包括言论、出版、信仰、财产、经营、贸易等自由在内的个人自由才是人们真正的追求。

尽管人们仍能见到某些革命的精神，但复辟时期法国的自由主义明显地具有温和主义的倾向。基于法国大革命的教训，人们对民主怀有某种程度的怀疑甚至是憎恨，这更加重了一时期自由主义的保守性。贡斯当曾在其早期著作《政治原则》一书中明显地表明了对人民主权原则的敌意，后又在其代表作《立宪政治教程》中加以解释。这表明了革命以后的自由主义抨击的是借人民主权之名而行极权之实的权力结构。

19世纪的自由主义者更多地认为，对个人保护，并不在于对人民主权的承认，而在于限定人民主权的范围，从而能够使人们能够得到保护。这实际上是回归到孟德斯鸠所谓的保证主义。① 这种保证主义经由贡斯当、多弩、特拉西、基佐与鲁瓦耶—科拉尔等大批作家加以详述，使19世纪法国自由主义更具有了某种同英国传统自由主义的相似之处。

1830年革命后颁布的宪法明显要比1814年宪章让自由主义更能接受，它不但删除了国王单方面特许的，且路易—菲力普改称法国国王，加上了"以国家的意愿"等字样，体现了国王与人民之间相互契约的思想，这些都让自由主义者感到亲近。

当人们在检讨法国革命的过失，从而指责民主时，托克维尔则将民主看作法国历史的必经阶段。这种检讨不但有助于巩固法国大革命的民主成果，而且有助于法国在一定程度上形成宪政秩序。托克维尔被拉吉罗称为19世纪法国最伟大的作家，其著作《论美国的民主》一书自1835年出版后，在1848年革命之前重印达12次，这被拉吉罗视为

---

① [意] 圭多·德·拉吉罗：《欧洲自由主义史》，杨军译，吉林人民出版社2001年版，第152页。

"标志着自由主义态度相对于民主复苏及社会主义初兴之历史环境变化的转折点"①。

(二) 贡斯当对自由的反思

邦雅曼·贡斯当（Benjamin Constant，1767—1830），法国著名的自由主义思想家、政治活动家、法国自由派的领袖。进入 19 世纪，法国也开始逐渐从革命时代进入社会的稳定和发展的时期，资产阶级开始关心在自由竞争中个人的自由权利。伴随这一时期的到来，政治思想也开始逐渐务实，贡斯当的政治思想正反映了这一点，成为法国自由主义思想的代表。马克思在谈到法国资产阶级思想态度的变化时指出："冷静务实的资产阶级社会把萨伊、库辛、鲁瓦埃—科拉尔、本扎曼·贡斯当和基佐当做自己真正的解释者和代言人。"②

自由是贡斯当政治思想的核心。在贡斯当看来，自由思想和实践古已有之，无论是启蒙时代思想家、雅各宾派，还是实行军事独裁的拿破仑，他们都会将自由作为一面旗帜。既然自由已经被人滥用，那么，简单地停留于传统的自由思想，那就没有什么意义，而是应该对自由的意义、性质做出新的解释，使之更符合现代人的需要。为此，贡斯当于 1819 年就自由的观念做了一次演讲，区别了古代人的自由和现代人的自由，深入地阐述了他对于自由的认识。借助评析法国大革命等一系列事件，贡斯当对比了古代自由和现代自由，批评了两种极端状况，不但集中体现了贡斯当的自由思想，而且深刻地影响了西方人对自由的认识。

在贡斯当看来，区别两种自由，从而使他们各得其所是自由的关键。贡斯当承认，卢梭是一个"天才"，一个"伟人"，然而，他的致命弱点却在于"将两种自由混淆起来"，从而使个人自由无立锥之地。贡斯当将法国大革命的罪恶归因于对古代人的自由与现代人的自由认识不清。他明确指出："在我们那场旷日持久且充满风暴的革命中，不少怀着良好意愿的人们由于未能分清这些区别而引发了无限的罪恶。"③

正是在对古代自由和现代自由反思的基础上，贡斯当区别了两种自由，即古代人的自由和现代人的自由。他指出："古代人的目标是在有共

---

① [意] 圭多·德·拉吉罗：《欧洲自由主义史》，杨军译，吉林人民出版社 2001 年版，第 177 页。
② 《马克思恩格斯选集》第 1 卷，人民出版社 1972 年版，第 604 页。
③ [法] 邦雅曼·贡斯当：《古代人的自由与现代人的自由》，阎克文、刘满贵译，商务印书馆 1999 年版，第 33 页。

同祖国的公民中间分离社会权力：这就是他们所称谓的自由。而现代人的目标则是享受有保障的私人快乐；他们把对这些私人快乐的制度保障称作自由。"①

贡斯当从历史的角度分析了古代自由与现代自由区别的根源，他认为，现代人与古代人过着一种截然不同的生活，追求截然不同的政治制度。古代社会在本质上是军事主义的，征服与战争是其精神的实质，因此，他特别强调军事、政治和集体；而现代社会在本质上是商业中心的商业主义，依靠战争和军事独裁已经不合时代的需要。"个人独立是现代人的第一需求：因此，任何人决不能要求现代人做出任何牺牲，以实现政治自由。"第二，现代人愈来愈难以直接参与政治事务的讨论与决策，因而愈来愈诉诸代议制作为既保障个人对政治的影响力，又维护个人其他生活方面的手段。②

贡斯当分析指出，古代人的自由是一种集体自由、政治自由。贡斯当批评指出，古代自由关注分享权力，这种自由的危险在于忽视个人权利。贡斯当站在个人主义的立场上反对古代自由，他认为，公民长期地运用政治权利，天天讨论国家的政治事务只会造成不必要的争论，使整个国家都筋疲力尽。正是从这个角度出发，贡斯当称斯巴达为"把共和国形式与个人奴役制度结合在一起"③。

另外，贡斯当也并不是一味地否认政治自由。他甚至认为，"政治自由是上帝给予我们的最有力、最积极的实现圆满的手段"，它可以使人们"审视和研究他们的不可侵犯的利益，扩充他们的精神，给予他们思想的能力，在他们当中建立起一种能够构成一个人的荣耀和力量的理智上的平等"④。贡斯当对政治自由的这种认识显然在一定程度上具有了积极自由的性质，影响到了19世纪后期的新自由主义者。

尽管贡斯当亦赞扬政治自由的积极作用，但是，他还是将个人自由放在第一位。在他看来，古代人提倡的政治自由本身就是目标；而在现代，那种政治自由不过是保证个人自由的一个手段而已，个人自由才是体现现代精神的目标性追求。他明确指出："个人独立是现代人的第一需要：因

---

① [法] 邦雅曼·贡斯当：《古代人的自由与现代人的自由》，阎克文、刘满贵译，商务印书馆1999年版，第33页。
② 同上书，第16—17页。
③ 同上书，第311页。
④ Benjamin Constant, *Political Writings*, Cambridge University Press, 1988, p. 327.

此，任何人决不能要求现代人做出任何牺牲，以实现政治自由。"①

贡斯当认为现代人的自由是每个人享有自己的权利，"在不伤害他人的前提下按照自己最喜欢的方式发展其才智的自由；个人独立是现代人的第一需求，任何人决不能要求现代人做出任何牺牲，以实现政治自由。因此，当卢梭这位卓越的天才把属于另一个世纪的社会权力与集体主权移植到现代，他尽管被纯真的对自由的热爱所激励，却为多种类型的暴政提供了致命的借口"。②

在贡斯当看来，无论是古代自由，还是现代自由，都存在着自身缺陷。因此，贡斯当认为，最佳的方案不在于如何在两种自由之间做出选择，而在于同时保持两种自由，也就是说，"我们必须学会将两种自由结合在一起"。他指出："我们并不希望放弃政治自由，而是要求在得到其他形式的政治自由的同时得到公民自由。"③ 同时追求两种自由体现了现代西方人对权利与自由的基本理解，而这种理解是通过贡斯当的反思而达到的。

贡斯当并不空谈自由，而是将自由同权利与法治的保障联系起来，这使贡斯当的自由主义理论体系是完整的，既有对自由意识的推崇，亦有对制度保障的设计。无论在理论上，还是在实践中，贡斯当都当之无愧地成为他那个时代法国宪政主义的旗手，他不但以古代自由与现代自由的区分明确地提出了保障权利的要求，而且通过权力有限、分权等一系列主张形成了丰富的宪政思想。

在贡斯当看来，自由主义就意味着法治和宪政国家，宪政国家是自由主义的一个重要方面，宪法是"人民自由的保证"。④ 因此，宪政的基础在于保证个人的权利。在贡斯当看来，每个公民都拥有独立于任何社会政治权力之外的个人权利，这种权利就是个人自由、宗教自由和言论自由，包括公开表达自己的自由、享有财产及免受一切专横权力侵害的保障。没有任何权力能够对这些权利提出异议而又不会败坏自己的声誉。在贡斯当看来，法律就是保护权利的，当法律侵犯公民的个人自由时，它就不再是法律了。命令人们放弃权利的法律不是法律，把公民分为等级的不是法

---

① [法] 邦雅曼·贡斯当：《古代人的自由与现代人的自由》，阎克文、刘满贵译，商务印书馆1999年版，第38页。
② 同上书，第40页。
③ 同上书，第41页。
④ Benjamin Constant, *Political Writings*, Cambridge University Press, 1988, p. 171.

律，未听他们的陈述就惩罚的法律不是法律，非为其所为而由他们负责的法律不是法律。

对个人权利的论证，贡斯当毫不吝惜笔墨，但对于政治权利，他却有所保留。他反对将选举权给予所有的公民。在他看来，如果那些没有财产的人或是财产少的人获得了政治权利，他们就会用这些权利侵犯财产所有者的权利。就会凭借他们的任性，摧毁社会，成为暴君。他比较欣赏中产阶级，认为他们有教养，勤奋，关心自由和秩序。他们构成了社会的基础。他甚至认为，政治权利再也不能给予那些土地所有者，也不能给予那些无产者，而是要给予那些拥有产业的中产阶级。法国的宪法应该建立在中产阶级的基础上，这可以有效地防止暴君统治、制约贵族的统治。

事实上，在保障个人权利的问题上，贡斯当有许多重要的思想很值得重视。比如，他更强调中间团体的重要地位，认为如果没有一个中间团体的存在，个人就会暴露在强大的政治权力面前而失去保护，多元组织的出现可以有效地防止专制主义。尽管这些还只是一些构想，但是还是对后来的西方政治思想产生了重要影响。

为了保障公民的个人权利，贡斯当反对任何超越限制的权力。他指出："公民拥有独立于任何社会政治权力之外的个人权利，任何侵犯这些权利的权力都是非法的。他宣称，世上没有不受限制的权力，不管是人民的权力，还是那些自称人民代表的人权力，不管是拥有什么称号的国王的权力，还是——最后——根据统治方式不同而表达着人意志或君主意志的法律的权力，都要受到权力得以产生的同一范围的约束。"[1]

为了更好地保障权利，贡斯当为主权划定了界限。他指出："人类生活的一部分内容必然仍是我属于个人的和独立的，它有权置身于任何社会权能的控制之外。主权只是一个有限的和相对的存在。这是独立与个人存在的起点，是主权管辖权的终点。社会跨过这一界限，它就会像手握屠刀的暴君——这是他唯一的称号——一样罪恶。"[2]

从这一角度出发，贡斯当反对民主政体。在这种政体中，由于参与这种暴政的人数众多，这种民主的暴政更令人恐怖。

为了使权力的行使能够健康进行，贡斯当提出了限制权力的主张。他认为，"对政府权力的限制可能来自于以下几个方面：其一，来自宪法限

---

[1] [法]邦雅曼·贡斯当:《古代人的自由与现代人的自由》，阎克文、刘满贵译，商务印书馆1999年版，第61页。

[2] 同上书，第57页。

制。宪法本身即是种对权力不信任的行为：它为权威设定了限制。其二，政府内部的分权与制衡也有限制政府权力的作用。最后也是最重要的，政府的权力必须有外部限制，即明确划定政府权限的范围以及个人在社会中不可侵犯的权利。对权力最根本的限制就是人民的独立的权利"。①

为了更好地限制权力的滥用，贡斯当接受了孟德斯鸠的分权思想，并在此基础上进一步发挥，提出了自己五权分立的理论。贡斯当将权力划分为五个部分："（1）王权，（2）行政权，（3）长期代议权，（4）舆论代议权，（5）司法权。"② 在贡斯当看来，这五个部分互相制约，更容易达到一种均衡，而不会出现在三权分立体制中的某些偏向。

（三）托克维尔对民主的反思

夏尔·阿列克西·德·托克维尔（Alex De Tocqueville，1805—1859），法国历史学家、政治学家、政治社会学的奠基人。托克维尔早年即受到自由主义思想的深刻影响，尽管其思想带有明显的贵族倾向，但是，托克维尔在本质上还是一个自由主义者。这不仅因为他在成长的过程更多地受到民主思想的影响和自由主义的熏陶，而且因为他对自由的热爱、对专制的抨击、对民主的赞扬等思想标志了一个时代，成为法国自由主义的代表。

托克维尔的政治思想在英美自由主义者中享有广泛的声誉，对自由主义思想家产生了相当的影响。例如，英国自由主义思想家 J. 密尔在与托克维尔会见后，即为他的见解所折服，对其推崇备至，称赞托克维尔是"当代贤达"，对托克维尔的《论美国的民主》一书赞不绝口。一个半世纪以来，托克维尔的不朽著作被译为十几国文字，广泛传播，受到各国学术界的赞誉。他的《论美国的民主》一书在世界名著中占有显著地位，而他的一些被历史应验的社会学预测更确立了他在世界学术界的独特地位。

对民主的反思是托克维尔对自由主义最大的贡献。1831 年 4 月，托克维尔访问美国的贡献却并不止这一人类社会大趋势的预言，他从社会的实际出发，通过对法国和美国社会的民主进行深入的研究，不但发现了民主的奥秘，反思了民主的弊端，而且试图寻找对民主缺陷的补正。因此，他的民主理论处处闪耀着实践的光辉，有着十分重要的意义与影响。

---

① ［法］邦雅曼·贡斯当：《古代人的自由与现代人的自由》，阎克文、刘满贵译，商务印书馆 1999 年版，第 11 页。
② 同上书，第 67 页。

第五章 后革命时代的自由主义反思

托克维尔对法国大革命的原因做了深入的考察，对孕育了大革命的旧的封建专制制度进行了深刻的剖析。在此基础上，他发现，贵族制度必然衰落，民主的发展已是大势所趋，民主运动已经成为一场不可抗拒的革命。他意气风发地指出："人民生活中发生的各种事件，到处都在促进民主。所有的人，不管他们是自愿帮助民主获胜，还是无意之中为民主效劳；不管他们是自身为民主而奋斗，还是自称是民主的敌人，都为民主尽到了自己的力量。"①

正因为如此，所有的人为了同一个目的汇合在一起，协同行动，一起推动了平等与民主的发展，从而形成了一股势不可当的历史洪流，这种发展是普遍和持久的。这股民主的潮流是不可阻挡的，是事所必至，天意使然。今天的民主已经成长得如此强大，民主就不会止步不前，只能是昂首阔步地前进。

托克维尔相信，未来的社会是一个民主的社会，"即使民主社会将不如贵族社会那样富丽堂皇，但苦难不会太多。在民主社会，享乐将不会过分，而福利将大为普及……国家将不会那么光辉和荣耀，而且可能不那么强大，但大多数公民将得到更大的幸福"。② 在托克维尔看来，作为社会发展的大趋势，民主政府和民主社会的在诸多方面表现出其优点：社会福利的普遍提高、持久的积极性和充沛活力的大发展、社会繁荣的不断促进、无知和犯罪的减少、快乐和幸福的增加，等等。

尽管托克维尔考察了美国的民主，但是，从一定程度上看，托克维尔对民主的认识是混乱的，前后并没有一个一致的连贯意思。他先是将民主视为平等的趋势，有时又将民主视为一种多数人掌权的政治制度，有时，他还从人民主权、"代议制政府"等意义上来指称民主。此外，托克维尔有时视民主为一种变化过程，托克维尔对于民主的程序性定义通过熊彼特一直影响到当代西方的政治思想家亨廷顿、达尔，构成了一以贯之的民主程序性定义，在政治科学的研究领域中成为主流学术话语。例如，在分析第三次民主化浪潮时，学者们几乎完全同意了民主的"程序性定义"。

为了推动民主的发展，托克维尔十分重视国家在推动民主发展中的重要作用。托克维尔专门为国家规定了任务，使民主的政策适应时间和环境的需要。

对美国社会的考察使托克维尔看到，美国的社会是以平等为基础的

---

① [法] 托克维尔：《论美国的民主》上卷，董果良译，商务印书馆1988年版，第7页。
② 同上书，第11页。

"社会制衡",以多元的社会对权力进行的制衡,即"以社会制约权力"。多元社会是一种特定类型的社会,由各种平等、独立、自由的社团、组织和群体所构成。在这样的社会中,权力与各种社会功能以一种分散化的方式,由众多的社团组织行使。托克维尔强调这些组织的重要性,因为正是这些独立的组织使美国社会成为真正多元的、自我管理的公民社会,而这是促进美国制度呈现自由民主特征的重要因素。托克维尔对美国乡镇自治制度以及社会团体的考察都证明了这一点。托克维尔成为"第一个认识到民主的体制与一种多元的社会与政体具有亲和性的人之一"①。

在考察美国民主的基础上,托克维尔强调了民情因素在民主成就中的影响。他指出:"美国的法制是良好的,而美国民主政府所取得的成就,也有很大一部分归功于法制。但我不认为美国的法制是美国获得成功的最主要原因,虽然我认为美国的法制对美国人的社会幸福影响大于自然环境;但另一方面,我又有理由确信,美国的法制的这种影响小于民情。"② 事实上,"建立在民主法治国家基础上的政治制度并不会自动运行,它更依赖于一种自由的政治文化以及习惯于自由的人民"。③ 由托克维尔的论述我们看到,在一个国家当中,有一种影响到政治体系的民情因素。这种因素就是政治文化。

在托克维尔看来,法国革命的弊端在于民主长大了,但法治、民情等却没有相应地发生变化。法国的统治阶级尽管是国内最有势力、最有知识和最有道德的阶级,但他们根本没有去寻求驾驭革命的方法,以便对它进行领导。于是,民主只能依靠自立去成长壮大。

托克维尔对民主理论的研究是极富创见的,这不仅因为他对民主潮流热情洋溢的赞美,而且因为他对美国社会富于洞见的考察。在对美国民主的研究中,托克维尔提出了自治的概念,发现了政治文化的视角,更重视公民社会对民主的影响,这些在一定程度都深刻地影响到了后来的民主理论。

在美国,托克维尔看到,法国人民追求的民主与平等的理想已经成为政治现实。他歌颂这"事所必致,天意使然"的大趋势,但更表达了他

---

① Robert Dahl, *A Preface To Economic Democracy*, Berkeley and Los Angeles: University of California Press, 1985, p. 46.
② [法]托克维尔:《论美国的民主》上卷,董果良译,商务印书馆1997年版,第356页。
③ [德]尤尔根·哈贝马斯:《后民族结构》,曹卫东译,上海人民出版社2002年版,第231页。

的担心:"当一个人或一个党在美国受到不公正的待遇时,你想他或它能向谁去诉苦呢?向舆论吗?但舆论是多数制造的。向立法机构吗?但立法机构代表多数,并盲目服从多数。向行政当局吗?但行政首长是由多数选任的,是多数的百依百顺工具。向公安机关吗?但警察不外是多数掌握的军队。向陪审团吗?但陪审团就是拥有宣判权的多数,而且在某些州,连法官都是由多数选派的。因此,不管你所告发的事情如何不正义和荒唐,你还得照样服从。"①

因此,托克维尔坦言:"我最挑剔于美国所建立的民主政府的,并不像大多数欧洲人所指责的那样在于它软弱无力,而是恰恰相反,在于它拥有不可抗拒的力量。我最担心于美国的,并不在于它推行极端的民主,而在于它反对暴政的措施太少。"② 托克维尔对美国的担心可能正是痛定思痛的总结它深刻地透视了民主失败的一个重要原因,即一味地相信民主的多数,很有可能出现比专制更为残暴的政治统治。

对民主可能会造成"多数暴政"的担心在一定程度上来源于对法国大革命的反思。法国大革命以后,"多数暴政"的概念以各种各样的方式被提出来,甚至成为民主的代名词。托克维尔直接称法国大革命过程中建立的民主制度为"民主专制制度"。③

对于多数暴政,即使是在法国大革命后多年,托克维尔还是谈虎色变。自由和平等同民主的关系并不一样。就其伴生性来讲,自由曾以各种不同的形式,在各种不同的时代出现过,民主国家中的人爱平等比爱自由更热烈和更持久,在某个时期,他们追求平等的激情可能达到狂热的地步。就其偏好的程度来讲,在民主国家,人民天生爱好自由,自觉地寻找自由,喜爱自由,失去自由便感到痛苦。然而,他们又有着更为热烈的追求平等的激情。

事实上,自由同民主的关系不但无法同平等相比,而且还可能发生矛盾。对二月革命和六月起义,托克维尔甚至表现出一种恐惧感。在《回忆录》中,他表明了自己的真实情感:"在思想上我倾向民主制度,但由于本能,我却是一个贵族——这就是说,我蔑视和惧怕群众。自由、法制、尊重权利,对这些我极端热爱——但我并不热爱民主……我无比崇尚

---

① [法]托克维尔:《论美国的民主》上卷,董果良译,商务印书馆1997年版,第290页。
② 同上书,第289—290页。
③ [法]托克维尔:《旧制度与大革命》,冯棠译,商务印书馆1992年版,第197页。

的是自由,这便是真相。"① 他在论述"多数的暴政"时,多次忧心忡忡地提到,民主的这一弊端是对自由的极大威胁,在美国这样的民主国家,如果有一天自由被毁灭,那必定是民主的恶果。

为了更好地保障自由,防止可能发生的多数暴政。托克维尔结合美国的实践做了多方考察,从而形成了一整套的自由主义理论,有着十分重要的意义。

首先,对权力的限制是保证自由的重要方式。要以法律将暴政的危险降到最低限度,对政府权力的限制是保障自由的重要条件。在这方面,它不仅研究美国的法治和分权,而且关注美国的乡镇自治传统、公众自由结合的社团组织和陪审制度的政治作用。

托克维尔还专门从行政分权的角度考察了美国削弱多数暴政的措施。行政上的分权,或者说是不存在行政集权使多数虽然经常流露出暴君的嗜好和脾气,却没有施行暴政的手段。多数冲动先是受到了行政机关的制约,并在具体的操作中受到乡镇和县的行政机构的阻碍,无法得到实现。

其次,托克维尔从法治或称"法学家精神"的角度进行了考察。在美国,法学家有着极大的权威,他们保证秩序,做事有规律,遵守法制与程序,这使多数的革命精神和民主激情在一定程度上得到控制,而不至于立即产生破坏性的结果。

另外,美国的陪审制度使人民能够及时地影响司法,从而使法律奠定在民情的基础上,更有利于法律的稳定。总之,在托克维尔看来,在民主政体下,法学家和司法人员构成了能够缓和人民运动的贵族团体。

在托克维尔看来,在民主国家,最理想的境界是自由与平等相辅相成、和谐统一。"因为人人都将完全平等,所以人人也将完全自由;反过来说,因为人人都将完全自由,所以人人也将完全平等。"② 托克维尔把自由与平等的完美结合看作平等在世界各国中的最好形式,是应当好好珍惜的。

就这种理想状态来看,只有完全的自由才意味着绝对的平等,而达到其极限的平等也必然是与自由的彻底融合。然而,在现实社会,"人们能增进平等而不损害自由吗?"托克维尔对这一问题提出了一些自己的看法。他从"环境""社团""法制"和"民情"四种要素出发,综合地考虑了这四种要素,认为这四种要素的存在使平等与自由之间的冲突得到调

---

① [法]托克维尔:《旧制度与大革命》,冯棠译,商务印书馆1992年版,第Ⅳ页。
② [法]托克维尔:《论美国的民主》下卷,董果良译,商务印书馆1988年版,第620页。

适，从而达到一种均衡。

另外，托克维尔赞颂民主自由，厌恶和批判专制，这在他对法国大革命的态度上体现得淋漓尽致。对这场大革命，他一面为之喝彩，为之辩护，称大革命是封建专制的必然结果；另一面又对其严加批判、尽数指责，认为大革命又会导致新专制的产生。托克维尔对待法国大革命有一种特殊的感情。他盛赞法国大革命，认为平等、民主等信条"不仅是法国革命的原因，而且……是大革命最经久最实在的功绩"。① 另一方面，他又对法国大革命的破坏性心有余悸。他认为，革命不但打破了专制，而且将旧制度中包含的好东西与这场革命同归于尽。旧制度死亡了，万劫不复；然而，新的忧虑也形成了，它令人坐立不安，"法国大革命成为千秋万代既敬仰又恐惧的对象"。②

托克维尔的思想具有鲜明的自由主义特征。他在阐述民主制度时始终警惕民主制度对自由的新威胁。因此，托克维尔更像一个自由主义者，而不是一个民主主义者。

三 英国自由主义：自由主义的转型前奏

（一）19世纪的英国与自由主义

在法国大革命如火如荼地进行时，英国的思想界即对法国大革命进行了各种各样的反思，尤其以埃德蒙·柏克（Edmund Burke）最为突出。当然，进行过类似反思的还有如休谟这样的政治思想家，他们均以某种形式反思了法国大革命，贡献了法国革命的英国理论。

作为保守主义的创始人，柏克的思想本身就是对法国革命的一个反映。在法国大革命爆发之前，柏克是一个典型的自由主义者。针对国内阶级矛盾加剧的事实，柏克在1770年发表了《关于目前不满情绪的根源》的小册子，主张国会有权决定政府主要人选，削弱国王权力。柏克成为英国政体改革的急先锋，他于1780年发表《论经济的改革》的演讲。柏克主张，"君主的真正利益，是只有一个政府，其成员之荷君主的眷注而入阁，应通过国民的意见，而非贡媚于亲宠"。③ 法国大革命不但没有使这位自由主义者更加激进，反而于1791年发表了关于反对大革命的言论，与辉格党自由派决裂，并于1794年退出议会。晚年的柏克仍在继续阐释

---

① ［法］托克维尔：《旧制度与大革命》，冯棠译，商务印书馆1992年版，第46页。
② 同上书，第156页。
③ ［英］爱德蒙·柏克：《美洲三书》，缪哲选译，商务印书馆2003年版，第303页。

他在反对法国大革命中所运用的原则，直至 1797 年过世。他发表了大量著作、文论、演说词等，其中重要的有：《关于经济改革的演讲》《关于弹劾案开始审理的演讲》《法国革命论》《一个老辉格党人向新辉格党的呼吁》等。其中，尤其重要的是《法国革命论》一书。

因此，当 19 世纪的自由主义者称柏克是自由主义者时，他们是对的；而到 20 世纪 40 年代保守主义者奉柏克为先驱时，他们亦是对的。然而，真正使柏克成为 18 世纪英国最令人瞩目的政治思想家的，却是他的保守主义思想。柏克关于情感、习俗、宗教等主题上发表的意见亦成为传统保守主义的标准文本。柏克无疑是这股"反对革命"的始作俑者，因此被称为"现代保守主义之父"。①

柏克对英国政治思想形成了巨大的影响。英国政治思想家拉斯基曾盛赞柏克，称"在英国政治思想史上，尚无一人比他更伟大"。然而，柏克的影响更大地在于对保守主义影响，阿克顿将柏克奉为"保守主义至高无上的老师"。② 事实上，柏克是一个复杂的人物。阿克顿即指出了柏克自由与保守的两面性。他指出："柏克则是个十足的保守主义性质的人，这种十足性也把柏克信奉的其他所有原则都涵括起来，使柏克成为一个既是自由主义又是保守主义的人。"③

保守主义决定了柏克对革命的反动态度。在柏克看来，进行革命是一种需要做出解释的举动，因为革命必然会打破国家的古往今来的状态，从而打破了"历史之链"，它需要有着非同寻常的理由作为支持。柏克猛烈地攻击法国大革命，攻击法国大革命的"荒谬""卑鄙"。整体上看，柏克从历史的一致性出发，反对革命，反对激烈的社会变革，主张调和与和谐，强调对道德、感情、宗教等非理性因素，强调对社会秩序的保护。这对后来的保守主义思想的发展形成了极重要的影响，成为保守主义的基本信条。柏克自己曾经这样总结这一思想，他指出："我们注意着，不让体系的各部分之间发生冲突。当隐伏在最可靠的方案中的邪恶显露时，我们已经有了防备。这个优势与那个优势之间的相互抵销被减少到了尽可能小的程度，我们修补着，我们调和着，我们平衡着。我们能够把在人心和人事中发现的各种变化和诸多相互龃龉的原则，组织成一个和谐的整体，由此产生出的不是朴素的优越性，而是远

---

① 浦兴祖、洪涛主编：《西方政治学说史》，复旦大学出版社 1999 年版，第 381—383 页。
② [英] 阿克顿：《自由与权力》，侯健、范亚峰译，商务印书馆 2001 年版，第 359 页。
③ 同上书，第 361 页。

为高级的复合的优越性。"①

柏克对法国大革命的民主进行了严厉的批评。柏克认为,在法国大革命中,国民议会成为权力的中心,其行动既不遵循任何古代惯例,也不遵循任何既定的法律,从而使人民的指导成为权力的唯一来源,政府当中充斥着对权力的滥用。柏克预言,法国大革命所建立的政体正在变成寡头政治。

对已经完成了工业革命,正在走向自由资本主义鼎盛时期的英国来说,"法国革命的英国理论"并不是主题,英国自由主义的重心在于迎接自由资本主义的盛世。这一时期,资产阶级的政治任务主要是扩大统治权力。

工业革命促进了英国经济的飞速发展,在国际市场上建立起英国的霸权地位。工业革命也改变了英国的经济和人口分布,从而打破了英国政治中的原有平衡,激发了19世纪上半叶英国的政治改革运动。

英国社会的政治斗争主要是围绕着选举问题、自由贸易问题以及工会的合法地位问题展开的。无产阶级以合作社运动和工会运动为主要形式的经济斗争,逐渐上升为以争取政治权利为目的的政治斗争,迫使资产阶级不能无视无产阶级的利益和要求。在1867年的议会改革中,资产阶级为了巩固自己的统治,不得不对无产阶级在扩大选举权、保证基本自由等方面做出让步。19世纪的英国政治思想就是这一历史背景的产物。

资本主义经济的发展,使人们对社会政治生活的认识发生了转变。早在17世纪就曾因牛顿这个科学巨星而引人注目的英国科学界,在19世纪又诞生的一批科学巨匠对政治思想产生了直接的影响。

以自然权利为核心的自然法思想影响了19世纪以边沁为代表的功利主义政治思想流派。影响19世纪英国政治思想的还有被誉为"经济学之父"的亚当·斯密(1723—1790)为代表的古典经济学理论。亚当·斯密的《国民性质和原因的研究》一书,奠定了英国古典政治经济学的基础。一方面,古典经济学家赞扬资本主义商品经济,认为市场经济是一种自然秩序,人们为了追求自身利益而参与商品生产与交换,受一只"看不见的手"的支配;另一方面,古典经济学家主张实行自由放任政策。

古典经济学家认为,人是有理性的经济动物,在市场经济中根本不需

---

① [英]埃德蒙·柏克:《自由与传统——柏克政治论文选》,蒋庆等译,商务印书馆2001年版,第129页。

要政府的干预。19世纪英国自由主义的理论和实践深受这些思想的影响。19世纪的英国政治思想由革命转向改良和保守,功利主义成为政治思想的主要理论基础。

依照边沁的功利思想,"个人利益被视为人的一切行为的基本动因,'最大多数人的最大幸福'是人的根本道德原则,求乐避苦是人的本性和个人利益之所在。因此,无论是个人行为还是政府行为都应以增加人和社会的幸福,减少人和社会的不幸为目的。由于社会是由个人组成的,只要使个人能够追求和实现他自己的最大利益,也就是增加其快乐之总和,或减少其痛苦之总和,就会实现整个社会的最大利益。快乐分为感官的快乐、获得财富的快乐、技艺的快乐、和睦的快乐、荣誉的快乐、权力的快乐、虔诚的快乐、想象的快乐、期望的快乐等14种。把痛苦分为穷困的痛苦、感官的痛苦、不和的痛苦、耻辱的痛苦、想象的痛苦、期望的痛苦等12种。这些不同的快乐和不同的痛苦只有量的差别,没有质的不同,是可以进行计算的。通过对快乐与痛苦的计算,能够衡量出政府的立法效果"[1]。边沁认为,计算快乐与痛苦的价值,进而改进法律,就可以实现最大多数人的最大幸福。

边沁把"最大多数人的最大幸福"作为他功利思想的根本原则,也成为衡量国家法律和制度的根本价值标准。边沁的功利思想是他政治思想的基础,正是在功利原则的指导下,边沁提出了他的政府理论和改革主张。

边沁以功利理论来解释政府的起源和目的,他对17—18世纪流行的自然法学说和社会契约理论进行了批判。边沁否定自然法的存在,否定成立政府的原始契约的存在,认为它们不过是一种"虚构"。他提出,"国家或政府并非起源于契约,而是形成于人们服从的习惯。当一群人(臣民)被认为具有服从一个人或由一些人组成的集团(统治者)的习惯时,这些人合在一起,便可以被看做是处在一种政治社会的状态中。人们服从的理由仅仅是服从可能造成的损害小于反抗可能造成的损害,也就是因为这是出于他们的利益"[2]。一旦统治者的行为与人民的利益或幸福相抵触,人民就没有理由去服从了。

在边沁那里,"不仅人民是为了自身利益的目的而服从政府的,而且政府也是为了社会利益的目的而设立的。因此,政府的职责就是以奖惩的

---

[1] 徐大同主编:《中外政治思想史》,中央广播电视大学出版社2004年版,第198页。
[2] [英]边沁:《政府片论》,沈叔平等译,商务印书馆1995年版,第155页。

办法提高社会的幸福。为此,政府必须制定和完善法律,而所有法律都要以增加全民的幸福为目的"。① 边沁把立法视为增进社会利益的主要手段,把立法看作政府的主要活动。

边沁提出,"政府活动和立法的目的(即社会利益或最大多数人的最大幸福)可以具体分为四个目标:生存、富裕、安全与平等。他认为这四项目标实现得越完全,社会的幸福就越大。获得生存是所有政府包括暴虐政府赖以存在的必要条件,不能维持生存的政府就意味着饥饿,意味着混乱。因此,一个政府的好坏主要应该以它所提供的富裕、安全、平等来衡量。在这几个目标中,安全是生命的基础,是人类幸福的首要条件,是生存、富足、快乐的保证"。② 因此,政府的最大作用就是保障安全,剥夺财产是最不安全的。

边沁虽然认识到政府和法律在增进社会利益方面有着不可缺少的作用,但是他仍把它们看作必要的祸害。他认为,"政府的法律在增进全民幸福时首先要做的是通过惩罚排除破坏幸福的事情,即排除伤害。可是,任何惩罚都是伤害,所有的惩罚都是罪恶。因此,根据功利原理,如果惩罚被认为确有必要,那仅仅是由于它能够排除更大的罪恶。立法者的任务就是对不同的罪恶或祸害进行权衡和选择,使法律本身带给人们的祸害小于法律所要制止或避免的祸害"。③ 基于法律本身是一种祸害的认识,边沁认为政府对经济生活应采取"不干涉原则",政府的活动应尽量限制在保护人身安全和私有财产不受侵犯的范围内。

在边沁看来,"自由政府和专制政府的主要区别,不在于掌握最高权力的人中这个人的权力比另一个人的权力少些,而在于这个人的权力比另一个人的权力受到更多的限制。权力受到限制的自由国家是社会权力对政府(国家)权力限制的国家,在这样的自由国家里,社会的变革就会较为顺利和容易,较少采取暴烈的行动"。边沁一生倡导改革,反对保守和僵化。为了使改革能够得以实行,边沁强调了对现存制度进行自由批判的重要性。他指出,一种制度如果不受到批判,就无法得到改进,"在一个法治的政府之下,善良公民的座右铭是什么呢?那就是'严格地服从,自由地批判'"。④

---

① 徐大同主编:《中外政治思想史》,中央广播电视大学出版社 2004 年版,第 199 页。
② 同上。
③ 同上书,第 200 页。
④ [英]边沁:《政府片论》,沈叔平等译,商务印书馆 1995 年版,第 99 页。

于英国政治制度的改革,边沁主张废除英国上议院,而只留下代表民意的下议院,也即实行一院制。他对权利法案、权力分立以及制约和平衡等限制统治权的法律持怀疑态度,认为"这在理论上是混乱的,做起来是自取失败的。一院制议会应拥有完全的法律主权,即立法权力,但必须依靠开明的舆论来保证其负责任的态度。最终的政治主权应当属于人民,因为只有这样才能使政府的利益符合普遍的利益。为此要实行普选制,即凡识字的成年人包括妇女都应享有选举权,并实行无记名投票。为了充分反映民意,议会必须每年改选一次,议员必须以选民意见为依据,不受政府左右;议员不得担任行政职务,而且任期只能一年"。① 边沁的这些主张,目的是要削弱和消除英国政治制度中的君主制因素和贵族制因素,扩大其中的民主制因素。

边沁不仅倡导政治改革,而且力主法律改革。他对英国的法律制度极为不满,认为"它既古老又不完善,既费解又专横,既不安全又不平等。不仅改革立法原则,用最大多数人的最大幸福这一功利原则代替注重惯例、传统、习惯等的历史原则;而且也要改革法律形式,要改变那种不成文法、习惯法、判例法的形式,要制定成文法,编纂法典。此外,司法改革的目的是要简化司法程序,提高法庭效率"。② 边沁的改革建议对19世纪的英国法律改革产生了重要影响。边沁的许多思想并不成熟,但他根据功利主义提出的政治原则和改革建议反映了当时英国社会的进步要求。

把功利主义作为理论基础,是对资产阶级革命时期以自然权利学说(即自然法学说)为基础的政治思想的重大修正和发展。自然权利学说把人拥有的基本权利看作不言自明的真理,强调这些权利具有不可侵犯、不可剥夺的神圣性质,从而为资产阶级推翻封建专制的革命提供了理论根据。但是,对于19世纪的资产阶级来说,这一具有革命性质的理论不仅容易造成所谓的"过火行为",而且容易为新兴的无产阶级所利用,从而不利于和平发展时期资本主义秩序的稳定。

19世纪的自由主义者主要以功利主义为理论基础,对公众舆论及所谓"多数的暴政"表示忧虑。作为资产阶级政治思潮,自由主义和保守主义两大思潮为资本主义的稳定和发展发挥着各自独特的功能。

(二) 斯宾塞:传统自由主义的守望者

赫伯特·斯宾塞(Herbert Spencer, 1820—1903),英国著名的社会

---

① 徐大同主编:《中外政治思想史》,中央广播电视大学出版社2004年版,第200页。
② 同上书,第200—201页。

学家、哲学家、政治思想家，社会进化论和社会有机体论的代表人物，19世纪最有影响的思想家之一。斯宾塞的思想，尤其是其社会达尔文主义的思想深刻地影响了一个时代。这不仅体现在英国，而且其声望亦超出英国，在西方世界，甚至是在拉美国家形成了一定的影响。尤其是在美国，出现了像萨姆那等一批崇拜者。然而，斯宾塞的自由放任思想已经在自由资本主义的发展过程中成为强弩之末。在斯宾塞还没有去世之前，英国自由放任政策的弊端就开始显现出来，美国后来随即出现了一股批判社会达尔文主义的进步主义潮流。

在英国自由主义即将转向新自由主义的转型时期，斯宾塞的自由主义思想代表了对传统自由主义的一种守望，成为自由竞争时代自由主义传统的最后一抹霞光。斯宾塞借用达尔文的生物进化论的观点来解释人类社会的基本构成及行为准则，从物竞天择、适者生存的自然法则出发，阐发了一种弱肉强食的政治哲学，强烈地反对国家干预。斯宾塞的社会达尔文主义在英、美等国名噪一时，受到了热烈的欢迎。

斯宾塞对传统自由主义的保守在英美世界具有一定的影响力。在美国，战后到1929年之前，美国在传统自由主义政策的指引下，经历了一个持续的经济繁荣时期。战后的哈定政府开始实行"恢复常态"政策，积极推行自由放任的经济政策，主张"无为而治"。与经济发展、政治稳定的局势相符合，美国受英国的影响亦大兴社会达尔文主义之风，其势头甚至超过美国。社会达尔文主义以萨姆那、菲斯科等人为代表，极力推崇斯宾塞的理论，主张自由放任，反对国家干预。

与英国新兴的以功利主义为特征的自由主义，斯宾塞亦显得不入主流。斯宾塞从社会进化的角度批判了功利主义的最大幸福原则。斯宾塞认为，功利主义虽然提出了人们追求最大幸福的目标，但谈不上以最大幸福原则去指导立法实践。

在斯宾塞看来，最大幸福必须间接地去寻求，也就是通过满足人们实现幸福的最主要条件来满足人们对幸福的追求。斯宾塞明确指出："行动的自由是运用机能的第一要素，因此也是幸福的第一要素；每个人的自由受所有人的同样自由的限制，是当这第一要素应用于许多人而不仅是一个人时所采取的形式；从而每个人的这一自由受到所有人的同样自由的限制，是社会必须按照它组织起来的原则。自由是个人正常生活的先决条件，而同等自由则成为社会正常生活的先决条件。"[1]

---

[1] [英]斯宾塞：《社会静力学》，张雄武译，商务印书馆1996年版，第41—42页。

这就是斯宾塞的同等自由法则，即"每一个人都有权要求运用他各种机能的最充分的自由，只要与所有其他人的同样自由不发生矛盾"①。与国家的干预相比，个人可能更有积极性去运用自己的权利实现自己的自由。在自由精神的指引下，他们会更好地发挥主观能动性，更好地实现个人的或是社会的要求。他明确指出："个人的或社会的要求可以由精神的刺激和自愿的努力更好地得到满足，这胜于任何人为的立法。"②

在斯宾塞看来，同等自由是国家行为的底线，人们总是会对这一底线表示认可。但如果超过了这一底线，就会产生分歧，还可能会因为过分干预还以其他方式危害安定。

正是出于这样一种认识，斯宾塞认为，一方面，国家的权力急剧扩张，规定逐年增加，约束公民以前未受到抑制的方面，强迫公民做以前由本人决定做或不做的事。另一方面，更沉重的公共负担，主要为地方负担，进一步地限制了公民的自由，其手段是减少公民本可随意支使的收入之份额，并加重取自公民的份额，随意用于公共机构的开支。③

由此出发，斯宾塞竭力反对政府干预个人和社会事务。斯宾塞从这一点出发区别了保守主义和自由主义。他指出："保守主义和自由主义最初的出现，一是源于战斗精神，另一则是源于工业主义。一个主张地位的体制，另一个主张契约的体制——一个主张与各阶级法律地位不平等相伴而行的强制合作体系；另一个主张与各阶级法律地位平等相伴的自愿合作体系。毫无疑问，两党早期的举措分别是为了推行这种强制合作的机构和削弱或抑制这些机构。"④由此我们可以看出，在斯宾塞眼里，保守主义实际上是军事形态社会的一种残留，而自由主义更体现了资本主义的精神。

斯宾塞主张限制议会权力。在当时的英国，议会的权力不断上升，甚至在一定程度上成为一种议会主权的政体。针对这种情况斯宾塞进行了严厉的批评。他认为，政府常常只是个人或是社会的一个中介。无论议会还是政府，他们的权限必须有一个一定的界限，必须得到清晰的界定，它需要为他要实现的职能服务。斯宾塞就曾明确地指出："过去，自由主义的功能在于对国王的皇权加以限制。今后，自由主义的功能将是对议会的权

---

① [英] 斯宾塞：《社会静力学》，张雄武译，商务印书馆1996年版，第33页。
② Spencer, The Proper Sphere of Government, see Spencer, *Political Writings*, Cambridge: Cambridge University Press, 1994, p. 57.
③ [英] 斯宾塞：《国家权力与个人自由》，谭小勤等译，华夏出版社2000年版，第1页。
④ 同上书，第18—19页。

力加以限制。"①

斯宾塞宣扬的"同等自由"法则与资产阶级革命时期提出来的同等权利原则并无本质差别。强调形式上的平等可能会造成事实上的不平等，即以平等的形式掩盖了不平等的事实。另外，对同等自由的这种追求实际上亦使斯宾塞陷入了超时空的普遍主义误区。这甚至与他的进化论相矛盾，使他的理论成了"天赋权利和生理学隐喻的不调和的混合体"。②

随着资本主义的不断发展，资产阶级开始调整统治政策，采取国家干预的形式来解决越来越尖锐的社会化大生产同生产资料私人占有之间的矛盾。斯宾塞对此强烈地表示不满："现在所谓的自由主义推广了强迫体制，成为一种新式的保守主义。"③ 然而，保守的可能恰恰是斯宾塞。在资本主义开始由自由竞争走向垄断时，斯宾塞仍然固守旧的观念，并坚持放任主义原则，是明显落后于时代的。因此，人们甚至称他为这个时期的保守主义者。思想史家麦克里兰不无感慨地指出："有一种思想家，他们的理论从那些理论解释并称扬的那个世界里生长出来，自然天成，但其思想体系也随其时代结束而俱终，斯宾塞属之。"④

（三）密尔：沟通传统与现代的桥梁

约翰·斯图亚特·密尔（John Stuart Mill, 1806—1873），近代英国著名思想家，其思想涉及政治、经济、哲学、逻辑、宗教、伦理等诸多领域，在各个领域都取得重要成就。作为自由主义的重要代表，其理论始终在英国，乃至整个西方世界保持着深刻的影响。密尔不仅将功利主义与自由主义成功地融为一体，而且对自由主义的重大原则，如自由原则、民主原则做出了重大贡献，甚至被人称为自由主义的圣人。李强甚至认为，密尔的学说代表了英国古典自由主义的终结。他认为，"英国的自由主义经过近二百年的发展，到了密尔达到近乎完善的地步。自由主义的几乎所有基本原则在密尔那里都得到阐述，自由主义的所有内在矛盾、弱点在密尔那里都有清楚的暴露。密尔是近代自由主义发展史上最后一个全面阐述自由主义原则的思想家"⑤。

---

① [英]斯宾塞：《国家权力与个人自由》，谭小勤等译，华夏出版社2000年版，第113页。
② [英]欧内斯特·巴克：《英国政治思想》，商务印书馆1987年版，第58页。
③ [英]斯宾塞：《国家权力与个人自由》，谭小勤等译，华夏出版社2000年版，第18—19页。
④ [英]麦克里兰：《西方政治思想史》，彭怀栋译，海南出版社2003年版，第528页。
⑤ 李强：《自由主义》，中国社会科学出版社1998年版，第100页。

密尔对自由主义最重要的贡献是他的自由思想。密尔根据英国资本主义的发展修正了传统的自由主义，主张国家在一定程度上的干预，提出了"社会自由""伟大的善"等重要的概念，在一定程度上丰富了西方自由思想的理论体系。

密尔继承了传统自由主义的基本原则，认为国家应当奉行不干涉政策。他赞同放任主义，主张每个人按照自己的道路追求自己的好处。然而，密尔又根据他的功利主义原则提出，为了增加快乐，免除痛苦，国家不能只是一味放任，还应积极地为人民提供更多的获得自由的机会。

密尔重新探讨了自由放任主义的政策。他认为，尽管自由放任是个基本原则，但这个原则的实施也并不是毫无限度的。从功利主义的角度出发，密尔认为，为了实现更大的善，国家在某些情况下可以实行一定程度的干预，这些干预与强迫不是限制了自由，而是扩大了自由。比如，为了提高人民的美德和智慧，国家可以强迫人民完成义务教育；为了保护儿童，国家可以对不准使用童工进行立法；为了扶助穷人，国家可以通过"济贫法"提供救济；为了使属地殖民化，国家可以支持地理科学考察；等等。

在密尔的时代，资本主义的发展逐渐开始由自由资本主义走向垄断资本主义，国家在社会生活中发挥的作用越来越引起人们的重视；密尔之后，主张社会合作、积极发挥国家作用的新自由主义逐渐开始成为英国乃至西方政治思想的主流。从这个意义上讲，密尔对自由放任理论的修正既符合当时的时代需要，同时又领时代之先，为资本主义的转型提供了理论上的论证。

密尔对自由理论的另一个贡献，就是他提出的社会自由的理论。早期的自由主义对自由的探讨更多地局限于个人自由，主张生命、自由、财产的权利，或者是政治自由，主张通过选举权、被选举权、决策权等进入政治领域，影响国家的政策。在密尔之前，洛克等第一代自由主义者主张政治自由，从18世纪末到19世纪初，亚当·斯密、老密尔、大卫·李嘉图等自由主义思想家们主要是通过对国家经济问题的阐释论证了经济自由。密尔的自由理论突破了这一限制，他不再仅仅限于个人与国家的关系，而是扩大为个人与社会的关系，将自由引向社会的自由。

密尔看到，当人们免除了政治上的专制后，还是存在着习俗和舆论压力的强制因素，这使社会本身成为"暴君"，形成"社会的暴虐"，这种暴虐会不断地扩张而超出公共生活的边界，侵入私人保留的空间，甚至是内心世界，制约个性的形成，塑造一个"同质化"的、毫无生气的世界。

密尔以所谓的"社会的暴政"来指称这种现象。他指出:"这种社会暴虐比许多种类的政治压迫还可怕,因为它虽不常以极端性的刑罚为后盾,却使人们有更少的逃避方法,这是由于它透入生活细节更深得多,由于它奴役到灵魂本身。"①

为了更好地剖析社会自由与个人自由,密尔将人的全部行为分为两个部分,一部分行为只关乎自己,而另一部分行为则肯定会涉及他人。在这两个部分中,每个人的自由就不是一样的。"第一,个人的行动只要不涉及自身以外什么人的利害,个人就不必向社会负责交代","第二,关于对他人利益有害的行动,个人则应当负责交代,并且还应当承受或是社会的或是法律的惩罚"②。也就是说,一个人的行为只要不妨害他人,就应有完全的自由;但当他的行为妨害了他人,这行为就被排除在自由的范围之外,而被放进道德或法律的范围之内了,人类就有理由干涉他的行动自由。也就是说,"对于文明群体中的任一成员,所以能够施用一种权力以反其意志而不失为正当,唯一的目的只是要防止对他人的危害"。③

密尔针对"社会暴政"提出的"社会自由"与托克维尔针对"多数暴政"提出的"少数权利"异曲同工,为西方自由思想添加了重要的内容。密尔在这里提出的"群己权界论"正是密尔自由思想的精华。是否危害他人就是"群己权界"的分界所在。密尔认为,无论社会对个人的强制手段是法律的物质力量还是舆论的道德压力,都要以此为界,这是一条原则。

传统自由主义认为,国家的目的是保护人权、保证人民的幸福,国家是"必需的罪恶",国家作用是守夜人,自由放任的国家是最好的国家。而新自由主义则主张国家要积极地为公民谋利益,进行社会管理,为公民的自由提供必要的社会条件,使人们获得平等的自由和均等的机会,成为"必要的善"。在这两种自由主义之间,密尔的政治思想具有一定的过渡性,即:他并没有抛弃自由放任的基本倾向,但也承认,为了"伟大的善",国家需要有一定程度的干涉;他认为,政治自由尽管基本,但社会自由也不可或缺,人们有权利按照自己的道路追求自己的好处,习俗与舆论的社会奴役亦为暴政;他承认权利自然重要,但又不能不讲义务,等等。

---

① [英]密尔:《论自由》,程崇华译,商务印书馆1982年版,第4—5页。
② 同上书,第102页。
③ 同上书,第10页。

19世纪20年代以后,"社会主义"一词逐步在英国流传开来。到了40年代初,更盛行于整个西欧,成为一种十分时髦的新思潮。在马克思和恩格斯的《共产党宣言》发表之前,社会主义还没有明确的科学内容和坚实的阶级基础,形形色色的社会主义,形形色色的社会主义者出现在社会政治的大舞台上,密尔也身居其中。

密尔首次提出"社会主义",是在他1847年完成的《政治经济学原理》一书中。当时他极力反对社会主义思想,认为在社会主义制度下社会必然压迫个人,违背了个人自由原则。随着欧文的公社实验在英国的长期开展,也随着各种社会主义流派宣传的深入,社会主义在英国的影响越来越大,成为不可抗拒的潮流。在这种形势下,密尔详细研究了欧洲大陆上众多知名的社会主义派别的代表,认真思考了各方争论中的全部问题,而后他改变了自己过去的观点。密尔后期的自由主义思想越来越激进,甚至开始走向一种"有限度的社会主义"。

在1852年出版的第三版《政治经济学原理》中,密尔把在第一版中对社会主义议论、批判的内容大都删去,并增加了新的评论。密尔接过"社会主义"这一口号,提出他的有限度的社会主义理论。在这种社会主义社会中,产品的分配按公认的公平原则进行,每个人都能分享到社会利益。他说:"将来的社会问题,就是如何将个人行动的最大自由同地球上的原料的公有权,以及大众共同工作上的利益的平等享受权合在一起。"[1]密尔的社会主义,就是要把自由原则与社会改革结合在一起。

密尔"有限度的社会主义"的首要原则是私有财产自由和竞争自由。他认为,社会主义要建立在私有财产和个人竞争的基础之上,应当保存私有财产、保护私有财产。他强调,人类发展现阶段的主要目标,不是要废除私有财产制度,而是改进这一制度,以使社会的每个成员都能充分分享社会的利益。因而,密尔对傅立叶不废除私有制的社会主义方案大加推崇。

实行合作和互助,是密尔"有限度的社会主义"的又一原则。他说,人类不会被长久地划分为雇用者和受雇者两个阶级,劳动者和资本家会有所联合,劳动者自己也会互相联合。密尔主张推广这种合作团体。他相信,这种道德化的实体会逐渐破坏阶级分化,和解资方和劳方的长期冲突,改造人类生活,使为了对立利益而争斗的阶级冲突变为在促进所有人的善中的友好竞赛。

---

[1] [英] J. S. 密尔:《密尔自传》(下),商务印书馆1935年版,第198页。

尽管密尔要减少社会上的贫困状况，减小财产的不平等，希望工人成为生产的主人，消除资本主义弊病，但是他提出的方案不可能超出资产阶级所能允许的范围。把资产阶级利益与无产阶级要求调和起来，仍然是密尔"有限度的社会主义"表现出的自由主义特征。因而，自由主义思想家霍布豪斯才把密尔的社会主义主张称为"是我们所拥有的对'自由主义的社会主义'的最概略的说明"[1]。

正是从密尔"有限度的社会主义"思想出发，新自由主义提出要在保存资本主义制度的前提下，坚持自由原则，进行社会改革，实行企业国有化、普及教育，实行社会救济，建设福利国家。密尔"有限度的社会主义"思想是通向现代形式自由主义的桥梁。

密尔的政治理论和政治主张充分证明，他是一个新型的自由主义思想家。他既要把思想自由、言论自由扩大到人民大众，又要用国家这个调节器去调整阶级关系，维护资产阶级利益；他既要保证资产阶级在自由竞争中获得更大的利润，又要给民众以一定的福利减少民众的不满；他既要扩大民众的民主权利，又要反对权利平等，阻止无产阶级掌权；他既要改变社会的不平等状况，又要保护资本主义制度，凡此种种，不一而足。密尔对无产阶级与资产阶级双方采取了明确的折中主义态度。正如马克思所说的："约·斯·密尔先生凭他惯用的折衷逻辑"，懂得对相互对立的见解都赞成，他要"调和不能调和的东西"。[2] 密尔企图把资产阶级的利益与无产阶级的要求调和起来，稳固资产阶级统治，这就是密尔自由主义思想的实质。

一个半世纪以来，西方学术界对密尔政治思想的研究经久不衰，但对密尔政治思想的具体评述，却是众说纷纭、莫衷一是。这些评论大致可以分为三类：一是"自由主义"，二是"自由主义的民主主义"，三是"社会主义"，人们甚至把密尔称为"工人阶级的社会理论家"，说他努力为社会主义奋斗。尽管这些观点不尽相同，甚至有着相当大的分歧，但对密尔在思想史上的影响与地位的赞誉却是异口同声的。拉斯基盛赞密尔，称理性之灯由于密尔的存在更光芒万丈，希梅法伯则认为他"表达了一切时代的思想"，"是一代又一代人思想的总的提供者"。

对密尔的复杂评价从另一个角度说明了密尔在自由主义思想史上的重要地位。仅就这一地位来看，人们又对密尔的自由主义思想有"放任主

---

[1] L. Hobhouse, *Liberalism*, Oxford University Press, 1981, p. 62.
[2] 《马克思恩格斯全集》第23卷，第18、144页。

义的自由主义""民主的自由主义""实证主义的自由主义""转向社会主义的自由主义"等不同的说法。这些说法实际上充分描述了密尔在传统自由主义与新自由主义之间的过渡作用。

在英国自由主义政治思想史上,密尔继往开来,承前启后,占有极为特殊、极为重要的地位。

传统自由主义者主张政治自由,及对任何形式的国家奴役;密尔提出了社会自由,主张按照自己的道路追求自己的好处,反对习俗与舆论的社会奴役;新自由主义者则提倡积极的自由,反对社会弊害对人民的威胁。

传统自由主义者认为国家的目的是保护人权、保证人民的幸福,国家是"必需的罪恶",国家作用是不作为,是放任;密尔指出"幸福"的含义更广泛,更要促进人民的美德与智慧,国家的作用基本上是放任的,但为了"伟大的善"也要有一定程度的干涉;新自由主义者则主张国家要积极地为公民谋利益,国家已成为"必要的善",国家的作用就是积极干涉公民生活,进行社会管理,为公民的自由提供必要的社会条件,使人们获得平等的自由和均等的机会。

传统自由主义者认为个人利益的获得增加了社会的普遍利益,强调个人的自由;密尔在强调个人自由的同时,提出个人之间进行广泛的互助合作可以更大地促进普遍的善;新自由主义者则更强调社会团结和社会合作。

密尔继承了传统自由主义的基本原则,他的自由主义思想成为沟通自由主义传统形式与现代形式的重要桥梁。

第六章 改革与自由主义的转型

如果说是革命催生了自由主义，对革命的反思使自由主义走向成熟的话，那么，面对资本主义由自由资本主义走向垄断资本主义所带来的一系列的社会变化，自由主义能不能完成理论的调适，从而适应时代的要求就成为验证自由主义生命力的一块试金石。

19世纪末到20世纪初的一段时间里，无论是在英美，还是在欧洲大陆，自由主义都面临各种各样的挑战。这种挑战有经济上的，比如接连发生的经济危机；有政治上的，比如国家职能的扩张，行政权力的膨胀；还有文化上的，移民、贸易等造成的文化交流使民主制度的文化基础发生改变；尤其严重的是，军事上的挑战是空前的，有第一次世界大战的残酷，还有第二次世界大战即将到来的威胁。面对这些威胁，西方社会纷纷进行改革，从而使西方社会进入了一个以改革为标志和特征的时代。[①]

尽管如此，自由主义还是通过理论上的调适顽强地生存下来。在英美世界，先后进行的两场新自由主义运动使自由主义浴火重生，成为自由主义形成以来最引人注目的一次理论转型；在欧洲大陆，面对民粹主义和极权主义，自由主义亦做出了相应的调适。

一 两种自由主义传统的发展

人们可以从各个角度出发来界定自由主义的基本特征。比如，从自由主义的发展出发，将自由主义界分为传统形式的自由主义和现代形式的自由主义。[②] 或者依照国别和地域将其划分为英国的自由主义、法国的自由

[①] 就自由主义的发展来看，相同或是相似理论的形成在时间上并不一致，英国最早完成资产阶级革命，自由主义的发展会在时间上早于美国和法国的自由主义。本书将这些时间上并不一致自由主义政治思想放在一章内加以描述，主要是为了突出其理论在逻辑上的统一。

[②] 吴春华主编：《当代西方自由主义》，中国社会科学出版社2004年版。

主义、德国的自由主义、意大利的自由主义,等等。① 就自由主义的内在特征来看,我们认为,将自由主义区别为英美传统的自由主义和欧洲大陆传统的自由主义两种形式有其内在的合理性。② 这两种自由主义的传统分别源于英美资产阶级革命和法国资产阶级革命,在特征上有着重要的区别。本书即从这种区别出发,描述两种自由主义传统在19世纪末20世纪上半叶的发展。

资产阶级革命的胜利意味着自由主义时代的到来。由英国开始并逐渐扩展到西方世界的第一次工业革命再一次将自由主义的繁荣推向高峰。在这次工业革命中,新兴的资产阶级不但真正地发展了资本主义经济,成为新生产力的代表,而且逐步在西方世界建立了资本主义制度。从1871年到1900年,伴随着第二次工业革命,资本主义逐渐由自由竞争的资本主义向垄断的资本主义过渡,资本主义经济进入了一个高速发展的时期。

在政治领域里,改革是这一时期的典型特征。各国都根据经济和社会的变化进一步修正资本主义制度,为资本主义发展的新阶段做好准备。英国的议会改革,美国的宪法修正,包括欧洲大陆的法国、德国均在立法、行政等方面进行了一系列的改革。改革使资本主义民主的基础进一步扩大,各国都出现了一个选举权急剧扩大的时期,大众作为一个群体史无前例地参加到政治民主的潮流中来,使这一时期成为大众民主的新时代。

第二次工业革命成为生产力发展的一个强劲动力。在19世纪第一次工业革命的基础上,第二次工业革命再一次把人类历史带进一个新纪元。这场工业革命以电力的广泛应用为特点,配以内燃机技术的突破,使人类进入了电气时代。这次工业革命不像第一次工业革命那样,它从一开始就具有世界范围的影响。在这次工业革命中,科学和技术真正融合在一起,推动了科学技术向生产力的转化,并且带动了科学管理的兴起,"泰罗制"③ 得到广泛的推行。

在第二次工业革命的推动下,资本主义世界飞速发展。随着生产的发展,企业规模越来越大。19世纪末,这种生产的集中引起了垄断的产生,在这一段时期内,资本主义进入垄断阶段。美国、德国的工业生产发展最快,相比之下,英国、法国的经济发展显得缓慢。同这种发展相适应,各

---

① [意]圭多·德·拉吉罗:《欧洲自由主义史》,杨军译,吉林人民出版社2001年版。
② 吴春华主编:《当代西方自由主义》,中国社会科学出版社2004年版。
③ 19世纪末由美国工程师泰罗提倡的管理制度,使劳动生产率有了很大的提高。由此开始了工厂的科学化管理时代。

国的垄断程度也不一样：美、德的垄断程度较高，英、法则相对较低。同时，由于资本主义内部矛盾的发展，经济危机的发生也更加频繁而深刻，有人甚至将19世纪最后30年称为世界经济史上的"大萧条时代"。

伴随着世界经济的迅猛发展，西方世界的政治发展亦出现了一种新的趋向：虽然这一时期并没有发生激烈的革命，但几乎所有的西方国家都经历了一段政治转型期，改革成为政治发展的总特点。早期自由放任的经济、政治制度被修正，资本主义国家一改往日的"守夜人"形象，完善了政府结构，强化了国家机器。

经济的飞速发展给社会带来了一系列问题。面对这些社会问题，资本主义国家纷纷进行立法，以图缓解危机。这一时期，社会领域内的改革是在渐趋健全的资本主义宪政民主制度的范围内进行的立法改革。

德国社会民主党反对非常法的胜利以及德皇威廉二世继位后采取的一系列社会福利措施使德国在这方面走在了前面。在英国，自由党和工党先后上台，通过一系列社会立法，提高了人民的福利待遇。法国也在一大堆社会问题的压力下，寻求国家干预，制定了大量法律。

在美国，伴随着经济发展的一系列贪污、腐败等丑恶现象在国内引起强烈反响，美国发生了全国性的"进步运动"。在这一运动中从州到联邦通过了一些社会立法，这些立法对州和联邦产生了深远的影响。

19世纪后期，主要资本主义国家大多通过国家干预从福利、经济、教育等方面进行社会调整。这些调整一方面使劳工状况有了进一步的改善，居民的生活、环境、健康等各方面都有了一定的保障；另一方面，资本主义制度建立初期奉行的传统形式自由主义的经济政策和政治方针开始发生了变化。

行政权力的扩张在这一时期尤其引人注目。在英国，内阁权力越来越大，19世纪70年代以后的行政改革格外引人注目。经过像狄斯累利这样一些"铁腕首相"的不断经营，在英国这个"议会之乡"，议会权力和地位却逐渐下降，内阁的地位却不断上升，甚至出现了一种"内阁专横"的政治局面。美国也出现了同样的趋势：典型的三权分立与制衡的体系被打破，总统攫取了越来越多的权力，甚至出现了"帝王般的总统"。在德、法，变化不如英、美那样明显，其原因只是这两国的行政权力一直占据着重要的地位。

与行政权力加强伴随的是国家统治机器的加强：德国统一后直接继承了普鲁士的官僚制度和军国主义传统；一直推崇自由主义的英美也纷纷加强中央对地方的控制，建立起各种完善的国家组织。通过加强军队、警察及其他官僚机器，西方主要资本主义国家进一步加强了国家机器的能力。为适应国家机器的加强，政府机构逐渐趋于完善。这一时期，英美普遍健全了文官制度。政治制度的创新在美国更加引人注目，从市到州及联邦的各级政府机构都在改革浪潮的推动下经历了洗礼。

政治上的民主进一步扩大。经过议会改革，英国下院实现了一定程度的民主化，保守的上院也开始改变。同英国相比，美国的民主改革虽然起步较晚，但在声势浩大的"进步运动"的推动下，其取得的成果却是不容忽视的。这一时期的其他国家如比利时、意大利、希腊、瑞士、荷兰等国家都出现了民主的扩大化，形成了一次民主化的浪潮。[①]

从整个世界史来看，直到第一次世界大战前夕，欧洲在世界经济、政治中的优势地位是毋庸置疑的。19世纪末20世纪初欧洲主要资本主义国家疯狂地向外扩张，到第一次世界大战爆发前，欧洲已称霸全球，成为世界的政治中心。然而，这一地位并不稳固，美国和日本的崛起使欧洲遇到了强劲的对手。尤其是美国，南北战争之后通过重建进入迅猛发展的新时期，到1894年美国工业生产开始跃居世界首位。在欧洲内部这种政治与经济发展的不平衡亦表现出来。后起的德国很快赶上并超过了英、法老牌的资本主义国家。这种不平衡加剧了主要资本主义国家间的矛盾，从而引发了世界范围内的第一次世界大战。

这次大战从1914年一直持续到1918年，给世界人民尤其是欧洲人民造成了巨大的损失，它加速了欧洲的衰落，引发一系列的革命，使民族解放运动出现新高潮。战后形成的国际关系秩序——"凡尔赛—华盛顿体系"并不稳固，它并不能保证资本主义世界的和平与安宁。正如列宁所说："靠凡尔赛条约来维系的整个国际体系、国际秩序是建立在火山上的。"[②] 凡尔赛体系为新的争夺埋下了祸根。

战后的经济恢复在各种不安定因素的影响下缓慢进行，其间经济危机不断。直到1929年，资本主义固有矛盾与危机形成了一次总的爆发，引发了1929—1933年世界资本主义经济危机。这次危机从美国开始，迅速在西方世界蔓延，并波及一些非西方国家，扩大到整个世界范围。这次空前的经济危机不但沉重地打击了西方各资本主义国家的经济，而且进一步

---

① 据亨廷顿的描述，这是一次民主化的长波，从1828年到1926年，有一大批国家实现了民主制度。参见［美］亨廷顿《第三波——20世纪晚期民主化浪潮》，上海三联书店1998年版，第14—15页。

② 《列宁全集》第39卷，人民出版社1972年版，第352页。

激化了资本主义社会的各种矛盾，使本来就并不轻松的国际关系进一步恶化。各国在经济危机的沉重打击下，纷纷寻找出路。

这次持久而又深入的经济危机成为自由主义的一块试金石。软弱的欧洲大陆自由主义在强大的冲击下无法保证自身的发展，有的在困境中不屈地抗争，有的则屈从转向。德国、意大利、西班牙等国的自由主义者在绝望中无路可投，纷纷转向保守主义，甚至是法西斯主义。与之相比，美国的自由主义则在一定程度上经受住了考验，通过自身的调适走上了现代形式的自由主义道路，体现了英美自由主义的变革精神。

(一) 改革时代与英美世界的自由主义

1. 英美自由主义的演变

资本主义社会的转型对自由主义产生了深刻的影响，推动本来就源自两种传统的自由主义更进一步地向着两个不同的方向发展。在改革和大众民主的时代，英格兰启蒙传统塑造的英美自由主义传统通过自身的调整适应了变化的外界环境，表现了顽强的制度张力。法兰西启蒙传统的大陆自由主义则由于自身刚性的存在而变得无所适从，留恋过去的自由放任，在大众民主压力下变得保守；在法西斯上台的威胁面前，部分自由主义者则完全失去了辨别力而转向法西斯。

英国的自由主义源远流长，几乎各国的自由主义或多或少地同英国的自由主义有着某种亲缘关系。受这一时期经济、政治状况的影响，自由主义也在慢慢地发生变化。围绕着议会改革这一英国政治生活的核心，自由主义者纷纷从自身的立场出发，提出了各种各样的改革方案。例如，边沁就是在对现存制度进行批判的基础上提出自己的改革主张；密尔虽然认为代议制是最好的政府形式，但他也清楚地看到了这一体制的弊病，并且提出了扩大选举权、推行官僚制等一系列解决办法。

19 世纪末期，英国的自由主义者率先进行改革，形成了西方世界最早的新自由主义的潮流。英国的政治思想家格林就提出了国家干预的新理论。这一理论以道德学说为基础，打破了以往以功利主义为基础的传统自由主义理论。以格林为先导，英国出现了以霍布豪斯、霍布森、博赞克特、罗素等人为代表的新自由主义派别。他们更加紧密地将个人与社会联系在一起，主张国家对经济生活的干预，强调社会改造。自由主义思想受社会主义思想的影响，更加同民主社会主义接近，反映了英国由自由竞争阶段向垄断过渡的社会政治特征。

如果说在约翰·密尔那里人们还只是看到这一转变的苗头的话，那么，以格林为代表的牛津唯心主义学派则通过借鉴康德以后的哲学、批判洛克的哲学而使新自由主义的苗头进一步清晰。19世纪70年代末80年代初,格林首先以道德学说为基础向自由放任政策发难,从积极自由的角度主张更大限度地发挥国家在社会政治生活中的作用。格林否定了消极自由的观念,鲜明地提倡积极自由的观念:"我们所珍视的自由是全体共有的,它是做有价值之事或享用有价值之物的一种积极的权力或能力,是一种通过相互帮助和保证而人人得以行使的权力。"[1]

之后,以格林的学生和追随者为主体,包括牛津大学的教授、校友和学者将格林奉为思想领袖,进一步形成了阵容庞大、建树颇丰的新自由主义流派,除前文述及的几位外,还包括了欧内斯特·巴克(Ernest Buck)等人在内的一批政治思想家。

霍布豪斯无疑是其中最有建树的集大成者。霍布豪斯明确地主张"积极的自由",并在此基础上建立起囊括哲学、经济学、政治学等学科在内的新自由主义体系。霍布豪斯猛烈地抨击所谓的"自然权利"说,认为其论证方法的"致命之处在于抽象太过,反而容易在这一点忽略作为文明治理主体的人,而强调孤立的根本没有任何联系的个体。这样抽象的结果可能使个人拥有的至上权利超过了对共同善的追求,甚至是将权利同义务相分离,因为义务意味着社会的束缚"。[2]

从主观能动性出发,霍布豪斯区分了两种自由,一为积极地做某事的自由,这是主观能动性的结果,表现为"自决";一为消极地排除限制的自由,这是主体能动性受阻的结果,表现为"解脱"。[3] 在两种自由之间,霍布豪斯"寻求的是马克思的国家主义和自由企业制度的经济无政府状态之间的一个中途站",[4] 其所主张的自由明显具有积极倾向。就权利的本性来看,霍布豪斯试图从社会、共同体、国家,而不是从个人出发来定义权利与自由。他指出:"无论何种之自由,它必须尊重社会中所有成员共同承认的权利。"[5] 同时,霍布豪斯将在此处讲的"社会中所有成员共

---

[1] Thomas Hill Green, *Works of Thomas Hill Green*, edited by R. L. Nettleship, London, New York: Longmans, Green, and co. Ltd, 1885 – 1888, p. 199.

[2] Leonard Hobhouse, *The Elements of Social Justice*, London: Routledge/ Thoemmes Press, 1993, pp. 34 – 35.

[3] Iibd., p. 107.

[4] [美]爱·麦·伯恩斯:《当代世界政治理论》,曾炳钧译,商务印书馆1983年版,第61页。

[5] Leonard Hobhouse, *The Elements of Social Justice*, London: Routledge/ Thoemmes Press, 1993, p. 60.

同承认的权利"同多数人的意志联系起来，也就是将积极自由的实现同民主的过程联系起来。

经济危机和战争危险是自由主义发展的重大障碍，英国新自由主义的欣欣向荣并没有持续太长的时间。在经济危机和第一次世界大战的打击下，英国盛极而衰，走向了下坡路。经济上持续萧条，政治上工党第一次上台执政。1929年的世界性经济大危机对英国打击虽相对较小，但本来就不景气的英国经济也濒于崩溃。1931年英国被迫放弃金本位，抛弃了自由贸易的政策，转而实行保护关税政策。在20世纪30年代险恶的国际环境中，英国不得不重整军备，推行绥靖政策以弥补军备的不足。在这种国际、国内环境下，自由主义几近销声匿迹，甚至没产生有代表性的思想家。

新自由主义在英国销声匿迹，却远渡重洋，在前英国的殖民地、工业革命的后起之秀的美国形成了一场声势更为浩大的新自由主义运动。

美国的工业革命发展得异常迅速。到内战前，美国工业革命在北部基本完成。美国内战后，工业革命进一步发展，与"西进运动"两相促进，使工业革命的成果西移，在全国范围内展开。到19世纪70年代，美国的工业革命先于法、德完成，一跃成为仅次于英国的工业强国。

1929年世界范围内的经济危机首先在美国爆发，对美国的打击也是最为沉重的。胡佛政府自由放任的政策怨声载道。1932年，罗斯福以绝对优势当选为美国第32任总统，开始在美国实行新政。新政在从1933年3月到1935年初的第一阶段中，通过了一系列立法，如著名的《紧急银行法》《农业调整法》《全国工业复兴法》等，这些立法在缓解危机方面取得了一定的成效，被称为"百日新政"。并在1935—1939年继续实行了一些具有长远意义的政治、经济、社会改革。新政大大扩大了联邦政府和总统的权力，在资产阶级民主制度范围内进行大规模的干预，在一定程度上缓和了经济危机造成的压力，同时也深刻地影响了美国的政治、经济制度。

人们将经济危机归罪于自由放任，社会达尔文主义则成为罪魁祸首。进入20世纪，社会达尔文主义的非科学性逐渐表现出来，社会达尔文主义者遭到来自各方面的批评。在"进步主义"的旗帜下，克罗利、韦尔、W. 李普曼、杜威等人以《新共和》为阵地，大力宣传激进的自由主义思想，开始活跃于美国的思想界。这使美国思想界重新洗牌，主张社会改革的激进自由主义者成为这一时期美国思想界的灵魂。他们更加猛烈地批评传统形式的自由主义，主张国家干预，主张新的现代形式的自由主义，对西奥多·罗斯福、威尔逊等人产生了很大的影响。

从总体上看,英美传统的自由主义在改革和危机面前开始求助于政府对经济的干预,增强国家的力量,希望在某种程度上改变原子的个人主义,求助于合作的个人主义。虽然人们无法否认这一时期英美自由主义的激进性,但是,自由主义在制度与文化允许的范围内实现了自身的改革与发展,表现出了极强的适应力。

考察这一时期美国政治发展的历史,我们不难发现这样一个事实:在大危机的压力下,以自由立宪为特征的美国自由主义通过自身的调整实现了一次自我超越,自由主义思想发生了重大变化,从形式到内容超越了传统形式的自由主义,成为继英国传统形式自由主义转型后的又一种现代形式的自由主义。它修正了有限国家的理论,为某种程度的国家干预提供了理论依据;有限政府的理论亦发生变化,一个"帝王般的总统"得到了全社会的承认。

这一超越集中体现在对传统形式自由主义"有限国家"理论的超越上。国家应否干预市场经济的发展,国家权力在多大程度上进入市场成为这一时期传统形式自由主义同现代形式自由主义的重要分野。进步主义为国家干预拉开了序幕,改革浪潮从城市到州开始蔓延开来。到了20世纪20年代,改革浪潮有所回落。第一次世界大战后美国经济的发展再次走上快车道,自由放任的传统政策表现出一定的活力。但是,这种情况很快被更加深入、持久的经济危机撕得粉碎。1929—1933年的经济危机让大多数人感到绝望,市场的自发调整已经无力回天。在这种情况下,美国政府开始对自由主义政策进行检讨。罗斯福取代胡佛成为美国总统,开始了"新政"的历程,这种激进主义的调整使以往自由主义的有限国家观念从理论到实践都发生了翻天覆地的变化,国家权力的触角伸向了以往所不曾到达的角落,甚至是日常生活中。

对有限国家理论的超越明显地体现在对宪法的修正上。改革时代是美国宪法修正案通过较多的一个时期。这同进步运动时期净化政治、争取民主权利的要求联系在一起,成为这一时期民主政治的重要内容。对宪法的修正集中于对国家干预合理性的认可以及民主程序的创新与改革上。宪法的第十六条修正案①取消了宪法第一条对于国会课征直接税的限制,或多或少地反映了人民对财产的平等要求。它的重大意义在于从宪法的角度对

---

① 国会有权对任何来源之收入赋课并征收所得税,所得税收入不在各州之间分配,亦不必照顾任何人口普查或点查。

自由放任政策做了一定的修正，为国家干预大开方便之门。罗斯福时期，这位兼具"狮子"和"狐狸"两种品性的铁腕总统打破了总统连任不得超过两届的宪法惯例。这给美国民主添加了一条"非常条款"。那就是：在危急的情势中，民主制度可以对特别的人或特别的机构进行授权，以有效地摆脱危机。S. 胡克就曾在民主的要素中特别提到这一点。① 罗斯福还推动国会通过一系列法令，取得控制财政的权力，并且改组法院，掀起了一场"宪法革命"。

尽管新形式的自由主义超越了传统形式自由主义的有限国家，在一定程度上张扬了国家干预的重要性，但是，传统形式自由主义"有限国家"的理念并没有从根本上发生改变。在宪政与民主制度之间，始终存在着一种均衡。在传统形式的自由主义与当代民众的改革要求之间，宪政民主制始终充当一个仲裁者的身份，成为均衡的保持者。

这次全球范围内自由主义的危机并没有彻底击垮自由主义，大难不死的自由主义反而在这次危机中变得更为成熟。传统形式自由主义中某些僵化的教条被有效地摒弃了，变革的时代将新的生机与活力注入其中来，在自由主义日渐衰老的肌肤上焕发出青春与朝气。

当我们回过头来考察这一段时期理论上的创新与实践上的改革时，我们很难仅从民主制的动态性因素来发掘这一场改革的动力。政治文化研究的手段为我们提供了一把钥匙，文化心理角度的探讨使我们能够更深入地理解这一改革。在个人观上，现代自由主义主张一种合作的个人而对传统形式自由主义的原子个人主义予以猛烈抨击；在价值观上，现代自由主义在坚持自由的基础上更多强调平等的理念，对传统形式自由主义的自由放任予以猛烈抨击；在多元文化背景下的实用主义又为美国政治发展的道路提供了思想基础。

宪政民主制度是丰富的政治心理与政治思想的外化形式。17 世纪人们谈论民主，更多的是自由、平等、博爱的观念，据此建立起的民主制度就是这一理想的外化物。而在 19 世纪末到 20 世纪上半期这样一个资本主

---

① 胡克谈到的民主第二个必要条件很显然是出于特殊情况的考虑。"就是在危急的情势中，具有可以通过授予的职权，来迅速行动的机构。"或许是大萧条，或许是对战争的预感，胡克冒着授权会被滥用的危险提出了民主的这条必要条件。他指出："不论发生哪一种危机，都须由被统治者或其委托的代表来对一种危机作出承认；权力的授予必须用民主方法来更新；而且被统治者要不破坏他们的民主就不可能宣布危机永久存在。"［美］西德尼·胡克：《理性、社会神话与民主》，上海人民出版社 1989 年版，第 288 页。

义的社会转型期内，人们坚守民主，他们因这个词汇而形成的图景同17—18世纪则相去甚远了。因为事实是，人们的观念发生了变化，对政治价值的取向也发生了变化。民主变得非民主了吗？不是这样的，正所谓此民主非彼民主。正是因为人们对民主的珍视和厚望，人们没有抛弃民主，相反，他们在不断地"再造民主"。

美国的宪政民主制自建立以来，并没有发生反复，而且一直处于发展之中。同那些发生过民主制建立和垮台的资本主义国家来比，这是一种顽强的宪政民主制。这一宪制的顽强性就体现在它的创新性上，而这一创新的实现却是建立于一种动态与均衡的机制上：一方面，它是均衡的，内部各要素矛盾、冲突此消彼长，然而一直保持着均衡；另一方面，这种均衡又不是静态的，它接受外部变化，调整自身，又处于一种动态的发展之中。

美国自由主义的顽强生命力体现在宪政与民主的均衡上。民主只有具备了足够的勇气才会抛弃以前民主的结果，宪政民主制的核心不在于宪政的至上性多一些还是民主对宪政的修改多一些，而在于这一对矛盾之间的均衡。那些能精确感应外界变化，并据此形成的均衡以适应外界变化的宪制就是一种顽强的宪政民主制。

从整个美国的历史来看，美国的民主属于一种典型的自由民主模式。自由与平等是它一直在解决、却一直没有解决，如此矛盾、却又如此水乳交融的两个观念。自由与平等的理想、权威的力量存在着的对立统一决定了这一时期民主制度下不断变化的自由内涵。这一时期美国自由主义思想由传统形式向现代形式的转变正源于此。

宪政民主内部要素的均衡从另一个方面中体现得更为明显：那就是集权与分权的均衡。尽管政治与行政"两权分立"的理论没有形成像三权分立那样的影响，然而，行政权的不断膨胀却使权力的集中与分立走向一种新的均衡。资产阶级革命时期被严格限制的行政权力被放出笼，却没有出现专制的权力，威胁宪政民主制度，反而增加了宪制的效率。这使人们形成了一种共识：行政领域的集权是不是泛滥的洪水，取决于防范它的堤坝。

一种有效的宪制，其建立的政治心理常是复杂而多样的。在支持民主制度的价值取向上，常会区分为个体本位和群体本位。宪政民主制本身就决定了它能够正常运行的政治心理基础。一种既能够体现出个人的权利又能弘扬集体民主要求的新个人主义成为宪政民主的政治心理基础。

实用主义哲学的出现开辟了美国哲学的新时代，它甚至可以看作美国哲学的开始。从某种程度上说,实用主义对美国社会的深刻影响就在于它的作用已经超越了学科的分界,成为美利坚民族政治心理的一种描述。它对宪政文化的形成所起的作用正说明了这一点。如果说个人主义决定了宪政权利的存在,实用主义则注定了美国宪政制度的顽强生命力。

2. 格林:自由主义现代形式的理论先驱

T. 格林(1836—1882)是英国著名政治思想家、哲学家、伦理学家,现代形式自由主义政治思想的先驱。格林的著述主要集中于政治、哲学、伦理三大领域,也涉及历史、法律等学科。在政治思想领域,他是公认的新自由主义的奠基人。在哲学领域,他是英国新黑格尔主义的创始人。他的《伦理学绪论》(1883年出版)和《关于政治义务原理的演讲》(1886年出版)全面体现了他的政治思想。在他的讲演录中,以1881年向累斯特郡自由主义协会的听众发表的演讲最为著名,影响最广。在这篇题为《关于自由立法和契约自由》的演讲中,他一反以往自由主义的传统,对自由的意义提出新的解释,把自由党放任主义式的自由代之以政府干涉式的自由,奠定了现代自由主义政治思想的基础。格林的其他主要著作有《休谟人性论导论》《上帝的证明》《信仰》等。

格林的政治思想是以道德学说为基础的。格林认为,人与其他动物的本质区别在于人有道德,人是一种道德的存在物。而这又是人具有自我意识、具有理性的结果。人作为道德的存在物,可以在精神上满足自我。人最大的自我满足就是道德上的满足,即实现道德善,道德善可以满足有道德的行动者的欲望。在逐渐实现最高的道德善的过程中,人在道德上就是善的存在物。正是这种道德理想,使人产生追求道德发展的持续行动,使人不断提高道德水平,使人类生活达到至善。这种至善,就是人最终的自我满足,完全的满足,是人的人格或本性的自我实现,是人的心灵的完善,它是道德判断的最终标准。

格林进一步提出,至善不是某个个人独享的,它是人们共同享有的善,道德善在本质上是共同善。任何个人的道德发展,必须与整个社会其他成员的道德发展相一致,任何个人的自我满足与自我完善有赖于社会其他成员的发展与完善。离开他人,个人不可能幸福。正是这种道德要求,产生了家庭、部落和国家制度。因此,个人的道德善就是共同善,个人道德就是公共道德,个人利益与他人利益就是一致的了。

格林认为,共同善的实现不仅需要人们彼此互助、共同追求,而且需要外部环境提供有利于人道德发展的各种条件。这种外部条件的最好提供者是国家。国家的目的是促进人们的共同幸福而提供公共福利,使人们实现共同善。为了达到这一目的,国家就必须积极发挥出应有的作用,除恶扬善。国家是人类发展与进步的必不可少的重要条件。

国家干预理论是格林政治思想的中心。他对国家干预理论的主张与论证,开创了资产阶级国家理论的新的发展时期。

格林继 G. 黑格尔之后,承袭了卢梭国家学说中的公意思想,明确地提出:"国家的基础是意志,不是武力。"① 格林所谓的意志就是指公共意志、道德意志。国家为每个人实现道德善创造必要的条件,为国家全体成员的共同善提供保证。因此,国家反映出全体成员的共同道德要求,体现了全体成员的公共利益。国家就是公共意志的实现,就是道德意志的实现。格林特别强调,国家是一种道德力量,是人们实现道德的必要保障。国家作用的充分发挥,有助于个人趋善避恶,有助于扫除阻碍个人道德发展的障碍物。正是以人的道德必要性为根据,而不是以国家使用的暴力为根据,才能充分证明国家的权威是合理的。在格林看来,国家的政治管理一方面是为个人的道德发展创造条件,提供有利的环境;另一方面就是阻止某些个人背弃道德理想,抑制某些个人损害共同善的动物性冲动。因此,国家的政治管理是绝对合理的、必要的。国家的这种干预仅仅是要扫除那些有害于人的道德发展的障碍,为人的道德发展提供保障。这种干预不会削弱人的道德自由,而只会更好地促进人的道德自由。国家的干预对于维护个人自由是必要的,它压制了可能侵害个人自由的行为,使每个个人都沿着正确的道德轨道前进,向着共同善这一道德目标前进。

于是,具有道德特性的国家不再是必要的"恶",不再是"警察国家",不再是危险的"利维坦",而是成了必要的"善",成为个人真正的朋友。国家不仅为共同善的实现扫除障碍,而且为共同善的实现创造新的条件。国家作用的发挥是积极的、主动的,国家为了它的每个成员,为了全体成员的公共利益充分发挥作用。

可见,格林所主张的国家不再是边沁式的"消极的"国家,放任的国家,而是"积极的"国家,干预的国家。国家的权力增强了,干预的范围扩大了。国家不仅要干预经济活动,在经济领域中发挥更多的作用,而且要干预社会生活,促进道德善的发展。格林从国家干预的原则出发,阐述了国家从事干预土地买卖,强迫实行教育,干涉婚姻、劳动、保健等事务的合理性,以国家权力立法保护工人健康福利的必要性。他认为,国

---

① Thomas H. Green, *Works of Thomas Hill Green*, ed. R. L. Nettleship, London: Longmans, Green and Co., 1900, Vol. 1, p. 427.

家虽不能强迫个人接受道德，但可以为个人提供一个便于发展道德的环境。国家扫除不利障碍，提供有利环境，就是提高了每个人的道德，为个人的道德生活做出贡献。格林实际上认为，在资本主义竞赛中，国家不只是一个裁判员，它还要帮助技能较差、身体较差的运动员，使他们在竞赛中能有较好的机会。格林就是这样以他的道德学说为基础，以适应当时英国资产阶级的需要为目的，在自由主义史上第一次提出了积极国家的思想，进一步发展了密尔提出的"有限的国家干涉主义"主张，改变了传统自由主义"干涉最少的国家是最好的国家""政府权力越少越好"的观念，开创了现代自由主义的主动干预、积极作为的国家理论。

尽管格林强调国家的作用，主张国家拥有极大的权力，具有干涉的责任，但他不是专制集权主义者。他仍然继承了自由主义传统，坚决主张维护个人自由，保全个人自由，发展个人自由。国家的权力扩大了，但扩大了权力的国家并没有吞噬个人，个人自由仍然得到充分的尊重和保护。

格林的自由观也是以他的道德观为基础的。人的道德实现是在于人有可以实现自我超拔的自我意识和自我意志，而人的自我超拔和自我探索意识的存在，也使作为道德存在物的人的自由成为可能，使自由的实现成为可能。格林认为，理性和信仰是人类达到自由的两种方式，但理性与信仰二者又是完全一致的，"没有理性的信仰是迷信，没有信仰的理性是无希望的怀疑主义"[1]。理性是信仰的基础，信仰是理性的反映。个人自由在本质上是道德自由，是作为道德存在物的个人为实现道德善而希望享有的自由。格林为这种个人自由的获取所规划的途径是：人依据理性和信仰去追求道德，道德能使人自由。这一结论沿袭了他自由主义前辈的传统，实际是资产阶级自由理论奠基者斯宾诺莎思想的翻版。

格林从这个基础出发，提出了给后世自由主义者以极大影响的新见解。他提出，人的自由是与他自身具有的道德能力、他的不懈的创造精神、他的信仰的坚定程度，以及他对道德理想矢志不渝的追求成正比的。人愈积极主动地增强自身的创造力量，发挥自身的道德能力，坚定信仰，忠诚于理想，人就愈能完善地实现自由。

面对英国的政治现实，格林对传统的"自由"理念提出了新的解释。他说："自由并不仅仅意味着不受拘束、不受压制的自由；不仅仅意味着我们喜欢干什么就干什么的自由，也不仅仅意味着一个人或一批

---

[1] T. H. Green, Statements and Actions, p.127, in *Works of Thomas Hill Green*, ed. R. L. Nettleship, London: Longmans, Green and Co., 1900, Vol. 3, appendix.

人牺牲他人的自由而享有的自由。当我们讲到自由时……我们指的是一种积极的力量或能力，以此去做值得做的事或享有值得享有的东西。一个人可以独做或独享，也可以与他人共做或共享。"[1] 在他看来，自由并不仅仅是个人消极地不受国家与社会的限制和奴役，更在于他能够积极主动地发挥自己的能力去行为。依照格林的道德观，真正的自由乃在于个人道德的自我完善，在于每个人充分发挥个人能力去实现共同善。这是一种积极的自由，主动的自由，真正的自由。格林认为，只有这种新的具有积极意义的自由，才是新时期的英国人应当实现的自由，才是最理想的自由。

格林正是按照这种自由的积极意义，更新了衡量自由程度的标准。他指出，一个社会中自由的增长不能以国家权力的减少为标准，国家权力的增加并不意味着对个人自由的损害。相反的是，只有国家行使更多更大的权力，为国家中全体成员谋求更多更好的利益，促进全体成员所拥有的能力和力量的发挥，社会中存在的自由才得到增长，每个成员的自由才得到增长，每个成员才会越来越自由。这样，一个关心全体公民福利的、积极作为的政府，就能有效地促进社会自由、促进个人自由。这样的政府就是好政府，这样的国家就是理想的国家。每个社会成员不仅不应敌视国家、反对国家的积极作为，而且应当拍手欢迎国家、拥护国家为促进个人能力的发挥而采取的种种必要措施。国家的积极作用是真正自由的需要，是道德善的需要。由于国家与社会对人们的约束与限制是充分实践人们才能的第一步，那么人们忍受国家与社会的这种限制就成为"真正自由的第一步"，是实现真正自由的必然前提。

格林的积极自由概念，从自由主义的自由观角度为国家的作用做出新解释，为国家作用的更大发挥提供了新的理论基础。这一理论为当时乔治内阁实施的福利国家纲领提供了理论基础，受到政府和统治者的热烈欢迎。

3. 个人与社会的融合

个人主义是自由主义的基本价值观念，传统形式的自由主义对个人主义倾向的表达是十分强烈的。传统形式的自由主义将个人置于首要地位，甚至不惜将个人与国家、个人与社会完全对立起来。然而，随着英国社会政治、经济形势的变化，社会有机体理论的传播和社会学思想的发展，

---

[1] Dante Germino, *Machiavelli to Marx: Modern Western Political Thought*, The University of Chicago Press, 1979, p.246.

"社会的发现"成为英国的现实。这是继西方"个人的发现"之后的又一次伟大发现。现代形式的自由主义是这一发现的参与者,他们对个人至上主义提出激烈的批评,呼吁个人与社会的协调发展。

在 20 世纪的自由主义者看来,社会是一个有机体,社会为个人的自我发展提供机会,是个人实现自我的必要领域,一切个人是这个领域的重要成员,都无一例外地置身社会之中。

他们坚信,"如果没有社会,也就没有个人"[1]。社会是具有自身生命、意志、目的与意义的有机聚合体,个人是社会的成员。个人与社会相比,在生命、意志、目的、意义上有着显著的区别。D. 里奇曾经说过,任何人如果脱离社会,就成为一种抽象的存在物,在本质上不过是一个逻辑上的"幽灵"和形而上学的"幻影"。因此,个人只有在社会中发展,才能不断完善自己。

从这个意义上看,现代的个人自由已经不仅仅局限于个人的安全和财产方面,更表现为个人行为发展的自由。然而,这种"积极自由"的行使,是不能与社会发展相悖、不得与公共利益相抵触的。为了保证公共利益的实现,个人要服从社会,要履行社会赋予他的义务。

英国现代形式的自由主义者对于个人与社会关系的认识,受到卢梭、黑格尔思想的深刻影响。卢梭关于"公意"的阐释,黑格尔的"自由意志"理论,不仅对格林新黑格尔主义的形成产生了重要作用,而且使众多的格林门徒由此达成多方面的共识。

霍布豪斯[2]接受了黑格尔的"自由意志",但认为这是一种"人民意志",不具有抽象性,它与社会成员的"个别意志"相对,是在个别意志被社会承认并经过持久的矛盾冲突后产生的。里奇则注重黑格尔"自由

---

[1] T. H. Green, *Prolegomena to Ethics*, Oxford, 1883, sect 288.

[2] L. 霍布豪斯(L. Hobhouse, 1864—1929),20 世纪英国著名的自由主义政治思想家、社会学家、哲学家。任教于大学,一度投身新闻界,任《曼彻斯特卫报》的编辑和主要撰稿人,是自由主义左翼的著名成员。作为自由党一名活跃的党员,霍布豪斯非常注重考察和分析英国政治和社会的现实问题,并加以深入的研究。他对实际问题的关注和见解,远远超过他对理论问题的研讨和抽象论证。因此,他的全部思想始终没有形成一个完整的体系。霍布豪斯是位多产的思想家,一生著作甚丰。除了数以千计的论文、评述文章外,写有 16 部专著。他的重要政治著作有《论劳工运动》(1893 年)、《民主与反动》(1904 年初版,1909 年修订)、《自由主义》(1911 年)、《冲突的世界》(1915 年)、《形而上学的国家理论》(1918 年)、《社会正义之要素》(1922 年)等。

意志"理论中对国家作用的强调,博赞克特①对此也深表赞同。霍布森②则进一步认为,"自由意志"是个人与社会的合理结合,但这种结合并不意味着"个人的意志、感情和志向就完全地泯没于或牺牲于公共的感情、意志和目的中",③ 这种结合是个人与社会的交融。

个人和社会的融合也是与英国新自由主义对道德善的追求相一致的,社会共同善的实现必将促进个人的发展和社会的进步。格林提出的努力提高人们道德水平的主张,得到英国新自由主义者的广泛认同。

霍布豪斯呼吁,变革的时代要求"把一种新精神输入人们的行为,这种精神是对共同善的情感,是先全体利益后个人利益的意愿,是对人们彼此信赖的确认"。④

霍布森把国家看作"社会生活的工具",认为发展社会成员的道德能力是国家工具价值的体现。因此,他主张政府的一切改革措施,都必须加强个人的道德特征,都必须成为一种伦理民主精神的直接推助剂。这将通过具有道德意识的社会成员间的自觉契约,把个人和群体结合起来。

---

① L. 博赞克特(L. Bosanquet, 1848—1923)又译鲍桑葵,英国哲学家、政治理论家、社会学家,以在英国复兴黑格尔哲学而闻名。博赞克特就读于哈罗公学和牛津大学贝利奥尔学院,在学期间深受 T. 格林思想的影响。1870 年被任命为牛津大学研究员,后任导师至 1881 年。此后迁居伦敦,致力于哲学研究和社会慈善工作。1803—1808 年,任爱丁堡圣安德鲁斯大学道德哲学教授。1911—1912 年主持爱丁堡大学吉福德讲座。博赞克特一生著述题材广泛,涉及美学、伦理学、行而上学、逻辑学、社会哲学。其著述深受黑格尔唯心主义哲学的影响。主要政治理论著作有:《社会问题》(1895 年),《关于国家的哲学理论》(1899 年),《社会的与国际的理想》(1917 年),《伦理学方面的某些建议》(1918 年)等。

② J. 霍布森(J. Hobson, 1858—1940),英国新自由主义政治思想家、经济学家、社会改良主义者,批判帝国主义的著名代表。毕业于牛津大学。从事一段教育工作以后,致力于社会政治和经济学研究,潜心著述,他的许多文章发表在最早的新自由主义刊物《进步评论》上。霍布森是英国变革时期颇具影响的自由主义者。作为积极的社会活动家,他热情参与左翼知识分子团体的创建,投身于英国的改革运动。霍布森是位多产的著作家,他不仅为报刊写了大量的社论、评论等文章,还写有 53 部著作。其中重要的有:《现代资本主义的演进》(1894 年),《分配经济学》(1900 年),《社会问题》(1901 年),《帝国主义研究》(1902 年初版,1938 年修订),《自由主义的危机》(1909 年),《新保护主义》(1916 年),《战后的民主》(1917 年),《社会科学中的自由思想》(1926 年),《从资本主义到社会主义》(1932 年),《民主和变化中的文明》(1934 年)。

③ Hobson, Crisis of Liberalism, from Sandra M. Den Otter, *British Idealism and Social Explanation: A Study in Late Victorian Thought*, Clarendon Press, Oxford 1996, p. 167.

④ L. T. Hobhouse, *The Labour Movement*, London, Macmillan 1912, pp. 4 – 5.

在博赞克特的著作中，他将世界看作一个统一体，这个统一体是现实而具体的。在这个统一体中，享乐和义务，利己主义和利他主义相互调和。在纷繁复杂的社会生活中，一种共同意志的存在是非常必要的，这种共同意志既是个人合作的需要，又是个人处于自由状态和社会和谐状态的必要条件。

面对垄断、专制和战争趋势在西方世界的增强，霍布豪斯重新阐述了自由主义的理想，突出强调了自由的社会意义。他的自由理论是20世纪英国新自由主义的主要表现。

霍布豪斯探讨了西方自由主义的理论发展，对自由主义在国家政治、经济、社会生活各方面的实际表现进行了深入考察。他高度评价传统形式的自由主义，认为它是一种极富成效的历史力量，是一种解放运动。它不仅涉及个人、家庭和国家，涉及欧、亚、美各洲，而且深入政治、经济、法律、宗教、伦理等各个领域，它是现代世界生活结构中的"最具穿透力"的因素。

霍布豪斯遗憾地指出，历时几个世纪的自由主义运动始终是以消极面貌出现的，它消极地反抗旧制度有余，而积极地倡导新秩序不足。显然，霍布豪斯在这里完全承袭了格林对"消极"与"积极"意义的划分，主张变消极自由为积极自由。他还提出，20世纪的自由主义思想家们不仅应当了解和研究自由主义的传统，而且应当依据自由主义原则提出新的观念和切实可行的社会计划，把自由主义的理想变为现实。

霍布豪斯探讨了20世纪自由主义应具备的基本要素，如：公民自由、财政自由、个人自由、社会自由、经济自由、家庭自由、民族自由、国际自由，等等。他特别重申自由不是绝对的自由，自由与法律不是对立物，两者的关系密不可分。"广泛自由的首要条件是一种广泛的限制措施"，[1]如果缺乏这种限制，某些人可能是自由的，而其他人则将是不自由的了。法律尽管在特定的时间和条件下限制了一个人的自由，但它也平等地约束了其他人，使他们不能随心所欲。法律把人们从对专断的侵犯与强制的恐惧中解放出来，使人们获得真正的自由。因此，法治是实现自由的第一步。

自由与法治关系密切，自由与社会生活也有着重要联系。在霍布豪斯看来，各种自由是以个人力量为基础的，这些自由都是与合乎理性的社会目的相关联的。既然人的存在离不开社会，那么人的生活与社会，与社会

---

[1] L. T. Hobhouse, *Liberalism*, Oxford University Press, 1981, p. 17.

中的其他成员都息息相关。一个人无论他是推，无论他做什么或是想什么，都会影响到他本人的利益，而这一利益又可能直接或间接地影响到与他相关的人的思想和行为。自由主义者相信，能够自我指导的个人力量是社会赖以存在的基础，只有在个人力量的基础上，才能建立起一个真正的共同体。

霍布豪斯说："自由与其说是一种个人权利，不如说是社会的一种必要。自由不是建立在甲的权利不被乙干涉的基础上，而是建立在乙把甲当作理性动物的责任上。"[1] 这样，自由不再是个人的事情，而成为整个社会生活的重要方面。霍布豪斯把社会问题作为一个整体来看待，对于自由问题也从整体上去认识。显然，他更强调自由的整体性、社会性。

霍布豪斯研究自由主义、阐述自由主义的目的，在于促成适合自由主义要求的广泛的社会改革。他在坚持维护自由传统的同时，努力把传统自由转到社会改革的方向。他指出，由于社会的不断发展变化，由于社会中的各个部分都在寻求变化中的和谐，作为社会生活一个方面的个人自由应当是与此一致的。自由的享有者，只有通过自身能量的释放，通过彼此的团结互助，才能使整个社会和谐一致，才能使社会发展进步。

霍布豪斯认为，权利和义务的内容是自由主义重要的理论基础，人的权利与义务正是由社会和谐这一普遍的善规定的。个人权利是起点，行使权利的特权就是自由权。能够行使权利便有自由权，否则便是丧失了自由权。自由权是社会利益的一部分，自由的作用只有在更稳固地建立起的社会团结中才能寻到。这样，自由便成为社会团结的唯一基础，成为实现个人与社会的有机联系的纽带。然而，霍布豪斯坚持说，社会进步的果实只能由社会来收获，社会成员们不仅是社会成果的积极接受者，而且更应是实际的贡献者。他们要履行公民的社会责任，积极为社会的发展贡献力量。

4. "看得见的手"的作为

变革中的英国新自由主义强调国家作用的发挥。在新的历史时期，国家职能的内容和政府作用的表现是多方面的。择其要者主要是：国家要提高人民的道德水平，实现社会的"共同善"；国家要发展资本主义经济，但更要避免和消除自由放任所造成的灾难性后果，必须加强对经济的干预；国家要维护人权，扩大公民权利的范围和内容，不断增进社会福利。

在格林思想的影响下，英国新自由主义者重视道德的作用，认同这样

---

[1] L. T. Hobhouse, *Liberalism*, Oxford University Press, 1981, p. 66.

的观点：一个文明而和谐的社会的形成，是全社会对"共同善"追求的结果。因此，个人与社会的融合在一定程度上取决于个人道德的发展水平，而国家的根本目的正在于努力提高人们的道德水平，实现社会的"共同善"。

在英国自由主义思想家中，对于国家作用的认识，博赞克特的理论颇具代表性。他主张，美好生活的实现离不开国家的强力保障，要通过国家的作用捍卫"道德世界"的繁荣和进步。

博赞克特对历史上众多的哲学家关于国家基本问题的认识作了较为全面深入的回顾和探讨。他赞赏柏拉图、亚里士多德以来的传统国家理论。他阐释了霍布斯、洛克、卢梭、边沁、密尔、斯宾塞、康德、黑格尔等人的政治学说，以哲学的观点论述了国家的性质、目的和作用。

他主张，哲学的目的就是实现圆满、和谐与一致。有关国家的哲学理论也必然如此。在对政治哲学中所体现的和谐与一致的考虑中，博赞克特特别关注了政治学说中的"自治"问题。自治的观念由来已久，它曾伴随着古希腊城邦制度的存在与发展，后来又因个人主义思想的兴盛而衰落。近代民族国家的出现，使自治观念复兴。然而时过境迁，自治的观念已经发生了历史性的变化。近代的自治观念成为维护个人自由的武器，要求为个人自由划分出有效的范围，要求政府与法律为维护自治履行责任。在近代国家中，个人的自治与国家的允许程度始终是一对矛盾，即自治的自我与处于外部强制性管理中的自我的矛盾，博赞克特称之为"政治义务的悖论"①。

为了解决好这一矛盾，协调好二者之间的关系，近代众多的思想家都提出了各自的看法。如边沁提出，二者是调和不了的，政府是必要的恶，个人权利的获得必然要付出部分自由的代价，自治要服从于国家。密尔为个人自由与社会干涉划分了一条界线，提出个人在有关自我的一切方面是自由的，当涉及他人利益时要服从社会干预。斯宾塞则主张自治是个人的必然权利，国家只有认可和保护的义务。博赞克特认为这些看法和建议虽然各有特色，但都没有从实质上解决问题。他赞赏卢梭的思想，欣赏他提出的"公共意志"的概念，认为这种公共意志观念才是正确认识自治与法律之下的个人自由关系的关键，为此，他赋予卢梭"国家哲学理论重建者"的美名。

卢梭提出，个人作为社会共同体的成员是融合在共同体之中的，他们

---

① [英] 博赞克特：《关于国家的哲学理论》，商务印书馆1995年版，第85页。

的精神和意志成为不可分割的整体。每个社会成员把自己的权利交给共同体，在"公共意志"的指导下参与社会生活，获得广泛的自由权利。这样，每个社会成员不再愚昧无知，成为有趣味有道德的人，他们会使自己接受法律的统治。国家的法律是公共意志的表达，国家和法律成为包容自我，体现自我意志的共同意志，它将自我之外的力量与自我意志相统一。因此，个人服从国家、服从法律，在实质上仍是服从自我意志，个人自由没有遭受侵害。

当然，卢梭的理论不是完美无缺的。黑格尔发展了卢梭的思想，弥补了卢梭个人主义的思想缺陷。黑格尔提出"客观精神"的观念，认为国家就是客观精神的体现。他认为公共意志存在于社会的道德、文化信仰、思想观念之中，存在于社会的法律、经济、政治制度之中。所有社会成员置身于这些制度内并实践它们，所有的人不再是孤立的，他们成为国家的公民，公共利益成为不再与个人利益对立的每个人自己的利益。公民置身于公共政治生活之中，他们也参与了公共意志的构筑。

博赞克特继承了黑格尔的思想，并力图把这一思想英国化，使之成为英国政治传统中的国家理念的基础。

在博赞克特的国家理论中，"国家"和"社会"这两个词经常互换使用。他觉得国家与社会有极大的相似之处，社会的影响和国家的权力只有程度上的不同，本质上无差异。然而，他又指出："社会与国家之间的相对差别，是固有的和永恒的"，"社会始终具有严酷的和消极的一面，因为在社会中法律本身总要表现为一种强制，尽管可以用一种不断取得胜利的活力成功地掩饰它，而且似乎可以取代它"。[①] 一方面，法律必然会惩治恶行，另一方面法律和国家也会支持和捍卫健康的社会个性。在这点上，法律与国家的行为是与公共意志一致的，公共意志必然支持善良和公正。

博赞克特把社会看作一个包括一切制度和习惯的整体，它以高度的个体性和专业性为纽带把自己和社会成员联系在一起。社会成员彼此的差异越大，他们的合作会越紧密，社会就会更加成为一个整体，呈现出丰富多样的色彩。社会是一个理性结构，社会的各部分相互包容，彼此协作，每个社会成员在渗透到自身生命的公共意志的指导下生活。由于国家是公共意志的体现，国家的目的就必然与个人的目的相一致。

在博赞克特看来，国家本身是文明生活的一个必要因素，他把国家看

---

① [英] 博赞克特：《关于国家的哲学理论》，商务印书馆1995年版，第42页。

作作为一个单位的社会，国家被公认为有权使用绝对的物质力量去支配它的成员。因此，国家既在事实上也在法律上是一个独特的法人团体，人们认可它对其成员使用强制力。没有这样的权力，或者说有什么地方不存在这种权力，就不可能有对个人以及与个人有关的各种社会团体的要求所做的最后而有效的调节。正是由于需要这种调节，才需要使文明世界中的每一个人都属于一个国家，而且只属于一个。这样，国家便成为可以合法使用暴力的组织，尽管国家的活动本身远远不限于公开使用暴力，但暴力是解决问题的最终手段。

在博赞克特的国家观念中，他首先把国家视为一个政治组织。他说："'国家'一词确实主要是指统一体的政治方面"，对立于无政府状态的社会。① 他把暴力看作国家所固有的性质。暴力是国家必要的、正当的、最后的手段。国家的暴力性质是出于这样一种认识：它是人们精神的延伸，甚至是延伸到人们短暂的意识之外。对整个生活的处理不仅是一个一般水平的普通人力所不及的，也是一个社会中所有一般水平的普通人的全部力量所不能胜任的。国家的暴力并不只限于由警察镇压和惩罚违法之徒，还应包括在人们的日常生活中树立起权威性和强制力。

在这里，博赞克特特别强调国家的积极作用，认为国家是国民生活的"飞轮"，它促使人们认识和履行各自的社会义务，承担社会责任。他指出："国家的目的就是社会的目的和个人的目的——由意志的基本逻辑所决定的最美好的生活。"② 国家的最终目的是实现最美好的生活。国家的强制作用，就是要在众多的社会成员中实现这种带有普遍性的目的。比如征税，为了做到普遍、公平而富有成效，只能采取强制的办法，任何国家都不可能仅仅靠自愿交纳来进行征税工作。

然而，博赞克特又不认为国家仅仅是政治组织，仅仅是全国各方面发展的集合体，包括了从家庭到行业、从行业到教会和大学各方面决定生活的整套组织机构。国家还是这样一个组织："它赋予政治统一体以生命和意义，同时又接受它的相互调节，从而得到发展并具有一种更加开明的气氛。"③ 博赞克特把国家看作一个有效的生活概念，是指导每一个国民使之能够履行其职责的概念，因此，国家不应仅仅是一群人的集合。博赞克特曾经这样概括国家："国家是人类精神的形形色色的化身，是历经历史

---

① [英] 博赞克特：《关于国家的哲学理论》，商务印书馆1995年版，第163页。
② 同上书，第191页。
③ 同上书，第163页。

的磨难和失败后在各自领土上形成的集团。每个国家都是一个伦理的国际大家庭的成员","国家的特点在于,每个国家都有其独特的使命或作用,借以对人类生活作出具有特色的贡献"①。

与这个时期众多的自由主义者一样,博赞克特强调为了实现社会的共同的善,国家必须发挥积极的作用。国家活动的独特性就在于,它容许为了最终的积极目的而采取种种积极的行动和干预。国家的作用是"排除障碍",即破坏不利于实现国家目的的各种条件。甚至可以使用暴力来制止妨碍最美好的生活的行为,制止妨碍共同利益的行为。

博赞克特非常欣赏"排除障碍"这个术语,他说:"我认为,在评论我们以强制手段促进最美好生活的努力时,可经常应用关于消除障碍的概念。"② 在博赞克特看来,国家对障碍的消除,国家积极作用的发挥,可以表现在许多方面,诸如保障公共利益,维护权利制度,等等。

值得注意的是,博赞克特在关注国家积极作用的发挥的同时,也看到国家作用的消极一面。他认为,国家行为不会在直接促进精神目的方面产生效果。国家干预的是外部事务,国家不能促进灵魂的高尚,不会促进内在精神的辉煌。过分的国家干预会破坏国家与个人之间的平衡,违背国家维护社会有机体统一和平衡的责任。他告诫人们,在社会改革中不要操之过急,国家干预一定要有尺度,"我们共同的目的是人类心灵的完美:作为社会改革家,我们能够用以达到这个目的的唯一手段是法律条文和对公众和私人行为的管理,而这些是完全不能直接影响外部环境以外的任何东西的。因此,只能用间接的办法促进我们要达到的目的,从而在对待改革计划方面需要有最高超的技巧和最细致的调节。对于你希望做成的事不顾一切地动手去做,是招致失败的方针"③。

博赞克特政治理论的代表作是《关于国家的哲学理论》,该书由于宣扬黑格尔哲学中的柏拉图式观点,主张个人要从属于假定的社会一般意志而受到广泛的批评。在这些批评意见中,以霍布豪斯的观点最为尖锐和典型,博赞克特并因此被视为维护集权制国家的代表者。

霍布豪斯重视国家积极作用的发挥,主张国家为每个公民自由的发展提供更多的社会条件,提供更有利的社会环境。国家要更广泛地干预政治、经济、教育等活动,为公民提供广泛的公共福利。这是自由的社

---

① [英]博赞克特:《关于国家的哲学理论》,商务印书馆 1995 年版,第 29—30 页。
② 同上书,第 196 页。
③ 同上书,第 20 页。

会整体性所决定的。社会条件的改善和公共福利的增多将有助于自由的发展，国家与社会通过给予个人以更大的安全保障来给予个人更大的自由。

在霍布森提出的社会改良主张中，他也强调制定新的国家税收政策和国有化计划。政府不仅可以把剩余价值转归国家所有，甚至可以没收无劳所得。政府的这些收入可以用于社会福利，改善工人阶级的生活条件。他认为，国家实行计划管理已成为不可避免的了，这一计划应当是民主制国家的计划，即以人民的最大量福利为目标，对于"标准化了"的工业，包括主要的燃料、矿产、重型机械、食品生产，要实行国有化。那些需要经验、创新、个人技巧的工业，仍可实行私人所有制，由私人经营。

5. 公民权的扩大

变革时代的英国自由主义者普遍要求保护和扩大公民的权利，为社会大众提供更多的社会福利。个人权利的争取和保障，始终是自由主义孜孜不倦地追求和坚持不懈的奋斗目标。洛克倡导的生命权、自由权、财产权成为西方人权内容的起点。随着20世纪的到来，政治的进步和经济的发展，使人权内容的进一步丰富成为必然。

自由主义者认为，变革时代的国家要有一个强有力的政府，它不仅要促进人们道德的发展和社会共同善的实现，也要为公民权利提供更加切实有效的保障。博赞克特明确提出普及公民政治权利的主张，因为国家政治体系的建立要依赖于它的每一个成员，依赖于每个公民的真诚努力。霍布豪斯指出，国家在公民权利的保障上，重要的是使成人获得选举权。霍布森也表明了他对扩大选举权的积极态度。他特别强调，公民选举权利是社会进步的重要标准，选举权的扩大是社会发展的必然要求。个人自由中的重要内容是个人不受干预地参加社会生活，自由权利中的重要方面是公民对社会生活的普遍参与权利。因此，要保证所有的公民都实现对选举权利的拥有，即使是妇女也不应例外。

霍布豪斯特别主张在经济领域中充分运用国家权力促进社会的改革。20世纪的国家应当是积极作为的国家，不应再是19世纪的消极国家。国家应当以积极的干涉措施消除大众对社会灾难的恐惧，通过有效的改革行动为自由提供基本的社会条件。他呼吁实行广泛的成人选举权，扩大公共教育，制订全社会充分就业的计划，规定一切公民最低限度的收入标准，关心年老体衰者，在整个社会中推行失业保险、老年保险和疾病保险。国家尤其应当关心那些传统上弱小、受压迫的成员，赋予他们更充分的发展机会。

然而，霍布豪斯并非认为每个人都有同等的自由，他把个人在国家中享受自由的程度，归结于个人拥有的财产权。他坦率承认财产权是自由的重要基础，一个人拥有多少私有财产便享有多大程度的自由。他的这一认识恰恰道出了他所主张的自由主义的本质。

霍布豪斯认为，个人在社会中的自由是与平等并行不悖的。充分的自由意味着充分的平等，以平等为基础的自由是真正的自由，建立在不平等之上的自由只能导致特权。扶助贫者和弱者，赋予他们更充分的发展机会，就是为平等的自由创造条件。他不仅主张法律面前人人平等，而且主张机会面前人人平等。每个人都应有平等的机会发展自己的积极力量或能力，国家则为这种发展提供社会条件，创造机会。

博赞克特积极主张国家在事关公共利益的事项上加强干预，担负起保护共同利益的重要责任。国家可以兴建必要的公共工程增进公共利益，可以改善环境卫生增进民众健康，可以通过强迫教育扫除文盲，可以实行新的制度防止酗酒，等等。

博赞克特认为："权利是得到社会承认并由国家加以维护的要求。"① 国家作为最高权威的社会，承认这些要求是有利于实现最美好生活的条件的。因此，国家的行动就是维护各种权利，这是对国家行动的定义和界限的最好说明。博赞克特认为国家维护的权利包括社会权利和个人权利。前者是指社会为维护自身的稳定和秩序向个人提出的涉及政治、经济、生活各个方面、多个层次的要求；后者则包括个人的地位、责任与义务。

霍布森对英国20世纪在政治、经济、社会等各个方面存在的广泛危机，进行了长期的研究和分析，提出了大量的改革建议，要求消除资本主义社会的种种弊病，维护和巩固资本主义制度。他主张强化民主制国家的职能，更多地关注社会中人的不平等，更多地关注公共福利，为人民更大量地提供福利服务。

霍布森从另一个角度分析这一问题。他认为，经济问题是资本主义社会中存在的根本问题，经济问题的症结在于"消费不足"。在资本主义社会中，国民收入分配极不合理。少数富有者收入过多，消费力大大超过需要而形成"储蓄过度"。工人阶级的广大成员收入微薄，勉强度日，消费力低下，远不足以满足生活需要而形成"消费不足"。"消费不足"使生产的产品找不到足够的消纳市场，产大于销，生产过剩，必然阻碍了社会再生产

---

① [英] 博赞克特：《关于国家的哲学理论》，商务印书馆1995年版，第207页。

的正常过程，必然引起工厂倒闭、工人失业，造成消费的更大不足。因此，霍布森认为消费不足是造成资本主义社会周期性经济危机的主要原因。

从这一认识出发，霍布森提出一系列社会改革计划，把社会福利问题作为解决占有和分配不平等的中心点。他主张努力减少分配的不平等，提高广大工人的工资水平，改善工人的劳动条件，提高整个工人阶级的消费能力，扭转"消费不足"。他提出，"从有产阶级那里收取其收入的无劳增值部分，把它增加到工人阶级的工资收入或公共收入中去，使它能用于提高消费标准"①。只有工人阶级的消费能力提高了，才能刺激生产的发展，扩大就业，繁荣经济，稳定社会。

霍布森特别强调国家发挥积极作用，制定全面的社会福利政策，兴办各种各样的社会福利事业。国家应实行充分的失业救济，提供免费医疗，发放老年抚恤金，加强工人的业余教育和文化娱乐活动。他认为，向工人阶级提供广泛的社会福利，也是减少分配不平等的必要措施，是税收和国有化收益的必然体现。他从解决社会经济问题出发，为福利政策的广泛推行提供了切实的办法。

6. 民主政治的尊崇

20 世纪初期是西方民主的黄金时代。作为 20 世纪民主制度的早期倡导者之一，布赖斯②同样接受了多数主义的民主。但他对民主政治的研究

---

① John Atkinson Hobson, *Imperialism: A Study*, London: George Allen & Unwin, 1938, p. 57.
② J. 布赖斯（J. Bryce, 1838—1922），英国政治学家、历史学家、外交家。20 世纪初期西方民主制度的早期倡导者。就读于格拉斯哥大学和牛津大学。在学期间，学习兴趣广泛，成绩优异，才华初显，论文《神圣罗马帝国》（1864 年）的获奖使他小有名气。后获得律师资格和民法博士学位。1870—1893 年任牛津大学民法教授，1885 年与阿克顿勋爵共同创办《英国历史评论》。1880—1903 年为下院自由党议员，先后任外交国务副大臣、兰开斯特公国大臣、商务部大臣，爱尔兰事务大臣，1907—1913 年任驻美大使。1914 年任海牙国际法院法官。1870 年，布赖斯与朋友 A. 戴西赴美国旅行，对美国联邦政府、州政府和其他地方政府的政治结构，对美国各级政党和党派进行了详细考察，研究它们对美国政治产生的影响。1888 年出版了 3 卷本的《美利坚共和国》，受到美国读者的热烈欢迎。他也因此受到美国人的尊敬。1901 年出版文集《历史研究和法理学》，其中他对"弹性"宪法和"刚性"宪法的主要区别的论述，深受亚里士多德分类方法的影响，引起人们的关注。布赖斯一生周游世界各地，写了《对南非洲的观察》《对南美洲的观察》等游记，并在英美众多的杂志中发表了大量论文。这都为后人的政治学、历史学研究提供了宝贵而丰富的资料。1921 年，布赖斯政治思想的代表作《现代民治政体》出版，该书对各国政府进行的考察和分析，使他成为比较政府研究的早期代表。

却因他采用实证的、比较归纳的"比较研究法"而独树一帜。他成为英国变革时期,重视民主政体,尊崇民主政治的典型代表。

布赖斯对民主政体存在的意义大加称赞,认为民主政体是平等和自由的产物,也是平等和自由的保障。因此,他也视之为人们尊崇民主政体的主要原因。

在布赖斯看来,民主政体最有利于实现公民渴望的正义和幸福。在民主政体中,不允许也不会有任何个人、阶级或团体可以有特强的权力去加害于他人,正义就是这样实现的。在民主政体中,人人都可以按照自己的意志、利用一切机会增进个人的最大利益,这就实现了幸福。

可见,布赖斯把自由原则和平等原则看作民主政体的理论基础。依照他的观点,自由和平等是民主社会不可缺少的重要条件,也是政府追求的目标。他说:"凡一个社会中,最大多数的分子如能依平等的资格,有平等的权利而参与政治,其于个人的利益及全体的幸福,一定有最好的成效;这种结果确是政府存在的主要目的,所以人民自治的政府是人类的经验所赞许的。"①

布赖斯把自由划分为公民的自由(人民的身体及财产不受裁制),信仰的自由(宗教的思想及信仰的形式不受裁制),政治的自由(人民参与政治的权利),以及个人的自由(个人行为如果未对公共福利产生显著影响,不受裁制)。公民的自由有赖于政治自由的保护,信仰自由也由于政治自由的存在而存在。个人自由则与政治自由相背离,个人自由要脱离法律的制裁,政治自由则要参与法律的制裁。民主政体应该培育个人自由,"因为国家中个人的自由是和空气中的氧气一样,同是保持生命的补剂。个人的自由如果衰萎了,政治的自由亦必随之凋落;民主政体也就站不住了"②。

在对平等问题的认识上,布赖斯将平等分为四类:公民的平等(法律面前国民平等),政治的平等(平等参与政治的权利),社会的平等(狭义是指一个社会内在法律上或习惯上没有明显的阶级差别,广义是说社会成员间没有门第和财产的成见),自然的平等(人们生来在身心上平等)。社会的发展是从自然的不平等向政治平等再向社会平等逐渐演进的过程,因此"自然平等的思想和自然不平等的事实"是引发社会冲突的基本原因。此外,布赖斯还指出了经济平等(破除财产差别,人人平等

---

① [英]布赖斯:《现代民治政体》,吉林人民出版社2001年版,第47页。
② 同上书,第61页。

享受世界上的物品）问题，但未作深入的分析。

布赖斯在游历世界各国时，特别注重对现代民主国家政体的实际考察。其足迹遍及欧洲、北美洲、南美洲、大洋洲、非洲，对他认为的典型的现代民主政体的国家，如法国、瑞士、美国、加拿大、澳大利亚、新西兰六国格外关注。他认为，对现代民主政体的了解，决不能局限于个别国家，"不可把一、二国所特有的事实假定为其余各国所共有的，更应当免除一切成见；遇有不同的事实须探索它的根源；凡一切问题未曾追迹到通共的根源之前，决不可视为普遍充实的原则，那种根源已存在于人性的倾向中的"①。他认为，政治学之所以具有科学性，就在于它是以人类天性的倾向作为永久的研究基础的。然而，尽管人类天性的根本要素无处不在，但是由于不同国家种族、血统、自然环境等方面的差异，人类天性会受到限制、有所变化，这就必须尽可能地对不同状况的国家进行考察、研究比较。

布赖斯强调研究者第一手资料的获得，认为一个人如果要对政治现象有真正的、确切的、直接的知识，最好的方法是置身实际的政治中。这如同一个有十多年政治经验的有才干的人，他对于民主政治的实际知识肯定会比任何书本上的知识都丰富得多、精密得多。

对于这种"比较研究法"，布赖斯将其科学性归结为两点，一是这种方法能够把相似的结果归纳到相似的原因上，得出普遍的结论；二是可以把一切有差异的影响都排除了，这些影响只在一国体现而不在另一国体现，其影响的结果可能有相同之处，但更多的是差异。采用比较研究法，必然会认识到一国政府在本质上会存在什么样的长处与弊病，并且探寻出这些长处与弊端存在的原因。

布赖斯赞同"多数的民主"，同样认为多数统治是历来所有政治组织中最好的形式。尽管多数的民主存在缺陷，但这些缺陷是可以医治的，发扬更多民主是最好的药方。布赖斯将"民主政体"定义为："一种以合格公民之多数的意见为统治之政体，其合格公民必须占住民之大部分，最少3/4，然后人民的实力约能与他们投票的权力相当。"② 按照这一标准，他认为现代的民主政体国家的数量极少，仅仅有英、美、法、意等十几个国家。

此外，布赖斯对民主政体的历史发展也进行了详细的分析。他总结了

---

① ［英］布赖斯：《现代民治政体》，吉林人民出版社2001年版，第9页。
② 同上书，第22页。

英国、法国、瑞士、德国的民主历程,提出创造民主政体的原动力有两种:一种在于事实,另一种在于理论。这两种原动力尽管是常常一致发挥作用的,但是事实的作用是持续不断的,理论的作用仅仅表现在某个特定的时期。

他把现代民主政体的发展归为四种原因:(1)宗教思想的影响;(2)人民不满意于君主或少数专政的不良政体,而努力于革新的运动;(3)社会的及政治的情形都趋于平等;(4)抽象学理的鼓吹。

纵观民主政体的历史演进,布赖斯的结论是:"各国民治的运动,即把政权从少数人手里移到多数人手里的运动,其原因大概一部分出于实际痛苦的压迫,一部分则出于抽象主义的鼓吹,如'自然权利'说之类;但是抽象主义的影响总没有像当初提倡者期望的那样大","同时我们要承认凡政治的变迁,其强大的原动力并不在于人民都确信多数的统治一定比少数的或一个人的统治好,也不在于人人都希望有参政的权利。从来人要求人民政府,奋争人民政府,估计人民政府的价值,都并不当它本身是一种好东西;都把它当做一种铲除具体痛苦的利器,增进具体利益的手段。到了这些目的达到之后,他们对于人民政府本身的兴味也就因之减少了"。[1] 民众对于政府的这种实用主义态度,实际会成为民主政体发生动摇、蜕变的重要因素。

可见,布赖斯尽管接受了多数主义的民主,但他对普通公民的明智和能力是十分担忧的。他认为民众是懒惰而被动的,他们总是被动地、心甘情愿地接受给予他们的东西,除此而外便无事可做。为此,布赖斯建议,要使民众接受更好的教育,通过教育使每个人都能有机会最好地发挥其天赋的才能,使每个人都善于思考和分析问题,更好地履行公民义务。他认为,政党在教育民众上可以发挥重要作用。政党可以提出问题,引导民众讨论问题,表达意见,可以使民众的思想保持活跃,使事物摆脱混乱而趋于条理化,从而使公众舆论真正发挥作用。此外,布赖斯还建议采用多种有利于民众对社会事务增加兴趣的方法,如"直接民主""复决制"等。

布赖斯承认,民主政体也有很多的不足。它未能使各民族国家和睦相处,未能消除阶级战争和制止革命,未能纯洁政治、根除腐败,等等。因此,对民主政体所能实现的目标不要期望过高。当然,人们还是尊崇民主政体的,因为除此之外,很难再有其他更好的选择。

---

[1] [英]布赖斯:《现代民治政体》,吉林人民出版社2001年版,第41—42页。

7. 社会和谐与社会改良

变革中的英国新自由主义在主张个人与社会相融合时，也强调社会的和谐，重视避免暴力、免除斗争的社会改良。

在霍布豪斯的著作中，"和谐"始终是居于中心地位的概念，尽管他从未对和谐作过准确的解释。霍布豪斯在讲述各种科学理论的关系时，在讲述知识和生活的关系时，在表达社会理论与社会条件之间的关系时，都大量使用"和谐"这个词。

在霍布豪斯看来，和谐是由科学的发展和社会的进步变化引起的，和谐与理性的善相关联，是人类最终的目标。社会在以往的发展中，依靠和谐维持了自身的稳定，减少了冲突和危机，使自己成为向其成员提供了优良环境的共同体。在未来的社会发展中，和谐不仅意味着实现奔向自由民主的民族共同体，也意味着实行互助合作的国际共同体。因此，和谐需要人们以极大的热忱去维护。

霍布豪斯提出，为了实现社会和谐，自由主义与社会主义不应互相对立而应结成联盟。自由主义与社会主义以往的冲突是出于误会。他认为，自由主义运动尊崇个人主义原则，社会主义崇尚集体主义原则。二者虽有所不同，但为了实现社会理想，自由主义者和社会主义者应实行联合，既坚持个人的自由与权利，又坚持社会团体、社会机构之内和之间的互助合作。作为国家代理人的政府，既要保护和扩大自由主义的权利，又要推行一种"混合经济"。在国家的最高控制下，在坚持自由竞争的条件下，把私人经济与公共利益混合起来，那些自愿组成的合作团体必定不断壮大，逐渐遍及全社会。显然，霍布豪斯力图调和自由主义和社会主义，混淆二者的界限。

传统形式的自由主义曾认为，在个人利益与社会的善之间存在一种自然的和谐，国家管理是多余的、不明智的，是对个人自由的粗暴干涉。霍布豪斯与这种传统观点相悖，提出社会的发展进步与社会和谐的实现都需要国家有意识的指导和有目的的控制管理，这与他的自由主张完全一致。在他看来，和谐是生活的目的，也是生活的条件。一切社会问题和政治问题的解决在于使个人自由与社会的发展变化和谐一致。由于一个人所受的限制是其他人自由的条件，一切真正的自由必然包括某种限制，社会自由的实现必然依靠某种形式的社会管理。这就需要国家发挥出积极作用，通过颁布和施行法律，通过提供更多的公共福利改善人们的生活条件，来促进社会和谐的不断发展。

从社会和谐的主张出发，霍布豪斯坚决维护西方民主制度。他对帝国主义的掠夺行为和垄断现象也持坚决的反对态度。

此外，霍布豪斯对费边社会主义、马克思主义也给予了批判。他把费边社会主义和第一次世界大战前英国工党和工会领袖们的理论一概称为"官方社会主义"。他认为这种官方的社会主义理论促进了官僚政治的发展，支持了家长式的统治，蔑视普通民众的自由民主权利，忽视了民众的巨大力量。

霍布豪斯反对马克思主义理论。认为马克思主义的阶级斗争观点不足取，阶级斗争是与社会和谐背道而驰的，无论这种阶级斗争是暴力的还是和平方式的，都无助于社会的发展和进步。他把马克思主义的共产主义理想视作一种乌托邦。

霍布豪斯的社会和谐理论，试图把自由主义的民主制度与他的社会主义结合起来，建立一种自由主义式的民主社会主义，并通过这种方式进而实现社会和谐。然而，他的蓝图却始终是模糊不清的。尽管第一次世界大战埋葬了霍布豪斯的社会和谐理想，却始终未能阻挡他晚年对自由主义的民主社会主义的孜孜追求。

这一时期的英国自由主义者大都主张社会改良，希望通过这种方式消除暴力冲突，避免流血的革命斗争。霍布森的社会改良思想，由于他对帝国主义研究的广泛影响而名噪一时。

霍布森的社会改良主张是基于他对资本主义社会的基本认识。霍布森看到了资本主义国家中严重的两极分化。已经贫穷的劳动阶级由于生产的发展而更加贫穷，他们是被剥夺的阶级，他们的生活随着有产者的更加富有而日趋恶化。资产者为了赚钱，不顾社会公德，大量生产和销售各种各样的麻醉品、兴奋剂，恶劣的文学作品、艺术形式、娱乐活动纷纷出笼，战争、酗酒、赌博、娼妓等都成为个人收入的来源。社会中到处是"恶"，到处是灾难。广大劳动阶级在物质贫困的同时，精神也遭到污染，风气的恶化必然导致社会的动荡不安。另一方面，富人的骄奢淫逸也成为社会腐化、政治败坏的主要根源。总之，社会中不幸的增长和灾祸的蔓延是资本主义生产发展和财富聚敛的必然结果。

尽管霍布森毫不留情地批评资本主义制度、揭露资本主义社会存在的多种弊端，但他反对把资本主义看作一部走向危机、行将崩溃的巨大机器，反对通过革命解决资本主义社会存在的问题。他认为，在资本主义条件下，可以消除生产过剩的经济危机。一旦生产的目的被认为是消费而不是利润，资本主义就会发生重大变革，社会弊病就将得以医治，资本主义制度就会被巩固，被加强。正是从这一认识出发，霍布森提出了他的社会改良主张。

霍布森对帝国主义的研究，也鲜明地反映出他的社会改良思想和改革主张。霍布森在当时众多的思想家中率先发表了关于帝国主义经济和帝国主义政治的论文。此后经过进一步的充实，出版了在当时颇具影响的名为《帝国主义研究》的专著。该书对大量的有关材料进行收集、研究和分析，内容丰富，剖析较为深刻。关于帝国主义的研究理论成为霍布森政治思想中的一个极为重要的方面。

霍布森把帝国主义看成一个国家为了自己的目的而对他国制度与生活的控制。他认为，现代帝国主义政策始于1870年。帝国主义在1890年以后大肆扩张，成为西方世界政治中最有力的运动。它的推行遍及英、法、德、意、美、俄等大国和葡萄牙、西班牙、比利时、荷兰等小国。

他认为，现代帝国主义是由极富煽动性的政界权贵、到国外以求发财致富的冒险家、为产品寻找新市场的大工业公司、企望获取高利率的投资者、为享受优厚待遇而到海外任职的各种专业人员结成的联盟。这些人在国家军事、财政的支持下，利用广大民众的爱国热情，谋取披上了宗教、爱国外衣的个人私利。他们把这种私人利益说成公共利益，说成是国家不可避免的命运。帝国主义以"公共利益"愚弄本国人民，具有极大的欺骗性。

霍布森把古代罗马帝国、东方封建帝国称为老帝国主义。他认为现代帝国主义与之相比有两大区别：第一，它不再只是一个强盛帝国力图称霸，而是几个势均力敌的帝国互相竞争；第二，商业利益被金融利益或投资利益所左右。

根据这种认识，霍布森还指出，帝国主义给自由主义民主制带来了极大的威胁。帝国主义为驯服和统治其他国家而必备的官僚政治与专制作风在国内外不可避免地扩展，其政府行政部门的加强和立法机构的削弱，它对武装力量的依赖和对权力主义的崇拜，越来越多的寄生者的产生和资产阶级政党的不断腐化。所有这些不仅与民主制度毫不相容，而且日益削弱和破坏民主制度。无疑，帝国主义必将葬送人类文明。

霍布森也是最早揭露帝国主义寄生性和掠夺性的思想家。他认为，英国帝国主义的寄生性和掠夺性最为明显，英国在很大程度上越来越成为依赖外来贡款而生存的国家。国内的金融家、投资者成为坐享贡款的阶级，很多工厂成为依赖对外扩张的军费而生存的企业。此外，工人阶级也受到寄生性的侵蚀，工人阶级的上层被收买，成为帝国主义的辩护士。

霍布森认为帝国主义就是对外掠夺，它的寄生性依赖于对外掠夺。帝国主义的对外扩张并非"要为自己的生存斗争""给剩余人口寻找出路",并非"向各地传播宗教福音""完成文明使命",帝国主义就是对异族的侵略。

霍布森把帝国主义看作"现代民族国家的最为突出的危险",[①] 帝国主义就是罪恶。它奉行军国主义和官僚政治,破坏民主,践踏自由,产生新的保护主义。它加剧资本的集中,引起外贸的剧烈波动,把剥削、专制和战争带到世界各地,毁灭了民族主义中的一切美好事物。同时,它也把公民对国内社会问题的注意力引向国外,以维护保守主义事业的大局。

"储蓄过度"和"消费不足"是霍布森归结的帝国主义的主要根源,他认为帝国主义存在的根本原因是经济原因。富有者拥有过多的金钱而到海外投资,他们主张本国侵吞那些投资地以保护他们的利益。国内市场购买力的不足,使工厂企业主们积极到海外寻找新市场,寻求剩余产品的倾销地。他们要求国家以"实力"保护他们的贸易,哪怕是付诸暴力、付诸战争也在所不惜。

霍布森以大量的材料揭露帝国主义的种种罪恶,说明了帝国主义的基本政治特征。他的许多分析给人以启发、令人深思,他也因此成为当时颇具影响的帝国主义批评家,被公认为最早系统研究帝国主义政治和帝国主义经济的思想家。

然而,霍布森在把帝国主义看作历史发展的必然,是资本主义发展的结果的同时,始终认为帝国主义只是一种政策。认为只要改变国民收入的不合理分配,扭转"储蓄过度"和"消费不足",帝国主义现象是可以完全避免的。霍布森提出的具体办法仍是他一贯主张的社会改良措施,他的帝国主义理论具有明显的改良主义色彩。他的社会改良主张成为英国自由主义改良思想的典型代表。

(二) 大众时代与欧洲大陆的自由主义

19世纪下半叶到20世纪上半叶,主要的资本主义国家纷纷告别自由竞争而走向垄断,各国经济力量、军事力量不断地发生变化,这不但引发了两次世界大战,而且其间民族战争连绵,欧洲大陆处于动荡与纷乱之中。在政治生活中,欧洲大陆政治是以大众时代为标志的。大众作为一股重要的政治力量登上历史舞台,借助大众民主的形式,在政治生活中发挥着越来越重要的作用。欧洲大陆的自由主义摆脱了革命的激进,却转而钻

---

① John Atkinson Hobson, *Imperialism: A Study*, London: George Allen & Unwin, 1938, p. 360.

进了极权主义的夹缝。尽管这种状况的存在严重地妨碍了自由主义的发展,但欧洲大陆的自由主义仍然从英美自由主义那里汲取营养,逐渐丰富了理论体系。

第二次工业革命成为资本主义生产力发展的一个强劲动力。在 19 世纪第一次工业革命的基础上,第二次工业革命再一次把人类历史带进一个崭新的纪元。资本主义社会、经济生活的飞速发展给政治生活带来一系列变化,西方社会开始进入大众时代。

社会学者习惯上将从 1870 年开始持续到 1914 年的这一个时期称为"大众时代",这不仅是因为大众生活水平的提高,生存状况的改善,更因为大众组织的兴起,大众身份的出现。大众的觉醒使他们逐渐走上前台,在政治生活中显示了巨大的能量,成为 19 世纪后半期到 20 世纪初一个最为重要的社会现象。

大众时代的新景象吸引了众多思想家的目光。不仅有卡莱尔的英雄哲学、尼采的超人哲学、帕累托和莫斯卡的精英理论、勒庞的群众心理学说、奥尔特加的大众反叛,而且有曼海姆、熊彼特、阿伦特以及法兰克福学派对大众社会的剖析与批判等等。在《大众的反叛》一书中,奥尔特加开门见山地指出了大众崛起这一现象,并对这一现象表示了极度的担忧。他指出,"不管是好是坏,当代欧洲的公共生活凸显出一个极端重要的事实,那就是大众愈来愈掌握了完全的社会权力。因此,这一新的现象实际上意味着欧洲正面临着巨大的危机,这一危机将导致生灵涂炭,国运衰微,乃至文明的没落。这样的危机在历史上屡见不鲜,它的轮廓、特征及其后果早已为人所熟知。我们可以把这一现象称之为'大众的反叛'(the revolt of the masses)"①。

伴随着大众在社会、经济生活中的崛起,欧洲大陆的政治出现了新的特点,政治民主化、行政官僚化以及政党等一些政治生活中的重要特征为这一时期欧洲大陆的自由主义带来了一些重要的变化。奥尔特加将大众的崛起视为 19 世纪的自由民主政体、科学实验和工业制度的产物。韦伯亦承认,大众时代是不可避免的,大众的崛起使他们注定要成为统治者,大众的统治是"无可选择的"。② 在尼采看来,大众时代就是这样一个平庸

---

① Jose Ortega Y. Gasset, *The Revolt of the Masses*, University of Notre Dame Press, 1985, p. 3.
② [德]马克斯·韦伯:《政治论文集》,第 291 页,转引自[德]汉·诺·福根《马克斯·韦伯》,刘建军译,河北教育出版社 1999 年版,第 112 页。

的时代，这个时代的特征就是自由主义。①

从 19 世纪 60 年代开始，现代大众民主政治的轮廓开始逐渐清晰：越来越多的人参与到国家政策决策中来。"民治政府"（government by the people）、"人民的意志"（the will of the people）越来越成为改革者的目标和口号。男性普选不断发展，政治民主化进程不断加快。各国纷纷进行议会制改革，并取得了一定的效果。通过了一系列政治改革的立法，欧洲各国的民主改革均取得了不同程度的成绩，成为世界范围内的民主化浪潮的一部分。

政治上最为明显的特征是行政权力的扩张和官僚政治的出现。在 19 世纪末 20 世纪初的这一段时间里，官僚人数有一个飞速的发展。从 1881—1911 年，为公民服务的官僚，德国从 45 万人到 118 万人，增长近 3 倍；英国则从 8.1 万人增加到 64.4 万人，增长了近 8 倍。官僚集团随着公民的各种各样的服务的增加而迅速成长起来。

官僚行政机构以其特有专业化、职业化、法治化等特征为传统政治权力的运行带来了新的特征。精确构筑的原则确立了行政办公的等级和各自的责任，成为官僚行政机构运作的依据。无论是政府还是个人，他们都不是行政手段的拥有者，作为法律秩序一部分的官僚构成了国家。这一制度的影响在于政府秩序的建立依存于一种一般的原则，这种原则使行政行为能更不受个人感情影响、更公正。官僚制的出现加强了国家权力，使政府空前地组织化，并为传统宪政带来了法治（rule of law）的观念，在欧洲大陆，主要体现为法治国的观念。

大众时代来临的显著特征是大众组织的兴起。法国心理学家勒庞敏锐地观察到这些变化，并将"民众的各个阶层进入政治生活"，"日益成为一个统治阶层"这一现象归结为这个过渡时期最引人注目的特点。② 勒庞对这一点深信不疑，他指出："我们要进入的时代，千真万确将是一个群体的时代。"③ 而有组织的群体的作用"从来没有像现在这样重要"。④ 沃

---

① [德] 尼采：《权力意志——重估一切价值的尝试》，商务印书馆1991年版，第300页。尼采批评了当时的自由主义，将"自由主义"视为众所周知的"形容平庸二字的荣耀字眼"。
② [法] 古斯塔夫·勒庞：《乌合之众——大众心理研究》，冯克利译，中央编译出版社2000年版，第7页。
③ 同上书，第6页。
④ 同上书，第1页。

林（S. S. Wolin）后来称这一时期为"组织的时代",① 而则将帕利"大众政治和大范围的组织"视为 19 世纪末 20 世纪初政治生活的两大特点。②

普选制的实行推动了政党和利益群体的成长，大众组织的政治性进一步加强。19 世纪末，英格兰出现了大众政党。政党的出现使人们对这一政治组织产生了新的兴趣，有人曾预言，政党的决策委员会会取得政党的权力，但是它自身会蜕变成由一小撮对公众不负责任的人组成的人"机器"。③

然而，政党的出现从一开始就注定要改变现代社会的政治面貌。韦伯主张，在大众民主的条件下，许多议会职能应交给政党。当他这样说时，实际上，他更多指的那些在政党和议会之上的领导精英，他认为，他们代表着新的观念和新的生活态度，体现着政党的职能。④

如果将英国视为自由主义的最早发源地，而将洛克视为自由主义的始祖，那么，资产阶级革命在西方主要国家的胜利划时代地将自由主义的第一波推向总的高潮。拉斯基曾深有感触地承认，"19 世纪是自由主义大获全胜的时代"。⑤ 然而，好景不长，在欧洲，1848 年成为自由主义发展的分水岭。⑥ 到了在 19 世纪末 20 世纪初，主要的资本主义国家纷纷放弃自由放任的政策，在国内实现新自由主义的国家干预政策，在国际上实行霸权主义的对外扩张，逐渐走向垄断的资本主义时代。

在这样一个历史性的转折时期，面对着危机、挑战和分裂，自由主义思潮的发展在西方世界出现了空前的多样形式。就其整体来看，英美传统自由主义发展成为现代形式的新自由主义，而在欧洲大陆，自由主义却缺

---

① S. S. Wolin, *Politics and Vision*, Allen & Unwin, London, 1954. see Geraint Parry, *Political Elites*, New York. Washington: Praeger Publishers, 1969, p. 20.

② Geraint Parry, *Political Elites*, New York. Washington: Praeger Publishers, 1969, p. 20.

③ M. Ostrogorski, *Democracy and the Organisation of Political Parties*, Macmillan, London, 1902. see Geraint Parry, *Political Elites*, New York. Washington: Praeger Publishers, 1969, p. 19.

④ [德] 汉·诺·福根：《马克斯·韦伯》，刘建军译，河北教育出版社 1999 年版，第 112 页。

⑤ [英] 拉斯基：《思想的阐释》，张振成、王亦兵译，贵州人民出版社 2001 年版，第 239 页。

⑥ Anthony Arblaster, *The Rise and Decline of Western Liberalism*, Basil Blackwell, 1984, p. 267.

席了。当人们承认法国的启蒙运动亦产生了自由主义的萌芽时,我们只能感叹这萌芽是多么的短暂;当革命的激进有所平息,自由主义被捧进温室时,然而,危机却在暗中不断增长,再加上法西斯主义、非理性主义、存在主义、民主社会主义等一个接一个的思潮错综复杂,交互影响,欧洲大陆的自由主义在摇摆不定中迷失,尤其是法西斯主义,使欧洲大陆本来就很脆弱的自由主义一度处于消失的状态。

在这场危机中,作为自由主义政体两大支柱的法律与政治均面临着危机。拉吉罗进一步地将这种危机分为农业自由主义的危机和工业自由主义的危机。他认为,农业自由主义的危机"部分由于工业主义的外在压力,部分由于地产的内在危机,从前能够支撑一个真正统治阶级的农业自由主义,已经日渐衰落"。而工业自由主义的危机则主要来自大工业的压力。大工业的来临使孤立的个人主动性屈服于合作与组织的新要求,在工业社会自上和自下两种压力的合力之下,自由的个人主义几乎被彻底压垮。[①]

然而,拉吉罗还是对自由主义充满信心,他认为,"自由主义的危机,尽管严重而深远,却不像肤浅的观察家与急躁的继承者所说,竟至无可救药"。[②] 他把信心系托在自由主义国家的身上,称这种国家是"典型的政治国家",是"现代社会的政制"。[③] 它必将突破重重包围,最终赢得胜利。

拉吉罗这种对自由主义的信心是自由主义者所共有的。尽管自由主义运动遭到各种各样看似合理的批判,但是在那些自由主义者眼里,自由主义依旧保持其"颠扑不破的真理性",这种真理性超越了理论上的、科学上的,甚至是智识上的,成为一种"命运的真理"。[④]

在整个19世纪下半叶和20世纪上半叶,欧洲大陆一直处于动荡之中:法国在大革命后几乎每隔一段时间就要经历一次政权更迭;德国和意大利更是为寻求统一而不得安生。不仅如此,大大小小的战争更是使欧洲涂炭,第一次世界大战、法西斯运动、第二次世界大战等一系列让人目不暇接的变故使欧洲疲于应付。欧洲大陆的自由主义经受一次又一次的严酷考验,在各种力量和各种思潮的夹缝中艰难地生存。

---

① [意] 圭多·德·拉吉罗:《欧洲自由主义史》,杨军译,吉林人民出版社2001年版,第393—395页。
② 同上书,第405页。
③ 同上书,第412页。
④ Jose Ortega Y. Gasset, *The Revolt of the Masses*, University of Notre Dame Press, 1985, p. 91.

如果说 17、18 世纪的欧洲是激进的，那么 19 世纪的欧洲却不能用一个确切的词来形容。正像思想史家梅尔茨指出的那样，19 世纪的思想就其实际影响而言，"半是激进的，半是反动的"①。与激进的大众民主比起来，自由主义是保守的；与反动的法西斯主义比起来，自由主义是革命的。

因此，长期作为主流政治思潮的自由主义一直都受到来自其他各种政治思潮的挑战，对于 19 世纪来说，这种挑战就更加严峻。拉斯基曾对自由主义发展面对的各种势力做过一个描述："在法国大革命这第一次热潮过去了之后的差不多半个世纪里，它一直都在进行着不懈的努力。一方面，它要面对修正的保守主义，这种保守主义让德·梅斯特尔和黑格尔这些有用权威的名义来试图界定个人义的范围。……另一方面，在圣西门以前，呈自由放任状态的个人解放受普遍的攻击。……但是，在 19 世纪，对自由主义思想最根本的攻击却是来自于社会主义阵营的……"②

时至今日，当我们回过头来看一下 19 世纪自由主义面临的各种挑战与责难，我们就会发现，事实远比拉斯基描述的要残酷。走上前台的大众要求普选的权利，由此而引发的大众民主潮流让自由主义者如临大敌，仿佛第二次"雅各宾专政"的恐怖重现；在经济危机的打击下，德国、意大利的法西斯兴起，极权主义的上台再一次挤压了自由主义的生存空间。

这就是自由主义生存的夹缝。当代著名的自由主义思想史家约翰·格雷将奥尔特加与韦伯、帕累托等人一道称为"绝望的自由主义者"，③ 十分贴切地揭示了在夹缝中生存的自由主义者的心态。相对于大众民主势不可当的潮流，走在最前面的是社会主义思潮；相对于资本主义走投无路的窘境，资产阶级求助的是法西斯主义的上台。19 世纪到 20 世纪上半叶的欧洲，自由主义到处碰壁，甚至拼尽全力，也只是落得苟延残喘的下场。然而，借助传统与自身的某些修正，欧洲大陆的自由主义还是保持了自由主义一些基本的理论传统，并形成了一系列理论特色。

面对大众民主的崛起，这一时期的思想家得出了大同小异的结论。在他们的描述中，民众是无知的，他们智力低下、天生怯懦而又容易冲动，根本无药可救；更为重要的是，大众天生有一种做奴隶的劣根性，这使他

---

① [英]梅尔茨：《十九世纪欧洲思想史》，周昌忠译，商务印书馆1999年版，第68页。

② [英]拉斯基：《思想的阐释》，张振成、王亦兵译，贵州人民出版社2001年版，第239—240页。

③ J. Gray：*Liberalism*，Minnesota University Press，1986，p. 93.

们经常依赖别人的领导,产生盲从。精英主义者轻视大众,并发展成为一种嘲笑。帕累托轻视大众的智力,莫斯卡对民众有一种仇视的心理,而米歇尔斯则不相信人类有自治的能力,即使是克罗齐,其早年亦是轻视大众的。人们以各种各样的名词来称呼大众:在莫斯卡那里,他们是"奴隶";在奥尔特加那里,他们是"野蛮人";在勒庞那里,他们是"乌合之众";在尼采那里,他们是"群畜";即使在主张民主制的熊彼特那里,他们也被认为是"原始人"。在这些称呼中,对大众的蔑视、仇恨跃然纸上。

安东尼·阿布拉斯特(Anthony Arblaster)指出,"对暴民的恐惧,对那些无产者的恐惧是自由主义一个恒久的主题"。[①]19世纪下半叶,大众作为一个群体的出现从根本上改变了传统的政治力量对比。在多数原则的民主面前,自由主义者发现,尽管法国大革命中大众的暴虐还让他们记忆犹新,但他们的地位正在被无法抗拒地削弱。在世界性的民主化浪潮前,自由主义者普遍有一种"狼来了"的感觉,他们竭尽全力地反对大众民主。

然而,自由主义还是面对大众民主做出了相应的调整。综合自由主义与民主主义的目标,拉吉罗还是将希望寄托于下层。他指出,"自由主义对民主政体的永久影响,只有当其行动开始于下层,开始于联合与组织的底层经历,并逐渐进入更广泛的社会生活现象之中时才有可能"[②]。在精英主义甚嚣尘上的意大利,拉吉罗难能可贵地主张以自由贵族和社会精英改造大众,试图弥合精英与大众在某种程度上的冲突。

无论人们怎么强调17、18世纪的自由主义如何重要,19世纪的自由主义又是如何卑微,然而,有一点是不容忽视的,19世纪的自由主义接受了严峻现实的考验,最终奠定了自由主义在西方文明的统治地位。对于改革时代和大众时代的自由主义来说,其最大贡献就是提供了自由主义与民主融合的理论与实践。面对大众时代普遍民主的潮流,自由主义主动地实现了转型,开始接受民主,这是自由主义政治思潮自产生以来一次最为重要的转变,与民主的结盟使自由主义受益。大陆自由主义则以相对保守的形式,在民主的背景中接受了对个人自由的认可。

---

① Anthony Arblaster, *The Rise and Decline of Western Liberalism*, Basil Blackwell, 1984, p. 264.

② [意]圭多·德·拉吉罗:《欧洲自由主义史》,杨军译,吉林人民出版社2001年版,第356页。

从基本理论上看,自由主义承认人类共有的基本权利,因此,尊重人的自由选择,相信人们的能力是自由主义的应有之义。尽管微弱,人们仍能从那些还保持着自由主义精神的思想家身上找到对大众那种难能可贵的信任。比如,克罗齐就相信人民自己有制定各种法律的能力。在写给《世界》杂志的信中,克罗齐提到,"自由主义者与'反自由主义者'是相互对立的。'反自由主义者'认为,只能由宗教机构或专制政权把各种法律强加给人民,而不相信人民自己有制定各种法律的能力"①。

欧洲大陆自由主义对民主的接受实际上是有限度的,它所主张的那种民主不是大众民主,而是自由民主。从某种程度上说,自由主义与民主政体的结合是通过在某种程度上剥离民主的平等价值观来达成的。人们逐渐抛弃了激进的以平等为民主价值的主张,而倾向于将民主政体内含的价值剥离出去,即形成所谓程序民主的概念,而这种程序民主的概念则为自由主义与民主的结合扫清了障碍。拉吉罗指出,"在19世纪的展中……作为这过程的结果,民主政体的新形式与自由主义在其形式上的国家概念方面正相符合……"②

通常人们把民主与极权对称,自由与专制对称。台湾学者殷海光认为,"这是乱点鸳鸯谱,配错了对。民主政制的反面是专制政制。自由主义的极权主义"③。从某种意义上说,自由主义正是在同各种各样的极权主义做斗争的过程中不断发展的。19世纪末20世纪初,自由主义遇到的最大的极权主义就是法西斯势力。在各种各样的极权主义面前,英美的自由主义能够通过不断的改革以适应变化了的外在环境,从而能够不断地向前发展;然而,欧洲大陆的自由主义自1848年在政治领域遭到惨败后,从此一蹶不振。在各种各样的极权主义,尤其是在法西斯主义面前,自由主义不但一败涂地,甚至与法西斯同流合污,严重地影响了自由主义的发展。

思想界投向法西斯的例子俯拾即是,帕累托和索列尔成了墨索里尼的老师。④ 然而,人们仍然还是看到,"在法西斯主义降临之后,许多知识

---

① [意] 焦瓦尼·斯帕多利尼:《缔造意大利的精英》,罗红波、戎殿新译,世界知识出版社1993年版,第465—466页。
② [意] 圭多·德·拉吉罗:《欧洲自由主义史》,杨军译,吉林人民出版社2001年版,第348页。
③ 殷海光:《中国文化展望》,上海三联书店2002年版,第443页。
④ [意] 萨尔沃·马斯泰罗内:《欧洲民主史》,黄华光译,社会科学文献出版社1998年版,第349页。

分子才以自由民主制度的名义要求给予反对派以批评的权利"。① 仅就这一时期思想家对法西斯的态度来看，可以将它们分为两类：一部分思想家，如克罗齐和奥尔特加等人矢志不移，终生同极权主义做斗争，在法西斯主义面前依然坚持着自由主义的理想；另一部分思想家，如莫斯卡、帕累托、米歇尔斯、索列尔等人则同意大利法西斯有染，在某种程度上放弃了自由主义的理想。②

然而，尽管如此，对那些与法西斯有染的思想家的评价并非像人们一般认为的那样简单。帕累托确实同意出任墨索里尼政府驻联合国的代表，也曾被任命为意大利王国的参议员。与意大利法西斯的这一段记录成为帕累托的指责者的口实。然而，也有研究者认为，帕累托是个彻头彻尾的自由主义者。即便是在归附于意大利法西斯之时，帕累托也没忘记要求法西斯主义自由主义化。帕累托的崇拜者莫里斯·阿莱斯认为，帕累托不仅是经济上的自由主义者，也是政治和道德上的自由主义者。③

同法西斯主义进行不屈不挠的抗争表现了这一时期知识分子对自由的向往。克罗齐一生热心参加政治斗争。1910年担任终身参议员。1920—1921年，在乔万尼·焦利蒂内阁中任教育部长。在法西斯统治期间，为反对法西斯统治做出了巨大的贡献。1922年墨索里尼上台后，他拒绝宣誓效忠法西斯政权，被撤去教育部长职务，并被意大利学院除名。他原先的好友詹蒂莱完全站到法西斯一边，发表了《法西斯知识分子宣言》，克罗齐则在1925年发表了著名的《反法西斯知识分子宣言》，公开与法西斯分子决裂。战后，克罗齐组建自由党，为根除法西斯思想，复兴意大利思想界做出了巨大的贡献。

然而，对于克罗齐，英美思想界一直存在各种各样的误解：有人视他为反法西斯的旗手，然而却有人认为他是法西斯思想的始作俑者。克罗齐甚至成为西方最受争议的思想家之一。在《向法西斯开战》一书中，伯吉斯（Burges）视克罗齐为反法西斯的一座灯塔，但是，他批评克罗齐在这方面的工作步履蹒跚，甚至是徒劳无益。更为激烈的批评甚至完全抛弃了克罗齐对墨索里尼专制主义的做法，而从他的思想深处挖掘，认为他的

---

① ［意］萨尔沃·马斯泰罗内：《欧洲民主史》，黄华光译，社会科学文献出版社1998年版，第350页。

② 这似乎成为人们对他们的政治思想进行否定的一个理由，更有甚者，直接将他们的政治理论归为法西斯理论的行列。

③ ［法］雷蒙·阿隆：《社会学主要思潮》，华夏出版社2000年版，第319页。

思想培养了一种相对论,这种相对论破坏了民主却助长了法西斯和极权主义。史学家齐斯特·麦克阿瑟·戴斯勒(Chester McArthur Destler)认为克罗齐的哲学强调价值上的相对主义、艺术的印象派、个人主观积极主义,社会行动上的暴力主张,胜者为王、败者为寇的准则,而这些成为意大利法西斯主义的智力基础。①

像克罗齐一样,在西班牙历史上最错综复杂、动荡不安的年代里,奥尔特加坚守着一个自由主义者最后的一块"心灵净土"。在奥尔特加看来,法西斯主义是一场典型的大众运动。② 在里维拉的军事独裁统治时期(1923—1930),奥尔特加在政治上坚持自由主义,一度以辞去教职抗议君主制和独裁统治。1936—1939年西班牙内战期间,坚决反对法西斯分子和共产主义者把西班牙作为实验地,他不愿意在佛朗哥的独裁统治下苟且偷安,于是自动流亡海外讲学。

本来脆弱的自由主义在批判大众民主与反抗法西斯主义的过程中更耗尽了心血,这可能是欧洲在这一时期自由主义弱质的一个重要原因。但不容否定,自由主义在同极权主义做斗争的过程中更加坚定了自己的立场,为后来自由主义的发展亦打下了基础。

第二帝国时期的自由主义显然没有摆脱贡斯当及托克维尔这样的人的影响。保证主义以及自由主义民主纲领因而显得紧迫。受这种影响的主要拉布莱、西蒙、普雷沃—帕拉多尔等人。拉吉罗甚至列出了一长串受托克维尔影响的自由主义者,他们均将托克维尔的自由主义民主作为政治上目标。③ 在政治实践中,形形色色的党派聚集在自由主义的旗帜下,甚至拿破仑三世亦转变为自由主义者。

尽管如此,在整个第二帝国,自由主义者一直作为帝国的对立面而存在。即使到了第三共和国时代,自由主义的命运亦未见有所好转。人们不相信自由主义会带来成功,因为至少从他们动荡的国家和不断发生的革命中,人们看不到自由主义的合理性。

1929年的经济危机对法国的影响显得持久而深重。危机使法国国内

---

① Chester McArthur Destler, "Some Observations on Contemporary Historical Theory", *American Historical Review* 55 1950: pp. 504, 517.
② Jose Ortega Y. Gasset, *The Revolt of the Masses*, University of Notre Dame Press, 195, p. 107.
③ 这些人有拉韦松、富耶、雅内、阿纳托尔、保罗·勒鲁瓦-博利厄、莫利纳里、谢雷、拉弗莱、普兰斯、米歇尔等人。参见[意]圭多·德·拉吉罗《欧洲自由主义史》,杨军译,吉林人民出版社2001年版,第188页。

政局动荡不定，左翼势力组成的人民阵线在法国这一关键时刻上台。虽然法国没有在思想领域里形成系统的新自由主义，但法国亦没有步德、意、日的后尘，走上法西斯道路。显然，法国的自由主义者无力取得像英国的自由主义者那样的显赫地位。

早在工业革命时期，德国就以国家政权的积极干预为特征发展本国的经济，这不但体现在制定经济政策，推动工业发展上，而且体现在实施教育改革，推动智力发展等各个方面。19世纪五六十年代普鲁士的经济发展亦同政府的直接插手有着重要联系。在政治上，普鲁士国王先后于1848年和1850年颁布两部宪法，基本上确立了议会制。1871年普法战争的胜利不但使德意志实现了统一，而且完成了工业革命，这使德国的自由主义开始活跃起来。

然而，像法国一样，自由主义思潮在德国一直没有占据首要地位。19世纪的德国学者大多没有对自由主义的研究给予足够的重视。一些学者如雷尔（W. H. Riell）、安德利（Carl Theodor Andree）等人均专注于文化的研究，而拒绝自由主义。① 应该说，德国的自由主义者并不是没有执政的愿望。自由主义者鲍姆加通在1866年的《普鲁士年鉴》上发表长篇文章《德意志的自由主义：一个自我批判》，在该文中，作者明确地提出，"自由主义者必须能够执行政"②。就在民主化不断深入，德国社会民党的势力不断上升的情况下，自由主义却没法同这一派力量达成联合。在英国曾经出现过的民主力量的联合在德国则没有指望：自由民派市民与社会民主派的工人始终处于分离状态。③

德国的自由主义者，如格奈斯特和鲍姆加通，其影响有限。其中，不能不提的就是韦伯。赫尔德认为，韦伯挑战了传统的自由主义思想并力图在复杂的国内、国际环境中重新评价自由主义民主的本质。④ 韦伯深受一些自由主义者的影响，先是鲍姆加通，后是格奈斯特，他还参加一些国家自由主义者聚会。韦伯对1905年的俄国革命非常关注，并希望能见到一种自由化的沙皇统治，尤其地，确定非俄罗斯民族自治的"俄罗斯—自

---

① Woodruff D. Smith, *Politics and the Sciences of Culture in Germany, 1840－1920*, Oxford University Press, 1991, pp. 40－44.
② ［德］汉·诺·福根：《马克斯·韦伯》，刘建军译，河北教育出版社1999年版，第39页。
③ 同上书，第54页。
④ ［英］戴维·赫尔德：《民主的模式》，燕继荣等译，中央编译出版社1998年版，第219页。

由主义纲领"引起了他的兴趣。

自由主义在普鲁士占据了一定的优势。自由主义力量的代表自由党在下院举足轻重,其左翼进步党甚至在 1861 年的选举中成为下院中的最大党团。不仅如此,普鲁士的后备军保持着自由主义传统,成为自由主义改革的支持力量。然而,在 19 世纪 60 年代发生的宪法纠纷中自由主义却遭到惨败。正像俾斯麦在议会预算委员会上所说的那样,"德意志瞩目的不是普鲁士的自由主义,而是它的威力……当代的重大问题不是通过演说与多数人的决议所能解决的——这是 1848 年和 1849 年的错误——而是要用铁和血"。

在统一压倒一切的环境下,自由主义在军国主义和民族主义面前败下阵来。他们不仅自己无力同强大的军国势力相抗衡,亦没有办法同社会民主派的工人联合起来,反而是俾斯麦同拉萨尔的机会主义走到了一起。就其内部来讲,左右两派的分裂更是削弱了自由主义的力量。韦伯就曾经沉重地哀叹自由主义的分裂和自由派政党的每况愈下[1];鲍姆加通在《德意志的自由主义:一个自我批判》中提出的"自由主义者必须能够执政"[2] 的豪言壮语则只是自由主义者的黄粱一梦。

1929 年的经济危机对德国的打击尤为严重。米勒、布鲁宁、巴布内阁在危机面前软弱无能,纳粹运动迅猛发展。1933 年,在大资产阶级的拥戴下,希特勒上台。希特勒上台后立即在德国实行疯狂的法西斯白色恐怖:他指使国会通过《授权法》,取得了独裁权力;疯狂地进行扩军备战,使德国成为一部战争机器,法西斯在德国的上台在欧洲形成了一个战争的策源地,自由主义更是烟消云散了。

奥地利的自由主义的典型代表当然首推被认为"古典自由主义传统中持续时间最长"[3] 的奥地利学派,更因为其领军人物米塞斯、哈耶克而光芒万丈。1867—1918 年的奥地利宪法在一定程度上实现了自由主义的基本要求,这亦推动了奥地利经济自由主义的繁荣。

从 1871 卡尔·门格尔(Carl Menger, 1840—1921)发表《经济学原

---

[1] [德] 马克斯·韦伯:《早年书信》,第 297 页,转引自 [德] 汉·诺·福根《马克斯·韦伯》,刘建军译,河北教育出版社 1999 年版,第 46 页。

[2] [德] 汉·诺·福根:《马克斯·韦伯》,刘建军译,河北教育出版社 1999 年版,第 39 页。

[3] [美] 阿米·斯特基斯:《古典自由主义的兴起、中衰与复兴》,载秋风编《哈耶克与古典自由主义》,秋风译,贵州人民出版社 2003 年版,第 48 页。

理》开始,后经维塞尔(Friedrich von Wiser,1851—1926)、庞巴维克(Eugen Bohm – Bawek,1851—1914)到米塞斯(Ludwig von Mises,1881—1973),再到哈耶克(Frederick A. Hayek,1899—1992),经过几代人的不懈努力,奥地利学派在经济、政治等诸多方面对古典自由主义做出了杰出的贡献。

奥地利学派人才辈出,声名赫赫的熊彼特即为庞巴维克和维塞尔的及门弟子。分别由门格尔和米塞斯两个引发的两次争论奠定了奥地利学派在古典自由主义理论中的地位,而后来哈耶克更是在数次的争论中不屈不挠地坚守着古典自由主义的阵地。在20世纪20年代,米塞斯组织了一个双周私人学术研讨会,讨论古典自由主义问题,直到1934年离开美国。

法国对意大利的自由主义思想的形成影响较大。早期法国的占领使意大利的自由主义早期就同"民族统一的主题交织在一起"。[①] 法国革命的爆发又使公民自由与政治自由的思想在意大利普及;拿破仑的占领给意大利带来了法国民法典和开明的政府。就是他们的宪法也在是在试图纠正法国宪法缺点的基础上产生的。因此,这样的宪法试图纠正人民变化无常的情绪,人们更愿意通过提高选举权的财产资格来限制选举权。罗斯米尼"实际上愿意看到与投票人付给国家的直接税成正比的选举权……"[②]

在意大利,自由主义一直是温和的。拉吉罗认为,"在欧洲政治演进的普遍组织里,意大利自由主义表现得颇为节制"[③]。这种节制使意大利的自由主义无所作为,让人失望。人们把温和派的重要著作《意大利希望论》中的"意大利的希望"改为"意大利的失望"以表达这种情绪。

温和派的自由主义的要求有点类似18世纪英国半封建的自由主义,主要集中在立宪君主制的要求上,立宪主义还是成为意大利早期温和派通向政治自由主义的一块叩门砖。对他们来说,"宪法将带来两种保证:一种针对君主,制约他的任何脱离联盟的倾向,或其他与民族目标相分歧的倾向;另一种则针对人民,将他们的政治渴望束缚在法律与秩序的范围内。宪法的基本组织——议会,因而具有君主与人民间的中介政治团体职

[①] [意] 圭多·德·拉吉罗:《欧洲自由主义史》,杨军译,吉林人民出版社2001年版,第269页。

[②] 同上书,第285页。

[③] 同上书,第258页。

能，分享着二者的本质"①。

意大利在统一后沿用撒丁王国的宪法，直到1882年，意大利宪法降低了选举权的条件，使选民人数猛增，到1912年，意大利基本上实现了成年男子的选举权。立宪主义的自由主义取得了重要的成就。

第一次世界大战结束后，意大利取得的胜利并未使人满意，人们在国际问题上谈论更多的是"和平谈判桌上的失败"。在国内问题上，明显存在着更为混乱的局面。人们相信民主制度陷入"议会瘫痪"。正像马斯泰罗内在《欧洲民主史》一书中所指出的那样，"传统的多数规则已不适于解决战后的重大经济和社会问题。必须把彼此极不协调的三项原则即'秩序'、'自由'和'平等'合为一体。然而，每个强大的政治派别都认为，只要使这三项原则之一占上风，就能够解决与其他两项原则相关联的问题。在民族主义者看来，必须在国内重建'秩序'，在保守主义者看来，必须恢复个人'自由'，而在进步分子看来，则必须取消特权、实现'平等'"②。

在同法西斯的斗争中，涌现了一些重要的自由主义者。1924年年底在法西斯当政的危急之秋，拉吉罗发表了《欧洲自由主义史》一书，系统地梳理了19世纪的自由主义发展，阐明了坚定的自由主义立场，被萨尔沃·马斯泰罗内视为"对代议政治制度的殊死捍卫"。克罗齐亦在此前后发表文章及著作，鲜明地捍卫自由主义，被拉吉罗视为意大利自由主义复兴的希望。③

应该说，自由主义在19世纪的意大利取得了辉煌的胜利，意大利的统一在思想上更多的是与自由主义联系在一起，而不像德国的统一更多的是与民族主义和国家主义联系在一起。意大利的著名思想家克罗齐就坚定地认为，焦利蒂时代的意大利"带有强烈的自由主义色彩"④。然而，这种自由主义是软弱的，它无法抵挡住法西斯主义的进攻，意大利的自由主义正是在法西斯的进攻面前毁于一旦。第一次世界大战后意大利发生了严

---

① [意] 圭多·德·拉吉罗：《欧洲自由主义史》，杨军译，吉林人民出版社2001年版，第284页。

② [意] 萨尔沃·马斯泰罗内：《欧洲民主史》，黄华光译，社会科学文献出版社1998年版，第343页。

③ [意] 圭多·德·拉吉罗：《欧洲自由主义史》，杨军译，吉林人民出版社2001年版，第321页。

④ [意大利] 焦瓦尼·斯帕多利尼：《缔造意大利的精英》，罗红波、戎殿新译，世界知识出版社1993年版，第5页。

重的财政、经济危机,法西斯运动逐渐发展成为政坛上一支重要的力量,并在统治阶级的支持下夺取了国家政权,建立起了以墨索里尼为首的法西斯独裁统治。

西班牙的情况并不比意大利好,先是里维拉的军事独裁,然后是佛朗哥的法西斯统治,一些自由主义倾向的思想家只能流亡海外。在法西斯的控制下,本来就十分脆弱的自由主义几乎没有招架之力,一些重要的思想家甚至投靠到法西斯阵营当中。

这一时期大陆的自由主义者明显地带有保守倾向,人们甚至很难分清他们到底应该是自由主义还是保守主义。单就从反对大众民主这一方面来看,奥尔特加的保守性毋庸置疑。伯恩斯在他的著作《当代世界政治理论》一书中认为他的思想属于"自由保守主义"[1],更突出了其思想中的保守主义成分;哈耶克、兰德等自由主义思想家对他更是推崇备至;萨托利说他"主张将自由主义和社会主义结合起来"[2];而 J. 格雷厄姆在他最近对奥尔特加的卓越研究中,则以"后现代主义"和"实用主义"来概括他的思想体系[3]。于此不一而足的种种解读中,学者们从不同的角度得出了不同的甚至是自相矛盾的结论。这并不奇怪,思想的复杂性与魅力即在于此,人们从"横看成岭侧成峰,远近高低各不同"的思想景观中得到的决不可能是那种划一的标签,而只能是多样性的自由思考。

如果我们从一种更为广阔的视野审视自由主义思潮的话,我们不可否认韦伯的自由主义倾向。然而,正是韦伯对精英的推崇和更多的技术色彩,凸显了欧洲大陆自由主义与英美自由主义明显不同的特征。正因为如此,人们对韦伯是自由主义者的看法莫衷一是。倾向于认为韦伯是保守主义的学者不在少数,他常常同熊彼特一样,因为其精英主义的倾向而被归入保守主义;而那些倾向于认为韦伯是自由主义的人们认为,"韦伯可以当之无愧地被理解为德国自由主义传统的继承者——包括继承了德国自由主义内在的矛盾"[4]。事实上,正是德国自由主义在大众时代的困境孕育

---

[1] 参见伯恩斯《当代世界政治理论》,商务印书馆 1983 年版,第 314 页以下。

[2] [意] 萨托利:《民主新论》,东方出版社 1998 年版,第 40 页。

[3] 参见 John T. Graham, *A Pragmatist Philosophy of Life in Ortega y Gasset*; *Theory of History in Ortegay Gasset*, "The Dawn of Historical Reason"; *The Social Thought of Ortega y Gasset, A Systematic Synthesis in Postmodernism and Interdisciplinarity*, University of Missouri Press, 1994;1997;2001。

[4] 顾忠华:《自由主义与德国的命运》,载《自由主义与当代世界》,生活·读书·新知三联书店 2000 年版,第 75—76 页。

了韦伯这位思想界的奇葩,其独有的欧洲大陆特征的自由主义为自由主义增添了多元面向。福根认为,韦伯的自由主义是坚定的,甚至在自由主义下降的时期亦不改其初衷。他指出,"韦伯接受那种可能导致各种自由主义政策的立场,尤其是在自由主义的影响下降的时期"①。

然而,人们却无法否认韦伯在自由主义学说体系中的作用。拉吉罗认为,韦伯的著作,"符合于德国作为战后自由主义最大胜利的政治与议会新倾向"……②M. 莱斯诺夫甚至认为,无论是伯林的价值多元论,还是罗尔斯的权利先于利益的学说,甚至整个自由主义,均是对韦伯所谓的"除魅"做出的回应。③

当我们考虑克罗齐时,似乎很难将他归入这一时期的保守主义的行列:他对莫斯卡和帕累托的社会学,进行了彻底甚至是激烈的批判。对于"政治科学"的独立存在,他持怀疑态度。对于马基雅维利学说铁的逻辑,克罗齐并不回避,同样给予了批判。对于政治神秘主义和意识形态的乌托邦,克罗齐也没放过对它们的批判。然而,那种政治现实主义的气质、对民主的批评以及在他身上所表现出来的那种精英主义情结却与保守主义具备了很大程度的一致性。

意大利近代史学家、曾经做过克罗齐同事的焦瓦尼·斯帕多利尼对克罗齐思想的倾向感到无所适从,他甚至搞不清克罗齐是属于右翼,还是左翼。他相信,克罗齐具有信奉自由主义的本能;然而,他又认为,"无论从出身、传统以及受的教育来看,还是从家庭影响来看,克罗齐都是一个保守主义者"④。

仅就克罗齐而言,他带给我们这样一个难题,也许正是因为我们很难从英美学者的角度将克罗齐归为自由主义者,也很难从意大利学者的角度将克罗齐归为保守主义者。透过克罗齐的反法西斯主张和对理性、自由的倡明,我们可以看到一个坚定的自由主义者形象;但另一方面,他思想中的那种精英主义的倾向、对民主的怀疑以及对自由主义普世价值的否认,都使他同这一时期的保守主义者拥有了某些共同之处。

---

① [德] 汉·诺·福根:《马克斯·韦伯》,河北教育出版社 1999 年版,第 39 页。
② [德] 圭多·德·拉吉罗:《欧洲自由主义史》,吉林人民出版社 2001 年版,第 257 页。
③ [英] 迈克尔·H. 莱斯诺夫:《二十世纪的政治哲学家》,商务印书馆 2001 年版,第 4—5 页。
④ [意] 焦瓦尼·斯帕多利尼:《缔造意大利的精英》,世界知识出版社 1993 年版,第 437 页。

即使将思想发展的潮流清晰地分为自由主义、保守主义这样的阵线分明的流派，但是，我们却都不会反对自由主义和保守主义之间的某种通约。这种通约不但表现在两种思潮发展的发展体现了基本相同的历史背景，还表现在两种思潮在理论形态上的某种对立和位移。这给人们界定两种形态留下了巨大的争论空间：不但国内学术界对此众说纷纭、莫衷一是，而且西方学术界对此亦歧义丛生、各执一端。

二 对新型自由主义理论体系的构筑

杜威是美国现代形式自由主义的最初代表。他在其传世之作《民主主义与教育》一书中做过这样一种描述："倘有一个社会，它的全体成员都能以同等条件，共同享受社会的利益并通过各种形式的联合生活的相互影响，使社会各种制度得到灵活机动的重新调整，在这个范围内，这个社会就是民主主义的社会。"①

在杜威描述的民主社会的图景中，他着重突出了"灵活机动的调整""共同的利益""相互的影响"等内容。这可能是现代形式自由主义对他们所处的时代的一种经典的描述和所持的态度。

现代形式自由主义的出现从政治意识的形态和政治制度的设计等多个方面更新了旧自由主义的理论体系。就政治意识的形态来看，这种新自由主义者在个人观、自由观等诸多方面转换了立场，从而形成了以合作的个人观为核心、以积极的自由观为特征的新自由主义政治意识形态。就政治制度来看，新自由主义更强调与民主结盟，并进一步完整地形成了宪政民主的理论，这一理论通过进一步容纳民主的革命性力量而对早期传统自由主义理论中的分权制衡等限制权力思想进行了改造，从而形成了新自由主义一整套关于宪政民主制度的理论。

（一）新个人观

自由主义政治观念的基础是个人主义。从个人主义出发，自由主义的政治观念进一步扩大为对个人与社会、个人与国家的认识，这就又形成了自由主义的社会观、国家观等内涵，所有这些政治观念加在一起，构成了自由主义的政治观念。

从个人观出发，这些政治观念是互相联系的。从传统自由主义的绝对个人主义出发，自由主义形成有限的国家观。这成为早期自由主义观念的基础。从个人观的角度来看，自由主义更注重个人权利，将生命、自由、

---

① ［美］杜威：《民主主义与教育》，王承绪译，人民教育出版社1990年版，第105页。

财产视为高于一切的存在，更强调个人的独立性，强调个人与社会和国家的对抗性力量；从国家的角度来看，自由主义更强调对国家权力的限制，将分权、制衡等一系列制度设计作为宪政制度的基础，更强调国家权力的有限性，主张一个自由放任的国家。

然而，到改革时代，随着西方社会经济、政治、文化的不断发展，自由主义由传统自由主义走向现代自由主义。这一转型对传统自由主义的政治观念提出了挑战，并形成了新的政治观念。从个人角度来看，新自由主义更加重视个人的合作性，更强调个人民主参与、实现社会合作的权利，强调个人与国家和社会的一致性；从国家的角度来看，新自由主义开始打破传统自由主义的消极国家观，形成了一种积极的国家观，强调国家对社会经济、政治、文化生活的干预，强调权力之间的和谐，主张一个积极有为的国家。

作为自由主义在个人观念上的核心形态，有人认为个人主义最早出现在圣西门及其门徒的言论中，亦有人认为，是托克维尔在《论美国的民主》中将个人主义这一指称描述美国的政治文化特性。个人主义最早出现在法国，基本上是作为一种自私自利的代名词出现的。而在意大利，这种境况并不比法国更好，人们甚至痛恨个人主义，马志尼甚至认为正是个人主义使意大利的统一屡遭挫折，常常把"卑鄙的不道德的"这样的形容词加在"个人主义"前面。[1] 然而，正像所有的自由主义者承认的那样，个人主义很快成为自由主义理论的核心，甚至有人将个人主义同自由主义等同起来。

尽管法国人最早提出了个人主义这一概念，但个人主义在法国人心目中形象不佳亦是公认的事实。拉吉罗认为，即使是在1848年以前的法国，"个人主义或自由主义的思潮很少得到大众的支持，对占统治地位的社会主义而言，只落个对立面的地位，也只能充做批判的刺激"[2]。

对个人主义的憎恶在托克维尔身上鲜明地表现出来。托克维尔把个人主义视为民主主义的产物，随着身份平等的不断发展，个人主义也得到了不断的发展。然而，真正形成个人主义的，则既有"理性缺欠"的原因，又有"心地不良"的原因。[3]在托克维尔看来，"个人主义是一种只顾自

---

[1] [意] 马志尼：《论人的责任》，吕志士译，商务印书馆1995年版，第114页。

[2] [意] 圭多·德·拉吉罗：《欧洲自由主义史》，杨军译，吉林人民出版社2001年版，第174页。

[3] [法] 托克维尔：《论美国的民主》下卷，董果良译，商务印书馆1997年版，第623页。

己而又心安理得的情感,它使每个公民同其同胞大众隔离,同亲属和朋友疏远"①。

在第二帝国时期,法国人对个人主义存在不同的看法:一些人强调限制国家以佑护个人自由;而另一些人则主张个人权利只有通过国家才能获得意义上的完整性。这基本上反映了在法国人当中开始出现的某种倾向。

各国的个人主义都同本国的特殊历史相关,比如,德国的社会合作运动对个人主义影响较大,形成了一种更倾向于社会的个人观,这种个人观明显同19世纪的原子式的个人主义相对立。意大利的个人主义精神的相对发展则更多是受了文艺复兴的影响。拉吉罗认为,意大利早期"贵族中最进步和开明的分子,都作为个人而不是作为特殊的政治团体的代表,欢迎和拥护新的自由主义原则"②。

在个人与社会关系的问题上,奥尔特加持一种较温和的个人主义。一方面,他强调个人的权利、个人的自由选择,将生活看作"每个人自在自为的一件事"③。但是另一方面,他又清楚地知道,人是社会的人,人离不开社会而存在,个人又不得不受来自社会的各种制约。在社会中,"除了一些极特殊的个别情况外,个人的内在意识也将会被伪造,被重组"④。如果生活"仅仅是为我的,而不是为某事而奉献,那么生活将会是一盘散沙,缺乏必要的紧张与形式"⑤。

克罗齐严格地遵循着自由主义的个人主义原则,这成为他历史哲学的核心。他认为,所有严肃而有益的历史都限于对"单个个人行动的把握和理解"⑥。克罗齐特别强调以个人为中心来构建历史学,他对法西斯的抨击也正是从个人的角度出发的。

在美国,个人主义受到全面的推崇,它意味着"自然权利的哲学,

---

① [法] 托克维尔:《论美国的民主》下卷,董果良译,商务印书馆1997年版,第623页。
② [意] 圭多·德·拉吉罗:《欧洲自由主义史》,杨军译,吉林人民出版社2001年版,第260页。
③ Jose Ortega Y. Gasset, *The Revolt of the Masses*, University of Notre Dame Press, 1985, p. 128.
④ Ibid., p. 181.
⑤ Ibid., p. 128.
⑥ Croce B., *My Philosophy*, selected by Klibansky R. tr. By Carrit E F. London: George Allen & Unwin Ltd. 1951. 202. 参见彭刚《精神、自由与历史》,清华大学出版社1999年版,第94页。

自由企业的信念和美国之路"①。内战后,个人主义在美国意识形态中占据了举足轻重的地位。即使在大萧条的年代里,个人主义坚韧的文化传统依然被视为同社会主义和集体主义抗衡的武器。然而,不可否认,尽管美国还是没有形成一个传统个人主义的变化亦是深刻的,深刻地影响了美国的政治、经济制度以及文化意识。个人主义直接影响了美国新自由主义的形成,成为这一时期美国自由立宪思想的价值取向。

在进步主义时期,个人主义的变化就已经充分显示出来了。新个人主义主张常是融合了集体主义,要为美国创造一种全新的意识形态、政治秩序和价值体系以应付社会、经济结构的变化。传统的"个人机会""小型企业""极端个人自由"已经变得不合时宜了。克罗利的政治主张即被人称为"民主集体主义"②,他认为美国需要一种全新的意识形态。他将过时的思想意识同新的社会状况之间的剧烈冲突看作社会问题的主要原因。他甚至断言:"财富集中于少数不负责任的人手中正是政治经济组织中一塌糊涂的个人主义所造成的必然结果。"③ 他指出,美国人民的希望在于"实现某种程度的纪律而不是经济自由的最大化;个人的服从和自制而不是个人难填的欲壑"④。

克罗利描绘了个人和国家和谐一致的社会:"个人成为国家的缩影,为个人的独特目的而努力;国家成为一个放大的个人,它的目的就是关心人们生活的改善。在国家生活中每个人都会找到自己的位置。"⑤ 这也是当时美国人的一种普遍的心理,主张调和个人与国家的矛盾是新个人主义的一个典型特征。

个人主义是托克维尔最早用来描述这个国家中人的价值观的,而在大萧条中,它却陷入了重重危机。个人主义的名称虽未改变,然而,它的含义却发生了根本性的变化:孤立的个人开始倾向于追求共同的利益。杜威在1930年写成的《新旧个人主义》中明确地指出了美国社会思想由旧个人主义向新个人主义的转化。杜威宣布,美国已从其早期的拓荒者的个人主义进入到一个合作占统治地位的个人主义时代。由于传统的个人主义死

---

① Steven Lukes, *Individualism*, Oxford. basil Blackwell, 1973, p. 26.
② Richard H. Pells, *Radical Visions and American Dreams* Harper and Row Publishers. Inc., 1973, p. 4.
③ Herbert Croly, *The Promise of American Life*, New York, 1909, p. 23.
④ Ibid., p. 22.
⑤ Ibid., p. 414.

抱机会平等的观念越走越远，完全无视由现存经济、法律、政治制度形成的不平等，从而破坏了民主的原义，背离了民主的要旨。他认为这种个人主义正在造成一场严重的文化分裂和社会道德危机，进行改变的方法不是抛弃个人主义，相反，应该"创造一种新型个人——其思想与欲望的模式与他人具有持久的一致性，其社交性表现在所有常规的人类联系中的合作性"①。

新个人主义者批判传统的个人主义，却不想彻底改变它。他们的骨子里对这个世界的认识依然是实用的、多元的、自由演进的，他们仍然坚持改革的最终目标是挽救神圣的个人主义，对他们来讲，集体主义意味着尽头。大萧条使学者们更关心群体的目标、阶级、有组织的运动等，从表面上看，似乎是减弱了个人的努力，然而，事实是，他们珍视的仍是自由、实用和个人机会。

个人主义在英美文化中受到的推崇远非任何一个民族所能比。改革时代，旧个人主义发展成为新个人主义，成为新自由主义的一个基础。作为新自由主义民主制度价值取向的基础，个人主义在这一时期已经发生了重大的变化。进步运动、大萧条、"新政"、社会主义俄国的胜利都对个人主义产生了或多或少的影响，倔强的个人主义被渗入了更多的集体主义成分，被调和形成了一种新型的个人观，这就是新个人主义。在这一价值观指导下，集体的、社会的、合作的力量得到了最大限度的张扬。这对美国改革时代自由主义思想形成了深远的影响，成为这一思想的一个基础性的组成部分。透过个人与主义与集体主义这两种价值观的此消彼长，我们看到了"顽强民主制"的张力，它的动态与均衡建构于政治心理之上，表现于政治思想之中。

作为新自由主义的集大成者，杜威的个人观对新自由主义形成了巨大的影响，成为新自由主义个人观的典型。

对旧个人主义的批评成为杜威新个人主义理论的一个出发点。杜威对传统个人主义的批评是深刻而有分量的。杜威观察到，当时的法律与政治完全依赖于同金钱和机器的结合，从而造成了一种金钱文化。在这种文化中，个人主义所代表的机会平等、自由的联合与相互交流正在变得模糊，逐渐暗淡下去。个性在美国这种商业文明之下，已经开始丧失，并直接影

---

① [美] 杜威：《新旧个人主义——杜威文集》，上海人民出版社 1997 年版，第 91 页。

响到政治。①

对传统个人主义的批评直接被指向传统形式的自由主义者。杜威批评传统自由主义者的"个人至上"（individualistic）并没有将个人的至上性权利给予充分发挥，也就是不够个人至上。他认为，传统自由主义的哲学支持有着先定特权的个体解放，却对所有人的普遍解放漠然视之。② 杜威甚至批评流行于 18 世纪的天赋人权观念是古典自由主义"真正的谬误"，再加之制度和法律上的权力与需求就是清除障碍，就使这种天赋权利的学说使民主限于一种消极意义。

杜威观察到，在改革时代的美国，个人主义的名称虽未改变，它的含义却发生了一些引人注目的变化：新个人主义中的个人开始摆脱孤立，倾向于追求共同的利益。美国正在平稳地由早期的拓荒者个人主义（pioneer individualism）向合作主导的情形过渡。

在这种观察的基础上，杜威试图找到一条"个性回归"的道路。杜威指出，个人主义者只有当他们的观念和理想同他们所处的时代现实相协调时才会重新找回自我。也就是说，个性回归之路在于不再将社会合作和个体对立起来，从而在经济和政治上消除旧个人主义，并以此为前提，将建设新个体性的进程建立在社会合作之上。③

新个人主义被视为"一种主张，它认为每个人的心智是独立于其他一切事物的，是自身完全的"④。多种多样的个人在一个进步的社会中形成了个体的差异性，这种差异性对于社会的进步是极为重要的，它从中找到自身进步的手段。这是新、旧个人主义的一个共同出发点，而杜威新个人主义的创新之处在于它赋予民主制度以责任——对差异性指导的责任。杜威看到了极端个人主义的危害。他认为这种个人主义正在造成一场严重的文化分裂和社会道德危机，进行改变的方法不是抛弃个人主义，相反，应该创造一种新型个人——其思想与欲望的模式与他人具有持久的一致性，在所有常规的人类社交中表现出合作性。杜威抛开传统个人主义的孤立与封闭，将"不断增加的经济生活中的合作"作为一条合适的线索，

---

① John Dewey, *Individualism Old and New*, Minton, Black & Company, New York, 1930, pp. 18, 59.
② John Dewey, Philosophies of Freedom, see *Philosophy and Civilization*, New York, Minton, Balck&Company, 1931, pp. 280-281.
③ John Dewey, *Individualism Old and New*, Minton, Black & Company, 1930, p. 99.
④ ［美］杜威：《民主主义与教育》，人民教育出版社 1990 年版，第 294 页。

以此为其新个人主义理论的一个出发点。①

杜威的新个人主义就其实际内容来讲，已经和传统的个人主义相异，而具备了某些集体主义的因子②。但杜威并没有让自己倒向集体主义一边，他试图让个人主义和集体主义这对"不和的夫妇"睡在一张床上，并做相同的梦：他接受权威对个人的指导，又不想让它对个人自由有一丝一毫的伤害；他既否认传统的自由，又不赞成计划的经济。

事实上，杜威的新个人主义已经越来越同他的实用主义联系在一起，这种结合给人们带来一种异乎寻常的兴趣。这种兴趣是改革时代的改革精神所激发的，而新个人主义的任务不是别的，正是要说明在改革时代的特定时间里，美国需要一种什么样的社会哲学。新个人主义之于实用主义，正像咸萝卜之于盐不可避免地带着咸味一样，新个人主义不可避免地带有实用主义的味道。杜威的新个人主义更像是一种在实用主义指导下被加入集体主义的个人主义。

杜威以哲学上的"存在之名"，论证了每一存在的独特性和不可替代性，并在此基础上形成了其新自由主义的平等观：他既否定了孤立的个人主义，又向封建主义的等级观开战。他一方面将平等看成质量上的，强调个体的现实性和不可替代性；另一方面又强烈指斥原子个人主义的自我封闭。在杜威看来，平等是个人社会序列不断演进形成的平等，不存在静态的平等，也没有终极的平等模式。任何寻求终极平等的努力最终会打破平等，从根本上阻碍平等的发展。

杜威批判传统的个人主义，却不想彻底改变它。他对这个世界的认识依然是实用的、多元的、自由演进的；他仍然坚持改革的最终目标是挽救神圣的个人主义。杜威曾应邀访问当时的苏联。他认为当时苏共领导人正在为个人主义的心理寻找一个集体主义状态的替代物，他不相信民主会在一个集体主义的国家中生根发芽，他宁愿"亲眼见到这种试验在俄国而不是自己的国家发生"③。这表明了杜威的新个人主义无论多么激进，也并没有超出个人主义的范围，只不过是在坚持个人主义根本原则的基础上

---

① John Dewey, *Individualism Old and New*, New York, Minton Black & Company, 1930, p. 36.

② 罗素认为杜威的看法"就其特出的地方来说，乃是与工业主义、集体企业的时代相谐和"。参见［英］伯特兰·罗素《杜威的新逻辑》，载《杜威的哲学》，1951年，纽约版。转引自《资产阶级哲学资料选辑》第二辑，上海人民出版社1965年版，第216页。

③ John Dewey, *Impression of Soviet Russia - Ⅲ*, New Republic 1v November, 28, 1928, see Henry Steel Commager, The American Mind Yale University Press, 1950, p. 67.

进行的修正。

杜威将"实在而又完整的个性"看作"明确的社会关系以及公认的功能的产物"。① 在认识论上,杜威将组织探索和陈述探索分为三个阶段:自己—作用(self – action);相互—作用(inter – action);贯通—作用(trans – action)。在这三个阶段中,杜威更突出了个体之间的相互作用与贯通作用,为个人赋予了社会意义。从这三种作用来看,杜威并不反对旧个人主义成分的存在。杜威认为,个人主义的进化会"和一般的进化一样,某种旧的东西,甚至大部分旧的东西,是在新的东西以内,和它一块残存下来的"②。

台湾学者李日曾评价过新、旧个人主义之间的这种转变,他认为:"这个转变就是在权利和自由的维护上,由本来的个人奋斗变成现在的集体努力,即使这个努力不得不透过政府或社会的机构。"③ 这种新旧个人主义的转变正是美国改革时代社会转型的一个反映,同时也为新自由主义提供了价值论的基础。

(二) 新自由观

毫无疑问,自由是自由主义的核心概念,尽管自由主义并不是唯一主张自由的政治思潮。对自由的认识成为自由主义发展的风向标。早在19世纪上半叶,密尔即通过重新解读自由而把自由主义推向了转折点,宣告了新自由主义的来临。之后的新自由主义者更是从自由的问题入手区分了旧自由与新自由,从而为新自由主义奠定了理论框架。

人们可以从多个角度认识自由。比如,哈耶克将两种模式的自由主义在自由观上的差别称为"盎格鲁自由"与"高卢自由"。④ 霍布豪斯将自由主义的要素分为公民自由、财政自由、人身自由、社会自由、经济自由、家庭自由、地方自由、种族自由和民族自由、国际自由、政治自由等内容。⑤

从时间顺序出发,贡斯当区分了"古代人的自由"与"现代人的自由"。他指出:"古代人的目标是在有共同祖国的公民中间分离社会权力:

---

① John Dewey, *Individualism Old and New*, Minton, Black & Company, New York, 1930, p. 53.
② [美] 杜威、班特里:《认知与所知》,上海人民出版社1965年版,第95—96页。
③ 李日:《杜威小传》,允晨文化实业公司1982年版,第215页。
④ [英] 弗里德利希·冯·哈耶克:《自由秩序原理》,邓正来译,生活·读书·新知三联书店1997年版,第62页。
⑤ [英] 霍布豪斯:《自由主义》,朱曾汶译,商务印书馆1996年版。

这就是他们所称谓的自由。而现代人的目标则是享受有保障的私人快乐；他们把对这些私人快乐的制度保障称作自由。"① 贡斯当以"古代人的自由"与"现代人的自由"的形式区分了两种自由，但是，他还是认为，这两种形态的自由却是可以在同一时代并存，法国大革命正是人们对这两种自由的错误认识而导致的恶果。②

19 世纪末 20 世纪上半叶，自由主义对两种自由的区分更加明确。早在 20 世纪初，拉吉罗就区分了自由的两种态度："一个是保证主义的消极自由，是对个人活动在其适当的发展中不受干预的正式保证；另一个是积极自由，自由个人建立自己国家有效权力的体现。"③ 我们看到，在拉吉罗那里，不存在外在强制的选择性的自由，仅仅是自由的外在方面；而内在价值则在于集中主宰和控制精神生活中所有因素的个性的力量。这两种自由构成了消极的自由和积极的自由：消极的自由更注重选择，而积极的自由则更重视建设。

杜威亦从积极和消极的意义上区分了两种自由。杜威将从选择本身寻求自由和从根据选择而行动的权力中寻求自由看作各自独立的哲学。④ 在这两种哲学的基础上形成了两种自由观：一是选择的自由（freedom defined in terms of choice）；二是行动权力的自由（freedom in terms of power in action）。杜威认为，"相互之间无阻的有效行为与选择之间的关系"问题是自由问题的本质。⑤ 为了畅通无阻碍地行动，法律、政府、制度、社会安排必须通过与整体秩序相对应的合理性而形成，这是真正的本性或是上帝。⑥

这种冲突决定了人们需要在两种自由中排出一个先后的顺序。拉吉罗显然注意到了这个问题，他认为，在 19 世纪，那种消极辩论式的自由概念不断地发展，导致了积极建设式的概念，但是，不同的分阶段在同一社会世界和同一个人生活中同时呈现，拉吉罗视其为自由主义的"第一个

---

① [法]邦雅曼·贡斯当：《古代人的自由与现代人的自由》，阎克文、刘满贵译，商务印书馆 1999 年版，第 33 页。
② 同上。
③ [意]圭多·德·拉吉罗：《欧洲自由主义史》，杨军译，吉林人民出版社 2001 年版，第 347 页。
④ John Dewey, *Philosophy and Civilization*, New York, Minton, Black & Company, 1931, p. 28.
⑤ Ibid., p. 286.
⑥ Ibid., p. 284.

政治问题"。①

新自由主义者更倾向积极自由。拉吉罗指出,消极自由"是一个人做喜欢做的事情的能力,选择的自由暗示着个人权利在其自身活动的发展中不受其他人的阻碍"②。然而,这种自由还远不是真正的自由,自由只有当其被行使时才是存在的,它是那种具有自主权的人的自由。在拉吉罗看来,"真正的自由,是生活在文明社会中的人,带着其所有的约束与负担,通过从中发现必要的手段来发展他自己的道德个性,使自己不断从这种奴役状态中解放出来"③。无独有偶,杜威亦主张通过积极的行动获得自由。他指出,那些值得争取的自由,一方面通过废除那些压迫手段、残暴的法律和政府来得到保证,另一方面,它正是"因自由而解放、拥有所有权、积极的表达权和行动上的自决权"。④

欧洲大陆自由主义对权力的赞美是一贯的。在拉吉罗那里,尽管他区分了积极自由与消极自由,区分了自由主义的两个传统形态,并对其有着精确而又简洁的描述,但他最后还是倾向于主张积极自由,将国家视为自由的要旨。他指出,"国家作为典型的强制性有机体,成为自由的最高表现"……⑤他还指出,"尽管自由主义主张个人自由的利益,否定所有的国家干预,但是,最后不得不承认:没有国家,个人自由也将消失"⑥。这典型地反映了欧洲大陆自由主义的国家观。在韦伯看来,正是国家保障了不同价值信仰的人们和平共处,为自由主义提供了可能。韦伯声称的自由实际上是在国家强大权力观照下的自由,这种对权力的肯定亦突出了德国特色。在现实政治中,韦伯一直赞成恺撒式的民主制,主张一个强有力的总统。

德国思想界对权力的那种渴求决不是英美思想界所能体会的。人们甚至推崇那种拥有权力的专制主义,因为有时正是这种专制主义推动了自由。拉吉罗认为,"自由的真正提倡者,并不总是所谓的自由主义者:不

---

① [意]圭多·德·拉吉罗:《欧洲自由主义史》,杨军译,吉林人民出版社2001年版,第333页。
② 同上书,第328页。
③ 同上书,第332—333页。
④ John Dewey, *Philosophy and Civilization*, New York, Minton, Balck & Company, 1931, p. 276.
⑤ [意]圭多·德·拉吉罗:《欧洲自由主义史》,杨军译,吉林人民出版社2001年版,第331页。
⑥ 同上书,第388页。

可否认的是，在大选帝侯的时代，真正的自由运动就是专制主义；……"① 可能正是在这样一种权力观的影响下，德国形成了所谓"法治国"（Rechtsstaat）的概念。

杜威的政治思想反映了美国改革时代一代人的典型特征，成为这一时期新自由主义思想的集大成者。"如果说杜威的哲学是有时代遗迹的，那么，在今天看来，最能够表现出它的时代性的，实莫过于他的政治思想"，"在美国的政治生活中，也许没有任何一个人比他更适于当这个代表"②。

杜威分析了洛克式的自由主义在早期自由主义形成过程中的影响。他指出，洛克式自由主义的准则是"放权"（hands off），而 J. S. 密尔则成为自由主义转变的一个重要人物，在旧自由主义的危机还没有明晰地显现出来时，密尔的经历就预示了这一点。③ 在对自由主义哲学的研究中，杜威抛开了霍布斯—洛克的路线，而是赋予斯宾诺莎—黑格尔路线以格外的重要性，试图用欧洲自由主义中对社会、对国家重要性的弘扬来或多或少地消弭在英美自由主义中过分重视个人的倾向。

杜威对传统自由主义提出了全面的批评。杜威认为："传统自由主义的道路并未臻自由之境。"④ 杜威的理由是，人只有在他有权力的时候才是自由的，并且只有他依据整体进行活动时才拥有自由，这种自由由于整体的结构和动力而得到加强。杜威认为，传统自由主义所宣扬的绝对主义以及"对暂存的相对性的忽视与否认"是"早期自由主义很轻易地便堕落为假自由主义的一个重要原因"⑤。杜威断定，如果自由主义不准备更进一步发展或是使生产社会化，它的目标将会在一段时间内迷失。而自由主义的"唯一希望"是："我们在理论和实践上放弃这样一种学说，即自由是个人所有的、正式的、现成的东西，它不以各种社会制度或部署为转移，并看到社会制约，尤其是对经济力量的社会制

---

① ［意］圭多·德·拉吉罗：《欧洲自由主义史》，杨军译，吉林人民出版社2001年版，第247页。
② 李日：《杜威小传》，允晨文化实业股份有限公司1982年版，第207页。
③ Jonh Dewey, liberalism and Social Action, G. P. Putnam's Sons, New York, 1935, p. 29.
④ John Dewey, Philosophy and Civilization, New York, Minton, Balck& Company, 1931, p. 283.
⑤ ［美］杜威：《新旧个人主义——杜威文集》，上海人民出版社1997年版，第46—47页。

约，是必不可少的，这样个人自由，包括公民自由，才能得到保证。"①

在对传统自由主义进行批评的基础上，杜威提出了具有典型代表性的"新自由主义"思想。总结杜威的新自由主义，可以归结为三点。

1. 以个人主义为基础。但在这里，个人已经不是那种"固定的、现成的、给予的"的个人，而是达成的个人，依托于环境的个人。因此，这种自由主义对于有益的法律、政治与经济制度的建设抱有兴趣。

2. 信奉一种不断的变革。这一变革既扬弃了绝对主义而信奉"历史的相对性"，又主张"实验过程"和实验的方法，使观念与政策同现实相符而不是相对。

3. 最大限度地依靠理智以形成和执行政策。每一个人都有依据自己的理性对价值做出选择的权利；而每一个人又都能够在社会事务的处理中依据科学的方法。这就是一种"自由的知性"。② 杜威正是通过强调自由理智的重要性来补救传统自由主义民主过分强调行动的自由这一缺陷。

杜威还论述了权威与自由、稳定与变革之间的关系。他将这四个概念看作两个相关的序列，提出了正确解决两者问题的关键不在于为权威和自由、稳定和变革划定分隔的"疆域"，而是要使两者融会贯通。社会变革不会在缺少权威指导的绝对自由中找到方向。演进的民主需要权威来指导和调控，但这种权威又绝不是旧形式中的权威。因此，新的自由观念也绝不同于无限制的个人自由，而是"一种普遍的、共享的个人自由，且这种自由得到社会化的、有组织的理性控制的支持与导向"③。

作为一名激进的自由主义者，杜威不断地修正自己的思想。大萧条期间，他号召一种激进的自由主义。这种自由主义更清晰地阐明，智慧是一种社会财富，是一种社会合作。他甚至修正了自己以前曾号召的"不屈不挠的个人主义"（ragged individualism）。杜威认为，如果要取得进步，这种带有激进色彩的自由主义应受到尊敬。

回顾新、旧自由主义的转变，我们可以发现，新自由主义实质上是自由与平等、自由与权威等一系列要素相互影响、此消彼长过程的一个理论

---

① [美] 杜威：《自由主义与法定自由权》，载《社会学新领域》Ⅱ（1936年2月），第138页。转引自理查德·H. 皮尔斯《激进的理想与美国之梦》，上海外语教育出版社1991年版，第134页。

② 台湾学者李日将自由的知性称为杜威自由主义的第三个要素，他认为，杜威的自由主义"就是一切探讨、讨论和表达都依自由的知性而进行"。参见李日《杜威小传》，允晨文化实业公司1982年版，第215页。

③ [美] 杜威：《新旧个人主义——杜威文集》，上海人民出版社1997年版，第41页。

结果。强调社会整体进步、主张国家干预、呼吁积极自由等一系列主张都出于一个最原初的目标：通过国家干预达成社会公平。然而，其最终的效果仍然是一个问号。人们依旧在不断的关注中不断地倾注思考。思索的结果和对结果的思索一次次地轮回，至今仍魅力无穷。

(三) 新民主观

民主与自由主义的相容性问题一直为自由主义者所关注。人们很早就注意到了这个问题，但最为迫切的可能是在19世纪的自由主义者那里。尽管从不同角度出发，人们得出了不同的结论，但均表示了同样的关切。欧洲大陆的政治思想家托克维尔、贡斯当、奥尔特加、拉吉罗、克罗齐、韦伯等人从法国大革命的反思出发，主张在民主基础上限制民主，将自由主义融合进民主；而英美的政治思想家如霍布豪斯、格林、杜威、克罗利、韦尔等人则从自由主义的基础上出发，主张在自由主义的范围内加入积极的民主因素，将民主融入自由主义。

伊曼努尔·华勒斯坦认为，"19世纪及其后的时间里，有关选举权的争论一直没有停止。实际上，拥有选举权的人数呈稳定上升的趋势；大多数地区的选举权依这样一个顺序授予：首先给小有产者，而后给没有财产的男子，再下来给年轻人，最后给妇女"①。

在自由主义者看来，作为一种政体，民主同自由主义的政治价值之间存在一些重要的冲突与矛盾。拉吉罗认为，"民主政治赞同这些集中的倾向，自然要强调经济、社会与文化职能，而自由主义认为这些只在个人活动中起着补充不足的次要作用。对民主政体来说，这不是补充不足的问题，因这将包括对个人作为社会真正动力的明确承认，而是取代、利用和实现价值的明确再分配的问题。"② 这实际上正是民主政体与自由主义的价值紧张的一个重要原因。

在19世纪的自由主义者看来，"民主政体暗示着在政治生活中对集体或社会因素的强调，并以牺牲个人因素为代价"③。这种观念在19世纪下半叶达到顶点，并由于种各因素的交互作用而逐渐颠倒了自由主义倡导的个人与社会间的最初关系。这样，在拉吉罗看来，民主政治的要求是，

---

① [美] 伊曼努尔·华勒斯坦：《自由主义的终结》，郝名玮、张凡译，社会科学文献出版社2002年版，第131页。

② [意] 圭多·德·拉吉罗：《欧洲自由主义史》，杨军译，吉林人民出版社2001年版，第351页。

③ 同上书，第349页。

"政治行为从最广泛的意义上说,绝不能从个人开始,而要从社会开始,必须通过社会施加于个人"①。

作为一种政体,民主同自由主义的政治价值之间存在一些重要的冲突与矛盾。民主主义倾向于集中,强调国家在经济、社会和文化等各个方面发挥职能,而自由主义则认为这些只在个人活动中起着补充不足的次要作用。因此,我们看到,如何看待国家权力一直是民主主义和自由主义的一个重要分歧。

然而,自由主义与民主政体的冲突却无法避开,两者占有共同的范围,无法判然分立,亦不能通过统治方式来瓜分领土。而且自由主义与民主存在着内在的矛盾,他们之间的斗争具有"永久性的特点,它们根植于在实践领域引发严重持久冲突的政治观点上的深刻分歧"②。

尽管人们对自由主义与民主之间的结合抱有各种各样的疑虑,但是,人们还是相信自由主义与民主的结合。在拉吉罗看来,自由民主政体并"没有在自由主义制度的政治与法律结构方面引起本质性变化,这一事实证明了自由主义与民主政体原则上的统一"③。

自由主义者看到了自由民主的未来趋势。奥尔特加盛赞自由民主政体,认为这一政体"最能体现人类追求共同生活的崇高意愿与努力",④ 与科学技术一起成为19世纪新生活"真正崭新的特征"⑤;同时它还是新世界的一个重要条件,⑥ 自由民主与科技知识必将为大势所趋。在奥尔特加眼里,自由民主为人们指明了19世纪公共生活的三大趋向:"除非我们故意装糊涂,否则在这样一个压倒性事实面前我们必然会推演出三个结论:首先,以科技知识为基础的自由民主政体是迄今为止最高级的公共生

---

① [意] 圭多·德·拉吉罗:《欧洲自由主义史》,杨军译,吉林人民出版社2001年版,第349页。

② 同上。

③ 同上书,第348页。

④ Jose Ortega Y. Gasset, *The Revolt of the Masses*, University of Notre Dame Press, 1985, pp. 64 – 65.

⑤ 无独有偶,伊曼努尔·华勒斯坦亦将自由主义和科学技术两种特征作为从1789年到1989年两个世纪以来资本主义的两个特征。参见 [美] 伊曼努尔·华勒斯坦《自由主义终结》,郝名玮、张凡译,社会科学文献出版社2002年版,第95页。

⑥ 奥尔特加认为,自由民主政体、科学实验和工业制度使新世界成为可能,而后两项原则可以合并为一个词:技术。Jose Ortega Y. Gasset, *The Revolt of the Masses*, University of Notre Dame Press, 1985, p. 45。

活方式；其次，这种生活方式或许并不是我们想象中最好的，但我们所能想象得到的最好的公共生活方式却必欲保留这两条原则——自由民主政体和科技知识——的本质；第三，退回到19世纪之前的任何一种生活方式都无异于自取灭亡。"①

韦伯则从资本主义与个人自由之间的关系论证了自由主义与民主结合的必要性。韦伯认为，正是资本主义对个人自由的威胁与压制使资本主义与自由之间不相融合。他认为，物质利益本来是一件可以随时甩掉的"轻飘飘的斗篷"，而在资本主义制度下，它却变成了一只"铁的牢笼"：由清教禁欲主义带来的经济秩序受到机器生产的技术和经济条件的，而今天，"这些条件正以不可抗拒的力量决定着降生于这一机制之中的人的生活，而且不仅仅是那些直接参与经济获利的人的生活"②。如何才能拯救残存的个人自由呢？在韦伯看来，唯一的办法是求助于自由主义和民主的政治制度。③

那么，又应该如何促进自由主义与民主政体之间的结合呢？

正像拉斯基指出的那样，"自由主义学说教会民主制度下的公民认识到他们是自主的人民，国家必须服务于他们自主的意愿"④。然而，自由主义给民主制度下的公民带来自由的同时亦带来了对他们自主权的限制，那就是他们"必须接受资产阶级革命为财产及其关系所下的定论"⑤。自由主义在同民主结合的同时，力图使自己获得相对民主的优先性。这就使自由与民主能够结合的一个首要性的前提条件，即限制民主。

无论是反思法国大革命，还是批判大众民主，在自由主义者当中逐渐形成的普遍认识就是所谓的民主暴政。拉吉罗将民主与专制相提并论，这是因为，他相信，民主并不能防止"巨大权力集中于往往是虚构多数的手中"而这才是"真正的暴君统治"。这种暴政直指精神本身，它在"所有的公民中间发现间谍"，势必无尽头地扩张权力。因此，必须对民主加以限制。

---

① Jose Ortega Y. Gasset, *The Revolt of the Masses*, University of Notre Dame Press, 1985, pp. 41-42.
② [德] 马克斯·韦伯：《新教伦理与资本主义精神》，于晓、陈维纲等译，生活·读书·新知三联书店1987年版，第142页。
③ Max Weber, *Political Writings*, Cambridge University Press, 1994, p. 71.
④ [英] 拉斯基：《思想的阐释》，张振成、王亦兵译，贵州人民出版社2001年版，第244页。
⑤ 同上。

因此，拉吉罗认为，要想使自由主义与民主结合，首要的任务就是限制民主。他在论及自由主义与民主的结合时借勒鲁瓦-博利厄的话说："如果不是以自由之名加以克服，民主会成为世界上前所未有的最愚昧的专制。除了以自由的方式解决问题，民主所能提供的只是两种专制之间的选择，而且两者同样压倒一切，羞辱人心：民众的暴政，这就是国家与公社的暴政，通过至高无上的议会表现出来；或者是独裁者的暴政，一个民事或军事的主子，体现着人民的力量。"①

因此，自由主义与民主主义的综合"既在现代社会中通过民主政体获得了占优势地位的重要性，便选取了自由民主政体做名称，形容词'自由'有一种限定的力量，用于强调在民主社会沉闷的压抑的划一性当中觉出的特色化与差异化的要求"②。

强调程序，试图以程序限制专横的权力成为这一时期自由主义的一个重要内容，这同立宪主义的基本主张是联系在一起的。贡斯当认为遵守程序能够在某种程度上遏制专横的权力，从而将程序视为社会的保护神。③然而，将民主程序同自由主义结合起来的基础性工作却是通过韦伯、熊彼特这样的思想家来达到的。

在民主理论上，杜威的思想无疑是最重要的。杜威所处的时代，美国开始从自由资本主义走向垄断资本主义，美国的民主政治体系正面临着一场深刻的变革。在民主理论上，杜威提出了"再造民主"的口号，试图在理论上更新民主理论的内容。杜威的民主理论成为改革时代对民主理论进行创新的一个成功尝试。

杜威认为，人们在民主问题上所能犯的最大错误，是把民主主义看成在观念上和外部表现上都是固定的东西。在杜威看来，正是这种认识上存在的错误使民主制度在1929年的经济危机中显得无所作为。

杜威从理论到实践上都将民主作为一种不断演进的存在。杜威认为，民主从理论上必须要不断地加以重新探究，必须不断地发掘它，改造它和改组它。对于体现民主主义的政治的、经济的、社会的制度，也必须"加以改造和改组，以适应由于人们所需要与满足这些需要的新资源的发

---

① [意]圭多·德·拉吉罗：《欧洲自由主义史》，杨军译，吉林人民出版社2001年版，第198页。
② 同上书，第355页。
③ [法]邦雅曼·贡斯当：《古代人的自由与现代人的自由》，阎克文、刘满贵译，商务印书馆1999年版，第205页。

展所引起的种种变化"①。

在民主制演进动力的认识上,杜威对教育以及批评的作用格外重视。一方面,他认为,民主主义要靠家庭教育和学校教育去维持;另一方面,他又把理论的创新和批评比作呼与吸的关系,认为两者难以或缺。②

杜威明确地指出了民主社会的两个要素:"第一个要素,不仅表明有着数量更大和种类更多的共同利益,而且更加依赖对作为社会控制因素的共同利益的认识。第二个要素,不仅表示各社会群体之间更加自由地相互影响(这些社会群体由于要保持隔离状态,曾经是各自孤立的),而且改变社会习惯,通过应付由于多方面的交往所产生的新情况,社会习惯得以不断地重新调整。这两个特征恰恰是民主社会的特征。"③

杜威突出了民主制度对社会的协调和指导功能,这为国家干预埋下伏笔,为罗斯福政府的国家干预政策提供了理论基础。

杜威并非不同意将民主既视为目的,又视为手段。但他区别了两类不同性质的情况。杜威认为,在一个基本的民主观念还没有树立的国家里,将民主表达为一种终极的理想或是将民主视为达到理想的手段都是可能的。但他不认为这对一个有着民主传统的国家来说是一件可以容忍的事情,正相反,在有着民主传统的国家中,将民主既视为目的又视为手段只是"意味着一个阶级对权力所特有的攫取和保留的欲望"。④

杜威将民主视为真正人类生活方式的一种有效手段,民主的政治形式仅仅是人类的智慧在一个历史的特殊时期所设计的一些最好的方法。在杜威看来,"普遍的选举权、重复的选举、在政治上当权的人们对投票者负责以及民主政府的其他因素,这些都是我们所曾发现的实现以民主为一种真正人类生活方式的有效手段。它们都不是最后的目的和最后的价值"⑤。

当时,欧洲法西斯势力甚嚣尘上,杜威很警惕地提醒他的读者,民主不仅是一个目的,而且是一种手段。如果目的存在于人类关系与人格发展的广大领域之中,民主的政治和政府就是实现目的的、至今所发现的一个最好的手段。将暂时的独裁作为更民主的一种手段在概念上是自相矛盾的。

---

① [美]杜威:《人的问题》,上海人民出版社 1965 年版,第 35 页。
② John Dewey, *Construction and Criticism*, Columbia University Press, 1930, p. 21.
③ [美]杜威:《民主主义与教育》,人民教育出版社 1990 年版,第 7 页。
④ Jonh Dewey, *Liberalism and Social Action*, G. P. Putnam's Sons, New York, 1935, p. 86.
⑤ [美]杜威:《人的问题》,上海人民出版社 1965 年版,第 44 页。

杜威十分重视民主的参与，将广泛的参与视为民主的基础。杜威的这种认识更多是受了林肯的影响。他认同林肯的"询问别人的意见是什么，需要什么，有什么看法"的思想，并视之为"民主观念的一个基本组成部分"①。在杜威看来，民主观念的基础是："没有一个人或有限的一群人是十分聪敏和十分良善的以需科别人的同意就去统治别人；这句话的积极意义是：凡为社会制度所影响的一切人们都必须共同参与在创造和管理这些制度之中。"② 而民主的发展是用互相商量和自愿同意的方法来代替用强力从上面使多数人屈从于少数人的方法。

在民主理论的发展历程中，"多数人的统治"一度被作为民主的真义。然而，这一理论无法克服的缺陷是多数人的选择并非正确，甚至会形成"多数人的暴虐"，侵犯少数人的权益。积极演进的民主理论超越了多数与少数的两难境地，将民主看作"相互协商"和"自愿同意"，以始终不断的制度创新为民主演进的特征。

---

① [美] 杜威：《新旧个人主义——杜威文集》，上海人民出版社1997年版，第24页。
② [美] 杜威：《人的问题》，上海人民出版社1965年版，第44页。

第七章 冷战时代的自由主义

第二次世界大战结束后，出现了新的国际政治格局。苏联政治影响的不断扩大，有力地冲击了美国谋求和巩固世界霸主地位的意图。美苏两国在国际社会形成了两极均势结构，这一结构决定了冷战不可避免。20世纪下半叶爆发的这场冷战，是美苏两国乃至两大集团之间没有战争的紧张对抗。在持续了40多年的冷战中，威慑（deter）和遏制（contain）是这一时期两大国的特定政策。

冷战时期，以美国为首的西方资本主义国家和以苏联为首的亚欧社会主义国家之间，在意识形态上的对抗始终没有停止过。自由主义思想面临的主要任务，一是在国内恢复民众对资本主义的信念，论证资本主义制度和秩序的合理性；二是阻击社会主义的影响，攻击共产主义制度，反对马克思主义思想。这场意识形态方面的冲突，突出表现在自由主义对极权主义、乌托邦主义、集体主义、理性主义的攻击和责难上。

一 冷战与意识形态冲突

第二次世界大战使往日的西欧列强，特别是德国、意大利、法国、英国的国力在战争中被极大地削弱，西欧丧失了世界经济中心的地位，战前西欧支配世界经济的时代一去不复返了。

由于战争远离美国本土，美国最大限度地利用了这场战争。一方面，美国通过向反法西斯各国供应军火、装备、救护药品和物资，甚至向一些经济状况险恶的国家供应生活必需品，发展了本国的工业生产，经济实力大增，美元储备量达到空前的规模，并加速了向国外的资本输出；另一方面，采取各种方式吸引、招募各国的科学技术专家，聚敛人才，不断促进本国以军事为龙头的科技发展。短短几年的时间，美国一跃而起，成为世界上综合国力最强大的国家。

苏联尽管饱受战争的摧残，国家发展受到严重的阻滞，但是苏联军民以坚韧不拔、团结奋斗的精神重整河山，将战争催生的科技成果应用于国家建设的各项事业，迅速有效地恢复了国民经济的正常发展。苏联经济实力、军事实力的日益强大，奠定了它在世界政治格局中的重要地位，成为美国不可轻视的战略对手。

苏联军民在第二次世界大战中同仇敌忾的牺牲精神和卓越表现，使苏联成为受压迫、受侵略民族的光辉榜样，广大亚洲国家和东欧国家都把苏联视为自己抗击帝国主义势力、反对民族压迫的坚强后盾。苏联的国际影响不断扩大，社会主义、共产主义思想迅速传播，以苏联为首的社会主义阵营逐渐建立并成长起来。

苏联的壮大和东欧社会主义国家的崛起，粉碎了美国称霸世界的美梦。1946年初，美国政府酝酿对苏联及其他社会主义国家实行"遏制"政策，阻止共产主义影响在世界的扩大。"冷战"一词应运而生，并开始作为政治术语使用。① 1946年3月5日 W. 丘吉尔发表富尔顿演说，② 呼吁美英建立军事同盟反对共产主义势力，遏制以苏联为首的社会主义国家，冷战端倪初现。1947年3月，美国总统 H. 杜鲁门提出以冷战为外交方针的国情咨文，③ 冷战时代开始。

20世纪90年代初，东欧形势剧变，冷战的两个前沿国家东德和西德实行统一。随着苏联的解体，延续近半个世纪的冷战时代结束。

近50年间，冷战跌宕起伏，紧张时使人窒息，缓和时又令人陶醉。然而，在西方资本主义国家和亚欧社会主义国家之间的意识形态对抗却始终如一。

战后自由主义的发展处在西方各国经济恢复和政治重构的环境下，与冷战时期西方国家的战略需要和制度构建相适应。自由主义思想在加强对

---

① "冷战"一词最早见于美国政治家 H. 斯沃普为参议院议员 B. 巴鲁克起草的演说稿中，时为1946年初。1947年9月，美国政治家 W. 李普曼的《冷战》一书出版，指出"冷战"意指一种"寒冷的战争"，源于20世纪30年代德国对法国发动的神经战。此后，"冷战"一词逐渐被广泛使用。

② 此即著名的"铁幕"演说，题为"和平的中流砥柱"。丘吉尔在演说中，恭维美国国力的强大，提出美国负有承担领导世界重任的能力和义务。同时提醒关注苏联势力的扩张，关注中欧和东欧一些国家已处于苏联势力范围之内。认为社会主义国家都是"铁幕"后的国家。

③ 此即"杜鲁门主义"的出台。1947年3月12日，杜鲁门在向国会提出的国情咨文中，以应付希腊、土耳其危机为由，阐述了美国的外交方针。认为苏联和东欧社会主义国家是"极权政体"，世界人民应在"自由"与"极权"两种生活方式中做出选择。宣称美国外交政策的重要目标，便是创造各种条件，避免强制力量对美国和其他国家人民生活方式的支配。

资本主义制度和资本主义秩序合理性论证的同时,对社会主义思想和共产主义制度进行诋毁和攻击,遏制马克思主义思想的传播。自由主义发起了对极权主义、乌托邦主义、集体主义、理性主义的批判和抨击。

战后初期,为了避免法西斯主义的悲剧重演,西方思想界对法西斯主义这一重大现象进行了热烈的探讨。加入这一探讨队伍的有各种流派的思想家,如西方马克思主义者、民主社会主义者、保守主义者、自由主义者。在自由主义者中既有保守自由派(也称"右翼自由派""自由保守派"),也有新自由派(也称"激进自由派""左翼自由派")等。不同流派的思想家由于其立场不同,看问题的角度不同,其结论自然也有较大的差异。

自由主义者在冷战形势的影响下,一般把法西斯主义和苏联的斯大林主义或共产主义混同起来,把二者统称为"极权主义"(Totalitarianism,有人又译为"全权主义")。随着美苏两大集团之间冷战的加剧,自由主义对极权主义的批判越来越具有反共的性质,以至于西方学者把这个时期的自由主义就称之为"冷战自由主义"。探讨极权主义问题较有影响的思想家有 H. 阿伦特、R. 阿隆、K. 波普、C. 弗里德利希①等。他们一般都把极权主义和自由主义对立起来,并把它看作对自由主义的主要威胁。

冷战时期的自由主义者,出于与社会主义思潮斗争的需要,向各种形式的"乌托邦主义"发动了进攻。他们把幻想和理想主义等都看作乌托邦主义的表现形式,并视之为残忍、邪恶和专制的根源,是古老宗教关于千年王国和救世主幻想的现代形式。倾向新自由主义的哲学家 K. 波普把历史决定论作为乌托邦主义的重要理论基础,揭示并批评了乌托邦主义的思想特点,提出了与乌托邦社会工程相反的渐进的社会工程理论。在他看来,西方的民主制度为社会的渐进改良提供了条件,而这种渐进改良是代

---

① C. 弗里德利希,美籍德裔思想家,他在战后美国政治思想界地位的确立得益于他对极权主义的阐释和批判。他曾积极组织有关极权主义的学术会议(1953年),出版了《极权主义、专制与独裁》一书(1956年)。他提出,极权主义意味着一个政党及其控制者对国家实行的独裁统治,认为极权主义有6个特征:复杂的思想体系渗入个人生活的每个方面;政党由个人独裁者领导;党和国家机构相互沟通建立起影响广泛的恐怖体制,镇压和对抗国内外的反对者;大众传播工具受到切实有效的严密控制;武装力量被完全控制;国家官僚机构管理和支配经济。具有这些特征的极权主义是对立宪民主制度的挑战,是宪政秩序的可怕敌人。在他看来,斯大林统治的苏联和希特勒统治的德国表现出相同的国家特征,这些特征与极权主义特征极为一致,因此苏联和德国是极权主义的典型。

价最小的推动社会进步的方法。他把任何试图彻底变革或超越现存社会制度的激进主张都戴上"乌托邦主义"的帽子，不仅宣布为不可能实现的幻想，而且视之为现实灾难的一个根源。实际上，"乌托邦主义"成了自由主义对社会主义思潮进行意识形态斗争的一个武器。

第二次世界大战即将结束的时候，哈耶克的《通往奴役之路》一书问世，在意识形态领域吹响了攻击社会主义的号角。他以自由主义的个人主义原则否定集体主义，认为集体主义通过计划经济的形式成为实现社会主义的手段。集体主义与民主、法治、道德都格格不入，其结果是对思想的控制，是民族主义、阶级主义的产生，是极权主义的盛行。

此外，哈耶克的"理性限度""理性不及"论与奥克肖特对政治中理性主义的抨击有异曲同工之妙，告诫人们警惕理性主义在政治上的危害，警惕理性主义对自由的侵犯，对社会生活的完全控制。

二 自由主义的攻击与责难

（一）批判极权主义

激进的自由主义者 H. 阿伦特[①]和法国的 R. 阿隆在 20 世纪中期西方批判极权主义的热潮中尤其引人注目。

阿伦特主张参与民主、批评资本主义、帝国主义和民族主义，称赞某些革命传统，具有左翼思想家的特征；她对一些思想家的"劳动"精神的攻击，对社会工程、经济计划、社会正义、福利国家的缺少同情，又使她与右翼思想家相像。实际上，阿伦特的自由多元主义和对极权主义的批评带有更多的自由主义色彩，她超越私人领域的主张和对公共领域的强调，与现代形式自由主义的积极自由思想有着较多的相似之处。

阿伦特曾以对极权主义起源的研究而闻名。她在讲"极权主义"时，和其他自由主义者一样，都是把纳粹主义（法西斯主义）和所谓的"斯大林主义"混淆起来。不过，和保守的自由主义者（如哈耶克）不同，她不是简单地把极权主义的原因归结为计划经济（或统制经济），或归结

[①] H. 阿伦特（Hannah Arendt, 1906—1975）出生于汉诺威的一个犹太人家庭，1924 年入马堡大学跟随存在主义的创始人海德格尔学习哲学。1925 年又转到海德堡大学的雅斯贝尔斯门下学习，1928 年获得哲学博士学位。1933 年她因参与德国犹太复国主义活动而被捕，后逃亡法国。1941 年到达美国，1950 年成为美国公民。1951 年，她因出版《极权主义的起源》一书而名声大震。1963 年发表《论革命》。她曾先后在普林斯顿大学、哈佛大学、纽约社会研究新学院、加利福尼亚大学等校开设讲座，并曾任芝加哥大学教授。

为某种意识形态,而是从资本主义的历史发展中探讨这种政治现象的深层根源。另外,她并不把美国这类西方国家看成和极权主义截然对立的自由天堂,相反,她曾谴责美国的各种极权主义表现,如麦卡锡的任意迫害、种族歧视事件、疯狂肮脏的越南战争,等等。这使她的理论在对极权主义的批判中显得独具一格。

在阿伦特那里,极权主义是依靠宣传和恐怖对社会实行全面控制的一种全新的、史无前例的统治形式。它既不同于威权政府,又不同于暴君统治。极权主义的基本特征是:"不管有什么特殊的民族传统,或其意识形态有什么特殊的精神来源,极权主义政府总是把阶级转变成群众,用群众运动而不是一党专政代替政党制度,把权力中心由军队转移给警察,并制定公然指向世界统治的外交政策。"①

阿伦特认为,如果守法是非暴政体制的本质,不守法是暴政的本质,那么恐怖则是极权统治的实质。恐怖就是自然和历史运动规律(法则)的现实化,就是执行这些运动规律。在真正的极权主义政府里,所有的行动都是为了加速自然的运动或历史的运动,都是在执行自然或历史早已宣判的死刑,即"不适宜生存"的种族、个人或"垂死阶级"的死刑。在这里,统治者滥用权力,不受法律节制,屈从于自身的利益,敌视被统治者的利益。它蔑视一切成文法,甚至走到蔑视自己制定的法律的程度。

阿伦特认为,极权主义在宣传中利用了社会主义和种族主义等意识形态,但是取消了它们的功利主义内容,即一个阶级或一个民族的利益。她讲的"意识形态"指的是能够让信奉者满意的、可以揭示一切事物和所发生的一切现象的各种主义。她指出,各种意识形态都将科学方法和相关的哲学结果结合起来,伪装成科学哲学,伪装成知道整个历史过程(包括过去、现在和未来)的各种秘密。同时,所有意识形态都含有极权主义的成分,但是这些成分只有在极权主义运动中才能得到充分发展。这一情况造成了一种欺骗性的印象,似乎只有种族主义和共产主义才具有极权主义的性质。事实上,一切意识形态的真实本性只有在它们充当极权主义的统治工具时才会暴露出来。

阿伦特探讨了各种意识形态中包含的三种极权主义因素:第一,各种意识形态都宣称一种总体的解释,它"许诺解释所有的历史事件,总体解释过去、现在和一个能够可靠预言的未来"②。第二,意识形态的这种解

---

① Hannah Arendt, *The Origins of Totalitarianism*, New York, 1958, p.460.

② Iibd., p.470.

释能力使它变得独立于一切经验，使它从经验中学不到任何新的东西。第三，所有意识形态的思维都将事实组织进一种绝对的逻辑过程，这种逻辑过程从可接受的公理前提开始推论一切事物，然而它所展开的那种连续性在现实范围里却根本就不存在。然而，阿伦特认为，制造受害者和杀人者的并不是意识形态本身，而是它的内在逻辑性。正是逻辑推论的自我强制力量，使每个个体在独自孤立的状态中反对所有的其他人。她把这种内在的强制力称为"逻辑性的暴政"。这种暴政开始于思维服从逻辑这个永无休止的过程。由于这种服从，人们在向外在的暴君低头从而放弃他的行动自由时，也放弃了自己的内心自由。

极权主义在组织方面的特点是呈现为一种由同情者、党员、精英组织、亲密小圈子和领袖构成的层级结构。其中，"元首"或"领袖"位于中心位置，他是使整个运动运行不息的发动机，他的意志就是最高的法律。然后是领袖周围最亲密的小圈子，它可以是个正式机构，也可以是一个变动的人员集团。他们将领袖隔离开来，在领袖周围筑起一种不透明的神秘气氛使他显得高不可及。他们和领袖一起构成了极权主义层级中的最上层组织。再外层就是前锋队（front organization）之类的精英组织，他们与普通党员的不同之处在于他们并不需要相信意识形态的陈词滥调的字面真理，他们只是忠于领袖，保证领袖谎言的最后胜利。在精英组织之外的是一般党员，他们十分相信意识形态的陈词滥调，并且通过组织手段将它们转化为有效的现实。最外层的是同情者，他们头脑简单、易受欺骗，忠实地、逐字逐句地相信领袖言论，是极权主义运动的积极参与者。极权主义的这种组织结构使它带有秘密会社的性质，并保证了领袖谎言的效力和意志的实现。

阿伦特指出，自由作为人的一种内在能力，是与他做人的能力相一致的。但是，极权主义者通过恐怖破坏了人与人之间的一切关系，通过逻辑思维的自我强制破坏了人和现实的一切关系，从而把人孤立了起来，使人们失去了经验能力和思维的能力，也使人们失去了自由。孤立是指人处于一种无法行动的情景，是人在政治行动方面地位的丧失。因此，孤立既是恐怖的开端，又是恐怖最肥沃的土壤。孤立的进一步发展是孤独。孤独是指个人处于一种感到自己被所有人类同伴遗弃的情景。孤独与孤立不同的是，人不仅在政治行动方面失去了地位，成了孤立的人，而且他也不再被看做是制作工具的人，而仅被看做是劳动的动物。[①] 她认为，以孤立为基

[①] 这里的"劳动"指的是生产消费品的活动。在阿伦特看来，劳动作为仅仅维持生命的、没有创造性的重复性活动，是人类低层次的活动。

础的暴政一般不触及人的生产能力；但是，对"劳动者"的暴政（例如古代对奴隶的统治）会自动地成为对孤独（而不仅仅是对孤立）的人的统治，而且倾向于变成极权主义。

然而，极权主义是如何在西方现代社会中形成的？它怎么能够蛊惑人心造成了一种规模巨大的社会政治运动呢？阿伦特首先探讨了纳粹主义的基本要素——反犹主义的形成。她认为，在西方现代民族国家和资本主义金融体系的形成过程中，犹太人作为一个没有建立政治共同体而漂泊无根的民族，一方面成了政治社会的边缘人物，另一方面，由于其特殊性格和地位，成了替各国政府穿针引线以解决金融问题的金融掮客和跻身上层社会的暴发户。在讲求人权与法治的现代民族国家里，犹太人的这种地位可以获得一定的保护。但是，到了19世纪，西方的现代政治社会产生了无法化解的危机，犹太人也就随之丧失了他们原先享有的安全地位，并成为种族歧视和仇恨的明显目标。

阿伦特把西方社会的危机视为现代性的危机，把极权主义的兴起看成现代性的产物。她认为，正是资本主义的经济生产体系，把人固定的、满足生存需要的"财产"（property）转化成了不断投资和再投资的无限流动的"财富"（wealth），并且在这种转化中也孕育了"资本主义意识"。资本主义意识的实质就是追求财富的无休止扩张，就是以征服全球为目的。这种无限扩张一方面动摇了有一定疆域和宪政法治结构的现代民族国家体制，使国家逐步丧失了保障公民权的作用；另一方面，也在"帝国主义"执行资本主义扩张的殖民经验中，孕育了"种族主义"的观念和意识，以此作为对殖民地进行征服的合理根据。此外，帝国主义者在执行资本主义的扩张原则时，也破坏了既定的法律或道德原则，并在殖民经验中塑造出了另一种态度和观念，即否定或隐藏自己的认同身份，并把自己的使命视为服务历史和生物法则的必然性。这些心态和观念到20世纪中叶就成了极权主义运动的动力资源。

不仅如此，在现代西方社会内部，资本主义的无限扩张和财富积累也造成了一大群孤独、无根、与生活世界疏离并自觉是多余者的"群众"。他们充满物欲的激情，拼命追求物欲的满足，全然不顾公共的事务。他们与他人隔绝，也隔绝了使他们生活有意义的公共领域。在这种"隔绝"与"孤独"的状况下，他们不但丧失了现实感，也丧失了合理健全地判断经验的能力，从而使他们极易被任何势力所鼓动和利用。例如，"群众"中的"暴民"，在19世纪中叶曾和"帝国主义者"串通一气，在无法治的"蛮荒世界"犯下了各种巨大的罪行；而那些被动的"群众"则被各种运动的意识形态所蛊惑。总之，只有从封闭的个人领域中走出来，积极地参与公共生活，才有可能摆脱极权主义意识形态的诱惑。

法国的 R. 阿隆①则在对极权主义的批判中，分析了极权主义的基本特征。但他把批判极权主义的矛头更多地指向了共产主义。

阿隆认为，极权主义有以下特征："（1）极权主义这种现象发生在一党专政政体中；（2）这个垄断性的党是由一种意识形态所鼓舞或武装起来的，通过意识形态提供独断权力，因而它也就成了国家的官方真理；（3）为了强化这一官方真理，国家依次为自身保留了两种垄断权，一是垄断统治工具，二是垄断劝服工具。通讯、无线电、电视、新闻都由国家及其代理人来指导和命令；（4）经济和职业活动更多地屈从于国家，而且在一定程度上还成了国家的组成部分。鉴于国家与意识形态的不可分离，多数经济和职业活动则打上了官方真理的烙印；（5）由于全部活动都成了国家的活动并屈从于意识形态，所以，经济或职业活动的错误也就成了意识形态的错误。"②

和其他仇视共产主义的右翼思想家一样，阿隆也把纳粹主义和共产主义笼统地称为极权主义。不过，他认为纳粹主义所要实现的目标是非人道的，而共产主义则不同，它是由人道主义的理想所激起，其目标是建立一个最人道的社会。但是，在实现目标的手段上，它与纳粹主义一样，都主张使用暴力。因为它确信，只有通过暴力，通过无产阶级与资产阶级的殊死搏斗，推翻资产阶级的统治，这一美好社会才会建立起来。

阿隆认为，极权主义的原则就是忠诚与恐怖。这是因为，党有远大抱负，因而必须垄断意识形态与统治工具，也必须控制个人活动，使人们忠诚于党和国家。但是现代社会是一个异质社会，为了实现目标，只有通过

---

① 雷蒙·阿隆（Raymond Aron, 1905—1983）出生于巴黎一个中产阶级的犹太家庭，1924年考入巴黎高等师范学校，与让—保尔·萨特是同班同学。但是，俩人后来的思想发展则大相径庭。萨特激烈地批判资本主义，而阿隆最初倾向于社会主义，后来则成为资本主义秩序的坚定捍卫者。20世纪30年代，他赴德留学，研究现象学和德国社会学。第二次世界大战爆发后，他追随戴高乐将军奔赴英伦，主编《自由法兰西》，为法国的抗战进行呐喊助威。抗战胜利后，他于1945—1955年任法国政治研究学院政治学教授，后走入新闻界，从事政治评论，成为半个世纪以来法国、欧洲和世界风云变幻的见证人。他在《知识分子的鸦片》（1955年）、《民主与极权主义》（1966年）、《回忆录——五十年的政治思考》（1983年）等书中，对极权主义问题进行了分析。

② Raymond Aron, *Democracy and totalitarianism: a theory of political systems*, The University of Michigan Press, 1990, pp. 193-194.

恐怖手段，迫使所有的人信仰自己的意识形态，才能使反对派服从自己的目标，才能使国家拥有不断革命的动力。因此，他又说，极权主义有两种意义："一是国家吃掉公民社会，二是神化国家要推行的主义，变成教条，强迫知识分子和大学校皈依信奉。"①

他把国家权力的扩张看作是极权主义最重要的特征之一。这种扩张的重要表现就是生产资料的国有化，并利用国家的力量严格限制市场的作用，控制不可预料的经济变化。他认为，生产资料的国有化虽然可以消除大企业家运用政治的影响力向国家施加压力，但在国有化以后，先前由大企业任意摆布的权力，现在则掌握在国家的统治阶级手里，这样就加重了国家的责任。而且一旦极权主义政党控制国家，势必按自己的目标来重组政府以及整合经济力量与政治权力，使国家变成巨大的"托拉斯"。然而，"一个国家管辖的畛域愈是辽阔，就愈无法确实实施民主政治。……当整个社会变成一种堪称单一、庞大的企业组织时，盘踞在社会顶端的人可能会漠视下层群众的意见——不论赞同或反对的意见"②。

阿隆把传统与地方共同体称为民主政治的制动器。但是，由于极权主义把整个国家变成了一个整齐划一的社会，从而使传统与地方共同体随着革命的硝烟消失殆尽，民主政治的制动器也就丧失了它的力量。这样带来的结果就是，没有任何事物可以抵挡极权主义的进展，人们从此千篇一律，失去了个性。所以他说，极权主义是"人类灵肉的奴隶主，是一项肇始于取消旧弊端而以摧毁每个人之自由为结局之运动的必然结果"③。

（二）责难乌托邦主义

K. 波普④是乌托邦主义的坚定批判者。在波普看来，乌托邦主义的

---

① ［法］雷蒙·阿隆：《雷蒙·阿隆回忆录——五十年的政治思考》，生活·读书·新知三联书店1992年版，第195页。
② ［法］雷蒙·阿隆：《知识分子的鸦片》，联经事业出版公司1990年版，第23页。
③ 同上书，第24页。
④ 卡尔·波普（又译：波普尔）(Karl Popper, 1902—1994) 出生在奥地利的一个犹太人家庭，1918年入维也纳大学学习，1928年获该校哲学博士学位，后当过一段中学教师。1934年出版了他的第一本著作《研究的逻辑》，并因此名声大震。1937年，因希特勒排犹，赴新西兰任坎特伯雷大学哲学讲师。后来基于对社会科学方法的长期思考和对欧洲大陆政治形势发展的认识，他先后发表了《历史决定论的贫困》(1944—1945年) 和《开放社会及其敌人》(1945年)。第二次世界大战结束以后，他移居英国，并加入英国国籍。从1949年起历任伦敦大学、伦敦经济学院逻辑和科学方法教授，哲学、逻辑和科学方法系主任，1969年退休。这期间，他出版了《研究的逻辑》的英文增订本《科学发现的逻辑》(1959年) 以及《猜想与反驳》(1963年) 等书。1994年9月17日波普在伦敦病逝。

理论基础是历史决定论,因此,他对乌托邦主义的批判首先是从批判历史决定论开始的。所谓"历史决定论",波普指的是一种探讨社会科学的方法,这种方法"假定历史预测是社会科学的主要目的,并且假定可以通过发现隐藏在历史演变下面的'节律'或'模式','规律'或'倾向'来达到这个目的"①。波普反对这种观点,认为根本不存在社会进化规律,人类也不可能用科学的或任何别的合理方法预测历史的未来进程。

波普否定进化规律或历史发展规律存在的主要根据是:规律是全称命题,"然而,对进化过程的描述不是规律,而只是一个单称的历史命题"②。这就是说,历史过程是不会重复的独一无二的过程,对独一无二的过程就不可能进行普遍性的概括,不可能得出普遍性的规律,也不可能对普遍性规律假说进行验证。不过,波普承认在社会变化中存在着某种趋势,但是认为规律和趋势是根本不同的两回事。因为规律描述的是普遍必然性,趋势则是特殊的、或然的;规律是全称命题,趋势是一个单称的存在命题。我们可以根据规律做出科学的预测,但不能仅仅根据趋势的存在来做出科学的预测。当然,波普并不否认社会领域存在规律,例如社会学和经济学所发现的规律。但是,他认为人类历史作为一个连续的进程却不可能依靠一两条总规律来加以简单说明。

在波普那里,人类的历史进程之所以不可预测,不仅因为历史的发展是不会重复的,不存在规律,而且还有以下几个理由:第一,人类的历史进程受人类知识增长的强烈影响,然而在逻辑上我们不可能用合理的或科学的方法来预测我们的知识增长,所以,我们不能预测人类历史的进程。第二,预测本身可以影响被预测的事件,这种影响或者会引起被预测的事件,或者会防止这种事件的发生。他把这种影响称为"俄狄浦斯效应"。③第三,历史发展是一个动态的连续过程,"虽然任何实际存在的现象连续都是按着自然规律进行的,但是我们必须看到,实际上,三个或三个以上有因果联系的具体事件的连续都不是按照任何一个自然规律来进行的。……既没有连续规律,也没有进化规律"④。因此,历史发展不能预测。不过,这里波普主要否定的是对历史发展进行科学预测的可能性,而不是对社会进行预测的可能性。在他看来,有些社会现象可能会重复,像

---

① [英]波普:《历史决定论的贫困》,华夏出版社1987年版,第2页。
② 同上书,第86页。
③ 同上书,第10页。
④ 同上书,第92—93页。

权力不受制约就会腐败等,但作为整体的历史发展进程是不会重复的,不会重复的现象就不能进行科学的预测。

波普认为,历史决定论和乌托邦主义有着密切的联系。历史决定论虽然强调历史规律的存在,但并不承认宿命论,也不一定导致无所作为;相反,大多数历史决定论者都有十分显著的"能动主义"倾向,他们预测未来是为了缩短和减少新的历史时期诞生时的阵痛,或者使人们少走弯路,加速历史发展的进程。为此,他们根据对历史规律的研究所发现的未来社会的美好蓝图,制订具体的行动计划,大规模地、彻底地改造整个社会,以便完成历史赋予的催生新社会的神圣使命。他把这种活动称作"乌托邦工程"。认为"在历史决定论和乌托邦主义的联盟中,最有力的因素无疑在于它们都是整体主义的"。它们关心发展,但并不是关心社会生活各个方面的发展,而是关心"整个社会"的发展,并强调社会实验只有以整体主义的规律来进行才有价值。历史决定论者和乌托邦主义者之间的另一个联系,在于"二者都相信他们的目的并不是选择问题或道义决断,相信他们可以在自己的研究领域中用科学的方法来发现他们的目的",并强调最终目的的重要性,把实现最终目的的过程都看作手段。[①]

波普把企图对社会进行整体控制和改造的思想称为"极权主义的直觉",认为这种做法会导致少数人的强有力的集权统治,因而可能导致独裁。他说:"权力集中是容易的,但是把分散在许多人头脑中的知识集中起来是不可能的,可是这种集中对于明智地运用中央集权是必要的。这一事实具有深远的意义,既然不能确定在这么多的人的头脑中的想法,他就只好消除个人之间的差别而使自己的问题简单化:他必须用教育与宣传来控制和统一人们的兴趣与信念。然而,这种试图控制人们的精神的做法,势必会毁掉发现人们真正思想的最后可能性,因为它显然与思想自由,特别是批判思想的自由不相容。其结果,它必然毁掉知识;权力越大,知识的损失也越大。"[②] 所以他断言,人们不可能拥有全盘改造社会所需要的知识,整体主义计划根本没有科学的依据,而只能称为乌托邦。

针对乌托邦主义认为目的由历史规律来决定并可以通过科学研究来

---

① [英]波普:《历史决定论的贫困》,华夏出版社1987年版,第58页。另见波普《开放社会及其敌人》第一卷,中国社会科学出版社1999年版,第291—292页。
② [英]波普:《历史决定论的贫困》,华夏出版社1987年版,第71页。

发现的观点,他认为,这是混淆了"是"与"应该"、"事实"与"价值"的关系,是一种"一元论的决定论"。它的逻辑就是:历史规律是如此,所以我们应该如此,其结果是推卸了人的选择的道德责任。他主张"事实与价值的二元论",认为目的只是个选择问题,"无论是自然还是历史都不能告诉我们应该做什么,无论是自然的或是历史的事实都不能为我们做出决定,它们不能决定我们将要选择的各种目的。正是我们把目的和意义赋予自然和历史"①。因此,关于目的的争论是无法由科学来决定的。尽管人们通过合理的讨论在某种程度上可以对目的选择取得一致的意见或达成妥协和谅解,但这毕竟不是科学发现的方法。在缺乏科学方法解决目的分歧的情况下,乌托邦工程师必然以权力和暴力来代替理性。

另外,针对乌托邦主义的最终目的一般都十分遥远的特点,他指出,要实现这种理想就必须在未来的很长一段时间内保持目标始终如一,否则整个事业将付诸东流。但是要做到这一点,唯一的办法似乎又是诉诸暴力,包括宣传、压制批评和消灭一切对立面。然而,事实上不仅人们的观念会发生变化,乌托邦蓝图刚制定时许多人觉得合意的东西在后来也许不那么受人欢迎,而且每一代人都不必为将来的一代一代而牺牲,为一个可能永远实现不了的幸福理想而牺牲。在波普看来,世界上并没有最终目的,一切形势都是过渡性的,"一代代人都是匆匆而去的过客。他们都有受到尊重的同等权利,但我们无疑对现在这一代和下一代人负有直接的责任"②。

乌托邦主义的另一个重要特点是它具有唯美主义和至善主义倾向。也即它所追求的不是一个比现实稍好一些的和较为合理的世界,而是一个彻底消灭丑恶的至善至美的新世界。并且它假定谋善比除恶在伦理上更值得重视,从而把谋善(最大多数人的最大幸福)而不是除恶作为政治活动的主要任务。波普认为,不可能有至善至美的天堂,我们永远不得不生活在一个不完美的社会中。这不仅因为即使很优秀的人也是非常不完美的,也不仅因为我们由于知识贫乏而常犯错误,重要的是事实上始终存在不可解决的价值冲突,而这种冲突本身是有价值的,它对于一个开放社会来说也是不可缺少的。

---

① [英]波普:《开放社会及其敌人》第二卷,中国社会科学出版社1999年版,第417页。

② [英]波普:《猜想与反驳》,上海译文出版社1986年版,第516页。

关于谋善和除恶的关系，波普指出，人们在善的问题上不易达成一致的意见，而对于什么是恶则容易取得一致意见。况且，"从伦理学的观点来看，在苦难与幸福，或痛苦与快乐之间并不存在着对称关系。……人类的苦难提出了一种直接的道德诉求，即获得帮助的诉求，而无论如何不存在增进一个处境不错的人的幸福的类似要求……"[①] 因此，从政府的道德责任来说，除难比造福具有更迫切的道德意义。

波普把乌托邦主义的唯美主义态度称为浪漫主义，认为它"必然引导我们放弃理性，而代之以对政治奇迹的孤注一掷的希望。这种非理性的态度源于迷恋建立一个美好世界的梦想……它也许在过去或在未来之中寻找他的天堂般的城邦，它也许竭力鼓吹'回归自然'或'迈向一个充满爱和美的世界'；但它总是诉诸我们的情感而不是理性。即使怀抱着建立人间天堂的最美好的愿望，但它只是成功地制造了人间地狱——人以其自身的力量为自己的同胞们准备的地狱"[②]。

波普反对乌托邦主义，但不一般地反对社会理想。他反对的是独断的、至善至美的、封闭的社会理想，主张的是非决定的、较完善的、开放的社会理想。他的理想社会就称为"开放社会"。这种开放社会有以下几个特点。

首先，开放社会是向批评开放的社会。波普指出，"我把封闭社会描述为巫术的社会，而把开放社会描述为理性的和批判性的社会"。[③] 他把"封闭社会"又称为"部落社会"，认为这种社会的维系依赖人们对生活习惯的神秘的或非理性的态度，以及各种禁忌确立的某种集体责任形式。而在开放社会中，每个人都勇于面对自己，对自己的言行负责；并明确承认每个人的能力是有限的，言行是会有错误的；肯定任何理论都是假设，随时都有可能被证明是错误的。因此，在这里允许人们对政治事务进行讨论，而讨论又都抱着合乎理性的态度，即"我认为我是正确的，但我可能是错的，而你可能是正确的，不管怎样，让我们进行讨论罢，因为这样比各自仅仅坚持认为自己正确可能更接近于正确的理解"[④]。波普认为，只有实践这种态度，只有放弃在意见上以权威自居的态度，只有确立平等交换意见和乐意向他人学习的态度，我们才可望控制由虔诚和责任所激起

---

① [英] 波普：《开放社会及其敌人》第一卷，中国社会科学出版社1999年版，第293页。
② 同上书，第314—315页。
③ 同上书，第324页。
④ [英] 波普：《猜想与反驳》，上海译文出版社1986年版，第508页。

的暴力。所以，在开放社会中，尽管也存在各种假说之间的生存斗争，但人们并不靠暴力为假说争夺生存权利，也不会因淘汰错误的假说而毁掉其创立者。

其次，开放社会是每个人都面临个人决定因而也是向未来开放的社会。波普把封闭社会比作一个有机体，在这里不存在成员之间对地位的竞争，每个人的社会地位都是固定的，社会的各种建构，包括它的等级制度，也都是神圣不可侵犯的。而在开放社会里，许多成员都力图在社会上出人头地和取代别的成员的位置，人们认识到，人的命运不是命中注定的，每一代人和每一个人都有自己的权利和责任按照自己的观点塑造个人生活和社会生活。因此，开放社会也是平等主义的和个人主义的社会，它永远处于变迁之中，永远不会被固定在未来的某一特定状态上。

再次，开放社会是实行民主制度的社会。波普把所有政府制度都归结为两种，一是民主政体，二是专制政体。两者的区别是：前者可以不流血地推翻政府，后者则不可能。他认为，民主政体之所以可取，并不是因为大多数人总是正确的，而是因为它是弊病最少的制度。这种制度并不给人民提供幸福，而只是给人民追求幸福的自由提供保障。他把这种保护自由的国家职能观，称为"保护主义"国家观。波普反对把民主仅仅理解为多数人的统治或"主权在民"。他认为，主权在民理论不仅有可能导致极权主义，而且它本身的真理和道德意义也值得怀疑。因为，认识真理是困难的，多数人和一个人一样并不必然产生真理和善。在他看来，"主权在民"和"主权在君"形似对立，实为同一，二者都是强调"谁应当统治"的问题，都是要求把国家权力交给最贤明、最富善德的人。然而，要想得到其"善"与"智"足可依赖的政府是十分不易的。因此，应该以另外一种方式提问题，即用"我们怎样组织政治机构才能避免无能力的糟糕的统治者带来太多的损害"这一新的问题来取代原先的"谁应当统治"的问题。[1]

最后，开放社会也是实行渐进工程（又称"零星工程"）的社会。渐进工程与乌托邦工程不同，它不试图设计一个遥远的尽善尽美的理想社会，也不企图全盘改造社会，相反它认识到，"只有少数的社会建构是人们有意识地设计出来的，而绝大多数的社会建构只是'生长'出

---

[1] [英]波普：《开放社会及其敌人》第一卷，中国社会科学出版社1999年版，第228页。

来的，是人类活动的未经设计的结果"①。并且人们没有足够的知识去完成全面改造社会的伟大工程，也不可能在人间建造没有痛苦和罪恶的人间天堂。因此，它总是采取能够不断改进的小规模的调整和再调整来实现其目的。

此外，渐进工程的政府活动原则不是"最大多数人的最大幸福原则"，而是"最小痛苦原则"。根据这个原则，渐进工程把目标放在消除当前社会上最重大和最紧迫的具体苦难和罪恶上，而不是放在追求最大的终极的善上。对于渐进工程师来说，最必要的是采取一种批判的态度，认识到进行尝试和犯错误都是免不了的。他不仅必须学会预料到会出错，而且必须有意识地去寻找错误之所在。应该使"那种确信我们没有犯任何错误，无视错误，掩饰错误，或把错误归罪于人的伟大艺术让位给另一种更伟大的艺术——为错误承担责任，力图从错误中学习并应用这一知识避免将来犯错误"②。

波普把开放社会的起源追溯到古代雅典的民主制时代，把伯里克利和苏格拉底称为开放社会理想的先驱，而把赫拉克利特和柏拉图等看作开放社会最早的敌人。在近代思想家中，他把黑格尔和马克思都一同视为反对开放社会的人。在他看来，马克思主义的历史唯物主义就是否定选择自由的历史决定论，科学社会主义的理想就是封闭的乌托邦。应该承认，黑格尔的思想确实是一个封闭的体系，但把马克思主义说成是封闭的、教条的、反对开放的，则是不符合事实的。众所周知，马克思历来反对教条式地预料未来，也历来反对教条式地对待自己的学说。他反对那些不切实际的空想，强调共产主义是用实际手段追求实际目的的最实际的运动。

显然，波普对马克思的一些批评是包含不少曲解成分的。主张开放无疑是符合历史潮流的，但把当代的革命运动都看作乌托邦工程，全盘否定这些革命在现代化中的作用，实际是一种形而上学的态度。另外，当他否定历史对人的目的的决定作用时，过分强调个人选择的自由，忽视了社会历史因素对人的选择的限制和约束，也陷入了主观主义的极端。

(三) 攻击社会主义的集体主义

冷战时期，在自由主义反对社会主义的大合唱中，保守自由主义思想

---

① [英]波普:《历史决定论的贫困》，华夏出版社1987年版，第51页。
② 同上书，第70页。

家 F. 哈耶克①可以说是声调最高的一个男高音。在哈耶克那里，社会主义基本上等同于计划经济，并把计划经济看作社会主义实现其目标的一种集体主义手段，因此他对社会主义的批评主要是对计划经济或集体主义的批评。在他看来，正是计划经济或政府统制型经济才导致了各种各样的极权主义，包括法西斯主义，并宣称计划经济是通向奴役的道路。1944 年，他发表了《通往奴役之路》一书，②对集体主义和计划经济带来的种种政治危害进行了系统的分析和批评。

哈耶克认为，社会主义既指的是一种终极目标，又指的是一种达到这种目标的特别的方法。作为终极目标，社会主义指的是社会正义、更大限度的平等和保障等理想；作为手段，"社会主义意味着废除私有企业，废除生产资料私有制，创造一种'计划经济'体制，在这种体制中，中央的计划机构取代了为利润而工作的企业家"③。不过，在该书中，哈耶克认为，自由主义和社会主义的争论主要不在目标问题上，而是在实现目标的手段上。④ 他把集体主义视为社会主义实现目标的手段，而且把社会主义看作集体主义的一种，其他如共产主义、法西斯主义等都是集体主义的表现形式。换句话说，这些主义在目的上可能是不同的，但在手段上都属于集体主义手段。他认为，集体主义与自由主义或个人主义的不同在于，它希望组织整个社会和所有资源，以求达到一个单一的目标，而不承认那种个人目标高于一切的自主的活动领域。⑤ 这就是说，在哈耶克那里，集

---

① F. 哈耶克（F. A. Hayek，1899—1992）。他于 1899 年 5 月 8 日生于维也纳的一个知识分子家庭。1921 年获维也纳大学法学博士学位，1923 年在该校又获政治学博士学位。1927—1931 年，任奥地利经济研究所所长。1931—1950 年，哈耶克任伦敦大学经济学和经济统计学杜克讲座教授。1938 年入英国国籍。1943 年，他又获得伦敦政治经济学院科学博士学位（经济学），同年，当选为英国研究院院士。1947 年 4 月，在他的推动下成立了"朝圣山学社"，并连任会长 12 年，使他成为经济学中奥地利学派的主要代表。1950 年起任芝加哥大学社会科学与道德科学教授。1962 年又到弗莱堡大学任经济学教授，1967 年退休。此后一直到 1974 年在萨尔兹堡大学任访问教授。1992 年 3 月 23 日去世。
② 该书的第一个中译本，即商务印书馆 1962 年的译本，译为《通向奴役的道路》。
③ ［英］哈耶克：《通往奴役之路》，中国社会科学出版社 1997 年版，第 37 页。
④ 在哈耶克后来的著作中，特别是《法律、立法与自由》中，对社会主义的目标，如社会正义等，进行了大量的批评。
⑤ 很明显，他理解的集体主义，与人们常讲的集体主义有所不同。人们讲到集体主义时一般指的是，当个人利益与集体利益发生冲突时，个人利益应该服从集体利益。当然，过去也有不少对集体主义的种种歪曲，例如把集体利益放在绝对至上的地位，用集体利益否定个人利益，或者认为集体主义就是只讲集体利益，不讲个人利益，等等。

体主义基本上是计划经济或政府统制型经济的代名词。

他声称,"集体主义"容易导致民族主义、种族主义或阶级主义。这是因为,"集体主义"虽然把自身建筑在个人主义发展起来的人道主义的道德上面,但它只能在一个比较小的集团里面实行。因为一个世界范围的集体主义是不可想象的,谁也不会同意把本国的财富分给较穷的国家来享用。而且为了把一个集体牢牢地团结在一起并共同行动,一个重要的的条件就是需要把"我们"和"他们"对立起来,并向该集团以外的人进行共同的斗争。因此,制造敌人,"不管它是内部的,如'犹太人'或者是'富农',或者是外部的,似乎都是一个极权主义领导人的武器库中不可或缺的必需品"①。另外,既然"集体主义"强调社会或国家比个人更重要,强调集体的目标独立于并超越于个人的目标,那么,"只有那些为社会所具有的共同目标而努力的个人才能被视为该社会的成员。这种见解的必然结果就是:一个人只因为他是那个集团的成员才受到尊敬,也就是说,并且只有他为公认的共同目标而工作才受到尊敬,并且他只是从他作为该集团成员的资格中获得他的全部尊严。单纯依靠他作为人的资格却不会带给他什么尊严"②。因此,他断言,集体主义容易助长门户之见和唯我独尊的倾向,集体主义计划者容易成为"好战的民族主义者"。

对于哈耶克来说,集体主义的计划经济与民主是格格不入的,它只能造成国家控制一切的极权主义制度。他认为,作为民主主要机构的议会制度是无法制订经济计划的。因为,一个有连贯性的计划是一个复杂的整体,其中的各个组成部分必须最细致地互相调节和适应,而一个民主的议会如果像讨论普通议案那样,通过意见的冲突和折中,对一个全面的经济计划逐条地进行表决和修改,那是毫无意义的。议会对于这样的计划,只能是要么全盘接受,要么全盘否定。

同时,制订一个经济计划,必然要在各种互相冲突或互相竞争的目标之间进行选择,而这只有那些了解各种实际情况的专家才能决定,民主的议会对此是无能为力的。另外,作为民主主要机构的议会也是无法管理计划经济的。这是因为,议会行动一般比较迟缓,不利于迅速做出决定;而且经济活动的管理中需要加以调和的利害关系是如此分歧,以致在一个民主的议会中无法达成任何真正的一致。在这种情况下,必将唤起一种越来越强烈的要求,即要想使大规模的集中计划成为可能,就必须摆脱民主程

---

① [英]哈耶克:《通往奴役之路》,中国社会科学出版社1997年版,第134页。
② 同上书,第136页。

序的牵制，赋予政府或某些个人独断地采取行动之权。

因此，计划经济必然导致独裁制度，集体主义者为了达到其目标，必须建立起前所未有的巨大的人控制人权力。他说："为了能够用来为一个单一的计划服务的权力的集中，不仅是权力的转移，并且也使权力得到无限的扩张；把从前许多人独立行使的权力集中在某个单个集团的手里，会使权力膨胀到前所未有的程度……"[①] 他认为，这种权力的集中必然造成对个人全部生活的控制，如控制个人实现自己目标的手段，控制人们的偏好、需要、消费和职业选择，乃至控制人们的家庭、朋友关系和闲暇时间的利用等，而这一切最终会导致社会成员对权力的奴隶式的依附。他断言，只有把政府管理的范围局限在人们能够达成一致的范围内，并且实行以自由处置私有财产为基础的竞争性制度，民主才有可能得到实现；而当这种制度由一个集体主义信条支配时，民主就将不可避免地自行毁灭。

另外，集体主义的计划经济与法治也是背道而驰的。哈耶克指出，法治是自由国家和专制政府的根本区别，没有法治就没有自由。对于政府而言，法治的意思就是指政府在一切行动中都受到事前规定并宣布的规则的约束。这种规则使一个人有可能十分肯定地预见到当局在某一情况中会怎样使用它的强制权力，也可使他据此计划自己的个人事务。

但是，在计划经济下，计划当局必须经常地决定那些仅仅根据形式规则无法得到答案的东西，并在制订计划时不得不取决于当时的具体环境，不得不对各种人和各个集团的利害逐个地加以权衡，而这是难有规章可循的。最终，必得由某个人的观点来决定哪些人的利益比较重要，而这些观点也必定成为那个国家法律的一部分，即政府的强制工具强加于人民的一种新的等级差别。因此，即使计划社会也有法律，政府的行动也是合法的，但它决不会是一个法治的社会。

在哈耶克看来，法治与政府的行为是否在法律的意义上合法这个问题并无必然的联系，纵然政府所做的事有充分的法律依据，但如果法律赋予它的是专断的权力，那么它的行为也肯定不属于法治的范围。因此，真正的法治"含有限制立法范围的意思，它把这个范围限于公认为形式法律的那种一般规则，而排除那种直接针对特定的人或者使任何人为了这种差别待遇的目的而使用政府的强制权力的立法"[②]。总之，法治无论是对行政权还是对立法权的限制，它都意味着对不可侵犯的人权的承认。

---

① [英]哈耶克：《通往奴役之路》，中国社会科学出版社 1997 年版，第 139 页。
② 同上书，第 83 页。

在哈耶克看来，集体主义的计划经济还会导致对道德的否定和对思想的控制。他认为，只要存在着一个凌驾一切的共同目标，就不会有任何一般的道德或规则的容身之地。因为，对那些坚决彻底的集体主义者来说，只要有助于"整体的利益"，绝对不容许做的事情简直是没有的。所以，"目的说明手段的正当性这个原则，在个人主义道德里面被认为是对一切道德的否定。而它在集体主义的道德里面却必然成为至高无上的准则"。①

在哈耶克那里，道德规则是不管任何功利效果都绝对有效的一般规则，或者说，是没有任何功利考虑的康德式的绝对命令。而且他认为，道德只能存在于个人能够自由做出决定的领域，在这个范围之外，就既没有善，也没有恶。因为没有选择和决定的自由，个人对其行为是不承担责任的，而且是无法进行道德评价的。但是，既然集体主义者强调整体利益的至上性，把个人看成为社会或国家这样的较高实体的目的服务的工具，那么，"极权主义政体很多使我们害怕的特点便必定会接踵而至。从集体主义立场出发而产生的不容忍的残酷地镇压异己，完全不顾个人的生命与幸福，都是这个基本前提的根本的和不可避免的后果"②。另外，既然集体主义者强调统一的计划和行动，既然要限制个人选择的自由，减轻个人的责任，其结果只能是反道德的，不管他提出的那些理想是多么崇高。

哈耶克认为，集体主义的计划经济还必然导致对思想的控制。因为社会计划所指向的目标是一个单一的目标体系，要想使每个人都为这个目标服务，最有效的办法就是通过宣传使每个人都相信那些目标。于是，在这种国家里，"一切宣传都为同一目标服务，所有宣传工具都被协调起来朝着一个方向影响个人，并造成了特有的全体人民的思想'一体化'"③。

不仅如此，为了使计划得到有效实施，使人民毫不迟疑地支持共同的行动，还必须让人民相信政府所选择的手段也是正确的，甚至必须使政府的每一个行动都成为神圣的和免受批评的。

因此，"事实和理论必须和关于价值标准的意见一样成为一种官方学说的对象。而且传播知识的整个机构——学校和报纸，广播和电影——都被专门用来传播那些不管是真是假都会强化人民对当局所做决定正确性的信心的意见；而且那些易带来疑窦惑犹豫的信息将一概不予传播。人民对这个制度的忠诚会不会受到影响，成为决定某条信息应否被发表或禁止的

---

① [英]哈耶克：《通往奴役之路》，中国社会科学出版社 1997 年版，第 141 页。
② 同上书，第 143 页。
③ 同上书，第 146—147 页。

唯一标准"①。

即使是那些最抽象的科学领域，如数学和物理学领域，也都要遭到同样的命运。"在直接涉及人与人的关系，因而又最直接地影响到政治观点的学科中，如历史、法律或经济学等，对真理的无私探讨在极权主义制度里是不可能得到许可的，而对官方意见的辩护却成了唯一的目标。在所有极权主义国家里，这些学科已成了制造官方神话的最丰产的工厂，而统治者就用这些神话来支配他们的子民的思想和意志。因此，在这些领域里甚至连追求真理的伪装都被抛弃了，什么学说应当传授和发表都由当局来决定，这是不足为奇的。"② 这种情况必然酿成对真理的玩世不恭的态度，造成对真理意义的意识和对理性力量的信心的丧失，导致独立探索精神的消逝。总之，在哈耶克看来，计划经济的到来意味的就是真理的末日。

（四）对政治理性主义的批判

在当代西方的自由主义者中，M. 奥克肖特③可以说是最具保守主义色彩的思想家之一。在他 1990 年 12 月 18 日去世的第二天，英国的《泰晤士报》就发表社论，称他为"在社会主义对 20 世纪英国政治理论舞台进行长期统治之后使保守主义重新恢复生机的主要人物"④。当然，他保守的主要是英国的自由主义传统；因此，当他在世的时候，在把他归于自由主义还是保守主义的问题上，人们就存有不少的争论。

奥克肖特的《政治中的理性主义》一书是他最主要的代表作。他在该书中对政治理性主义的批判，不仅在当时引起了思想界的普遍关注，而且今天读来仍然令人掩卷长思。奥克肖特的这一批判对于仍然过分偏好、不愿放弃理性主义的人，实在是一副清醒剂。近年来，人们对哈耶克的

---

① ［英］哈耶克：《通往奴役之路》，中国社会科学出版社 1997 年版，第 153 页。
② 同上。
③ M. 奥克肖特（M. Oakeshott, 1901—1990），1901 年 12 月 11 日出生于英国肯特郡的切尔斯费尔德。1923 年毕业于剑桥大学的历史学专业，次年开始攻读研究生学位。后又接受了历史讲师职务，直到第二次世界大战爆发。战争期间曾在军队中服役。期满后回到剑桥，后来又到牛津大学短期任教。1951 年，他获得了伦敦经济学院政治学讲座教授职位，并保持这一职位直到 1968 年退休。这个受人尊敬的职位原先曾长期由具有社会主义倾向的学者（如韦伯夫妇和拉斯基等）所占据，因此奥克肖特的任职在当时曾一度被看作是一个丑闻。奥克肖特的著作主要有：《宗教与道德生活》（1927 年）、《经验及其方式》（1933 年）、《政治中的理性主义》（1962 年）和《论人的行为》（1975 年）。
④ ［意］萨尔沃·马斯泰罗内主编：《当代欧洲政治思想》，社会科学文献出版社 1996 年版，第 65 页。

"理性限度""理性不及"和"进化论理性主义"评论较多,对奥克肖特对理性主义的批判则注意不够。其实,奥克肖特对理性主义的批判不仅和哈耶克有异曲同工之妙,而且在某些方面比哈耶克还有更深的洞察力。

奥克肖特认为,理性主义者的一般特点是,"他在任何情况下都代表着思想的独立,代表着除'理性'权威之外不服从任何权威的思想自由。他在现代世界中所处的境况使他变得喜好争吵:他是权威、偏见、仅有的传统、习惯或惯例的敌人。他的心理态度既是怀疑的又是乐观的:说是怀疑的是因为,没有任何观念、习惯、信仰是如此根基牢固和支持广泛,以至于他不能用他所谓的'理性'进行质疑和审判;说是乐观的是因为,理性主义者从不怀疑他的'理性'(当正确运用时)在决定一个事物的价值、一个观念的真实性和一个行为的正当性时的力量。而且他被这样一些信念所加强,即相信理性对所有人都是共同的;合理的理由是争论的基础和灵感,具有共同的力量:在他的门上铭刻的是巴门尼德的格言——通过理性的争论来判断。除了赋予理性主义者一点智力平等主义格调的这些信念之外,他还是某种个人主义者,发现很难相信任何诚实和清晰思考的人会和他考虑的有所不同"①。

根据上述理性主义者的特点,政治领域应该是最难按照理性主义方式对待的领域。因为政治深受传统和环境的影响,而且具有转瞬即逝的性质。然而,奥克肖特指出,除了宗教以外,理性主义取得的最显著的胜利恰恰就在政治领域。理性主义者相信,畅通无阻的人类"理性"是政治活动的可靠的向导。对于他来说,一种观念的真理性,一种制度的合理根据,全在于论辩,而这种论辩就是理性的技巧和运用。于是,他的大部分政治活动就是把社会、政治、法律和制度的遗产带到他的理性法庭面前接受审判,其余的活动就只剩下理性的行政管理和不受控制的司法权在案件中运用理性。理性主义者的性格倾向使他们把毁灭和创造看得比接受和改革更容易理解和从事。对于修修补补,他认为是浪费时间;对于不是经过自觉促成的变化,他认为就不是变化。于是,他也就错误地把习惯和传统看成是不变的东西,并进而否定存在维护和改进传统的问题。为此,他要摧毁传统,并用理性主义者自己创造的东西来填补这一空白。②

理性主义者把事务的处理等同于问题的解决。在解决问题的活动中,他又把自己视为头脑充满适当技术的工程师。他的政治是感知到的需要

---

① M. Oakeshott, *Rationalism in Politics*, New York: Methuen & Co. Ltd., 1962, pp. 1 – 2.
② Ibid., p. 4.

(the felt need)的政治，是充满当下感觉的政治，是理性解决实践难题的政治，而这些难题实际上就是由于承认感知到的需要的主权才造成的。对理性主义者来说，"在每一代人、每一届政府面前，打开的都是一张有着无限可能性的白纸。如果这张白板（tabula rasa）偶然被受传统支配的祖先非理性的涂抹所损毁，那么，理性主义者的首要任务就是必须把它擦干净。就像伏尔泰说的，制定好法律的唯一办法，就是把现存的法律统统烧掉，一切从头开始"①。

奥克肖特认为，理性主义政治还有另外两个特点，一、它是尽善尽美（perfection）的政治，二、它是整齐划一（uniformity）的政治。消除不完善性是理性主义者的第一个信条。对于他来说，或许能够想到一个不受他的理性冲击所影响的问题，但是他不能想象有不解决问题的政治，或者说有根本没有"合理"答案的政治问题。这样的问题一定是伪问题。在理性主义者看来，任何问题的"合理"答案本质上都是完美的答案。他的方案不是在特定环境中最好的，而是唯一最好的。因为理性的功能恰恰就是要超越环境。从这种尽善尽美的政治中，产生出了整齐划一的政治。这实际是一种不承认环境变化的方案。这种理性主义者坚信，从事物的本性来讲，一定存在一种最好的政府形式，而这种政府形式一定会不可阻挡地被从野蛮无知的沉睡中充分唤醒的所有理性所赞成。另外，"可能不存在能够包医所有政治弊病的普遍药方，但医治特定弊病的药方在应用中一定是普遍的，就像它在观念中是合理的一样"②。

理性主义者之所以有这样一些政治信念，一个很深层的认识根源是他们关于人类知识的学说。这种学说认为，不受妨碍的理智（the unencumbered intellect）的优越性，恰恰体现在这样的事实中，即它在有关人和社会方面比在其他方面有可能达到更多、更真确的知识；意识形态优越于传统的地方，就在于它更为精确，以及它具有所谓的可证明性。

奥克肖特批判了这种知识观。他认为，每一种科学、每一种艺术、每一种实践活动都涉及知识，而这种知识一般分为两种。第一种知识叫作技术知识，第二种知识叫作实践知识。技术知识是可以以规则、原则、说明书、定理——宽泛地讲，可以以陈述的形式明确表达的，换句话说是可以写进一本书的。而实践知识仅仅存在于运用中，它既不是深思的，也不能被明确表达为规则。它通常表达在做事的习惯或传统中。它给人一种不精

---

① M. Oakeshott, *Rationalism in Politics*, New York: Methuen & Co. Ltd., 1962, p. 5.
② Iibd., p. 6.

确、不确定的外观,看上去像观念性的东西,或者像可能性而不是真理。它是表现在欣赏力或鉴赏力中的知识;它没有僵硬性,而且对于学习者来说,不是唾手可得的。它"既不能教,也不能学,而仅能传授和获得,它仅仅存在于实践中,而且获得的唯一方法是徒弟向师傅学习——不是因为师傅能够讲授它(他不能),而是因为,只有通过和一个终身实践它的人的持续接触才能获得它"①。

奥克肖特指出,这两种知识是有区别的,但又是不可分离的。比如,在烹调中,技术知识和实践知识结合在一起才构成了烹调的技巧。艺术创作,甚至自然科学研究,也都是如此。至于涉及政治活动的知识,更是这样。"简而言之,没有任何领域,尤其在政治活动中,能够把技术知识和实践知识分开;也没有任何领域,能够把它们看成是同一的,或者能够由一个取代另一个的位置。"②

然而,对于理性主义者来说,实践知识根本就不是知识。他们坚持认为,在任何人类活动中涉及的唯一知识要素就是技术知识;至于所谓的实践知识,只不过是一种无知而已,它即使不是有害的,也是应该被忽视的。因此,在他们那里,"理性"的统治权实际上就是技术的统治权。由于轻视实践知识,所以奥克肖特把理性主义者的知识看作"半吊子知识"(half-knowledge),把理性主义者的政治称为"书本政治"③。但是,他看到,纯粹的理性主义政治是根本无法实行的。因此人们常常发现,那些爬上权力位子的新人不得不扔掉他的书本,而依赖于他关于世界的一般经验。这种经验比起书本来说是更值得信任的向导,因为它至少是真正的知识,而不是一个阴影。

奥克肖特认为,理性主义在很大程度上是上帝信仰衰落的结果,是"没有错误的、仁慈的技术"代替"没有错误的、仁慈的上帝"的结果。虽然它深受培根和笛卡尔的影响,但它的许多特点则来自人们对培根"确定性"期望的夸大和对笛卡尔怀疑精神的忽视。它的问题不在于对技术知识的重视,而在于对任何其他知识的轻视。它在哲学上的错误是赋予技术确定性和统治权;它在实践上的错误则在于这样的信念,即认为除非行为是自觉的,否则无法从中获益。奥克肖特指出,理性主义在政治上是危险的和代价昂贵的,这种危险性不仅存在于它控制事态失败的时候,而

---

① M. Oakeshott, *Rationalism in Politics*, New York: Methuen & Co. Ltd., 1962, p. 11.
② Ibid., p. 9.
③ Ibid., p. 30, 22.

且存在于它似乎成功的时候，因为人们为它的表面成功所付出的代价是理性主义的理智时尚对全部社会生活的牢固控制，是人的自由的丧失。

三 两种形式自由主义的碰撞与交融

(一) 两种形式自由主义的浮沉

自由主义的发展在当代经历了两次重大挫折和危机。一次是由于世界大战，自由主义经历了战争期间的衰落；另一次则是各种社会矛盾爆发和自由主义政策失败的结果。

20世纪前期，正当现代形式的自由主义在欧洲的影响日渐增长，在美国也高歌猛进的时候，两次世界大战的爆发和30年代席卷西方的经济危机使自由主义遭受到沉重打击。国家政治、经济纷纷转入战争体制，各国在战争中或求霸权，或求生存。特别是在欧洲，自由主义者的理想在政治动乱、经济危机、持续的世界大战中化为泡影，自由主义的传播受到严重阻碍，自由主义者的理想成为不可能实现的梦幻。

这一时期，自由主义在政治思想领域受到来自左、右两个方面的沉重打击：一方面是迅速传播的科学社会主义，另一方面是横行欧洲的法西斯主义。在政治实践上，处在经济危机和战乱之中的各国政府软弱无力，自由主义政策的推行受到极大的阻碍。自由主义无可阻挡地衰落了。

第二次世界大战之后，自由主义得到复苏，成为英国及其他西欧国家战后复兴的指导思想。为了实现战后复兴，英、美等主要资本主义国家纷纷加强国家作用，建设"福利国家"。在这一时期，现代形式的自由主义成为"福利国家"理论的重要基础，国家干预论风靡西方。它随着西方"福利国家"在20世纪50年代和60年代的兴盛而不断扩大影响，也随着"福利国家"政策的逐渐破产而渐趋衰微。

在这一时期影响最大的是英国自由党人 J. 凯恩斯（1883—1946）的理论。凯恩斯在20世纪30年代提出了积极而全面地发挥国家职能的理论，这一理论从40年代末开始被英、美等主要资本主义国家奉为建设"福利国家"的指导思想和基本政策，显示出前所未有的巨大活力。凯恩斯认为，建设现代繁荣的资本主义国家，一方面必须依靠国家采取强有力的行政手段，干预经济，管理货币，扩大就业；另一方面，也必须依靠国家采取更多的实际措施，干预社会生活。他特别强调国家对国民经济的调节，在他看来，这种调节既是挽救和发展经济的切实办法，又是使个人能力成功地发挥作用的必要条件。

美国持续数年的经济大萧条和"新政"带来的国家复兴，使人们的思想发生重大变化。他们感到，社会中的每个成员都不会超脱于社会危机，社会利益与每个人都息息相关。国家有责任为"命运的弃儿"提供必要的帮助，为他们谋福利。因此，仅仅有言论自由权、选举权等项基本权利是不够的，仅仅维持法律平等、机会均等也是不够的，还应当使贫者和弱者有获得全社会帮助的权利。"福利国家"观念开始注入美国人的思想之中。

在美国自由主义者看来，普遍福利维护了社会的一体性，国家的正当职能则为普遍福利的推行排除了各种障碍。普遍福利和国家作用是社会进步、国家昌盛的推动力，是现代社会发展不可缺少的航标。

20世纪50—60年代是现代形式自由主义发展的鼎盛时期。无论是"艾森豪威尔繁荣"（1956年）、肯尼迪的"新边疆"（1960年），还是约翰逊的"伟大社会"（1966年），都在推行福利政策，不断扩展政府干预领域。为了阻止可能产生有害后果的行为，国家把社会中的一切行为都视为自己的责任，试图包揽一切。政府在越来越大的范围内做出越来越多的许诺，采取越来越多的行动。

然而，国家干预的能力总是有限度的，不适当的干预、兑现不了的承诺，激起了对抗，增加了愤懑。而国家行为中脱离监督，甚至有法不依、违法侵权的现象对自由主义自身的基础造成极大的破坏。

尽管西方各国在建设"福利国家"的过程中解决了一些社会问题。但垄断资本主义固有的各种矛盾愈演愈烈，一系列新问题终于引发了新的经济危机。从60年代开始，第二次世界大战以后最严重的经济危机爆发，这场危机遍及西方资本主义世界。危机使通货膨胀加剧、经济状况恶化、社会问题迭出、阶级矛盾激化，这一切宣告了现代形式自由主义治国纲领的失败。与这场危机相伴，各国先后出现的反战运动、民权运动、学生运动、女权运动，以及对政府的抗议浪潮风起云涌，对自由主义的指责愈演愈烈。

严酷的现实引起人们对西方政治制度、对"福利国家"政策、对自由主义理论的怀疑。自由主义者的所思、所为成为攻击自由主义的各种流派的口实。对自由主义信条、原则、政策的责难、非议，使自由主义声名扫地。人们对现代自由主义的信念开始丧失，众多的自由主义者纷纷要求恢复传统形式的自由主义原则，尊崇个人主义和自由放任，认为当代最好的政府仍是管得最少的政府。他们对现代形式的自由主义大失所望，对国家解决社会矛盾的能力深表怀疑，对自由主义福利政策提出激烈批评。自由主义面临又一次重大危机。

虽然自由主义者大都接受了 20 世纪自由主义理论的基本观点，但是他们对全面扩大国家作用的担心和忧虑却始终存在，这种忧虑成为自由主义内部保守倾向的重要基础。保守的自由主义者将 60 年代西方国家经济危机的罪责归咎于现代形式自由主义的指导思想和政策。认为国家的全面干预不仅妨碍了资本主义的发展，使西方经济空前"停滞膨胀"，而且引发了大量的社会问题，严重威胁了个人自由。自由主义政策所付出的代价远大于它所取得的任何成就。

随着社会矛盾的加剧和自由主义政策的失败，这一保守倾向不断发展，促使自由主义队伍发生急剧分化。传统形式的自由主义由此东山再起，影响急剧扩大。形成两种形式的自由主义并存的局面。

一方面，以罗尔斯为代表的自由主义者，坚持现代形式的自由主义信念，强调发挥国家在经济发展和维护公民权利方面的积极作用，对现代形式的自由主义进行了多方面的、反复的论证。他们阐述自由主义现代形式的合理性，理论上的不可替代性，现实中的有效性，为现代形式自由主义的发展描绘出一幅诱人的灿烂画卷。

另一方面，以哈耶克、诺齐克等人为代表的自由主义者，竭力主张回到传统中去。他们否定积极自由的原则，坚持放任主义；主张限制国家权力，最大限度地减小国家对公民的强制；要求扶植竞争市场，健全自由市场机制，使其真正发挥作用。他们提出了一揽子改革福利制度的计划和措施，与"福利国家"政策相对峙。他们中的一些人，尽管仍然自称为自由主义者，但实际上已成为"新保守主义"队伍中的重要成员。

这些保守的自由主义者，实质上所要保守的是自由主义传统，是要恢复传统形式的自由主义。他们认为，只有坚持传统形式的自由主义，资本主义社会才能解决自身发展中存在的矛盾，自由主义才会展示无比的活力。

自现代形式的自由主义由于福利国家政策的破产而衰落以后，传统形式的自由主义在 20 世纪 70 年代和 80 年代中期得到了突出表现。保守的自由主义思想风行西方各国，传统形式的自由主义理论引人注目，官方政策也受到这一理论的深刻影响。美国总统里根的上台和英国首相撒切尔夫人的执政，大大强化了这一趋势。

英国政府在 1988 年之前的 10 年中，为了医治被称为"英国病"的痼疾进行了艰苦的努力，采取了诸如精简政府机构、控制货币供应量、国营企业私有、改革税制、削减公共开支、增加职工工资等措施。从 1982 年到 1987 年，国内生产总值年平均增长率达到了 3.1%，1987 年的经济增长率远远超过了英国经济在 60 年代和 70 年代的水平。然而，在经济发展的同时，失业率却大大增加，贫富差距、地区差距更是相对扩大。1989 年经济增长率由 1988 年的 4.5% 降至 2% 左右，通货膨胀率升至 7% 以上。在这种情况下，英国政府不得不加强国家干预，放松银根，扩大货币供应量，降低利率，以求扼制经济下滑的趋向。

美国政府在 1982 年之前坚定地执行保守的经济政策，努力减少国家干预，但此起彼伏的社会经济问题逼迫美国政府在 1982 年"中期选举"之后在实际上不得不增强了对经济生活的干涉。政府拨款对重要工业部门进行技术改造，增加科研经费促进新技术的研制，改革束缚企业发展的规章制度，提供对失业人员的再培训资金，等等。国会也不断通过相应的法案，支持政府的干预行动。80 年代中期兴起的新凯恩斯主义，重新分析了经济危机和失业严重的原因，在 90 年代成为官方的指导理论。这一理论的主旨则是要在自由放任的政府和过度干预的政府之间，寻找一条新的道路，这恰恰是 80 年代中期以后自由主义的基本主张。

两种形式的自由主义在相互争论、批评甚至论战中，彼此影响和促进。自由主义的思想家们在反思以往的挫折中，在对理论与现实更深刻的研究中振奋起来。自由主义者通过反击对自由主义的种种非难，不断修正自己的理论，使自由主义逐渐走出了困境。自由主义在新的社会历史条件下，在不断改善的理论氛围中实现了复兴和发展。

在自由主义的振兴中，J. 罗尔斯（1921—2002）和 I. 伯林起到了极为关键的作用，他们的影响无可替代。

罗尔斯系统总结了他在 20 世纪五六十年代发表的一系列论文[①]中的思想，出版了《正义论》一书。他在这部巨著中，从现实出发，以抽象思辨的形式发展了传统的契约论，提出"作为公平的正义"的理论，以"正义"原则为基础，阐述了政治制度的基本原则，论证了平等自由、公正机会、公平分配、义务职责等一系列问题。

罗尔斯从哲学角度重申自由主义的基本原则，对现代形式的自由主义

---

① 为了全面阐述社会正义理论，罗尔斯陆续发表了一系列论文，主要有：《用于伦理学的一种决定程序的纲要》（1951 年），《作为公平的正义》（1958 年），《宪法自由和正义观念》（1963 年），《正义感》（1963 年），《非暴力反抗的辩护》（1966 年），《分配的正义》（1967 年），《分配的正义：一些补充》（1968 年）等。罗尔斯在 20 世纪五六十年代发表的这些主张，不仅为福利国家的发展推波助澜，而且逐渐完整而详尽地阐释了自由主义的基本原则，引起西方社会的广泛关注。

进行了极为详尽的论证。他的自由主义理论引起政治、法律、哲学等思想领域的极大震动,重新唤起人们对自由主义的热情。罗尔斯的思想使现代形式的自由主义恢复了生机。

福利国家兴盛时期曾经引起轰动的自由主义思想家伯林的理论,在20世纪80年代重新受到人们的重视,对伯林自由思想的讨论呈热烈之势。人们对自由问题的讨论,在这一时期始终没有越出伯林所论及的范畴,伯林的基本思想被人们再次阐释,成为自由主义复兴的又一阵地。

伯林是在西方世界享有盛誉的哲学家和政治思想史学家,70年代中后期任英国科学院院长。他的代表作是《自由的两种概念》,该书被西方学者奉为"真正的"自由主义宣言,是第二次世界大战后自由主义复兴的标志之一。他的论自由的四篇论文在1969年由牛津大学出版社集结出版,唤起了人们对自由理论的热情。1984年,布莱克维尔出版公司又辑录出版了伯林、罗尔斯等人有关自由和正义的理论,更引起社会的广泛关注。

在伯林看来,政治的中心问题是服从与强制问题。80年代对自由问题的讨论,正是从这些问题展开的。

伯林认为,"自由"这个名词的意义是模糊的甚至是变幻莫测的,仅仅思想史家就为自由提出了两百多种含义。他并不关心自由本身的含义,而是提出,自由的政治意义有两种,一是"消极的"(negative)自由,二是"积极的"(positive)自由。前者是在某种限度内,某个主体免受干涉的自由,后者则是去作为的自由。两种自由是在冲突和竞争中发展的。英国自由主义思想家 J. 格雷把伯林提出的这种积极自由与消极自由的观点,称之为"竞争的自由主义"。

在伯林看来,一个人的自由应是没有其他人或群体干涉他的行动。在这个意义上,政治自由只是指一个人能够不受别人阻挠而径自行动的范围。唯有在某人使你无法达到某一个目的的情况下,你才可以说自己缺乏政治自由。仅仅是没有能力达成某一个目的,并不代表缺乏政治自由。比如,一个人如果穷得不能获得法律不禁止他获得的东西,像一片面包或是环游世界,那么,他其实就和法律禁止他去获得这些东西一样的不自由。但是,如果他的穷困是由于疾病而无法去买面包,或无法去为环游世界之行付款,那就不能认为他缺乏自由。因此,对那些吃不饱、穿不暖、生了病、不识字的人,说要给他们政治权利,而又不让政府来干涉他们,等于在嘲弄他们的落魄;因为他们必须先获得医疗上的帮助,必须先接受教育,然后才能够了解他们所能享有的自由,再进一步去运用这种自由。事实上，对于无力运用自由的人，自由又算是什么呢？如果不先提供人们运用自由的必要环境，自由又有什么价值？伯林在这里所强调的，仍然是现代自由主义的一个基本信念：为了维护个人自由，一定要为个人能够享有自由权利创造必要的条件。

显然，伯林在这里重述了现代自由主义的先驱——T. 格林的基本主张。格林的理论曾经引导自由主义在社会政治思想发展的征途中不断向上攀登，直至峰顶；而伯林的主张则成为自由主义在 80 年代从谷底开始向上攀登的起点，80 年代的自由主义者要利用伯林的理论为自由主义重塑辉煌。

自由的道德基础是自由主义理论中的一个基本问题。作为自由主义者，伯林对此曾给予明确的说明，他相信：个人自由是人类的一项终极目的，任何人的个人自由都不能被别人剥夺。任何人都不能通过牺牲别人的自由而享受自由。这都是道德所不允许的。他提出，自由的道德基础应当包括三个方面的内容：一是自由的平等，己所不欲，勿施于人。二是对那些使我享有自由、繁荣，使我受到启蒙的人给予回报。三是最单纯与最普遍意义下的正义。从格林以来，自由主义者都十分关心道德问题，伯林对这一问题的认识，可以看作他对他自由主义先辈们主张的总结。他不仅提出了这样的认识：民众应当对国家的必要干预做出主动、积极、热烈的回应，提高对国家干预认识的自觉性；而且与罗尔斯的正义观两相呼应，扩大了自由主义正义理论的影响。

20 世纪 80 年代中期自由主义的复兴，还同自由主义反击社群主义对自由主义的批判密切相关。80 年代自由主义受到的挑战实际上来自 70 年代那些对以罗尔斯的正义理论为代表的自由主义理论持反对态度的人们。这些人既有罗尔斯所攻击的功利主义哲学家，也包括来自自由主义内部的自由主义者，他们在 80 年代初形成了与自由主义相抗衡的新的力量，即社群主义。

罗尔斯的《正义论》在受到广泛赞誉的同时，也招致了众多的批评。从 1978 年开始，罗尔斯在哥伦比亚大学等地作了一系列演讲，为维护自己的正义理论展开反击。罗尔斯自己认为重要的演讲有：《作为主题的基本结构》（1978 年），《道德理论中的康德式建构主义》（1980 年），《基本自由及其优先性》（1982 年），《社会统一与基本善》（1982 年），《作为公平的正义：政治学的而非形而上学的》（1985 年），《重叠共识》（1987 年），《善的理念》（1988 年），《政治的领域》（1989 年）等。在这些演讲中，罗尔斯为政治自由主义设定了在实践理性中的一般哲学背景，为政治自由主义详尽地设计了几个主要理念，即重叠共识的理念、权利优先性的理念和公共理性的理念。

以"作为公平的正义：政治学的而非形而上学的"为题的演讲，标志着罗尔斯正义思想所发生的变化。在这篇著名的演讲中，罗尔斯开始修正自己的论点，他接受了多元主义理论的某些影响，把自己在70年代反思的结果坦然地公之于众。

罗尔斯对自己的正义理论重新梳理，思考来自外界的对其正义论的各种非议。他认识到，他在自己发展康德的正义观的道路上已经走进了死胡同。他承认道德个性不是一种世界性的财产，不具有普遍性，总是从一种道德传统到另一种道德传统不断变化着。这一认识同康德认为道德原则具有普遍性的观点是背道而驰的。罗尔斯说，他对发现正义原则很感兴趣。但他更感兴趣的，是发现能与美国这样的现代社会相适应的正义原则，而不是一般的正义原则。他的正义理论应当具有更多的政治特色而不是道德色彩。

罗尔斯提出，政治的正义观与综合性的（宗教的、哲学的、道德的）观点之间存在着差别，这种差别在很大程度上是它们各自的范围不同。综合性的观点包容了人类生活中的价值表现、人的美德、人的品质等思想，它们支配着包括政治方面在内的人们生活的各个方面。政治的正义观应当具有三个特征：首先，它是为立宪民主政体的基本结构这一特定主题拟定的正义观；其次，它把自己描绘成仅仅对于立宪民主政体的基本结构来说是合理的，接受它并不需要接受任何特殊的宗教、哲学或道德学说；最后，它不是按照任何综合性学说，而是按照被视为民主社会的公共文化所固有的基本的直觉思想加以系统阐述的。

这样，罗尔斯所确定的任务便是寻求一种适用于立宪政体的正义观，而政治哲学的任务是寻求那些能够使社会稳定、增强社会团结的有效办法。这种观念应当是切实可靠、富有实际意义的，它不同于会引起争议的一般哲学观念。可以看出，罗尔斯的正义论又回到了现实世界，"回归现实"并不仅仅意味着对社会表象的描绘和对现状的接受，而且意味着罗尔斯已经把现实世界看作他的理论的目标，他要构建一个"理性的理想王国来评价现实世界"。"回归现实"是罗尔斯为自由主义理论重新寻找到的存在价值和存在意义，他为自由主义注入了新的活力。

以《认真看待权利》一书闻名的R. 德沃金的《论原则》（1985年）出版，A. 戴米柯的《自由主义者论自由主义》（1986年）发行，J. 拉茨的《自由的道德》（1986年）问世，它们都促进了两种形式自由主义在这个时期的论战与交融。

(二) 传统形式的复兴

1. 消极自由与积极自由辨析

I. 伯林①思想的逻辑起点是价值多元论。伯林的价值多元论是针对长期统治西方思想传统的价值一元论提出来的。所谓价值一元论，就是认为，第一，所有真正的问题都必然只有一个正确的答案；第二，这类真理的发现必然有可靠的途径；第三，这些正确的答案，彼此必然共同构成一个和谐的整体。他认为，西方的思想传统，从古希腊哲学、中世纪基督教、文艺复兴、启蒙运动乃至 19 世纪的哲学体系和进步思潮，始终都是以这种一元论为基本思考框架的；人们所追求的都是能够根本解决问题的终极答案，在这个答案里，人类所向往的各种普遍价值形成了一个和谐的体系。这种追求终极答案的一元论模式，构成了西方文明的典型特征。伯林坚决拒绝这种根深蒂固的思想传统，认为这种一元论是从雅各宾派专政到当代各种极权主义的理论基础之一。

在马基雅维利、孟德斯鸠、维科和赫尔德等思想家的启发下，伯林明确提出了价值多元论理论。他认为，在任何道德或行为准则的范围内，终极价值或人类目标之间总会产生一些冲突；对于这种价值冲突，人们无法用一个合理的标准加以仲裁和解决，因为这些价值之间是不可通约的。同时，即使在同一价值或善内部，其构成的要素也都是复杂的和内在多元的，其中的一些要素是不可通约、不可比较甚至是互相冲突的。如自由价值内部的举报自由和保护隐私的自由、平等价值内部的机会平等和结果平等，等等。因此，每种价值或善本身都可能是一个各种不可通约的要素进

---

① I. 伯林（Isaiah Berlin, 1909—1997）出生于俄国一个富裕的犹太人家庭，1919 年随家移居英国。他在牛津大学基督圣体学院获文学和哲学学位，并于 1932 年作为万灵学院的研究员开始其学术生涯。第二次世界大战期间，先后在纽约、华盛顿和莫斯科担任外交职务。1946 年以后重新回牛津教授哲学课程，并把研究方向转向思想史。1957 年成为牛津大学政治社会理论教授，同年被授予英国骑士勋章。1966—1975 年，曾任牛津大学沃尔森分院院长，1974—1978 年任英国科学院院长。1997 年 11 月 5 日因心脏病去世。他给世人留下的著作主要有：《卡尔·马克思》（1939 年）、《俄国思想家》（1948 年）、《启蒙时代》（1956 年）、《四论自由》（1969 年）、《维柯与赫德》（1976 年）、《反潮流》（1979 年）、《个人感想》（1980 年）、《人性的扭曲》（1990 年）、《北方的巫师》（1993 年）等。其中，最著名的是收在《四论自由》中的一篇长文《自由的两种概念》，该文被誉为"一篇货真价实的'自由主义宣言'"（见马斯泰罗内主编《当代欧洲政治思想》，社会科学文献出版社 1996 年版，第 85 页），并列为战后自由主义复兴的标志之一。

行竞争冲突的场所。另外，不同的文化形式也产生出不同的道德和价值，这些文化尽管包含着一些重叠交叉的特征，但也有许多不同的、不可通约的优点、美德和善的观念。这种根源于不同文化或社会结构的善的观念也会是互相冲突的。[①] 他认为，正是价值的冲突和价值选择的两难困境，构成了生活中许多悲剧的深层原因。

在伯林看来，价值的不可通约性和冲突性，决定了人们时刻面临着选择，并且必须去选择；这种选择常常是没有什么理性根据的，它基本上是一种意志活动。他把选择能力和对生活方式的自我选择视为人类存在的构成要素，看作人类区别于其他动物的基本特征。他认为，正是通过这种选择活动，人类为自己创造了多样的本性，并决定了人在本质上是自我改变的和永未完成的。因此，他反对所谓不变的人性或人的需要的观点。不过，伯林并不是纯粹的唯意志论者。他认识到，人的选择活动是在继承上一代人的选择和同时代其他人选择的背景关系中发生的，而选择主体本身就是现在的人和过去一代人做出选择的积淀物，他的特性总是部分地由继承、由他存在于其中的生活方式及其伴随的语言所深深地给定型的。

由于人的价值选择活动，以及由此形成的人的自我创造性和人性的不确定性，决定了人类历史必然不是单一的，而是多样多面的、不可预见的。伯林认为，启蒙运动思想家们所追求的那种普遍的人类历史是不存在的，而所谓的历史发展规律和历史中的不可避免性也是子虚乌有的，因此也根本不存在研究这种规律的历史科学。在他看来，任何历史科学的观念都依赖于这样一种人的观念，即不是把人当作选择者或能动的力量，而是把人看作其行为受规律支配、其前途可以预测的自然对象或过程。另外，伯林认为，个人的创造活动虽然是有意识、有目的的活动，但历史是不存在目的的；目的论历史观容易对个人的命运漠不关心，对人道主义情感表示厌恶；容易为某种想象的先定的未来而牺牲现在。

从价值多元论出发，伯林引申出了他对自由的看法。在他看来，由于价值的多元性，人们的许多选择经常是在不可通约的价值之间进行的基本选择，而不是所谓的理性选择。因此，这里不存在唯一合理的标准，也不存在什么唯一合理的选择。如果把伦理理性主义强加在选择上，那么这对于选择本身就是致命的，因为它容易导致一元论，并从而导致对选择的否定。他认为，个人自由的意义就在这里。

伯林的选择概念支持着他的自由理论。他讲的自由主要指"一个人

---

① [英] 约翰·格雷:《伯林》，昆仑出版社 1999 年版，第 41—45 页。

能够不受别人干预地去活动的领域"①。他认为，一个人没有能力达到某个目的，并不意味着没有政治自由；只有在别人故意干涉你的自由活动范围的情况下，才可以说你是缺乏自由即政治自由的。他把自由区分为消极的（negative）和积极的（positive）两种。② 消极自由回答的问题是："一个主体——一个人或一群人——可以或应当保有什么样的领域去做他能做的事，或成为他能成为的人，而不受他人的干涉？"积极自由回答的问题是："什么东西，或什么人，是控制或干涉的来源，从而能决定某人去做某事，或成为某种人，而不是去做其他事，或成为另一种人？"③ 前者把自由视为"免于……的自由"（freedom from），后者把自由看作"去做……的自由"（freedom to）。

伯林是消极自由的积极倡导者。他认为，只有消极自由才最符合人类目的或善的不可通约性和多样性，才能使人在两种价值不可兼得的情况下有权做出自己的选择。他主张要区分以下两种情况：一是要将不自由和不能够区分开来，自然规律决定的不能够做某事，不意味着没有政治自由；二是不能把一个人由于缺乏经济能力而无法做他想做的事视为不自由，因为经济能力只是自由的条件，只要缺乏这种条件不是别人有意设计造成的，那么这种缺乏就不能等同于没有自由。

对于积极自由的概念，伯林进行了较多的批评。他说："'自由'这个词的'积极'意义，源自于个人想要成为自己主人的愿望。我希望我的生活与决定依靠我自己，而不是依靠任何外部的力量。我希望成为我自己行动意志的工具，而不是别人行动意志的工具。我希望成为主体，而不是客体；希望由我自己的理性和有意识的目的所驱使，而不是由影响我的外在原因所驱使……"④ 在他看来，这种以做自己主人为要旨的自由，与不让别人妨碍我的选择为要旨的自由，表面上看来没有什么太大的差别。但在历史上，"积极自由"与"消极自由"这两种自由观，却朝着不同的方向发展，并最终演变成直接的冲突。其中，积极自由很容易沿着三条途径走向它的反面——强制或不自由。

第一条走向强制的途径是通过对"自我"的区分来实现的。伯林认为，积极自由理论倡导的是："我要做自己的主人"，"我不是任何人的奴

---

① Isaiah Berlin, *Four Essays on Liberty*, Oxford University Press, 1984, p. 122.
② 有人又译为"否定性的"与"肯定性的"自由，或"反面的"与"正面的"自由。
③ Isaiah Berlin, *Four Essays on Liberty*, Oxford University Press, 1984, pp. 121 – 122.
④ Ibid., p. 131.

隶"。但是，像柏拉图学派或黑格尔学派一类的思想家又会问："我会不会成为自己那种'不受约束'的激情的奴隶？"这一思路引导人们把"自我"分为两类：一个是理智的、代表"更高层次本性"的、"真实的""理想的""自主的"或"表现得最好时的"自我；另一个是非理性的、欲望不受控制的、代表"较低层次"本性的、及时享乐的、"经验的"或"他律的"自我。于是，为了不至于成为自己欲望和激情的奴隶，"经验自我"就应该受到"真实自我"所实施的严格纪律的约束。更为严重的是，那个真实的自我还可以被看成某种比个人更广泛的东西，如：一个部落、种族、教会、国家、"伟大社会"等。这个代表"真正自我"的"整体"，会把集体的、独一无二的意志强加在反抗的成员身上，以实现其自身（也即他们自己）的"更高层次的"自由。有人会以"真实自我"的名义，代表那个自我，去欺凌、压迫、折磨他们。

第二条走向强制的途径是通过退隐到内心堡垒中的禁欲主义方式实现的。伯林指出，当外在的环境非常险恶，个人的目的常常无法达到时，那些追求积极自由和自我做主的人，为了能成为自己王国中的主人，就可能采取"自我解脱"的办法，逃离世界，寂灭欲望，退入自己内在的堡垒——自己的理性、灵魂或自己的"本体自身"之中，从而使外界的盲目力量、人类的邪恶意图都无法触及。在这种情况下，自由就等于内在自我对欲望的控制。

第三条走向强制的途径是通过理性主义玄学的方式实现的。伯林认为，理性主义者有四个基本假定："（1）所有的人都有并且只有一个真正的目的，即理性的自我引导。（2）所有理性人的目的必然适合于一个唯一普遍而和谐的模式，对于这个模式，有些人比其他人认识的更清楚。（3）所有的冲突，以及由此引起的悲剧，都是由于理性和非理性或不充分的理性之间的冲突所造成的。这些非理性或不充分的理性是个体或群体生命中不成熟或未发展的一些因素。这样的冲突原则上是可以避免的，而对于完全理性的人是不可能发生的。（4）当所有的人都被改造成有理性的人时，他们就会遵从自己本性中的理性法则，而这种法则在所有人那里都是一样的；于是，人们会完全遵守法则，并变得完全自由。"[1] 但是，如何使人们变得如此"理性"？答案只能是必须教育他们。这就为社会中受过较好教育、更有理性的优秀分子或"最高智慧"者，用强迫的手段使社会中无理性的人变成有理性的人，打开了方便之门，为实行精英政治

---

[1] Isaiah Berlin, *Four Essays on Liberty*, Oxford University Press, 1984, p. 154.

的威权国家找到了借口。在伯林看来，不仅像黑格尔这样的人会导致这种结论，就是像斯宾诺莎、洛克、康德等以理性主义玄学为基础的自由主义者，也会导致这种结果。

不过，尽管伯林对积极自由进行了大量批判，但他仍然认识到，积极自由和消极自由这两种自由观，是对生命目的的两种极为不同且互不相容的看法。它们都提出了某种绝对的要求，而这些要求却无法同时得到满足；它们所追求的都是某种终极的价值，而这些价值都有权利被视为人类诸多利益中最深刻的利益之一。在实践中，这两者之间经常需要折中。① 他甚至认为，即使在最自由的社会中，个人自由也不一定是唯一的甚至是占支配地位的标准。一个人或一个民族所享有的自由，必须和其他许多价值如平等、正义、幸福、安全或公共秩序等比较权衡。从这一点来讲，自由不可能是没有限制的。② 伯林这种强调积极自由与消极自由的冲突与竞争、自由与其他价值的冲突与竞争，以及人们必须在这些竞争、冲突的价值间进行选择的观点，即格雷所称的"竞争的自由主义"，实际也是对主流自由主义的普遍主义倾向的一种挑战。

战后的一些著名自由主义者，如波普和哈耶克，出于反思德国纳粹种族主义暴行的需要，一般都对民族主义持反对态度。但是，伯林作为一个目睹过纳粹暴行的犹太人，并没有走向这种极端。相反，他从第二次世界大战的教训中进一步认识到民族认同和民族文化的重要性。在他看来，一个自由的公民社会要想保持稳定和使人民保持忠诚，不能单单依赖抽象的原则，而是还需要一个共同的民族文化。这一点，他继承了19世纪自由主义者贡斯当、托克维尔和 J. S. 密尔的思想传统。

伯林的自由主义对自由主义本身来说是颇具挑战性的一种理论。因为他的价值多元论对自由主义者宣称的所谓普遍原则是一个冲击。这使西方的一些学者，像格雷、J. 凯克斯以及 S. 汉普什等，都提出了自由主义和多元主义能否兼容的问题。实际上，伯林在这个问题上也看到它内在的矛盾，所以他才以明知不可为而为之的态度来坚持自己的自由主义立场。总之，伯林的思想虽然缺乏系统性，却有相当的复杂性。他的思想较少以其他著名的自由主义者为自己的思想来源，相反，他却把常人视为非自由主义的思想家作为自己灵感的源泉；他曾把自己称为一个温和的左派，但他对肯定性自由的批评及其内含的对国家干预的否定，分明与当时的左派主

---

① Isaiah Berlin, *Four Essays on Liberty*, Oxford University Press, 1984, p. 166.
② Ibid., pp. 169 – 170.

张有根本性的差异。

2. 自由市场与自发秩序

在哈耶克学术生涯的大部分年代里，西方社会乃至整个世界都在盛行各种各样的国家干预主义思潮。哈耶克几乎用毕生的精力，从经济学、政治学、法学、哲学、历史学等广阔的视角，为自由市场秩序进行辩护，对各种干预主义思潮的理论基础进行批判。他一生著述浩繁，政治思想方面的主要代表作有：《通往奴役之路》（1944年）、《个人主义与经济秩序》（1948年）、《密尔与泰勒》（1951年）、《科学的反革命——论理性的滥用》（1952年）、《自由宪章》（中译本又为《自由秩序原理》）（1960年）、《哲学、政治学与经济学研究》（1967年）、《法律、立法与自由》（三卷本）（1973—1979年）、《致命的自负——社会主义的谬误》（1988年）。1974年哈耶克因对货币理论和循环理论的研究与冈纳·缪尔达尔一起荣获诺贝尔经济学奖。不过，哈耶克的最大影响却是在政治哲学领域。那就是，他从政治哲学的角度对以计划经济为代表的各种国家干预主义思潮进行的批判，对以自生自发（或自发扩展）秩序为基础的自由宪政原理进行的探讨。

作为20世纪保守自由主义的最重要的代表，哈耶克并非单纯地为自由市场的合理性进行论证，而是从更广阔的角度对一般的自发秩序（spontaneous order，又译为"自生自发秩序"）进行研究，从而否定了各种主张通过人的理性人为设计和集中控制社会秩序与社会生活的政治理论。和其他自由市场论者相比，哈耶克的论证不仅视野广阔，而且基础深厚，因此影响也最大。

"自发秩序"①这个概念，是哈耶克政治哲学的一个核心概念，也是他学术生涯中的一个重大发现和重大贡献。在《法律、立法与自由》这部三大卷巨著的末尾，他曾这样总结他40年研究而达致的最终结论："我们所习得的经验已经足以使我们认识到了这样一个道理，即对于任何想通过把个人互动的自生自发过程置于权力机构控制之下的方法去扼杀这种自生自发的过程并摧毁我们的文明的做法，我们都必须予以坚决的制止。但是需要强调指出的是，为了不使我们的文明蒙遭摧毁，我们就必须

---

① 哈耶克在《法律、立法与自由》第三卷的序言中承认，采用"自我生成的秩序"（self-generating order）或"自组织结构"（self-organizing structures）这些术语，比"自发秩序"（spontaneous order）这个术语会更准确、更明确。进入20世纪80年代以后，哈耶克又进一步提出了"扩展秩序"（extended order）的概念。

丢掉这样一种幻想,即我们能够经由刻意的设计而'创造出人类的未来'……"① 这段话说明,哈耶克的基本思想就是认为,要促进人类文明的发展,就应该尽量维护和利用自生自发的秩序,警惕刻意设计的人造秩序对文明的破坏。

哈耶克把"秩序"定义为"一种事务状态,在这种状态中,各种各样的要素相互间如此相关,以至于我们可以根据对整体中某个空间或时间部分的认识,去形成对其余部分的正确预期,或至少是有充分的机会被证明为正确的预期"。② 然后,他区分了"自发秩序"和"人造秩序"(或译"人为秩序")两种类型③。其中人造秩序是由某个人把每个要素放在一个确定位置并指挥其活动形成的秩序。这种秩序又叫作"组织"或"外部秩序"。自发秩序则不同,它一方面是"人之行动而非人之设计的结果"④;另一方面,它又是"这些秩序的要素在回应它们的即时环境时遵循某些规则的结果"。⑤ 这两者的一个更为重要的不同是,人为秩序(或组织)是一种有助于实施某个先定的具体目标的集体工具,而自发秩序是每个人在追求各自目的的过程中自动形成的,所以它是不同的个人实现其各自目的的一般条件,而这个条件本身是没有特定目的的。

与两种秩序相对应,哈耶克还区分了形成和维系两种秩序的两种规则。与自发秩序(内部秩序)相对应的是正当行为规则(又称"内部规则"),与人造秩序(外部秩序)相对应的是组织规则(又称"外部规则")。这两种规则的区别主要是:第一,前者服务于无特定目的的自发秩序,后者服务于有特定目的的组织;第二,前者是"被发现的",后者是组织者用随心所欲的方式创造出来的。

哈耶克认为,尽管社会中存在着诸如农场、工厂、公司、各种团体以及政府等人为的组织(秩序),但整个社会的秩序则不能是人为的。他认为,计划经济和所有人为设计秩序的企图,都是过分相信和崇拜理性从而滥用理性的结果,是肇始于笛卡尔的建构论理性主义的产物。这种理性主

---

① [英] 哈耶克:《法律、立法与自由》(第二、三卷),中国大百科全书出版社 2000 年版,第 492 页。
② Hayek, F. A., *Law, Legislation and Liberty*, vol. 1: Rules and Order, Chicago, 1973, p. 36.
③ 哈耶克又把这两种秩序称之为"内部秩序"和"外部秩序"。
④ Hayek, F. A., *Law, Legislation and Liberty*, vol. 1: Rules and Order, Chicago, 1973, p. 20.
⑤ Ibid., p. 43.

义建构的秩序不仅必然是低效率的,而且必然要破坏个人的自由,毁灭人类的文明。他认为,要想真正明智地运用理性,就必须认识到理性的限度,"必须维护那个不受控制的、理性不及的领域(即自发秩序领域——引者注)。这是一个不可或缺的领域,因为正是这个领域,才是理性据以发展和据以有效发挥作用的唯一环境"。① 在他看来,只有在这种每个人自由追求自身目的的自发秩序中,分散在每个人头脑中的知识才能够充分有效地利用起来,并从而促进人类知识和福利的增长。他把这种关于理性的观点称为"进化论理性主义"。

哈耶克认为,秩序的进化最主要的是规则(或行为准则)的自发进化。在人类原始共同体中,协调成员活动的主要是共同的目标和共同的观点,以及出自本能的团结意识和利他主义精神。这种道德把成员封闭在一个小群体(他有时称为"熟人社会")中,妨碍着一种扩展秩序(他有时又称为"开放社会"或"抽象社会")的形成。后来,经过漫长时间的进化,才逐渐出现了有利于扩展秩序的一般性规则。这种规则的特点,一是它不是出自本能,而是来源于本能和理性之间的传统、学习和模仿;二是它与共同目标或利他精神没有关系,而是一种调节个人决策、为个人追求自己目标划定自由空间的一般性规则或游戏性规则。这些长期进化出来的道德准则,主要包括财产、忠诚、合同、交换、贸易、竞争、收入和隐私等方面的准则。正是这些规则,使共同的目标或共同的看法不再发挥重要作用,个人也不再一味地服从他人的命令,而是可以自由地追求自己的目标,并能够进行各种各样的尝试,去适应各种未知的环境,促进秩序的扩展和文明的进步。

在有利于扩展秩序的一般规则中,哈耶克最重视的是规定财产权的规则。在他看来,专有财产(或私有财产)不仅是自由和公正的基础,而且是扩展秩序的基础。只要有了专有财产这个基础,一种服务于多种个人目的的扩展秩序就能够形成,个人之间的和平合作和公正就能得到保证。他说:"哪里没有财产,哪里就没有公正。"因此,"如果政府希望保障个人之间的和平合作,从而使社会以此为基础繁荣发展,它就必须强迫实现这种公正"。②

哈耶克对自发秩序的辩护,目的就是要捍卫个人自由。在他看来,人们之所以崇拜人造秩序,其主要目的之一就是要实现社会正义,而这是当

---

① [英] 哈耶克:《自由秩序原理》,生活·读书·新知三联书店1997年版,第81页。
② [英] 哈耶克:《不幸的观念》,东方出版社1991年版,第41页。

今时代对个人自由的最严重威胁。

所谓"自由",哈耶克指的是"一个人不受制于另一个人或另一些人因专断意志而产生的强制的状态"。因此,"自由预设了个人具有某种确获保障的私域,亦预设了他的生活环境中存有一系列情势是他人所不能干涉的"①。个人自由之所以重要,其主要的根据就在于所有的人对于实现其目的及福利所赖以为基础的众多因素,都存有不可避免的无知。他说:"如果存在着无所不知的人,如果我们不仅能知道所有影响实现我们当下的希望的因素,而且还能够知道所有影响实现我们未来需求和欲望的因素,那么主张自由亦就无甚意义了。……正是因为每个个人知之甚少,而且也因为我们甚少知道我们当中何者知道得最多,我们才相信,众多人士经由独立的和竞争的努力,能促使那些我们见到便会需要的东西的出现。"②

哈耶克反对把自由和传统对立起来,相反,他把尊重传统视为自由社会存在的一个条件。他说:"一个自由社会之所以能够发挥其有助益的作用,在很大程度上也取决于自由发展起来的种种制度的存在。如果对于业已发展起来的各种制度没有真正的尊重,对于习惯、习俗以及'所有那些产生于悠久传统和习惯做法的保障自由的措施'缺乏真正的尊重,那么就很可能永远不会存在什么真正的对自由的信奉,也肯定不会有建设一自由社会的成功努力在。……一个成功的自由社会,在很大程度上将永远是一个与传统紧密相连并受传统制约的社会(tradition‐bound society)。"③

在维护自由的条件中,哈耶克非常强调私有制和自由竞争制度的作用。他说:"私有制是自由的最重要的保障,这不单是对有产者,而且对无产者也是一样。只是由于生产资料掌握在许多个独立行动的人的手里,才没有人有控制我们的全权,我们才能够以个人的身份来决定我们要做的事情。如果所有的生产资料都落到一个人手里,不管它在名义上是属于整个'社会'的,还是属于独裁者的,谁行使这个管理权,谁就有全权控制我们。"④ 在他看来,每个人有无财产无关紧要,重要的是社会中的财产即经济权力必须分散;只有这种权力的分散,才会有自由竞争的制度。

---

① [英]哈耶克:《自由秩序原理》,生活·读书·新知三联书店1997年版,第4、6页。
② 同上书,第28—29页。
③ 同上书,第71页。
④ [英]哈耶克:《通往奴役之路》,中国社会科学出版社1997年版,第101页。

哈耶克认为，人们对"社会正义"的诉求，严重威胁了当代社会中的自由。他有时又把"社会正义"称为"分配正义"，并把它视为社会主义的核心价值。社会主义者之所以主张实行计划经济，其主要目的就在于实现财富的公平分配。他指出，"社会正义"是正义观念被滥用的结果，而且是与正义本身相对立的，自由主义与社会主义在价值观上的一个重要区别就是"正义"与"社会正义"的区别。

哈耶克认为，"所谓正义，始终意味着某个人或某些人应当或不应当采取某种行动；而这种所谓的'应当'（ought），反过来又预设了对某些规则的承认：这些规则界定了一系列情势，而在这些情势中，某种特定的行为是被禁止的，或者是被要求采取的。"[1] 这就是说，正义是个能否遵守正当行为规则的问题。正当行为规则有以下特征：第一，它一般都是否定性规则，也即它一般不向任何个人施加肯定性的义务，而只是对不正当行为的一些禁令；第二，它通过对任何他人都不得干涉的个人领域（或有组织的群体的领域）进行界定，来禁止人们采取有可能侵害他人的行动，保护每个个人自由地按照自己的选择行事；第三，一项规则是否是正当行为规则，可以用一般化或普遍化的标准进行检验，这种一般化或普遍化的标准，就是根据同样的规则对待每一个人的原则。

在哈耶克看来，把正义视为遵守正当行为规则与否的观念，是法律的不可或缺的基础，也是对法律的限制，而以这种正义观念为基础的法律则是个人自由的重要保障。但是，他看到，在当代社会中，这种正义观念正被"社会正义"的要求所替代，对遵守规则的关心，逐渐让位于对行为结果特别是财富分配结果的关心。社会正义的要求实际上就是物质平等或结果平等的要求，而这种平等与法治是不相容的。因为法治要求的是在一般性规则（法律）面前的形式上的平等，而结果平等的主张既然要使不同的人产生同样的结果，那就必须给予人们不同的待遇。所以，这种"旨在实现公平分配的重大理想的政策，必定会导致法治的破坏"[2]。另外，追求结果平等的社会正义要求与市场秩序也是格格不入的。市场秩序是靠一般性行为规则来维持的，如果人们要强行把某种结果平等或分配正义的要求加在市场秩序上，自发的市场秩序就会逐渐被政府控制一切的全权体制所代替。

---

[1] [英] 哈耶克：《法律、立法与自由》（第二、三卷），中国大百科全书出版社2000年版，第52页。

[2] [英] 哈耶克：《通往奴役之路》，中国社会科学出版社1997年版，第79页。

哈耶克承认，在现行的市场秩序中，不同的个人所具有的初始机遇是极为不同的，因此对机会平等的要求或对平等的起始条件的要求有其合理之处，而政府为每一个人提供最低收入保障的措施也是正当的。但是，他反对过分地追求机会平等，认为这会不必要地增加政府权力。他认为，法律的目的应当是平等地改进所有人的机遇，一个好的社会是随机挑出的任何人都可能获得尽可能多的机遇的社会，而不是所谓真正实现机会平等的社会。

总之，哈耶克对各种试图"纠正"市场秩序的努力都基本持否定态度，认为除非是为了实施普遍的抽象性规则，否则这些努力必定会导致市场秩序的毁灭。他因此批评《世界人权宣言》和其他各种人权法案中对人的"社会与经济"权利的规定，认为这些肯定性权利不仅和原来的否定性公民权利不相容，而且无论现在还是将来都是不可能实现的。他说："如果要使这些权利得到普遍化，那么就必须把整个社会转变成一个单一化的组织，也就是说，把整个社会变成一个十足的全权主义社会（totalitarian society）。"①

哈耶克认为，要保障自发秩序和个人自由，最重要的政治条件就是宪政。但是，在当代社会，程序性民主向无限民主的发展却导致了宪政的衰微。为此，他详细阐释了宪政的基本原则，尖锐批评了现代民主制度中的缺陷，并提出了弥补这些缺陷的方案。

对于什么是宪政，哈耶克并没有明确的界定。他认为，宪政的伟大目标始终是限制政府的一切权力。为此，人们逐渐地确立了一系列重要的宪政原则，"其中包括权力分立原则、法治或法律之上原则、法律下的政府原则、界分公法与私法的原则以及司法程序原则等。所有这些原则的作用都在于界定并限定一些条件，而唯有符合这些条件，对个人的强制才是许可的"②。由此看来，宪政实际上就是法治，或者说法治是宪政的最基本原则。他不仅把法治看作是自由国家和专制国家的根本区别，而且视为自由主义的核心。他曾引用别人的一句话来说明这一点："剥离掉一切表层以后，自由主义就是宪政，亦即'法治的政府而非人治的政府'。"③

---

① [英]哈耶克：《法律、立法与自由》（第二、三卷），中国大百科全书出版社2000年版，第184页。

② 同上书，第417页。

③ [英]哈耶克：《自由秩序原理》，生活·读书·新知三联书店1997年版，第243页。

哈耶克指出,"法治的意思就是指政府在一切行动中都受到事前规定并宣布的规则的约束——这种规则使一个人有可能十分肯定地预见到当局在某一情况中会怎样使用它的强制权力,和根据对此的了解计划它自己的个人事务"①。这实际意味着,政府除了实施众所周知的规则以外,不得对个人实行强制;这同时也意味着,法治就是对政府机构的一切权力的限制,包括对立法机构的权力的限制。他区分了两种法律,一种是法治的法律,即事前宣告的一般原则或"竞技规则",对于这种规则,人们不知道它的具体效果,即不知道它将会有助于哪一种目的或会帮助哪一些人,但它能使个人预见到政府的强制工具将如何使用,或预见到他和他的国人在某一环境下将被允许做什么或不得做什么。另一种法律是区别对待的法律,或者是授予政府按其意志行事的无限权力的法律。后者不是普遍适用的一般性规则,因此不是真正意义上的法律,只有前者才是法治要求的真正意义的法律。

哈耶克反对把法律看成任何人的意志的产物,或者是人们可以任意创制的东西,并且把以审慎刻意的方式制定法律看作人类所有发明中充满了最严重后果的发明之一。他非常反对法律实证主义,因为这种法学思潮把所有法律都看成是立法者意志的产物。在他看来,这种思潮不仅体现了建构论理性主义的谬误,而且对民主国家议会权力的膨胀负有不可推卸的责任。他认为,法律先于立法,因为法律作为维持社会秩序的强制性正当行为规则,最初是以惯例的形式与社会相伴而生的,也即是先于立法机构的立法活动的;因此法律并不是被立法者"发明"出来的,而是"被发现的"。②

哈耶克认为,计划经济与法治是背道而驰的。因为计划当局必须经常地对那些仅仅根据形式原则无法得到答案的东西做出决定,并在做出决定时对不同人们的需要区分出轻重尊卑。在他看来,这是难有规则可循的。因此,即使计划社会也有法律,政府的行动也是合法的,但他决不会是一个法治社会。在这种社会里,一切法律实际上都转换成了行政。如果说在法治社会里,只要法律不禁止,人们什么事情都可以自由去做;那么,在计划社会中,必定是"非经特殊许可,任何情形都将被禁止"③。因此,

---

① [英] 哈耶克:《通往奴役之路》,中国社会科学出版社 1997 年版,第 73 页。
② [英] 哈耶克:《法律、立法与自由》(第一卷),中国大百科全书出版社 2000 年版,第 113—115、189 页。
③ [英] 哈耶克:《自由秩序原理》,生活·读书·新知三联书店 1997 年版,第 303 页。

他把计划经济视为通向奴役的道路。

在西方社会，虽然并没真正实行计划经济，但哈耶克认为，法治同样受到了严重的威胁，那就是民主的过分发展和议会权力的滥用使现行的民主政府拥有了无限的权力。在哈耶克看来，民主这个术语只是意指一种形成政治决策的特定程序，而不涉及有关政府的目的应该是什么的问题。它是人类迄今为止所发现的唯一能以和平方式更换政府的方法，是防止专断权力、保障自由的最为重要的手段之一。但是，在民主的实际发展中，人们关于这种多数原则的观念发生了重大变化，那就是从相信只有多数所认可的规则才应当对所有人有约束力，发展到相信多数所认可的所有规则对所有人都有这种约束力，并且多数有权用任何方式解决任何特定的问题。哈耶克认为，这实际上标志着从政府只有促进自生自发秩序的有限权力，到政府的权力不受限制这种观念和政制的转换。

哈耶克指出，作为民主制度主要体现的立法机构或代议机构的任务，本来是制定和批准一般性行为规则，但是现在它的绝大部分工作却是指导政府在解决特定问题时采取何种行政措施，也即议会的首要任务由立法变成了政府治理。他认为，政府治理任务与制定普遍适用的正当行为规则的任务是截然不同的。后者着眼于一般的抽象性规则，而前者则是要处理具体的问题，亦即对特定的资源或手段进行调配以实现特定的目的。议会职能的这一转变，使立法议员关注的对象也转向如何通过为特定群体谋取特殊利益的方式，以确保得到并维持这些特定群体的选票。至于各个选民群体，在这种交易中，一般都是为满足自身的愿望和要求而同意用公共资金来满足其他群体利益的。于是，这种交易过程的结果，既与任何人的正当观念不相符合，也与任何原则不相符合，因为这种结果并不是以功过的判断为基础的，而是以政治权宜之计为依据的。在这样的政治机制中，议会不可能去批准那些真正有利于公共利益的一般性法律，而是把瓜分从少数人手中勒索来的财物作为它的主要目的。

在导致民主制度异变的诸因素中，有组织的利益群体，以及诸如工会、行会和专业性组织等准政府机构的存在也是重要的因素。哈耶克认为，正是这些因素使政治党派蜕变成了有组织的利益群体的同盟，使收入分配变成取决于政治力量的讨价还价。在这种讨价还价的民主制度中，形成的所谓多数并不是在一般性规则上形成共识的多数，而是通过收买、贿赂那些在选举中处于举足轻重地位的小群体拼凑成的多数；达成的共同行动纲领也不是多数的共同意见，而是不同个人和群体根据互不协调的愿望而达成的大杂烩。大多数选民既不了解也不关心其中的大部分内容，但是他们会随时准备赞同这些内容,以此作为实现自己愿望的代价。他把这种现象归咎于政府拥有的无限权力,并把这种拥有无限权力的民主政治称之为"敲诈政治""腐败政治",把这种"民主"称为"贿选过程的代名词"。[①] 为此,他主张用 demarchy 这个词代替 democracy 这个词,来表达他理想的那种"民主"。

为替代现行的无限民主制度,哈耶克提出了一种新的宪法模式。这种新模式的权力总体结构分为五个层次:第一层次是不同于立法议会的制定或修改宪法机构,而宪法主要是分配权力并制约权力的一系列组织规则。第二层次是立法议会,它是第一个代议机构,其权力受宪法有关规定(即界定正当行为规则所必须具备的一般属性的规定)的约束,它制定的法律必须是正当行为规则意义上的实体法。第三层次是政府治理议会,它是第二个代议机构,负责政府治理的任务,主要是形成能够反映公民具体意愿和特定利益的行动纲领,以及有能力进行治理的多数;其权力既受宪法规则的约束,又受立法议会所制定或认可的正当行为规则的限制。第四层次是政府,即政府治理议会的执行机构,它既受宪法、法律的限制,又受政府治理机构所作决策的约束。第五层次是行政官僚机构。另外,在现有法院系统之外,再设立一个宪法法院,主要用来裁决立法议会与政府治理议会之间的权限冲突。不过,他没有把这些司法权纳入权力总体结构中。[②] 在哈耶克的这个制度安排中,没有所谓主权的位置,因为他认为,立宪政府是有限政府,而主权常常意味着一种无限权力。

哈耶克的这个新宪法模式,关键之点也是颇有新意的地方,是立法议会和政府治理议会的分立。他认为,这种制度安排的价值在于:第一,能够在两种不同且独立的代议机构之间确保一种真正的权力分立;第二,狭义上的法律制定工作与严格意义上的政府治理工作都将以民主的方式进行,却是由不同且彼此独立的机构加以实施。其根本目的就是通过立法议会对政府治理议会的有效制约来实现真正的法治。不过要实现这一目的,还应使两个议会的成员按照不同的方式选举,并有不同的任职期限。政府治理议会基本像现行的议会机构那样,按照党派原则定期进行改选。立法代表实行间接选举,即由各个地方委任的代表从他们当中推选出,候选人的年龄应为 45 岁,选上后任期 15 年,不得连任。届满后,应保证他们能

---

① [英]哈耶克:《法律、立法与自由》(第二、三卷),中国大百科全书出版社 2000 年版,第 315、316 页。
② 同上书,第 17 章。

够继续从事某些荣誉且中立的工作,比如非专业法官等。全体议员中,每年更换 1/15。这样安排的目的,既是使议会由年富力强的人组成,又是使议员能够完全不受党派纪律的约束,从而保障立法的质量。

哈耶克的政治哲学体系,是 20 世纪西方思想界对古典自由主义基本精神进行的最全面、最透彻的重新阐释,也是对各种国家干预主义思潮进行的最深入的批判。正因为如此,他一方面受到保守自由主义者的热烈欢呼,同时也受到对立阵营的激烈批评。比如,一位名叫赫尔曼·费纳的学者,模仿哈耶克《通往奴役之路》的书名,用《通往反动之路》的书名来批评哈耶克。一位叫克里斯蒂安·贝伊的教授则把批评哈耶克的文章冠以"哈耶克的自由主义:永久特权的宪法"的标题,认为他的目的是使富人和穷人的社会地位永不改变。① 确实,在哈耶克论述的自发秩序中,尽管具体个人的社会地位会有升有降,但可能永远存在着富人和穷人的阶级划分;而且由于他轻视机会平等的重要性,所以阶层之间的社会流动也将是困难的。不过,应该承认,他对计划经济和国家干预主义思潮的批判,对西方民主制度弊端的揭露,包含了不少合理的成分,其中的一些思想是值得我们重视的。

3. 自由社会中的有限政府

在战后反对政府干预主义的阵营中,"自由至上主义"派是主力和先锋,而 M. 弗里德曼②则是其中的著名代表人物之一,也是经济学领域中芝加哥学派的主要代表,货币主义的创始人。他的主要贡献是货币理论和在消费函数上的永久性收入理论,但在社会上流传最广的则是他的政治性著作《资本主义与自由》(1962 年)一书。另外,他和 R. 弗里德曼合著的《自由选择》(1979 年)一书也是研究他的政治思想的主要资料。在这两部书中,他主要阐述了自由、平等、政府职能和公共政策特别是福利政策等重大问题。

弗里德曼在《资本主义与自由》一书的绪论中明确指出,该书的主要论点是:"竞争的资本主义——即通过在自由市场上发挥作用的私有企业来执行我们的部分经济活动——是一个经济自由的制度,并且是政治自

---

① 参见 [美] 霍伊《自由主义政治哲学》,生活·读书·新知三联书店 1992 年版,第 3、101 页。

② M. 弗里德曼(Milton Friedman, 1912—2006)生于 1912 年 7 月 31 日,早年就读于罗格斯大学和芝加哥大学,1946 年在哥伦比亚大学获博士学位。1946 年起长期在芝加哥大学任教。曾当选为美国经济学会会长,1976 年获诺贝尔经济学奖。

由的一个必要条件。"① 这就是说,该书的主要目的就是要论述经济自由和政治自由的关系,也即经济自由对政治自由的意义。

在弗里德曼那里,经济自由本身就是目的,因为它是个人自由的重要组成部分,而个人自由又是鉴定社会安排的最终目标和标准。他说:"自由主义者的主要目的是把伦理问题让每个人自己来加以处理。"② 因此,自由主义者强调两种意义的自由,一种是和人们之间关系有关的自由,另一种是和个人如何使用他的自由有关的自由。他看到,在社会为了有效地使用现有资源而必须进行劳动分工的条件下,个人与其他成员之间是普遍相互依存的。所以,如何把这种相互依存和个人自由结合起来,是自由主义者必须解决的一个重要任务。他认为,市场方法就是实现这种结合的一个有效手段。在市场条件下,只要交易双方是自愿的而且是不带欺骗性的,那么进行经济交易的双方就都可以从中获利,并能实现各个人之间的经济活动的自动协调。这种通过自愿交换而不是用强制手段来实现协调的经济就是自由的私有企业交换经济,它又被人们称之为"竞争的资本主义"。

弗里德曼认为,"政治自由意味着一个人不受其他人的强制性的压制",③ 而集中的权力是这种强制性压制的主要根源。经济权力的集中会威胁自由,政治权力的集中也会威胁自由。那么,我们怎么能使政府不至成为一个会毁灭自由的无法控制的怪物呢?弗里德曼认为,在现有的宪法中有两个屡遭破坏的根本原则是回答这一问题的答案。这两个原则是:第一,政府的职责范围必须具有限度,第二,政府的权力必须分散。不过,限制和分散政府权力除了保存自由这个保护性原因外,还有一个建设性的原因。那就是,不管是建筑还是绘画、是科学还是文学、是工业还是农业,文明的巨大进展从没有来自集权的政府。许多伟大的成就都是个人天才的产物,是强烈坚持少数观点的产物,是允许多样化和差异的一种社会风气的产物,而政府永远做不到像个人行动那样的多样化和差异性。

在弗里德曼那里,限制政府权力就是要在最大可能的范围内排除政府权力的集中,而要做到这一点,主要就是通过使经济活动组织摆脱政治当局控制的办法,也即用市场的办法,来排除掉这种强制性的权力的源泉。分散政府权力就是实行分权制度,通过分权,就能使政府权力保持相互牵

---

① [美]米尔顿·弗里德曼:《资本主义与自由》,商务印书馆1986年版,第6页。
② 同上书,第13页。
③ 同上书,第16页。

制与平衡,从而防止把权力集中在某个人或某个机构手中。在限制政府权力和分散政府权力这两种措施中,弗里德曼特别强调第一点。因为在他看来,"假使经济力量加入政治力量,权力的集中几乎是不可避免的。另一方面,假使经济力量保持在和政治力量分开的人的手中,那么,它可用作为政治力量的牵制物和抗衡物"①。这就是他把经济自由视为政治自由的一个必要条件的主要理由。

弗里德曼认为,从某种程度上讲,政府是自愿合作的一种形式,是人们挑选出来达到某些目标的方法。但是,政府又不仅仅是一种选择,"它还是一个机构,广泛地被认为拥有独断的权力,可以合法地使用强力或以强力为威胁,来使我们当中的一些人得以合法地强制另一些人"②。因此,政府或政治行动的重要特征是强制和顺从。然而,对于自由主义者来说,任何强制形式都是不合适的,理想的情况应是:在自由和充分讨论的基础上具有责任心的个人之间取得一致的意见,也即每个人通过自由讨论和自愿合作来达到自己的目标,而市场就是在没有顺从的情况下取得一致意见的自愿合作形式。

但是,即使是在实行市场制度的自由社会中,政府也仍然有其必要的职能或作用。因为有些事情完全不能通过市场来处理,另一些虽然能够由市场来处理,但由于其代价太高,而不得不采取政治渠道的解决办法。在《自由选择》一书中,作者引用并赞成 A. 斯密为政府规定的三个职能,即:"第一,保护社会,使不受其他独立社会的侵犯。第二,尽可能保护社会上各个人,使不受社会上任何其他人的侵害或压迫,这就是说,要设立严正的司法机关。第三,建设并维护某些公共事业及某些公共设施(其建设与维持绝不是为着任何个人或任何少数人的利益),这种事业与设施,在由大社会经营时,其利润常能补偿所费而有余,但若由个人或少数人经营,就决不能补偿所费。"③ 另外,作者还为政府规定了第四项义务和职能,那就是保护被认为不能"负责的"社会成员。

对于政府的第一项职能,弗里德曼没有具体的论述。不过,他强调指出,军队和警察本来是保护社会成员免受外国和内部人强制和侵犯的工具,但它们有时会把权力用于同自己的职能很不相干的目的。因此,要建

---

① [美] 米尔顿·弗里德曼:《资本主义与自由》,商务印书馆 1986 年版,第 17 页。
② [美] 米尔顿·弗里德曼、罗斯·弗里德曼:《自由选择》,商务印书馆 1982 年版,第 32 页。
③ 同上书,第 32—33 页。

成并维护一个自由社会，一个主要问题就是如何确保赋予政府的强制力量只用于维护自由，而不变成对自由的威胁。

对于政府的第二项职能，弗里德曼又称之为规则制定者和裁判员职能，并把这些职能看作一个自由社会中政府的基本作用。他说："正如一场好的游戏要求双方成员遵守游戏规则和接受裁判员对规则的解释和执行那样，一个良好的社会也要求它的成员同意于支配他们之间关系的一般条件，同意于对这些条件的不同解释的一些裁决的方法，以及同意于强制执行普遍接受的规则的某些方法。在一个社会中，正如在一个游戏中一样，极大部分的一般条件是意识之外的不加思索便接受的习惯的后果。……但是，我们不能单单依靠习惯或这种一致性来解释和实施这些规则；我们需要一个裁判员。"[①] 这段话说明，在弗里德曼那里，即使是政府的规则制定职能也是很有限度的，许多规则来自习惯法，而不是立法者的意志。于是，在政府的第二项职能中，最重要的就是斯密所说的司法机关的职能，即弗里德曼说的"裁判员"职能了。

政府的第三项职能或作用是由于技术垄断和邻近影响（又译"相邻影响"）而产生的。弗里德曼认为，政府建设并维护某些公共事业及公共设施的职能，是市场在想象上可能做到的事情；只是垄断和类似的市场的不完全性，以及邻近影响这两种因素，才使它们成为市场做起来具有困难的事情。不过，尽管政府履行这些职能对于维护和加强自由社会是必要的；但政府同时也能够以此为理由，无限扩大自己的权力。所以，政府的第三项职能或义务是人们最争论不休的问题。比如因技术原因造成的垄断，就存在着是允许私人垄断，还是由国家垄断或进行公共调节这三种可供选择的解决方案。其实，这三种方案都是不好的，人们只能两害相权取其轻，相比之下私人垄断可能是害处最少的方案。因为在一个迅速变化的社会中，造成技术垄断的条件是经常变动的；对于这种变动，公共调节和国家垄断可能比私人垄断做出较少的反映，而且较难于被排除掉。当然，他承认，这三种方案的选择并不是一劳永逸的，而应随着情况的变化而变化。至于相邻影响对政府职能的作用，他认为，"外部的"或"相邻的"影响不仅会使"市场失灵"，同时也会使"政府失灵"，所以政府在这方面要详加考察，权衡得失，严格把关，防止政府不适当地扩大干预的范围。

关于政府的第四项职能，弗里德曼又称之为"政府根据家长主义理

[①] [美] 米尔顿·弗里德曼：《资本主义与自由》，商务印书馆1986年版，第26—27页。

由而采取的行动"。他指出，只有对负责人的个人而言，自由才是可以维护的目标。对于那些不能负责任的人，即无责任能力的人，如疯子、儿童等，是无法赋予自由的。因此，尽管我们能够依靠个人的自愿活动来照顾疯人的生活，依靠家庭来照顾儿童，但政府如果不承担这方面的义务，这种照顾常常是不够的。所以，政府在这方面有不容推卸的义务。不过，他同时看到，政府的这项义务和第三项义务一样，也是很容易被滥用的。而且对于自由主义者来说，政府干预的家长主义理由也是很有问题的。因为，这一理由涉及这样一个原则，即某些人可以为别人做出决定，而这一点常是这种或那种形式的集体主义的标志。所以，弗里德曼对政府的第四项职能采取了更为谨慎的态度。

除上述职能之外，像现实中政府的其他干预活动，如规定关税和出口限制、对物价和工资的管制、对从事各种职业的限制、许多优惠和津贴方案、社会保险方案、对一些行业（如交通运输业和银行业）的调节、对电台和电视的控制等，他都是坚决反对的。他认为，政府的每一个干预行动都直接限制了个人自由的范围，因此扩大干预范围会威胁自由的保存。

西方国家政府干预的加强，在弗里德曼看来主要是自由主义的主旨由自由转向福利和平等的产物，也即是古典自由主义向新自由主义演变的结果。弗里德曼指出，平等观念的转变在美国经历了上帝面前的平等、机会均等和结果均等几个阶段。在建国初期，特别是在《独立宣言》中，上帝面前的平等指的是人人都有不可转让的天赋权利，即生活、自由和追求幸福的权利。在这里，"自由"是平等定义的一部分，并不与平等相冲突。在内战废除了奴隶制，上帝和法律面前的平等接近于实现以后，知识界讨论的重点和政府与私人政策的重点，就转到另一个概念即机会均等上来了。机会均等的真正含义是"前程为人才开放"。这种平等与自由也不存在任何的冲突，甚至，这种平等和自由实际上是"同一个基本价值概念——即应该把每个人看作是目的本身——的两个方面"①。但是，进入20世纪以后，结果均等的观念逐渐深入人心，"对所有人公平分配"成为取代马克思的"各尽所能，按需分配"的新口号。

在弗里德曼看来，如果说机会均等有利于增大自由，那么，结果均等必然减少自由，与自由的理想根本冲突。一个社会把平等——结果均等——放在自由之上，其结果是既得不到平等，也得不到自由。相反，一

---

① ［美］米尔顿·弗里德曼、罗斯·弗里德曼：《自由选择》，商务印书馆1982年版，第131页。

个把自由放在首位的国家，最终作为可喜的副产品，将得到更大的自由和更大的平等。"自由意味着多样化，也意味着流动性。它为今日的落伍者保留明日变成特权者的机会，而且在这一过程中，使从上到下的几乎每一个人都享有更为圆满和富余的生活。"[1]

弗里德曼激烈地批评美国现行的许多福利政策，认为福利事业的目标都是崇高的，但结果令人失望。这主要表现在：社会保险开支剧增，政府在财政上陷入了严重的困境；公共住房和城市复兴计划不但没有增加反而减少了提供给穷人的住房；尽管就业人数不断增加，但接受公共补助的名单却越来越长；全国大部分医药费用由政府开支后，病人和医生却都抱怨开支剧增，抱怨医疗越来越缺少人情味；在教育方面，随着联邦政府干预的扩大，学生的成绩不断下降；在实施福利政策时，由于贪污受贿和铺张浪费造成的损失也十分惊人，令人痛心。福利政策的实施和财富的重新分配本想实现平等，但到头来分配还是不公平，它只是用新的特权阶级来代替或补充了原有的特权阶级。这些新的特权阶级包括：握有铁饭碗的官僚们，他们不论在职期间还是退休之后都受到保护，不受通货膨胀的影响；工会头头们，他们自称为最受压迫的工人讲话，但实际上他们却是这块土地上收入最高的工人；还有新的百万富翁，他们善于规避从国会和官僚机构中倾泻出来的法律和规章，想方设法地逃税漏税，并把财产转移到税收官力所不及的海外去。他认为，福利计划的主要祸害是对社会结构的影响，即它削弱家庭，降低人们对工作、储蓄和革新的兴趣，减少资本的积累，限制人们的自由。

不过，弗里德曼认识到，福利计划既然已经实施，就不是一夜间能够一扫而光的事情。他希望通过一个纲领使目前所处的状况顺利过渡到他理想的状况。他提出的过渡纲领由两个基本内容：第一，改革现在的福利制度，用一个单一的内容广泛的现金收入补贴计划（这是一种与正所得税相联系的负所得税）取代目前杂七杂八的单项计划；第二，在履行现有义务的同时，逐步取消社会保险，要求人们自己为退休后的生活做出安排。[2] 他认为，这可以增强个人的责任感，减少政府开支和现在庞大的官僚机构，同时保障国内每个人的安全。不过，他看到，由于拦路的既得利益集团太多，要通过这个纲领似乎是乌托邦幻想。

---

[1] [美]米尔顿·弗里德曼、罗斯·弗里德曼：《自由选择》，商务印书馆1982年版，第152页。

[2] 同上书，第122页。

弗里德曼的保守自由主义对西方保守派在20世纪80年代的崛起是有很大影响的。他的货币主义理论，曾经是英国撒切尔夫人的保守党政府经济政策的理论基础。他对福利国家的批评攻击，对保守派上台后大砍福利的政策措施有直接的影响。当然，他对国家干预的过分发展和过滥的福利政策带来的弊端和危害的批评，虽有过分偏激之嫌，但其中也不乏合理之处，有些思想是值得后发展中国家在建设社会福利和社会保障制度时借鉴的。

4. 回归传统的最弱意义国家

R. 诺齐克①的"最弱意义的国家"，就是管事最少的国家，这种国家除了保护性功能之外再没有其他功能。因此，它实际上就是传统自由主义者所提倡的"守夜人"国家。诺齐克为了证明这种国家的正当性，也从国家的最初产生和最初活动开始寻找根据。为此，他像古典自然法学派那样，首先假设了一个自然状态即无政府状态。在这里，他采用了洛克对自然状态的描述，像洛克那样认为即使在这种比较好的状态中，也仍然有许多缺陷。其中的主要缺陷就是：由于在道德和认识功能上绝不是十全十美的，人们在合理自利的活动中可能会发生判断上的错误，因而有可能在涉及自己利益的纠纷案件中判断失误，造成对别人的错误惩罚或惩罚过分，为此翻来覆去，就有可能导致世仇宿怨，给社会带来一种广泛的争斗不已、恐惧不安的气氛。

为了解决这些惩罚和索赔方面的不便，人们会组成各种互相保护的机构。最初，个人会首先与他们的家庭和朋友形成互惠性的保护性社团，后来则发展到以地域、村镇为基础的联合。但由于这种社团把每一个人都卷入到武器的使用中，并且不易解决团体内部的各种分歧，所以最终证明也是不利的。于是，这些社团将不可避免地以支付一定费用的方式寻求某种保护机构的庇护，这种保护机构将仲裁其成员提出的各种诉怨，并在对团体内外的侵略者进行报复中采取适当的行动。这样，一些保护和组织工作就会逐渐发展成为专业性的工作。在一个地区内，开始会有几个不同的保护性社团提供服务，但逐渐地，一个支配性保护社团会从中产生。

---

① R. 诺齐克（Robert NoNzick, 1938—2002），哈佛大学哲学教授。20世纪50年代末他在哥伦比亚大学学习，后入普林斯顿大学读研究生。1963年获博士学位，并留校任教。1965年转到哈佛大学任教，1967年升任教授，曾担任过哲学系主任。他于1974年发表的《无政府、国家与乌托邦》一书，因与罗尔斯论战，并提出著名的持有正义观和主张最弱意义的国家而与罗尔斯的《正义论》齐名。

支配性保护社团的出现有三种可能：一是最有力量的保护性机构把顾客都吸引过来；二是不同的保护性机构逐渐形成各自相对稳定的势力范围；三是通过势均力敌的两个保护社团的无效果的反复冲突，逐渐建立一个新的更高的裁判机关或上诉法庭。诺齐克认为，无论通过这三个中的哪一个途径，最终建立的这种拥有一定地域和人口的支配性保护机构就是国家。这种国家的存在有两个重要条件：（1）他拥有在这一地区内使用强力的独占权；（2）他对这一地区的所有人提供保护。诺齐克把这两点还看成国家形成的两个阶段，即出现独占因素的阶段和出现再分配因素的阶段。第一个阶段的国家叫"超弱意义的国家"，人们成立这种国家的目的就是要禁止个人对侵犯自己权益的行为进行报复和惩罚，也就是由国家垄断裁判权和处罚权，以便避免私自报复导致的无休止仇杀。第二阶段的国家叫"最弱意义的国家"。在这个阶段，国家为了给所有人提供保护就要通过某种再分配政策（如征税）来征集一笔保护费用，以维持他全面的保护活动。这两个阶段的重要区别就是：第一阶段并不对所有人提供保护，而是谁出钱给谁保护，并且不同等级的保护还有不同的价格。所以，这只是国家的雏形，是一种还不是国家却已含有国家胚芽的实体。第二阶段才是真正意义的国家，它通过再分配给所有人提供同等的保护。

诺齐克认为，从超弱意义的国家到最弱意义的国家，这个过程都没有侵犯到个人的权利，因为这种支配性社团的合法权利只是其成员自愿移交给这一社团的个人权利的总和，而且这种社团的只有通过保护其成员的个人权利才能证明其合法性。所以，国家建立的目的就是使个人的权利得到有效和切实的保护。很显然，诺齐克的这些思想只不过是洛克思想的进一步发挥而已。

诺齐克之所以重视权利，就是因为他把权利看成道德的根本标准，无论个人或是国家，只要侵犯了个人权利就是不正义的，所以，它是对任何行动特别是国家行动始终都有效的道德边际约束。在这里，他分析了把权利作为目的与把权利作为边际约束的不同。把权利作为目的是一种"权利功利主义"，他可能导致这样的后果，即为使较大的侵犯不致发生而允许对个人权利的较小侵犯。在他看来，这样一种侵犯同样是不正义的。把权利作为对任何行动的边际约束则是要求，不管一个行动的目的或动机是什么，他都不能侵犯他人的权利。所以，国家的职能虽然是保护个人的权利，但并不是说国家以最大限度地减少对个人权利的侵犯为目的，而是意味着任何个人权利都是不可侵犯的。

诺齐克认为，把权利作为边际约束反映了其根本的康德式原则："个人是目的而不仅仅是手段；他们若非自愿，不能够被牺牲或被使用来达到其他目的。"① 那么，为什么个人是目的并且神圣不可侵犯呢？既然我们每个人都可以为了更大的利益而承担较小的痛苦和代价，为什么不可以在社会范围内也这样做呢？也即为什么不能牺牲某个人或少数人的利益以促进整体或大多数人的利益呢？诺齐克的解释是，社会并不是一种生物体，不是一个放大的个人。个人有自己独特的生命，社会并无这样的生命。"并不存在为它自己的利益而愿承担某种牺牲的有自身利益的社会实体。只有个别的人存在，只有各个不同的有他们自己的个人生命的个人存在。"② 对于个人来说，不仅他的生命是他拥有的唯一生命，而且他还必须安排他自己的生活。所以，没有什么理由要求一个人为他人或社会而牺牲，国家也无权以"社会""整体"或"公共利益"等名义，侵犯个人权利，干涉个人生活。国家只能小心谨慎地在其公民中保持中立，为每个人的个人权利提供保护。

诺齐克认为，国家在最初产生时，所履行的保护功能是唯一能被证明其合理性的功能，任何扩大政府职能的企图都会侵犯个人权利，从而失去道德的根据。在他看来，主张扩大国家功能的理由中，最重要的是"分配正义"的理论。这种理论一开始就认定市场的自然分配过程有错误，需要国家进行再分配。他认为这种再分配必然要侵犯到个人的财产权利，因而必然是不正义的；真正的正义是"持有正义"，只有这种正义才与个人权利相吻合。

所谓"持有"，诺齐克指的是人们对某物的拥有，实际上就是人们常说的"所有权"或"财产权"。他认为，一个社会总的持有状况是否正义，完全依赖于每个人的持有是否正义。那么，如何判断个人的持有是否正义呢？诺齐克提出了两个标准：一是持有的最初获得是否正义，也即对无主物的占有是否合法；二是持有的转让是否正义，也即持有物从一个人手中转到另一个人手中的过程是否合法。第一个叫获取的正义原则，第二个叫转让的正义原则。关于持有的最初获得是否正义的问题，诺齐克基本上同意洛克的"劳动所有权"思想，即一个人通过把自己的劳动加在一个对象（无主物）上，就能产生对这件东西的所有权，条件是"还留有足够的和同样好的东西给其他人共有"（洛克语），即使其他人的状况不致变坏。只要符合这个条件，这种占有就是正义

---

① ［美］诺齐克：《无政府、国家与乌托邦》，中国社会科学出版社1991年版，第39页。
② 同上书，第41页。

的。他认为私有制是满足洛克这个限制性条件的。这是因为：（1）它虽不允许别人对已被私人占有的无主物再行占有，但它允许别人有偿使用，从这个意义上它并没有损害别人；（2）私有制通过把生产资料放在那些能很有效率地使用它们的人手中而增加了社会产品，而且由分别的个人掌管资源，自由的实验会不受阻挠并能得到鼓励；（3）私有制使人们能够决定他们愿意承受和从事什么类型的冒险；（4）私有制使一些人为了未来的市场而节制现在对资源的使用，从而保护了未来时代的人们；（5）它为那些不从众和不媚俗的人提供了各种谋生之道，使他们不必去说服任何人或小团体雇用他们。

转让的正义主要涉及从持有的最初获取到目前的占有状况之间的转让过程是否正义的问题。诺齐克认为，在当今世界上对无主物的占有是很罕见的，人们的持有绝大部分来自别人。其中，凡是通过盗窃、抢夺和欺诈得来的都不是合法的，而凡是通过自愿的交换、馈赠、转让的途径得到的东西都是合法的、正义的。不合法的持有应该加以矫正，而合法的持有则是不可侵犯的。诺齐克把他的持有正义的原则称之为"权利原则"，很显然，他所捍卫的权利，主要还是这种不可侵犯的私有财产权。这里，为富人辩护的目的是一目了然的。

诺齐克论述了他的"持有正义"理论后，集中批判了"分配正义"理论。他把罗尔斯视为这一理论的主要代表，认为罗尔斯提出的"差别原则"就是这种分配正义要求的体现。为此，他用大量的篇幅批驳了罗尔斯的观点。

罗尔斯认为，分配正义问题是由社会合作带来的。这是因为合作能给每个人带来比独自生活更大的利益，因此大家都愿意进行合作。但是，由于每个人都想从合作的利益中获得较大的利益份额，所以才有必要提出正义原则来进行调节。对此，诺齐克反驳道，没有社会合作仍然有正义问题。如在不合作状态中某人偷了别人的东西，在这里谁对那些东西拥有权利是非常清楚的，所以这正是可以运用正确的正义原则即权利原则的地方。不过，即使在合作状态中，只要每个人依据自己的权利自愿进行交换，就能自动实现正义的分配，而无须明确分离和鉴别共同产品中每个人的贡献，也不需要什么另外的分配模式和原则。因为只要通过自愿交换，每个人就能达到一种大致得到自己边际贡献的效果。另外，在普遍的合作体系中，才智较低者一般比才智较高者从对方得利更大，所以根本不需要通过差别原则使他们得到更大利益；否则，将挫伤才智较高者与才智较低者合作的积极性。

罗尔斯还有一个重要的观点，就是认为天赋是一种集体财产，因此个人之间的分配不应受天赋的影响，应通过差别原则消除天赋的因素。对此，诺齐克从以下几个方面进行了反驳。第一，针对罗尔斯的论据：除非你有道德理由证明应当不平等，否则就应当平等。诺齐克说，这里的误区是看到差别（不平等）需要证明，忘记了平等也需要证明。在他看来，就像没有理由要求顾客对生意好坏不同的餐馆采取平等态度一样，也没有理由要求顾客对才智高低不同因而贡献大小也不一样的雇员支付同等的报酬。第二，诺齐克认为，一个人拥有其天赋并没有侵犯他人的权利，他们从天赋中得到不同的、有差别的利益，只要没有损害别人，没有侵犯别人的权利，他就有权拥有自己的所得。如果以天赋是任意与偶然因素的产物为理由而否定他得到它的道德意义，那么特定的个人存在也就没有意义了。第三，罗尔斯把天赋看作集体资产的观点，暗示着对天赋征收人头税的合法性。并且按照这种逻辑，努力使用自己天赋的人似乎就成了贪污、滥用和挥霍公共资产的人。果真如此，谁还愿意去发挥自己的聪明才智呢？诺齐克指出，这种禁止人们利用天赋来为自己或为自己所选中的人谋利的观点，背后实际上隐藏的就是嫉妒。他认为，对天赋较低的人来说，分配的差别确实是一种不幸，但不幸不等于不公平。这种不幸也许可以用说服、个人慈善等办法来缓和或解决，但不能通过政府用强迫的办法来解决，因为这只会造成新的也许是更大的不幸。并且问题在于这种侵犯个人权利的做法，在道德上是不正当的、不允许的。

应该承认，诺齐克对罗尔斯的这些批评是比较深刻的，但他的论点也有自相矛盾之处，这表现在他一方面把劳动看作权利的来源，另一方面又坚持个人对自己的天赋拥有所有权，这两者明显是不一致的。

除了对罗尔斯进行批评以外，诺齐克还对其他主张扩大政府功能的理由进行了批评，这些理由包括平等、机会平等、自尊、有意义的工作、工人的自治、消灭剥削等。其中的论辩虽然不乏机智的地方，但也同样显示了他对平等价值的一些偏见。

诺齐克同罗尔斯之争，主要就是自由和平等之争，他们两人的争论之所以影响深刻，主要是他们触及了现实生活中的重大问题，并分别代表了当代两个主要思潮。其中罗尔斯代表了日益趋向平等主义的新自由主义或激进自由主义，而诺齐克则代表了保守自由派对这种平等主义的抵制，及要求回归传统自由主义的呼声。

传统自由主义是自由资本主义的意识形态，所以英国学者 J. 沃尔夫说："诺齐克的观点与对自由资本主义的辩护有诸多的亲缘关系，而自由资本主义是20世纪80年代主流意识形态的一部分。"① 确实，诺齐克的论点和主张对20世纪80年代保守主义倾向的发展及影响是起了很大作用的。他的"最弱意义的国家"，与里根在竞选总统时提出的"管得最少的政府就是最好的政府"的口号，如出一辙。

5. 自由对平等和民主的限制

在战后的保守自由主义者中，对自由民主理论进行较为深入探讨和系统论述的首推美籍意大利政治学家G. 萨托利②。《民主新论》一书是他的主要代表作。萨托利写作该书的主要目的是想澄清所谓"民主观的混乱"，恢复"主流民主学说"即自由主义民主理论。他在书中对所谓错误的民主观进行了批评，对自由民主理论进行了重新阐述。

萨托利认为，直到20世纪40年代以前，无论是喜欢民主还是反对民主的人，还都知道民主的含义是什么，但是后来，虽然人们都声称喜欢民主，却不再知道什么是民主了。人们生活在一个以民主观混乱为特色的时代里。民主观的混乱主要表现在主流民主理论的逐渐消失，和对民主的各种错误理解的不断出现。这些错误的理解中，主要有过分简单化的错误、过分现实主义的错误和至善论的错误等。

过分简单化的错误就是简单从字面的意义上去理解民主，按照这种理解，民主就是人民的统治或权力。在萨托利看来，这种民主观的一个重要缺陷就是"人民"的含义是模糊不清的，它没有告诉人们"人民"是指"每一个人"还是"许多人"，是一个"集体"还是一个"有机整体"，是"有限多数"还是"绝对多数"等等。另外，这种民主观的一个天然产物是"人民崇拜"，是要造出一个虚无缥缈的理想的人民偶像。但问题是，"人民崇拜并不必然是'爱民'，即对穷人、被遗弃的人和地位低下的人的实际爱怜，制造一个理想的人民偶像常常同完全蔑视实际存在的人民相伴而生"。③ 更重要的是，在民主决策的过程中，人民总要分为多数和少数，如果把人民的统治简单理解为多数的统治，那么少数就变成了"非民"，他们的权利就难以得到保障。总之，这种理解也不是毫无意义，

---

① [英] 乔纳森·沃尔夫：《诺齐克》，黑龙江人民出版社1999年版，第2页。
② G. 萨托利（Giovanni Sartori, 1924— ）生于意大利的佛罗伦萨。1956—1976年任佛罗伦萨大学政治系主任，后转到美国教书，先后任斯坦福大学和哥伦比亚大学教授。他的主要著作有：《民主论》（1962年）、《政党与政党制度》（1976年）、《社会科学概念的系统分析》（1984年）、《政治学要义》（1987年）、《民主新论》（1987年）和《比较宪政工程》（1994年）等。
③ [美] 萨托利：《民主新论》，东方出版社1993年版，第27页。

它的作用是建立了一条有关权力来源和权力合法性的原则。这个原则意味着只有真正自下而上授予的权力,只有表达人民意志的权力,才是正当的权力。

过分的现实主义和过分的理想主义(即至善论)是威胁民主或不能正确理解民主的另外两种错误思想。过分的现实主义(又称"劣等的现实主义")因否定理想而对民主抱怀疑或批评态度,过分的理想主义(又称"劣等的理想主义")则因很少留意理想同现实之间的差异而使民主成为神话和乌托邦。在萨托利看来,至善论即过分的理想主义在现实中较为盛行而且危害也较大,所以他在这一点上花费的笔墨也比较多。

至善论一般把民主理解为人民主权和自治。萨托利认为,主张"人民主权"即"一切权力属于人民"这一原则的人,在处于反对派地位时其主张是有利于限制统治权力或推翻独裁权力的;但在胜利时,其原则就不再有限制权力的作用了,"它的实际作用是肯定一种绝对权力论的原则",会导致一种"假人民之名而行使的绝对权力"。① 只有通过代议制这个中介原则,把"一切权力属于人民"的原则修改为"一切权力不属于任何人"的原则,或"任何人不应拥有全部权力"的原则,才能在现实中避免绝对权力的产生。至于自治,萨托利认为,可以得到的自治强度同所要求的自治广度是成反比的,并且可能的自治强度同所要求的自治的持续性也是成反比的,所以,至善论追求的不需要政府的自治是永远都不可能实现的。他告诫人们:理想注定只能是理想。只有不把理想视为现实时,理想才改进着现实;只有理想同我们保持一定距离时,它才会温暖我们的心。创造理想不是为了"原原本本地"把理想变为事实,而是为了向事实提出挑战。如果不明白这一点,理想终究会被牺牲掉的。

萨托利认为,主张人民主权的至善论者一般都强调直接民主或参与民主,反对精英统治或能人统治,忽视专家的作用。在他看来,这是把古代民主理想化的表现,是看不到古代民主与现代民主根本差异的结果。他说:"参与论的致命伤是它未能注意到,古人的民主不是今人的民主。前者是一种限于城邦的、直接的、不考虑个人的(不自由的)民主。"② 他指出,要求公民直接参与国家事务的管理会造成政治肥大症,导致社会生活各种功能之间的深度失衡,使其他机制或功能成为多余,并形成经济萎缩症。另外,它还灾难性地缺少过滤器和安全阀,不能从重要信息中筛去

---

① [美]萨托利:《民主新论》,东方出版社1993年版,第77页。
② 同上书,第167页。

琐碎的噪声和从长远需要中筛去眼前的一时兴致。他认为，实行间接民主就能够避免这些弊端。间接民主不强调公民直接参与行使权力，而是强调对权力的限制和监督。

实行间接民主就是把政治交给那些选举出来的专事政治的人去操心，就是要求政府要有独立负责的精神，并充分发挥专家的作用。为此，他给民主下了一个规范性定义："民主应当是（1）有选择的多头统治和（2）基于功绩的多头统治。"① 根据这个定义，人民的民主权利主要就体现在选择（选举）领导人上，而真正或直接实行统治的是一些权威和精英人物。他把这种精英统治又称为"能人统治"，认为如果贬低能人统治，其结果只会得到低能儿的统治。

萨托利批评现实中的民主发展使无权的知识人和全权的无知者之间出现了越来越严重的不平衡，指出除非让民主政体变成效率低下到令人无法容忍的政治形式，否则我们就必须克服这种不平衡。在他看来，克服这种不平衡的办法就是要恢复权威的作用。权威对民主是至关重要的，它是民主最典型的权力原则。仅仅以强制力为后盾的权力与自由不相容，而权威则是来自人们的自发授权并建立在威望和尊敬之上的权力，是一种影响力和引导力，因而是与自由相容的。他认为，民主不是要夺取权力，恰恰相反，是要最大限度地减少权力，是用"有权威者"取代"有权力者"。换句话说就是，"民主应以把权力（一种强制力）转变为权威（一种引导力）为目标"。② 不过萨托利并不主张权威主义，因为它没有给自由留下多少余地。

萨托利之所以要致力于恢复"主流民主理论"，就是认为在现实的发展中自由受到了损害，因此要恢复自由在民主中的地位。不过，在他那里，损害自由的主要不是权威主义，而是平等主义。他认为平等与自由的关系是一种既爱又恨的关系，"平等既可以成为自由的最佳补充，也可以成为它最凶恶的敌人"③。这里的关键就是，我们所要求的是与差异相适应的平等，还是每个人都相同的平等。越是把平等视为相同，那就越能煽起对多样化、自主精神、杰出人物、归根结底也就是对自由的厌恶。因此，平等只有摆脱了和整齐划一的联系，也就是摆脱了和现存的或人为的相同性的联系，它才能和自由结合在一起。

---

① [美] 萨托利:《民主新论》，东方出版社1993年版，第183页。
② 同上书，第192页。
③ 同上书，第343页

在萨托利看来，自由和平等是现代民主追求的两个目标，其中，自由是纵向民主追求的目标，平等是横向民主追求的目标。从纵向关系上追求自由，就是防止任意的和无限制的权力，保护个人的权利不受国家权力的侵犯，保护少数人的权利不受多数人侵犯。从横向关系上追求平等，就是追求平等的权利。这种平等权利如果指法律面前人人平等，政治上人人都有平等的选择权，指道德上对所有人一视同仁、平等相待，那么这种平等与自由是相容的；反之，如果这种平等超越这些范围试图达到物质上的经济平等或结果平等，那么它就要与自由相冲突，甚至毁灭自由。因为追求经济平等或结果平等会使国家成为资本家式的所有者，会赋予国家以巨大的权力，在统治者与被统治者之间造成一种真正可怕而又决定性的权力悬殊。这种悬殊会使不服从国家权力者无法生存。因此，追求平等一定存在着一个限度，超过这一限度，平等就会毁掉自由，随之还会毁掉自由主义民主制度。这也说明，自由和平等的相容性是不同的，"从自由出发，我们可以自由地走向平等；从平等出发却无法自由地取回自由"①。

萨托利所要恢复的"主流民主理论"，就是传统自由主义的民主理论。这种民主观不是强调人民主权和人民的参政权，而是强调分权和法治，强调对权力的限制，强调法律面前的平等和政治自由与个人自由的重要性。他认为，这种自由民主与宪政是相容的，或者是一致的。只有体现分权制衡、保障自由的宪法才是真正的宪法，否则就不是宪法。他反对把宪法理解为国家的组织、结构、形式、模式、政治体制等，认为"'宪法'一词要么在具体的保障性的意义上使用，要么是无意义的、欺骗性的术语重复"，是"名义性的宪法"或"冒牌的宪法"。②

不过，他认为这些自由主义的民主主张在19世纪以前还没有和民主联系在一起，也即还没有贴上"民主"的标签，经典作家们在谈到这些原则时指的是"共和"而不是"民主"。但是进入19世纪以后，由洛克、孟德斯鸠、麦迪逊、贡斯当等所阐述的这些自由主义原则，受到了民主主义和社会主义两大思潮的挑战。后来到1848年革命时，由于与共和理想相对立的君主政体的衰落，以及社会主义这个新的反对派阵线的形成和壮大，自由主义和民主主义才被迫走向联合。自由主义接受了"民主"这

---

① [美] 萨托利：《民主新论》，东方出版社1993年版，第397页。
② [美] 萨托利：《"宪政"疏议》，《市场逻辑与国家观念》，生活·读书·新知三联书店1995年版，第118页。在该文中，他对政治科学热衷于群体、行为、动态变化等非正式的过程，而对宪法这种正式结构漠不关心的做法进行了批评。

个标签和某些民主主义的某些平等要求,而民主主义则接受了自由主义的基本原则。当然,也有一些激进的民主派与社会主义融合在了一起。

不过,自由主义与民主主义的结合并不是相安无事的,相反,它们之间始终有一种张力。这是因为,自由主义主要要求的是自由,而民主主义则主要要求的是平等。自由主义重视与众不同和自发性,而民主主义则关心社会凝聚力和公平分配。平等要求一体化与协调,自由则意味着我行我素和骚动不安。民主主义对"多元论"毫不同情,而自由主义却是多元论的产物。自由主义者关心的是国家形式,而民主主义者主要是关心国家所产生的规范和内容。就国家形式而论,问题在于决定那些规范应当如何创制;关于内容,问题在于那些规范应当确定什么。自由主义者对于建立社会秩序的方法有着更好的理解,而且他会注意到"程序化民主";民主主义者最为关心结果与实质,并且他所希望的是行使权力而不是监督权力。不过,两者的基本差异在于"自由主义以个人为枢纽,民主则以社会为中心"。①

正因为两者之间有这些内在的张力,所以保持两者之间的平衡就既困难又重要。萨托利认为,在19世纪,自由因素是胜于民主因素的;但到了20世纪,形势发生了变化,随着新自由主义的产生,民主因素就逐渐超过了自由因素,自由主义民主逐渐被民主主义的民主或社会民主所取代。他要求人们正视民主因素增长所带来的危险,呼吁回到19世纪的自由主义民主中去。他说:"毁掉制度中的自由要素以换取少得可怜的一点东西,用这种方式寻求最大限度的民主,除了削弱作为整体的自由主义民主之外将一无所获。"②他把自由主义民主比喻为两股线拧成的一条绳,认为只要这条绳保持安宁,那就万事顺遂,而一旦拆散它,就会损害双方。"只要自由主义的民主死了,民主也就死了。"③

在20世纪90年代出版的《比较宪政工程》一书中,萨托利进一步考察了现行民主制度的一些问题,特别是在政治稳定和政治参与方面存在的问题,分析了各种民主政府形式的优缺点,提出了自己的民主制度理想。如果说《民主新论》一书是通过对民主进行的纯理论分析,提出了自己的价值理想;那么,《比较宪政工程》一书则主要通过经验分析,提出了与他的价值理想相适应的具体制度安排。该书共分三个部分,第一部

---

① [美]萨托利:《民主新论》,东方出版社1993年版,第392页。
② 同上书,第395页。
③ 同上书,第402页。

分讨论了各种各样的选举制度,第二部分讨论了总统制和议会制,第三部分主要是阐述了他自己的"交替的或断续的总统制"(alternating, or intermittent presidentialism)概念。①

在对选举制度的研究中,萨托利分析了多数制和比例代表制的优劣。他认为,多数制有利于政治的确定性或果断性,但具有过分操纵的缺陷,因为他忽视了大量的少数。比例代表制有利于公平,但通常允许太多的政党存在,因而它不能保证政治的果断性或确定性。他倾向于一种两轮投票制(the double ballot system),认为这可以把代表的公平性和有利于产生负责任政府的确定性结合起来。两轮投票制是把多数制和比例代表制结合起来的一种制度安排。在第一轮投票中,按选票的多少选出三至四个候选人,在第二轮投票中决出最后的胜者。第一轮投票多少体现着比例代表制的精神,第二轮投票则接近多数制的原则。

关于总统制和议会制问题,萨托利认为,虽然总统制在许多情况下表现不佳,但它有利于形成一个有效力的政府。议会制只有在由训练有素的政党组成的情况下才能有效运转,而且这些政党要能够在支持他们任命的政府上团结一致。在他那里,总统制似乎和多数票制是对应的,因为它们都体现着效率;而议会制和比例代表制则似乎是对应的,因为它们都体现着公平的特征。他提倡的交替(或断续)总统制好像与他提出的两轮投票制是相联系的。在他的制度安排中,议会只要能够有效运转,他就能够持续下去。但是一旦它运转失灵,它就会被总统机构所代替。总统在这里是一个针对议会的纠错机制,也是对议会内在缺陷的一种平衡力。

总之,萨托利提倡的断续总统制,在很大程度上与他的自由民主理想是相吻合的。其中想要实现的自由与民主的统一、效率与公平的统一,可以说都是针对新自由主义强调平等、参与的激进主张而言的。他希望用自由、权威的因素约束或限制民主中的平等、参与因素,防止因民主的过分发展导致民主的危机。这实际上反映了西方政治中的一种自我调整要求。

(三)现代形式的发展

1. 正义原则的重建

J. 罗尔斯(1921—2002),美国当代著名政治哲学家、伦理学家,现代自由主义政治思想的重要代表。罗尔斯1921年生于马里兰州的巴尔的摩。1943年毕业于普林斯顿大学,获文学士学位。1947—1948年为康奈

---

① Sartori, Giovanni, *Comparative Constitutional Engineering. An Inquiry into Structures, Incentives and Outcomes*, New York: New York University Press, 1994, p. 153.

尔大学研究生。1950年在普林斯顿大学获哲学博士学位,并在该校任教至1952年。此后于1953—1959年在康奈尔大学,1960—1962年在麻省理工学院先后任教。1962年起一直任哈佛大学哲学系教授。

罗尔斯从50年代后期开始发表的关于社会正义问题的论文,在社会上引起强烈反响,引起包括政治学、法学、哲学、伦理学在内的各领域学者的广泛讨论。此后,罗尔斯将他以往提出的观念作了补充修改和完善,于1971年出版了《正义论》一书。该书将罗尔斯的思想系统化,内中的主要理论观点及对这些观点的严密阐释,使罗尔斯获得极高的声誉。该书被众多的大学列为政治、法律、哲学、伦理专业的必读书,被列入美国经典著作之林。罗尔斯也因此被誉为"当代柏拉图""当代黑格尔"。

正义理论是罗尔斯政治思想的核心。在罗尔斯看来,"正义是社会制度的首要价值"①,社会制度的基础就是正义。正义既是人们社会理想的组成部分,也是调节人们利益冲突的重要手段。

罗尔斯研究了以往的正义观念,以更为抽象的方式提出他的正义观。他认为,正义的概念取决于正义原则在分配权利和义务、决定社会利益的适当划分方面的作用。因此,正义实际是能促进社会公平实现的正义原则。正义的观念就是对一系列正义原则及其作用的阐释。

罗尔斯提出了两个正义原则:"第一个正义原则:每个人对与所有人所拥有的最广泛平等的基本自由体系相容的类似自由体系都应有一种平等的权利。第二个正义原则;社会的和经济的不平等应这样安排,使它们:(1) 在与正义的储存原则一致的情况下,适合于最少受惠者的最大利益;并且 (2) 依系于在机会公平平等的条件下职务和地位向所有人开放。"②

第一个正义原则即平等自由原则,它确定与保障公民的平等自由,使每个公民都享有平等的政治权利。这一原则适用于对公民政治权利方面问题的处理。第二个正义原则适用于对社会和经济利益方面问题的处理。公民的社会和经济利益是不可能平等的,但这种不平等现象的存在要有两个并存的条件。第一,这种不平等必须合乎每个人的利益,尤其要适合于最少受惠者的最大利益。对此,罗尔斯称之为"差别原则"。第二,权利地位和领导性职务也必须是所有人都能进入的。罗尔斯称之为"机会的公正平等原则"。

为了使这两个原则相和谐,罗尔斯又提出了两个"优先规则",即第

---

① [美] 罗尔斯:《正义论》,中国社会科学出版社1988年版,第1页。
② 同上书,第292页。

一个正义原则优先于第二个正义原则，第二个正义原则中的机会公正平等原则又优先于差别原则，只有在充分满足了前一个原则的条件下才能考虑后一个原则。

第一个优先规则即自由的优先性规则，它强调公民的自由和权利平等。对每个公民来说，平等自由的制度是最重要的。依据自由的优先性规则，自由是至高无上的，自由只能为了自由的缘故而被限制。

第二个优先规则即正义的优先性规则，它强调正义原则优先于效率原则和最大限度追求利益总额的原则，公平的机会优先于差别原则。就是说，一种机会的不平等之所以能够存在，是由于它必须可以扩展那些机会较少者的机会，通过坚持机会的公正平等、地位和职务的开放，来运用第二个正义原则，安排人们社会的与经济的不平等，以便使每个人，尤其使其中的最少受惠者都获益。

正义原则的提出与阐述，集中反映了罗尔斯政治思想的精髓。作为自由主义者，他突出自由的优先性，认为在社会制度的安排或公民政治权利的确定上，自由是高于一切的。正义作为社会制度的首要价值，是社会基本结构的主旨，而自由则是正义中最重要的东西。社会的存在与和谐需要正义，正义则由于自由权利的实现才光彩夺目。这样，罗尔斯就使个人自由成为社会中最具优先的事项。作为现代的自由主义者，罗尔斯也重视平等。在他看来，正义也意味着平等。他不仅主张公民政治权利、自由权利的平等、机会平等，更通过差别原则的提出力图最大限度地消除不平等现象、实现平等。通过给社会中最少受惠者（出身和天赋较低者）以必要的补偿，缩小他们与那些出身和天赋较高者之间的差距，减少社会中的不平等。

为了给正义论做出系统证明，罗尔斯提出了一套新的契约论。他接受了传统契约论，但认为传统的契约论有致命的缺陷，必须通过某些简化的手段，以高度思辨的形式加以修改。于是，他提出"作为公平的正义""原初状态""无知之幕""相互冷淡"等一系列概念，以系统解释其正义理论，从而使正义论在性质上成为"高度康德式的"。

在他看来，人们订立契约的目的并非要进入一种特殊社会或建立一种特殊的政体，而是要通过契约选择一种适用于社会基本结构的正义原则。这些原则是由自由和有理性的人们为了促进自己的利益而在一种平等的原始状态中接受的。这些原则成为确定他们实行社会合作的基本条件。选择出正义原则后，人们再运用这些原则调节契约，确定各种可行的社会合作与政府的形式，罗尔斯把这种看待正义原则的方式称为"作为公平的正义",即正义原则是人们在一种公平的原始状态中、在平等的原始地位上,经过一致同意而选定的。

在作为公平的正义中,"公平的原始状态"相应于传统社会契约中的自然状态,罗尔斯称之为"原初状态"。这种原初状态不是实际的历史状态,也不是人类文明之初的原始状况,而只是一种"纯粹假设的状态",这种假设仅仅是为了能实现公平契约,确定正义观。在原初状态中,每一个人都不知道他在社会中的地位和阶级出身,不知道他的天生资质和能力、智力、体力的程度,不知道他的理智和力量等方面的情形,不知道自己关于善的观念、自己的心理倾向和本人合理生活计划的特殊性。每个人也都不知道社会的经济或政治状况,不知道社会能达到的文明和文化水平,人们对自己属于什么时代一无所知。罗尔斯把这种对知识的广泛限制称为"无知之幕"。此外,处在原初状态中的每一个人都是有理性、"相互冷淡"的。这种相互冷淡并不意味着大家都是利己主义者,都只关心个人的财富、威望、权力等利益,而只表示每个人都对他人的利益持冷淡态度。这样,正义的原则便在一种无知之幕后被选择了,无知之幕可以保证任何人的处境都是相似的,他们在选择原则的过程中,不至于因为自然的机遇或社会环境中的偶然因素而得益或受害。正义原则又是人们在相互冷淡中进行选择的,这就避免了某些人为了获得较大利益而损害他人利益的现象出现。

罗尔斯在他的全部理论中,强调维护自由,提出自由的优先性,把平等的自由置于高于一切的地位。罗尔斯认为,公民的基本自由包括:政治自由,即参与政治事务的自由;个人自由,尤其是个人财产的不受侵犯;言论和集会自由;良心自由和思想自由;依法不受任意逮捕和剥夺财产的自由。罗尔斯一直把立宪民主制度作为他所构想的社会基本结构的主要制度。他认为,公民的基本自由是立宪民主政治制度的基础,缺少基本自由,就会产生不正义的结果。因此,宪法必须申明公民权的各种自由,并加以保护。

罗尔斯在强调平等自由原则优先性的同时,又以第二个正义原则调节社会的和经济的不平等,处理社会和经济利益问题。第二个正义原则,即差别原则与机会公正平等原则的结合,旨在排除对人们生活前景所造成的社会历史和自然方面的偶然因素的影响,解决特殊境况中的偶然性问题,其目的在于使分配的结果符合正义。为此,罗尔斯设想,要建立由正义宪法调节的社会基本结构;保证执行机会均等的政策;政府通过实行家庭津贴、收入分等补贴、对生病和失业者的特别补助,确保"社会最低受惠值"。

罗尔斯认为，他构想的公平分配制度既适应于私有制和自由市场经济，也与社会主义相容。正义原则适用于各种民主制度，无论它是私有制的还是公有制的，正义论本身并不偏重于这两种制度中的某一种。罗尔斯在这里试图说明，他的理论是理想主义的，是超政治制度的，他以高度的抽象思辨方式提出了解决现实问题的途径。这是罗尔斯政治理论的一大特色。

罗尔斯在主张公民服从宪法所确定的正义法规的同时，也强调"非暴力反抗"的重要作用。他为非暴力反抗下的定义是："一种公开的、非暴力的、既是按照良心的又是政治性的对抗法律的行为，其目的通常是为了使政府的法律或政策发生一种改变。"[1] 依据这一定义，非暴力反抗行为不应当违反它所抗议的、被认为是不正义的法律或政策；非暴力反抗行为本身是违反法律的，无论法院对这一行为提出的意见判决如何，法院都不赞同这种行为；非暴力反抗是一种政治行为，它是向拥有政治权力的多数提出的，也是由一些政治原则所指导和证明的；非暴力反抗是一种公开的行为，它不仅诉诸公开原则，而且公开地行动；非暴力反抗也是和平的行为，它是在忠诚于法律的范围内表达对法律的不服从，这种对法律的忠诚有助于证实这一反抗行为在政治上确实是认真的、真诚的，证实它确实是打算诉诸公共的正义感的。

在罗尔斯看来，非暴力反抗具有非常重要的作用。尽管它是一种不合法的行为，却是稳定国家制度的手段。它可以有效防止偏离正义的行为，可以对已经发生的偏离进行纠正。非暴力反抗也就成为一种维护宪法制度的道德纠正方式，成为维持宪法稳定性的最终手段。

罗尔斯的学说是当代自由主义理论的典型代表。他的自由优先理论把自由主义者对自由的无上崇尚提高到新的理论水平。正义论一方面批判和替换了功利主义理论，反对以损害一些人的利益为手段去实现另一些人的较大利益，另一方面又继承了"自由、平等、博爱"的传统观念，把平等自由原则和自由优先性规则对应于自由，机会公正平等原则和第一原则中的平等权利对应于平等，差别原则对应于博爱。罗尔斯所致力的目标是恢复自由、平等、博爱三位一体的完整性。

罗尔斯继承了现代自由主义传统，强调社会的和谐、稳定与合作。他一再说明他构想的社会制度是一种平等人的合作体系，每个人的幸福和社会价值的实现都依赖于一种合作体制。正义观就是要以正义的普遍欲望限

---

[1] ［美］罗尔斯：《正义论》，中国社会科学出版社 1988 年版，第 353 页。

制人们的不义追逐，使目标互异的个人友好相处、互助合作、促进社会的稳定发展。

罗尔斯的政治理论高度思辨、逻辑严谨，阐释了一个理想社会应当确立的正义原则，这就使他的理论有广阔的回旋余地，就连资产阶级学者也明确指出他的理论对于政治实践具有巨大的伸缩性。然而，现实政治问题，特别是美国的政治实践和20世纪60年代前后面临的社会问题，使罗尔斯的理论不可能完全规避现实。罗尔斯本人也承认，《正义论》的一部分内容是论证那些解决不正义问题的原则，是要面对现实、提出解决不正义的理论原则和方法。这就必然使他的抽象理论与现实问题密切结合在一起。罗尔斯对公平分配、机会均等、关心最少受惠者、非暴力反抗等理论的阐述，无一不反映了美国当时面临的迫切而重大的政治和社会问题。因此，他的著作成为美国大学有关学科的必读书，他的理论受到报刊、评论界的关注，他本人在众多领域内获得盛誉便绝非偶然了。

2. 多元主义民主

在当代西方自由主义民主理论家中，美国政治学家 R. 达尔[①]是其中的佼佼者。达尔对民主理论的贡献主要体现在，他超越了过去"人民主权"和"三权分立"的理论之争，用"多元民主"（或"多元政体"，又译"多头统治"）解释西方民主政治运行的实际情况，并对这种民主的优点和缺陷进行了分析，提出了完善西方民主制度的一些主张，因而成为当代西方多元主义民主理论的创始人和最大代表。

在西方，民主理论和民主实践一样源远流长且复杂多样。因此，达尔指出，"没有一种真正的民主理论——而只有各色各样的民主理论"。在这些理论中，无论是规范性理论还是经验性理论，都"是相当不令人满意的"。[②] 达尔对两种有代表性的民主理论，即麦迪逊式的民主理论和平民主义民主理论

[①] R. 达尔（Robert Dahl, 1915—2014）出生于美国的艾奥瓦州，早年就读于华盛顿大学，1940年获耶鲁大学哲学博士学位，1946年起在耶鲁大学任教。曾任美国新英格兰政治学会会长（1951年）、美国政治学会会长（1967—1968年）。他毕生致力于民主问题的研究，这方面的代表作主要有：《民主理论的前言》（1956年）、《谁统治？一个美国城市的民主与权力》（1961年）、《现代政治分析》（1963年）、《西方民主中的政治反对派》（1966年）、《多元政体：参与与反对》（1971年）、《多元主义民主的困境》（1982年）、《经济民主理论的前言》（1985年）、《民主，自由和平等》（1986年）、《民主及其批评家》（1989年）、《论民主》（1999年）等。

[②] [美] 达尔：《民主理论的前言》，生活·读书·新知三联书店、牛津大学出版社1999年版，导言。

进行了考察和分析，并以此为基础提出了自己的多元主义民主理论。

达尔认为，麦迪逊式的民主理论是这样一种努力，"它旨在成功地在多数人的权力和少数人的权力之间，以及所有成年公民的政治平等和限制其主权的需要之间，达成某种妥协"①。这种理论的主要论点是：如果不受到外部制约的限制，任何既定的个人或个人群体都将对他人施加暴政；所有的权力（无论是立法的、行政的还是司法的）聚集到同一些人手中，意味着外部制约的消除；一旦没有外部制约的限制，要么少数人将对多数人施加暴政，要么多数人将对少数人施加暴政；要避免暴政，维持一种非暴政共和的存在，至少有两个必要条件：第一，必须避免所有的权力，无论是立法的、行政的还是司法的，聚集到同一些人手中，无论是一个人、少数几个人还是许多人，以及无论是通过世袭的、自封的还是选举的；第二，必须对宗派加以控制，以致它们不能采取不利的行动，损害其他公民的权利，或者损害社区的持久、凝聚的利益。为此，麦迪逊一方面希望赋予所有成年公民以平等的政治权利，另一方面又主张多数人在宪法上必须受到限制，而这主要通过宪法上的分权和制衡加以实现。

在达尔看来，麦迪逊的论证并没有为避免暴政提供令人满意的答案。这是因为，第一，它并未证明领袖之间的相互控制足以阻止暴政，并必然要求宪法规定像美国那样的分权体制；第二，它夸大了宪法规定作为一种外部制约的重要意义；第三，它夸大了其他特定的政府官员对政府官员的特殊制约在阻止暴政上的重要性，低估了存在于任何多元社会中固有的社会制衡的重要性。这就是说，麦迪逊式民主理论强调的是宪法上的分权和制衡，而达尔的民主理论强调的是社会自身的制衡作用。他明确指出，"如果没有这些社会制衡，官员之间在政府层次上的制约事实上是否会产生阻止暴政的作用，这是令人生疑的；如果有了这些社会制衡，像在美国运作的所有麦迪逊体系中的政府层次的制约，对于阻止暴政是否都必需，这一点也是令人生疑的"②。达尔认为，麦迪逊的理论和美国的宪法都是把注意力集中在避免多数人控制的目标上，目的是防止多数人的暴政或多数人的宗派危险。但是，对于达尔来说，多数人本身绝对不会构成一个宗派，也不可能出现多数人的暴政，因为在一个大的、多元的社会中，多数人很可能是不稳定的、过渡性的，所以他们很可能在政治上没有影响力；

---

① [美]达尔：《民主理论的前言》，生活·读书·新知三联书店、牛津大学出版社1999年版，第1页。

② 同上书，第28页。

这一点奠定了防止他们剥夺少数人自由的基本保障。

如果说麦迪逊式民主理论假定最大化目标是一种非暴力的共和制，那么，平民主义民主理论则假定人民主权和政治平等是最大化目标。达尔认为，与平民主义民主目标相容的决策规则只有多数规则。在实际操作中，如果仅按这一种规则决策会遇到很多问题。首先，许多公民也许（并且事实上通常）对政策输出是冷漠的；其次，当每一种备选方案为数量相等的公民所偏好或投票赞同时，多数规则没有提供任何解决的办法；再者，即使存在一个多数，每当有两个以上的备选方案时，多数规则可能会产生一种背离多数人偏好的集体选择，即会导致阿罗的"不可能定理"所描述的情况。另外，平民主义民主观还忽视了一个重要问题，即偏好强度的差异问题。在实际生活中，经常会出现这样的情况：对某项政策只有轻微偏好的多数最后会被迫答应有强烈相反偏好的少数的要求。除了多数规则的困难以外，平民主义民主理论在伦理上也是成问题的。因为只把政治平等和人民主权作为要加以最大化的目标，忽视或否定其他价值目标的意义，这对于大多数人来说是不适当的，因为几乎没有人会为实现这两个目标而无限地牺牲其他目标。总之，"平民主义民主理论不是一个经验的体系。它包含的只是若干伦理预设之间的逻辑关系。关于现实世界，它没有告诉我们任何东西"[①]。

既然麦迪逊式民主理论和平民主义民主理论都无法解释或运用于现实的民主过程，那么，西方社会的民主是如何运行的呢？达尔对此作了多元主义的解释。

在达尔看来，"我们不能根据多数与少数之间的对比，来描述民主社会的实际运作。我们只能区分各种不同类型和大小的群体，它们都在以各种不同的方式试图推进它们的目标，当然常常（至少部分地）以其他群体为代价"[②]。他发现，正是这些群体（团体）使权力被有效地肢解了，它们都享有权力，并进行着权力的交易。每个群体为了自己的利益都力图影响公共政策的制定，为此形成的冲突和交易过程，却造成了一种竞争性均衡的趋势，产生了从长远来看总体上对公民有利的政策。在这里，多数人极少能控制特定的政策事务，选举也不能告诉我们多少关于多数人和少数人之偏好的情况。不过，定期选举和政党、团体与个人之间的政治竞

---

① ［美］达尔：《民主理论的前言》，生活·读书·新知三联书店、牛津大学出版社1999年版，第70页。
② 同上书，第180页。

争,则是制约政治家活动范围的基本的社会机制。他说:"选举和政治竞争并不以任何颇具重要意义的方式造成多数人的统治,但是却极大地增加了少数人的规模、数量和多样性,领导人在做出决策选择时必须考虑它们的偏好。……正是在选举的这一特征——不是多数人的统治,而是多重少数人的统治——中,我们一定会找到专制和民主之间的某种基本差异。"①达尔的这些描述尽管未必真正揭示了西方民主的实质,但它显然要比分权理论和人民主权理论更能说明社会的现实。

"多重少数人的统治"是达尔对现代代议制民主和利益集团政治的描述。这种民主,他又称之为多元民主、多元政体或多头统治。他认为,作为一个整体,多元民主主要有以下几种制度:(1)宪法授权当选官员对政府的政策决定进行控制;(2)被选官员要在经常的、公平进行的选举中接受挑选,在这样的选举中强制是比较少见的;(3)实际上所有的成年人都有权在官员的选举中投票选举;(4)实际上所有的成年人都有权参加官职的竞选;(5)公民有权就政治事务表示自己的看法,包括对官员、政府、制度、社会经济秩序和流行的意识形态加以批评,而不受严重惩罚的威胁;(6)公民有权寻求任何其他的消息来源,而且这些消息来源同时存在并受到法律保护;(7)公民有权建立相对独立的社团或组织,包括独立的政党和利益集团。② 这七种制度,很明显是达尔根据西方社会的现实和标准抽象出来的。

达尔认为,西方社会的民主不是靠宪法维系的,而是靠社会自身的条件维系的。这些条件中,重要的一是上述独立的多元社会组织,二是市场机制,三是社会的共识。"民主和市场资本主义就像两个被不和谐的婚姻所束缚的夫妻。尽管婚姻充满了矛盾,但它却牢不可破,因为没有任何一方希望离开对方。"③ 市场机制之所以有利于民主,是因为在这里,非政府的、自主的经济实体(个人和企业)可以独立地做出决策,而不需要一个强大的甚至是专制的中央政府;另外,市场资本主义经济中,竞争的参与者在自身利益和市场信息的引导下能够以最高的效率生产产品和服务,促进经济增长,从而有助于消除极度的贫困,提高生活水平,减少社

---

① [美] 达尔:《民主理论的前言》,生活·读书·新知三联书店、牛津大学出版社1999年版,第181页。
② [美] 达尔:《多元主义民主的困境》,求实出版社1989年版,第11页。在《论民主》中,达尔又概括为六种制度,见该书(商务印书馆1999年版)第94页。
③ [美] 达尔:《论民主》,商务印书馆1999年版,第174页。

会和政治冲突；同时，经济增长提供给个人、团体和政府更多的剩余资源以支持教育，从而可以造就一个庞大的追求教育、自治权、个人自由、财产权、法治和参与政府事务的中产阶级，而中产阶级是民主理想和制度的天然盟友。

尽管市场和社会组织的多元竞争是民主运转的必要条件，但仅靠这些还不足以维系一个民主制度；只有存在某种程度的社会共识，民主才不会被多元竞争所毁灭。达尔说："在社会中，绝大部分的政治积极分子对政策问题通常存在着共识，这在政治中是第一位的，构成政治的基础，它包含着政治，限制着政治，构成政治的条件。没有这样一种共识，任何民主的体制都不会长久地经历选举和政党竞争所带来的无休止的刺激与挫折而依然生存下来。"[1]

达尔虽然把多元民主视为历史上曾有过的最好的制度，但他并不主张照搬某一民主模式，包括美国的模式，而是主张宪政民主制度的建设要与具体的社会条件相适应。他说："一个国家的基本问题，多数不能通过宪法的设计得到解决。如果一个国家的基础性条件非常不利，任何宪法也维持不了民主；而如果它的基础性条件非常有利，那么它就有大量的宪法安排可供选择，这些选择都能够使它的基本民主制度得以维持。然而，一个国家的基础性条件如果是多重的，既有有利的一面，又有不利的一面，这时，精心构造一部宪法会大有帮助。"[2] 应该承认，达尔的这一思想对于正在进行民主建设的国家来说是有启发意义的。

20世纪80年代初，达尔开始向新多元主义转变。在继续为多元民主辩护的同时，他也承认这种民主有其弊端，并主张超越它的局限。达尔描述的多元民主的弊端主要有以下几个方面。

第一，它使政治不平等稳定化。政治不平等的根源是政治资源和社会资源（包括财富、收入、地位、威望、信息、组织、教育、知识等）的不平等，而资源的不平等则是市场资本主义的不可避免的结果。

第二，它扭曲公民意识。在达尔看来，组织的多元化是与利益的多元化并存的。组织为了自身的特殊利益，常常会不惜牺牲更广泛群体的需要，为了眼前的利益会不顾及长远的利益。组织对自身利益的这种强化，会模糊人们的公共意识，加剧冲突和分裂。

---

[1] [美] 达尔：《民主理论的前言》，生活·读书·新知三联书店、牛津大学出版社1999年版，第182页。

[2] [美] 达尔：《论民主》，商务印书馆1999年版，第149页。

第三，它扭曲公共议事日程。达尔认为，由于不同组织拥有不平等的资源，因此在政策选择上它们也会施加不平等的影响。同时，有组织的少数公民的选择，也会比大量无组织公民的选择更易受到认真的考虑。

第四，它导致最终控制的让渡。达尔指出，由于多元组织的复杂性、控制代价的提高等原因，现代民主国家中的代表发现，他们已难以维持对公共事务议事日程的最终控制。①

上述四点中，达尔把政治不平等看作多元主义民主的主要弊端，并认为这一弊端的主要根源是现代的所有制形式和不平等的企业控制形式。在《经济民主的前言》一书中，达尔指出，当今世界上对自由构成威胁的重要因素，是"积累无限经济资源的自由"，是"把经济活动组织成由等级原则支配的企业的自由"，是由现代所有制形式和企业控制形式造成的种种不平等。② 他认为这种不平等限制了多元民主的民主潜力。

在所有制和企业控制这两个因素中，达尔更重视控制的意义。他说："在区分经济的替代选择时，主要的问题不是一种制度是社会主义的还是非社会主义的，企业是'私'有的还是'公'有的，而是允许给经济企业以多少自治以及内部和外部控制的性质如何。"③ 为此，他希望建立一种广泛的合作型的所有制和企业控制制度，把民主的原则扩展到公司和一般经济生活中去。④ 在1986年出版的《民主、自由和平等》一书中，达尔还明确赞成实行民主社会主义制度，以克服资本主义的不平等的弊端。⑤ 不过，达尔并没有对资源和政治不平等提出多少具体的补救办法，因为在他看来这是一个十分困难的问题，"对此没有简单的答案"。

至于公民意识受到个人和集团利己主义的扭曲问题，达尔认为可以考虑两种可能的解决办法。一是通过加强对普遍利益的信仰来促进更高尚的公民美德，二是通过促进对自我利益的合理理解来加强文明的利己主义。他说，第一种办法成功的可能不大，第二种办法则有赖于通过减少公民之间在财产、收入和由此产生的其他方面的巨大差别来达到。⑥

---

① [美]达尔：《多元主义民主的困境》，求实出版社1989年版，第41—56页。
② Dahl, R. A., *A Preface to Economic Democracy*, Cambridge: Polity Press, 1985, pp. 50, 55.
③ [美]达尔：《多元主义民主的困境》，求实出版社1989年版，第116页。
④ 同上书，第207—208页。
⑤ 参见 Robert A. Dahl, *Democracy, Liberty, and Equality*, Norwegian University Press, 1986, pp. 25-54.
⑥ [美]达尔：《多元主义民主的困境》，求实出版社1989年版，第192—195页。

公共议事日程的扭曲与最终控制的让渡是联系在一起的。在达尔看来，扭曲公共议事日程并导致对公共议事日程丧失控制的主要因素，是不受控制的大公司的力量。因此，使大公司民主化（也即使经济民主化）是解决这一问题的关键。他认为可能的办法是：重新分配所有权和控制权，实行雇员投资基金或雇员所有制计划，以增加工人参与和控制的可能性。不过，他承认，如何实现既有效率又受民主控制的经济制度，还是一个有待研究的课题。

达尔的民主理论有一个发展的过程。作为描述性理论，是想揭示西方民主运行的实际机制；作为规范性理论，是想克服现行民主制度的一些缺陷。他的这些描述尽管未必真正揭示了西方民主的实质，但它显然要比分权理论和人民主权理论更能说明社会的现实；他提出的克服现行民主制度弊端的一些办法，虽然还没有根本超越现有制度的基本框架，但其立场还是比较激进的，一些主张已经接近西方左翼思潮，而且也不乏合理因素。

达尔的民主理论对于人们认识西方民主，借鉴其经验教训，都有一定的启发意义。当然，民主作为现代政治发展的一个重要成果，是一个非常复杂的现象。人们对其运行机制、社会基础、政治作用以及价值意义等方面的认识远未结束；在许多根本问题上，人们也远未达成共识。因此，达尔的理论只能是研究民主问题的一个视角，其局限性是毋庸置疑的。比如，他对民主的文化背景就重视不够，对民主的价值与其他政治价值的关系也关注不多，等等。

第八章 全球化时代的自由主义

自由主义在 20 世纪 80 年代以前的发展，经历了兴起—繁荣—衰落—复兴的曲折过程。自由主义的重建和复兴，在理论上主要表现在对自由理论基础的重新审视，正义原则的重建，对自由市场秩序的再认识，对政府作用的反思，以及对自由主义民主理论的全新阐释等方面。20 世纪 80 年代以后，西方国家经济和社会发展中的变化，又为自由主义的发展提供了难得的机遇。

经济全球化的持续深入刺激了全球政治的不断发展。20 世纪，在经济全球化的进程中，由于西方在经济、军事等方面的主导地位，在事实上形成了以自由主义为主要内容的西方政治文化的扩张。自由主义的这一扩张以经济全球化为主要媒介，以普世主义为理论指导，以推行西方的自由民主价值观为基本目的。在各国民主化的进程中，自由主义试图在全世界范围内推行其具有强势特征的西方文化模式，然而，这一扩张理所当然地遭到了第三世界国家的强烈反抗，激发了非西方国家发展本国政治文化，寻求文化创新之路的决心。一种以多元文化为特征，以民主、平等、宽容为价值取向，各种政治文化并存的新的格局，在新的政治进程中出现。

一 在论争中发展的自由主义

20 世纪后期的自由主义，是在论战中复兴和发展的，面对来自不同方面的对自由主义的种种非议和攻击，自由主义者奋起反击。这一时期的自由主义，继承的仍是旧有的自由主义传统。但自由主义思想家们的所思所为，更多的是顺应国家的社会经济变化，讨论和阐释以往的理论，以求得自由主义的不断发展。

（一）思想领域的挑战与迎战

对自由主义理论的冲击，政治多元主义是其中之一。作为一种意识形态，多元主义对个人主义和集体主义都持否定态度，多元主义不以任何一种单一的价值作为自己的理想。政治多元主义认为，人类的天性是多元的而非一元的，世界与人类社会也是多元的。而自由主义在将个人的权利、利益、尊严置于最高地位时提出了人们普遍接受的价值，但为了建立一种必要的制度以为其提供可靠的保障时，自由主义又要求有一种共同的理解和信仰的背景，这种对一元的追求无疑会对个人造成损害，而个人才是美好生活的源泉和目的。

在政治多元主义看来，国家也是多元的国家。按照"团体人格理论"，国家与其他社会团体在本质上是平等的，国家在性质上只是现代多元社会中形式众多的团体之一，因此国家不应当是社会全部权力的垄断者。多元国家实行最大限度的分权，既包括区域性分权，也包括职能性分权。使公民的福利和个性得到充分的发展才是多元国家的终极价值，多元国家所要求的统一和秩序不过是实现这一价值的手段。从这个基本认识出发，多元主义者反对政府过分干预社会经济事务，反对政府过多地行使权力。他们认为，福利国家的兴起以及公共生活的官僚化已经使国家的强制性力量过于强化，从而扰乱了多元组织与国家之间的均衡关系，这使多元主义政治赖以生存的根本一致性遭受损害。在实际政治生活中，议会权力日渐削弱，行政权力不断加强，权力的高度集中是与西方的民主传统相悖的。

显然，政治多元主义的很多理论主张都是与自由主义相左的，它们针对福利国家的弊病和自由主义政策的失败所发出的责难，使自由主义受到极大的冲击。

罗尔斯的《正义论》振兴了自由主义，也震动了非难自由主义的各种思想派别。这些思想派别以更苛刻的目光审视自由主义，引发了与自由主义的新的论战。在这场论战中，社群主义（Communitarianism）和保守的自由主义者扮演了重要角色。

社群主义的形成和存在，源于它在20世纪70年代对现代自由主义的反思、认识和批判。社群主义认为，各种各样的社群是相互依赖和相互交叠的，离开这些社群，人类不可能存在，个人自由无法维持，个人权利也不能长久地得到保存。而离开了社群成员为了共同的目标而贡献其才能、兴趣和资源，一切社群也不可能持久。任何排他性地对个人利益的追求，必将损害大家赖以生存的社会环境，破坏共同的民主自治实验。社群主义公开宣布了它与自由主义的对立，在方法论上和价值观上向自由主义宣战。

社群主义从集体主义出发，认为自由主义关于理性的个人可以自由地选择是不实际的、不正确的，任何个人都不可能脱离他所在的社群和社群关系,因此,对个人行为的正确认识只能来自他所处的社会的、文化的和历史的背景之中,只能来自个人与其所处背景之间关系的分析。

社群主义从普遍的善和公共的利益出发,认为自由主义所强调的个人权利、个人自由的实现是不可能离开他所在的社群的。公共利益的实现决不像自由主义主张的那样是在个人充分实现其个人价值后自然实现的,正相反,只有在公共的利益和群体的价值实现之后,个人的价值才得以真正实现。

社群主义批判自由主义的矛头直指罗尔斯的正义理论,社群主义的发难在一定程度上击中了自由主义的要害,它将政治哲学在20世纪70年代以自由主义的社会正义为主的话题,在80年代转变为社群主义的社群,从而削弱了自由主义的影响。而80年代中期以后自由主义对社群主义的有力反击,又在理论上促使了自由主义的复兴。

自由主义内部的保守派别将20世纪60年代西方国家经济危机的罪责归咎于现代形式自由主义的指导思想和政策。哈耶克、弗里德曼、J. 布坎南、诺齐克等人的理论引人注目,官方政策也受到这种理论的深刻影响。哈耶克和弗里德曼先后于1974年和1976年获得诺贝尔奖,突出表明了这一时期传统形式自由主义理论的兴盛和受人崇尚的地位。

传统形式自由主义与现代形式自由主义的论战,集中表现在对罗尔斯正义理论的批判和罗尔斯的精彩反击上。诺齐克的《无政府、国家与乌托邦》是这场论战中挑战一方的代表作。

诺齐克认为,自由主义扩大国家功能的主张是极其错误的,也是十分危险的,它必然促成对公民权利的侵犯。他认为,罗尔斯"分配正义"的理论实际在为国家功能的扩大提供依据。按照"分配正义"理论,市场的自然分配过程是错误的,需要国家进行一种集中后的再分配。这种再分配必然意味着国家功能的扩大。他强调,国家只需具备能为一切人提供同等保护的功能就可以了,这是一种"最弱意义的国家",这种国家的功能已经足够多了,任何比这功能更多的国家都会侵犯人们的权利。因此,只有国家的保护功能才是能被证明的唯一合理的功能,扩大国家功能的任何企图都将失去道德的依据。

诺齐克把个人权利看得至高无上,对罗尔斯的差别原则进行了深入的批驳。他认为,差别原则必然导致国家功能的扩大,对人们生活的干涉和对个人自由权利的侵犯。诺齐克把权利看作道德的根本标准,个人权利是不可侵犯的,对个人权利的任何侵犯都是不正义的,即使是国家也不能以美好的社会理想的名义去干涉个人的生活。诺齐克对自由主义的批评影响深远。

在这场思想斗争中，罗尔斯始终是回应挑战的先锋。随着布莱克维尔出版公司辑录出版伯林、罗尔斯等人有关自由和正义的理论，也随着罗尔斯一部部新著的问世，现代形式的自由主义再次引起社会的广泛关注。

自由主义者在应战中，一方面指出挑战方的错误和局限性，加以有力的批驳，另一方面也在对批评的反思中修正自己的认识。例如，在对来自社群主义的挑战的反击中，自由主义者反思并修正了"自我"概念，重新考察了"普遍主义"，对"原子主义"提出了新的见解。

政治思想领域中的这种交锋，贯穿于整个20世纪90年代，并因此出现了大量的政治哲学论著。自由主义从这场争论中的最大获益，便是自身理论的发展和丰富，并进而促进了自由主义在20世纪末的繁荣。

（二）自由主义原则的重申

西方国家在冷战时期进行的社会经济改革虽然取得了一定的成效，却无力从根本上解决资本主义发展的问题。在主要的西方国家，福利国家政策令人们失望，人们对现代自由主义主张丧失了信心，但代之而起的"经济复兴计划"也未如人意，自由主义的保守主张同样引起人们的怀疑。

20世纪80年代以后，以英国的A. 雅赛[①]和美国的罗尔斯为代表的自由主义思想家不断推出新的著述，以回应社会现实，丰富自由主义理论。

1991年，雅赛的《重申自由主义》在英国出版，为自由主义的振兴和繁荣起了推波助澜的作用。

对自由主义基本原则的讨论，是自由主义者在20世纪80年代以后所热衷的。自由主义同保守主义、社群主义等流派之间的论战，自由主义对社会问题处理方法上的实用主义，使一些自由主义者感到很有对自由主义理论进行梳理的必要，以减少其混乱，维护其"纯洁"。雅赛在罗尔斯之后，对现代形式自由主义的基本思想作了更为严密的阐述和申明。

在历史上，为了给一个新生的国家确立一种适用的制度性秩序，总要

[①] A. 雅赛，英国政治哲学家、经济学家。他的政治思想主要表现在《重申自由主义》（1991年）一书中。此前，他的政治著作还有两部，一部名为《国家》（1985年），该书对福利国家危机作了分析和讨论。书中提出，国家通过再分配来"搅和"福利会比真正下功夫创造福利付出更大的代价，政治家们提出的"激励机制"会对福利和自由产生灾难性影响。另一部著作是《社会契约，免费乘车》（1989年），主要研究社会问题和经济问题的相互作用。

为这种制度提出能够对它作出清晰表述的基本原则。在国家发展的过程中，这种做法也不鲜见。传统形式的自由主义曾经为刚刚建立起的资本主义制度提出了一些原则，如生命、自由和财产的权利原则，依法治国的原则，国家目的原则，等等。现代形式的自由主义则为资本主义制度的巩固发展提出了国家干预原则、福利原则、公正分配原则，等等。然而，随着自由主义政策的失利，在各种政治思潮的冲击和影响下，自由主义的发展呈现出多样性，各种自由主义流派也应运而生，民族自由主义、生态自由主义、保守自由主义、新自由主义、社会自由主义、后自由主义，等等，不胜枚举。

面对当代自由主义多样化发展的趋势和现实，不少自由主义思想家都十分迫切地感到，应当为自由主义重新阐述它的思想原则，这种阐述的意义是重大的，时间是紧迫的，阐述的要求应当是系统而清晰的。对此，D. 多林的观点颇具代表性，他认为主要有两个重大的原因。

首先，苏联的解体给社会主义实践带来了巨大的变化。一些正在进行改革的社会主义国家，它们的政治纲领必然会吸收一些自由主义的原则。

其次，从 20 世纪 70 年代起，英美法系国家存在一个由思想家们组成的学派，该学派试图从一种自由主义的个人主义思想推导出社会主义或者社会民主主义思想，试图将个人置于某种"更高价值"的地位。

在多林看来，对西方国家来说，为了对内维护以个人权利为核心的自由主义原则，对外以自由主义思想影响社会主义国家，重新认识自由主义是非常必要的。这事关自由主义核心问题——自由主义的权利概念，事关自由主义的未来方向。

雅赛在他多年的思想研究中恰恰关心着这个问题。他始终认为，自由主义政策的根本目的就是实现个人的权利。在实现这一目的的过程中，如何认识和界定国家的作用、政治的作用，是极为重要的问题。他注意到权利的"膨胀化"现象，这种现象表明的是"所有可能的目的，只要各种可能的人们在将来某一时候会把它们视为特别可取，就马上把它们解释为'权利'。它们大多不再服务于加强个人的自主权这一目的，而是或多或少成为反对这一自主权的集体强制协议。这一国家集体似乎如此简化了以其他人的利益为代价从中渔利的程序，以致于它可以发明一些本来是不公平的权利。其后所隐藏的非分要求就是：应当由一个强权垄断者——国家——来澄清一些事实上只能放手由个人的主观判断作出回答的问题"。①

---

① ［英］雅赛：《重申自由主义》，中国社会科学出版社 1997 年版，引言。

传统形式自由主义的自由放任原则在一个世纪前就过时了，那种个人有至高无上的自主权，可以选择自己所想要的事物，可以为了相互利益而彼此订立契约的做法在20世纪不适用了。代之而起的，却是多种多样的自由主义标准，这些标准仁者见仁智者见智，各执一词。雅赛认为，这些标准有两个来源：一个是类似于平等或公平的普遍福利方面的、再分配式的考虑；另一个是个人权利的主张。在近半个世纪之中，自由主义逐渐丧失了自己的主旨和自己的鲜明面貌。在自由主义的标签下，互不相容的、形形色色的目标都混在一起，乱成一团，其混乱的程度，是任何别的重要政治意识形态都无法与之比拟的。

雅赛觉得，寻求一套严密完整的自由主义原则，依照这些原则建立经得起岁月流逝和风云变幻考验的政治理论是极为困难的。然而，为了维护自由主义的本性，确立能够使自由主义理想的大厦得以构筑的基石是完全必要的，他要为此做出不懈的努力。他力图向世人表明：第一，一套严密完整而又稳定的政治理论对于理顺社会及其政府之间的关系是有好处的。它虽不能保证政府一定是好政府，甚至不能起码保证政府一定是有限的政府，但是它有助于划定理应追求的那一类政府的界限。第二，将这样一套理论放进无可争议的基本原则中去，是一件困难但又引人入胜、值得一试的事业，哪怕缺少成功的把握。第三，自由主义在意念上的变质，并不能怪罪于历史的进程，而是由于它的先天软弱，它最初的设计吸引人们去对它加以修补和改动。

雅赛决心寻找得以构筑自由主义大厦的基石。他认为基石主要有六块，他称之为自由主义的六个基本原则。雅赛试图通过探索这些基本原则的内容，逐步揭示出一种政治秩序的理论轮廓。这种自由主义的政治秩序并不是要增加转移或再分配资源，也不是要促进最大限度地实现约定的目标。"这种政治秩序就是要提供明确的指导，不仅告诉人们国家不经个人认可就可能对他们做什么，或可能不对他们做什么，而且更重要的是告诉人们，他们可能被期待认可什么，或不可能被期待认可什么。"[1]

雅赛提出的六个自由主义的基本原则分别是：个人主义原则、政治原则、无支配原则、契约原则、优先原则以及排斥原则。其中前三个原则都是有关选择的原则，后三个原则是有关社会共存的原则。

1993年，罗尔斯的新著《政治自由主义》出版，该书实际上是将他过去15年中发表的8篇主要演讲和文稿修订后的整理、汇编。同年秋季，

---

[1] ［英］雅赛：《重申自由主义》，中国社会科学出版社1997年版，第74页。

罗尔斯又发表了长篇论文《万民法》（The Law of Peoples），将他的"政治的正义"观念引入国家之间的关系，试图将自由主义的政治正义观念在国际领域内扩展，进而论证政治正义观念不仅是国内民主政治的基本原则，也是国际关系民主化的基本规范。1995年以后，罗尔斯针对哈贝马斯等人对《政治自由主义》一书的批评，又陆续发表了一些论文，在答复批评中进一步阐述自己的见解。罗尔斯的思想始终在论战中前进。

1999年，罗尔斯的《正义论》修订版出版，《政治自由主义》又补充了长篇序言和"答哈贝马斯"一章。与此同时，罗尔斯又将《万民法》补充扩展为一部论著，使其内容更加完整。

2001年，罗尔斯的《作为公平的正义——正义新论》出版。在这部著作中，罗尔斯对正义理论进行了重新阐述。一方面，对《正义论》发表以后来自各方的批评给予回应，既为自己仍然坚持的基本信念作辩护，也纠正书中存在的、有些是批评者指出的严重缺点；另一方面，将《正义论》阐述的正义观念与其后发表的文章中包含的主要理念合并成统一的表述。

从《正义论》到《政治自由主义》《万民法》，又到《作为公平的正义——正义新论》，罗尔斯所阐释的自由主义正义观念经过修正和补充变得更为系统、丰富和完善，也更贴近社会政治现实。这一变化过程是在对历史与现实、理论与实践的深刻反思中完成的，是在对各种挑战的坚决回应中进行的。这一变化也是自由主义所经历的挫折、打击、恢复、发展的生动写照。

值得注意的是，罗尔斯在进行理论阐述的过程中多次讲到人权问题。提出任何社会都必须尊重基本人权的重要观点，他把人权理解为一个秩序良好的社会的政治制度的基本标准。此外，他将人权问题与国家政体问题分离的观点也是值得称道的。

二 自由主义的扩张与反扩张

西方国家凭借其经济、军事上的强势地位对国际政治文化施加的影响是深远的。西方的政治文化超出国界向非西方国家的渗透已经成为无可回避的现实。自由主义在全球范围内推行西方所谓的普世价值，已经构成了全球范围内的政治文化传播过程。

在各种政治文化的交流与融合的过程中，自由主义在全球范围内的扩张实质上已经危及了政治文化的多样性。在全球化背景下的自由主义扩张，已经渗透到国际关系的方方面面。

与自由主义的对外扩张相伴生的,正是反抗自由主义的浪潮。越是在自由主义的扩张受阻的地方,这种浪潮就越是高涨,使国际政治文化的发展更加丰富多彩、扑朔迷离。

(一) 西方价值的强势推行

作为一个特殊的过程,罗尔斯在《万民法》一书中提及了国际范围内政治文化的形成。罗尔斯认为,万民法的过程即是"引导自由社会与合宜社会的人民,甘愿接受正义的万民法所体现的法律准则,并按此一准则行事"[1]。实际上,这是按照西方价值观念推进国际政治一体化的过程。

在自由主义的政治扩张中,由于它所具有的强势文化特征,其扩张手段主要表现为政治上的干预、经济上的引诱、军事上的控制。利用这些手段,西方自由主义常常会主观地将西方的价值观念强加给那些文化上处于弱势的民族国家。这常常会造成大多数发展中国家在民主化过程中并没有起到该起的作用,而是被动地接受了西方文化。

拉丁美洲文化所表现出来的弱势文化使得它更容易接受西方价值。自由主义对拉丁美洲国家的扩张过程更多地塑造了这些国家与西方一致的政治态度、信仰、感情和价值观,有的学者甚至视拉丁美洲文化为西方文化的一部分。

与之相反,像伊斯兰这样的强势文化就很难在自由主义扩张的过程中形成像拉丁美洲国家那样的认同。在西方国家步步紧逼的强大压力下,伊斯兰国家非但没有形成对西方价值的认同,反而造成了两种文化的剧烈冲突。对国际社会造成重要影响的"9·11事件"在某种程度上正是弱势文化与强势文化剧烈冲突的一种表现。

还有另外一种情况,就是弱势文化在自由主义扩张的过程中,弱势国家在让出自己国家市场的同时也面临对文化结构调整的挑战。弱势文化无情地遭受改变的同时被整合进一种陌生的体系,忍受着孤独和冷落,与西方文化强势扩张而形成的救世主心态形成对照,成为畸形发展的帝国主义政治文化的一部分。

自由主义成功地避免了一些传统的、让人不愉快的字眼,而将一些更为灵活的词汇加进了人们思考的词汇表。例如,自由主义以自由代替市场至上,不准干预;以弹性代替随时听命加班,多找几个零碎工作,没有退休金;将高科技的工厂称作校园;将加班没加班费的人称为专业经理人

---

[1] [美] 约翰·罗尔斯:《万民法》,吉林人民出版社2001年版,第47页。

员；把五个人的工作、四个人的薪水、由三个人来做的"五四三"经营称为"企业瘦身"。

自由主义试图将一些新词汇融入人们的话语之中，从而实现政治文化模式上的转变。由于可替换性①的影响，西方国家总会倾向于将其在经济领域内的权力转移到政治、文化领域里。这种努力表现在政治文化上，就是将经济领域里一些价值、规范等移植入政治文化领域。正像亨廷顿指出的那样，西方社会正在、并将继续试图将自己的利益确定为"世界共同体"以代替过时的"自由世界"叫法，以保持其主导地位和维护自己的利益，并赋予美国和其他西方国家为维护其利益而采取的行动以全球合法性。②

事实上，自由主义确实成功地创造出了一些含混的新词汇，如"全球化""新经济""后现代""零容忍""社群主义""多元文化""灵活性"，等等。随着全球新话语的传播，那些诸如"资本主义""不平等""阶级""剥削""统治"等具有实在内涵的传统概念则被一些人以过时和落伍为借口束之高阁。在叙事模式上，与西方后现代理论对大叙事的解构相反，自由主义独创了"新的跨国大叙事"，并将其纳入了人们的语法体系。这就为以西方为标准的制度转化披上了一件新的全球化外衣。

尽管自由主义的扩张已经大大超出了一国的范围，但是它所面临的各国政治文化呈现着种类繁多的文化体系。亨廷顿划分的六种文明③概略地描述了全球政治文化可能存在的几种样式。事实上，由于各种文明内部的政治文化又表现出各种各样的差异，全球政治文化的内容必将是极为丰富多彩的。

自由主义在全球的扩张表现为以普世主义推行西方价值。德国前总理施密特在谈到未来要做的六件事时，指出，"全球化的确需要有一些最基

---

① 美国学者鲍德温在《新现实主义和新自由主义》一书中指出，"可替换性是指在一某一事务领域中的能力，可以应用到另一事务领域。"［美］大卫·A. 鲍德温：《新现实主义和新自由主义》，浙江人民出版社2001年版，第21页。

② ［美］塞缪尔·亨廷顿：《文明的冲突与世界秩序的重建》，新华出版社2002年版，第200页。

③ 亨廷顿在《文明的冲突与世界秩序的重建》一书中将当代的文明列举为中华文明、日本文明、印度文明、伊斯兰文明、拉丁美洲文明、非洲文明等文明。参见［美］塞缪尔·亨廷顿《文明的冲突与世界秩序的重建》，新华出版社2002年版，第29—32页。

础的价值观念和规则的相同性"①。这从制度和文化两个方面提出一种普世主义的视角。

自由主义所主张的普世主义在西方有着牢固的思想基础。从斯多葛派的自然法、古罗马的万民法到近代康德的"永久和平论"隐含了一条普世伦理的主线。与这条主线一脉相承的,如威尔逊的"十四点和平建议"等不一而足,深刻地影响了当代国际政治的现实,成为当代自由主义文化的传统因子。罗尔斯区分了自由人民的公共理性和民族社会的公共理性,并没有看到这两种理性之间的巨大差异,认为其作用"颇多相似"。② 类似这样的叙述典型地体现了西方世界的普世主义情节,普世主义本身就体现了西方价值。

随着东欧剧变、苏联解体以及经济全球化进程的不断深入,普世主义再一次获得了空前的发展。作为全球化的极力鼓吹者的自由主义在民主文化的传播过程中扮演了普遍主义和社会向善主义的角色。在全球政治文化传播的过程中,"普世主义"成为西方社会对付非西方社会的意识形态。③

经济全球化势不可挡的力量在不断向外扩张的同时模塑了一种同质的"消费主义模式",它以一种普世主义的政治价值和政治态度出现在全球政治文化领域。那些文化上的强势国家凭借经济整合的外部力量,削弱各个国家、民族的文化独特性,压迫多样性文化的生存空间,以确立文化的普世性为借口寻求引导世界文化潮流。因此,自由主义总是表现出一种强烈的文化扩张的意志。

然而,从另一角度看,尽管西方式的消费模式和大众文化的传播确实隐藏了一种普世文明,但是,夸大了的想象并不是现实。正像亨廷顿所指出的那样,"西方文明的本质是大宪章(Magna Carta)而不是'大麦克'(Magna Mac)('巨无霸 Magna Mac')。'非西方人可能接受后者,但这对于他们接受前者来说没有任何意义'"④。

普世主义常同现代化相联系,其背后的实质是"西化"。然而,现代化并不一定意味着西方化。"非西方社会在没有放弃它们自己的文化和全

---

① [德]施密特:《在未来30年,我们要做六件事》,《中国科技信息》2001年6月号,第14页。
② [美]约翰·罗尔斯:《万民法》,吉林人民出版社2001年版,第59页。
③ [美]塞缪尔·亨廷顿:《文明的冲突与世界秩序的重建》,新华出版社2002年版,第56页。
④ 同上书,第45页。

盘采取西方价值、体制和实践的前提下,能够实现并已经实现了现代化。"[①] 当今世界更多现代化、更少西方化的事实也正预示了普世主义这一影响的逐渐削弱。

国际政治发展的一个典型特征就是它超出了一国的范围,每个国家都参与其中并接受这一发展带来的深刻影响。因此从理论上讲,只要有国际政治主体活动的地方就有可能提供会形成自由主义扩张的途径。从全球化的实践来看,经济全球化为自由主义的政治扩张提供了条件。

在自由主义的理论体系中,包含了经济上的自由化、政治上的民主化和文化上的普世主义。在这个体系中,各种力量的盘根错节是不可避免的。经济上的优势,直接决定了强势文化的压迫方式及其权力体系的形成。在全球化进程中,文化权力的规模和制度化,比以往任何时候都更加体现出对于经济强势的倚重。正像第三世界国家所深恶痛绝的那样,自由主义在输出自由市场理论的同时,政治上的自由化和文化上的西化成了巨大经济诱惑的"配额"。为了实现自由主义的目标,自由主义者不遗余力地将西方的民主政治模式、私有化的发展道路和个人主义、自由主义的价值观附带在以资本输出、贸易全球化为特征的经济全球化之中就不可避免。

在推行西方的普世文化时,世界贸易组织成为当代自由主义的一个"秘密武器"。乔姆斯基认为,美国正在通过世界贸易组织出口其价值观念。[②] 实际上,世界贸易组织确实成为美国迫使那些正在寻求发展的第三世界国家就范的一个重要手段。

在不同政治文化体系的交流和融合中,西方国家以主动的方式进一步丰富了当代自由主义的政治文化。非西方国家的传统政治文化,尤其是一些拉丁美洲国家的政治文化,在自由主义的冲击下发生了重大的变化。全球化带来的国际政治文化嬗变引人注目。

然而,自由主义在全球扩张中所产生的负面效应更值得人们记取。即使那些认同了西方价值的国家在转型期所经历的痛苦也是让人难以忘怀的。在最初阶段,由于西方政治文化的入侵,一些政治文化上的弱势国家纷纷面临了一场认同危机,引发的制度与文化上的冲突成为战后非西方国

[①] [美]塞缪尔·亨廷顿:《文明的冲突与世界秩序的重建》,新华出版社2002年版,第70页。

[②] [美]诺姆·乔姆斯基:《新自由主义和全球秩序》,江苏人民出版社2000年版,第51页。

家在民主化改革过程中失败的根源之一。而在那些无法同西方价值达成认同的国家和民族中，自由主义的扩张遭到了顽强的抵抗。

对自由主义的批判是以理论界的觉醒为标志的，不但在东方，而且一些西方学者，如法兰西学院院士皮埃尔·布尔迪厄、美国著名左翼思想家诺姆·乔姆斯基、麦克斯切尼等人，成为反自由主义的斗士。在实践层次，自由主义所推行的政治文化并没有获得更多的认同，它使民主形态进一步分化，不但非西方民主出现了各种各样的理论和制度模式，而且西方国家内部也面临着进一步的整合。

（二）与自由主义的对抗

在全球化的浪潮中，任何一个国家都不是舵手，而只是这一惊涛骇浪中的一叶扁舟。在全球化的浪潮中，国家作为主体所经历的也决不仅仅是经济上的市场化，同时还包括了政治上的民主化。全球化是一把双刃剑：那些以优势地位加入全球化的国家经历的不仅仅是经济上的发展，同时也是政治上的扩张、文化上的渗透；而那些弱势国家则在全球化过程中饱受经济上萧条、政治上动荡、文化上迷惘的困扰。阿拉伯国家的恐怖主义就是受挫心理的一种反应。

然而，由这些事实并不能得出弱势文化只能在这场斗争的过程中消亡的结论。事实上，除了以美国为主导的自由主义模式外，发展中国家在不断的探索中也提供了一些成功的政治模式。同一些伊斯兰文化的恐怖主义、原教旨主义相比，新加坡在亚洲价值系统上建立的现代化社会对西方的政治文化传统提出的挑战更为有力。

包含了多种政治价值的政治文化传统常常表现出一种坚强的韧性。在儒家的文化圈里，新加坡、韩国、中国台湾等国家和地区在建立民主的过程中所表现出的文化融合，为制度化的民主建设提供了牢固的黏合剂。这在事实上形成了一种以亚洲价值为基础的民主制度。

从根本上讲，经济全球化并不要求政治文化的同化，不同政治文化之间成功地进行经济交往的案例比比皆是。由此可见，追求西方文明普世价值的当代自由主义缺乏真正的基础。这也是自由主义在世界的扩张受到强烈对抗的重要原因。

此外，值得注意的是，与自由主义的对抗、对自由主义冲击的现象，自自由主义形成之后便出现了。其中，历史主义的兴起和挑战最为突出，曾经强烈地冲击了自由主义的普遍主义意识。

历史主义使人们对自由主义原则的普遍性产生了质疑。对于自然法学派的自由主义者来说，"以往的一切社会形式和国家形式、一切传统观念,都被当作不合理的东西扔到垃圾堆里去了;到现在为止,世界所遵循的只是一些成见;过去的一切只值得怜悯和鄙视。只是现在阳光才照射出来。从今以后,迷信、偏私、特权和压迫,必将为永恒真理,为永恒的正义,为基于自然的平等和不可剥夺的人权所排挤"[1]。他们所信奉的永恒真理和永恒正义,就是那些基于人性和理性的普遍法则(即自然法),以及以此为基础的一系列自由主义原则。在他们看来,自由主义是放之四海而皆准的普遍真理,是任何社会都应追求的普遍价值。

但是,对于历史主义者来说,每一个民族、每一个国家都有自己独特的历史、传统和生存条件,在自身的发展中也都有着自己独特的问题。而且,任何价值都只有在特定的条件下才有意义,任何制度只有在特定的条件下才能发挥作用。因此,不同的问题,不可能只有一个唯一的答案。解决不同的问题,也不可能只有一种方法和途径。历史主义强调的是成长和条件,也即人类社会和各种制度都是在特定的环境下成长出来的,因而它们的发展方向也必定要受其过去的历史和现实条件的制约。按照这个思想,自由主义方案就不可能是包医百病的万应灵药,自由主义原则也不可能具有超越时空的普遍价值。

历史主义也促使一些自由主义思想家对自由主义原则尝试进行历史主义的解释。贡斯当认为,古希腊人之所以追求政治自由,原因主要是,古代的共和国领土狭小,个人对公共政治生活的影响或重要性较大,由领土狭小造成的战争频繁和好战精神;以及作为这种生存方式必然结果的奴隶制为公民提供的闲暇。现代人之所以追求个人自由,原因与古代的恰恰相反:国家规模的扩大导致每一个人分享政治的重要性相应降低;商业活动取代战争成为谋取财富的主要手段;奴隶制的废除剥夺了自由民因奴隶劳动而造成的所有闲暇。这一方面使每一个人都得关注自己的事业,另一方面也激发了人们对个人独立的热爱。为此,他没有因为现代自由的好处而否定古代的自由,也没有因为古代自由的好处而否定现代的自由。

在托克维尔所著的《论美国的民主》中,我们基本上看不到自然学派的那种言说方式,即从不言自明的绝对公理出发,推出永恒正义和普遍真理的结论来。相反,我们看到的是从事实出发、以事实为依据的社会历史研究方法。按照这种方法,自由主义的民主原则不再是自然法则、普遍理性、绝对命令或什么一般规律的要求,而是当代具体历史条件的产物或

---

[1] 《马克思恩格斯全集》第20卷,人民出版社1973年版,第20页。

趋势。民主也不是一个完美无缺的东西，它本身也包含着矛盾和张力，特别是平等的过分发展可能带来的对自由的威胁。无论民主也好，平等也好，或自由也好，既不是先验的原则规定，也不靠某种先验的标准去评价，而是从事物的具体性质及其对社会发展或社会利益的具体关系中去权衡。这虽然没有着意去证明自由主义原则的普遍性质，却为自由提供了更有说服力的理由。

历史主义还迫使自由主义开始采取新的理论形式。自由主义理论形式的重大转变，是从普遍主义色彩较浓的自然法学说到功利主义的转变。功利主义是一种用"求乐避苦"解释人的个人利益和行为动机、把"最大幸福"作为道德与立法原则的哲学伦理学说。英国的自由主义思想家边沁、密尔等用这一学说为自由主义进行新的论证。边沁明确认识到了自然法理论与功利主义理论的内在冲突，因而对自然法学说进行了激烈的攻击。在他看来，不仅被视为永恒正义的自然法则到底是什么本身是模糊不清的，而且这样的思路也是非常有害的，那就是它容易掩饰、伪装和助长专制。① 换句话说就是，坚持自然法思想，很容易使人不顾具体情况或具体利害而机械地、教条地实施某种规则，其结果会给个人或他人带来各种各样的危害。

显然，这种功利原则虽然仍然带有某种普遍主义的性质，但依据这一原则做出的具体规定或制定的具体规范，则应该是因时因地而异的。比如，如果对痛苦和快乐作真正的实证研究和计算，那么人们就会看到，不同文化、不同时代的人们，对痛苦和快乐的感受是有很大不同的。因此，普遍的"功利原则"，为人们留下的不是一劳永逸的、永恒的具体制度或规范，而是永无止境的探究任务和较大程度的制度选择空间。从这个意义上讲，功利主义实际上包含了某种实证性和历史性，也即包含了一些反教条主义的因素。

功利原则的这一替代，不仅仅是自由主义理论基础的一次变换，而且是自由主义精神的某种变异。如果说，原先的自由主义精神强调的是用某种普遍的法治秩序为个人的基本权利提供保障，那么，由功利主义开始，自由主义的精神则开始转向公共的福利。换句话说，原先的自由主义注重的是维护底线，而功利主义注重的是增进人们的福利。这既为自由主义摆脱普遍主义的教条倾向提供了可能，也为自由主义因时而变提供了契机。当然，正如密尔思想中的社会主义因素所预示的那样，自由主义的这一新

---

① ［英］边沁：《道德与立法原理导论》，商务印书馆2000年版，第75页。

的形式，也包含了某种自我否定的危险。

当今，与自由主义在世界的扩张相对抗的，是非西方国家力主发展的多元文化，以国家为核心的集体主义，以及以平等为核心的全球政治文化。

自由主义对外扩张的一个无法回避的事实是，其对外政策的双重性行为与普世主义原则的两面性。这不但体现在自由主义对于西方世界内部存在着的不民主现象的放任态度，而且体现在对那些亲西方的非西方国家的纵容。亨廷顿在提到政治全球化中的双重标准时，也承认这种事实上存在的双重标准，这种双重性使得自由主义在国际政治发展进程中的主导地位受到挑战和质疑。

一般来说，在一个国家范围内对文化多元的包容常常是有限的。这一点在西方国家表现得尤其明显。西方意义上的国家更强调民族的观念，无论是西塞罗，还是洛克、麦迪逊，均在文化一致性的角度上强调国家的文化一致性。

近代西方民族国家的兴起也表现了这种包容性的匮乏。典型的多民族、多元文化的西方国家，如美国、加拿大等国一直面临着多元文化冲突的问题。尽管实用主义在这一冲突中起到了重要的调节作用，但是，它在更大规模上提供文化融入的空间时亦表现出困惑。L. 奥斯特[1]从文化对抗的角度认为，美国必须限制移民以防止文化解体。然而，在国际政治的范围内，以国家内部的做法来强求文化上的一致性，成为自由主义政治扩张过程中必然会遭到强烈反抗的一个主要原因。

人们看到，自由主义的政治扩张不仅未能将西方的人权、自由、个人主义等一系列被称为具有"普世"意义的价值在全球范围内推广，反而催生了全球范围内的多元文化。在以选举为特征的民主化浪潮席卷全球后，新兴的民主化国家却在保留传统政治文化的基础上申明了价值上的独立。可以说，多元文化在文化"同化""西化"的洪水峰头筑起了一道"安全堤"。

由于儒家文化所特有的多元包容性，在"和而不同"的指导下，儒家文化可能为国际政治新模式的产生提供原创性的贡献，成为新型国际政治文化的要素之一。像儒家处理不同主体关系的"己所不欲，勿施于人""己欲立而立人，己欲达而达人"的原则在多元文化并存的情境下可能会更具亲和力。

---

[1] L. 奥斯特（Lawrence Auster），译为劳伦斯·奥斯特。

在文化上，一种文化民主更容易得到认同。揭穿普世主义的文化幻想，呼吁全球文化的民主化，以对抗全球文化上的少数独霸现象正是非西方国家孜孜以求的。对于全球政治的民主化进程，需要讨论的是在多元文化基础上的意见分歧，而不是共识。那种建立在否定了决策自由基础之上的共识被证明只能是一种暂时的、脆弱的共识，无法对民主化的持久负责。

自由主义的政治文化是一种以个人为核心的政治文化，其对集体性行动的否认并不适用于仍然需要政府干预以发展经济的国家。在国际政治中，它将国与国之间的关系拟化为个人与个人之间的关系，忽略了国际政治以国家或政治组织等为单位进行集体化行动的重要事实。

与此相反，新的国际政治文化有可能形成一种以国家为核心的集体主义内涵。一方面，在国际政治中，国家更加将自己作为整体来考虑问题，为摆脱跨国公司对国家侵蚀提供了思路；另一方面，国家间有可能发展出一种以国家为单位的集体主义，以集体行动打击霸权主义。

研究南北问题的著名学者克莱斯勒博士将形成统一的价值体系的能力视为发展中国家能否成功地改变国际制度的一个重要变量。[①] 这一论点已经被20世纪70年代前后的国际政治实践所证实。那时，由于发展中国家形成了一致而完整的意见，它们更容易协调立场，采取共同行动，在同发达的西方国家的谈判中处于有利地位。在这一经验的基础上，发展中国家有可能发展出一种国家间的集体主义政治文化。在《全球化陷阱——对民主和福利的进攻》一书中，舒曼也提出了欧洲各国"携手并进"的设想[②]，试图以欧洲为遏制自由主义全球化的主力。

全球范围内自由主义的扩张，实际上要推行的是美国那种被乔姆斯基称为"头脚倒置"的民主。[③] 乔姆斯基认为，以美国为"楷模"的这种民主实际上就是"民主和自由市场"，其实质是"保护富裕的少数人的利益不受贫穷的多数人的侵犯"[④]。在国际领域里，这种民主所映射的是霸

[①] ［美］斯蒂芬·D. 克莱斯勒：《结构冲突——第三世界对抗全球自由主义》，浙江人民出版社2001年版，第5页。

[②] ［德］汉斯·彼得·马丁、哈拉尔特·舒曼：《全球化陷阱——对民主和福利的进攻》，中央编译出版社1998年版，第321页。

[③] ［美］诺姆·乔姆斯基：《新自由主义和全球秩序》，江苏人民出版社2000年版，第75页。

[④] 同上书，第90页。

权主义与强权政治：少数大国掌握着国际政治的主动权，而多数弱小国家则丧失了在国际社会中的地位，被剥夺了发言的权力。与这种国际政治领域里的"自由民主"相比，一种建立在平等基础上的民主文化更容易被国际社会所接受。因而，以平等为核心是全球政治文化发展的关键所在，也是与自由主义扩张相对抗的强大武器。

然而，大国地位及角色的转换将是这种政治文化形成的最大障碍。由于奉行自由民主的原则，自由主义全球范围内的扩张在某种程度上构成了对平等的损害。自由主义扩张的实质性内涵是自由价值的全球化，它必将在一定程度上损害第三世界国家强烈要求的国际社会的平等。在第五届世界宪法大会学术研讨会上，一些学者提出，"目前在全球范围内所产生的私有化与自由主义价值盛行的趋势虽然强化了整个国际社会对一些基本人权的保障，但是，由此带来的对平等价值的损害也是不容忽视的"[①]。

与自由主义在全球扩张中推行的自由理念相对，发展中国家更有可能发展一种平等的政治理念。事实上，我们看到，发展中国家的影响力主要来自它们在一些国际组织特别是联合国中的成员身份。在那些以一国一票为原则基础的组织中，发展中国家总会以数量上的优势击败发达国家的某些企图。努力建设一种以主权平等为特征的国际政治新秩序，将会是发展中国家政治发展的重要目标。在这一目标的实现过程中，发展中国家确实取得了重要的成绩。

正像克莱斯勒指出的那样，体现了主权平等原则的联合国成为第三世界的讲坛。[②] 在当今的国际政治和国际经济的领域里，我们看到了资本主义发展初期国内政治和经济发展的某些类似特征。穷人在声嘶力竭地追求平等，而富人则义正词严地主张自由；穷人在为每人一张的选票摇旗呐喊，富人则唯恐民主太多。我们看到的同样结果是，在长达两个世纪的不断斗争中，穷人争得了普选权，富人则退回到私有财产神圣不可侵犯的原则上去。事实上，在国际政治领域里，第三世界重新又面临了这样一个选择：为自己争取一份平等的普选权。这是别无选择的选择。

与自由主义的对抗，反映了那些仍然处于弱势地位的政治文化在全球化时代的强烈呼声，它们直接向处于西方社会主流地位的自由主义政治文化发起攻击。人们期盼一个更开放、更美好的世界。这个世界带给人们的

---

① 莫纪宏：《现代宪法的逻辑基础》，法律出版社第 528 页。
② [美] 斯蒂芬·D. 克莱斯勒：《结构冲突——第三世界对抗全球自由主义》，浙江人民出版社 2001 年版，第 6 页。

不仅有丰裕的物质财富,还有各国政治文化的共同发展,人类文明的不断进步。

三 对自由主义理论的批判

(一) 批判自由主义的基本价值

在对自由主义的批判中,约翰·凯克斯 (John Kekes) 是一位重要的代表。凯克斯在20世纪末出版的《反对自由主义》一书中对自由主义进行了系统而尖锐的批判,其批判的核心在于自由主义的基本价值。

作为保守主义者的凯克斯认为,自由主义所信奉的积极目标和消极目标之间是不相容的,其基本价值之间也是相互冲突的,体现出极大的虚伪性,这使得自由主义无法真正实现自己的目标。自由主义的积极目标是自由、权利、平等、分配正义以及多元主义的价值,也就是追求良善,实现这些条件的核心是自主;消极目标是避免独裁、贫穷、自私、压迫、残忍和贪婪等诸如此类的邪恶。

但事实并非如此。在一定程度上,自由主义所当作良善生活的必要条件,如自主、平等和多元化等,它们实现的程度越高,邪恶的范围往往越大。"自由主义的矛盾就在于它当作是良善生活的必要条件的东西恰恰促进了它想要避免的邪恶,而减少这些邪恶则要依赖于创造与自由主义的价值相反的条件。"[①] 具体来说,在自由主义预设的"良善生活"条件下,其基本价值的虚伪性主要体现在自主价值的无效性、道德缺失的免责性、平等观的狭隘性、分配正义的非现实性以及与多元主义理论无法自洽,这些问题不仅不利于促进良善生活的产生,反而有可能导致恶性与缺德的盛行。

自由主义基本价值的虚伪性体现为自主价值的无效性,即它在处理诸如独裁、贫穷、自私、压迫、残忍和贪婪等邪恶问题上是无效的,无法达致消极目标。凯克斯认为,"自由主义的一个基本缺陷就是它对邪恶和缺德的天真"[②]。它将邪恶的盛行归咎于缺乏自主,天真地认为如果人们有智识、有充足的时间和机会,那么在非强制的情况下,人们就会行善而不是作恶,从而增进自由主义的积极目标。

然而,自由主义的这种信念是经不起推敲的。它先验、武断地认为在

---

① 胡晓:《自由主义错在哪里?》,《中国教育报》2003年1月16日第7版。
② [美] 约翰·凯克斯:《反对自由主义》,应奇译,江苏人民出版社2003年版,第268页。

自主的前提下理性和美德是一致的，却并没有给出一个合理的解释。在自由主义视野中，自主的目的在于促成良善生活所必需的自由、平等、权利、多元主义和分配正义等价值。但事实上，自主价值本身与这些价值之间并不存在一致性的关系，一方面，自主并不一定避免邪恶；另一方面，如果为了避免邪恶而降低自主，就会剥夺自由主义的基本价值。这使自由主义所极力维护的基本价值之间变得不相容。

自由主义基本价值的虚伪性也体现在对待道德缺失问题时的免责性。自由主义认为，自主性的邪恶行为在大多数情况下都是不自主的，他们之所以这样做，是因为他们面临某种被迫或出于某种不幸而做出的选择。它认为，当人们在不自主的情况下，不应该为自己的行为承担责任。只有在自主的情况下，人们才应该承担相应的道德责任。也就是说，道德责任先在地蕴含于自主的前提之下。凯克斯认为，这种论调"偏离了对邪恶和缺德的正当的道德关切。事实上，道德的首要任务是减少邪恶，不管他们是自主导致的还是不自主导致的，邪恶的盛行也应归咎于其自身行为以及必须被制止这样的事实"①。

然而，自由主义的政治道德却只把正当的道德关切限制在自主领域之内，这也实现了为道德缺失者进行辩护的目的，使大多数作恶者不在它的管辖范围之内。凯克斯以"集体责任"为例驳斥了自由主义把责任与自主行为相联系和相等同的做法。他认为，在一个忠诚地信奉同一个错误价值的群体之中，所有人——包括那些即使没有根据这个错误价值实施行动的人——都应当为那些依照这个错误价值而做出行动并导致邪恶的人的行为共同担负责任。政治道德的任务是提供和保护一个社会的人们能够为他们创造良善生活所需要的可能性与限制，而自主和不自主都有可能破坏这种限制。因此，一种道德上可接受的政治道德就必须承认和培育这两种可能性，所以说，自主不应当是责任产生的充分条件。

自由主义基本价值的虚伪性还体现在平等观的狭隘性上，自由主义的平等观与良善生活不一致。"自由主义者主要是以经济学的术语来思考平等，把平等当作广义的资源分配问题"②，提出资源必须平等分配，否则就是对良善生活的一种障碍。凯克斯对此加以驳斥，认为平等的分配并不会导致每个人都具有足够的资源。由于资源是稀缺的，对稀缺资源的平等

---

① [美]约翰·凯克斯：《反对自由主义》，应奇译，江苏人民出版社 2003 年版，第 272 页。
② 同上书，第 273 页。

分配将会增加资源不足的人的数量，减少用于再生产的资源数量，从而降低人们未来获取足够资源的可能性。

同时，自由主义没有把道德上的无法接受的不平等和可接受的不平等区分开来，因此导致了一些荒谬的政策。事实上，一定程度的不平等是必然的，也并非不可接受。只有当这种不平等在道德不具备合理性，成为良善生活的重要阻碍因素并存在改善这些不平等状况的合理办法时，这种不平等才是无法接受并要加以改变的。

自由主义平等观的狭隘性还体现在它将资源的平等分配限制在一个特定国家之中，导致它背叛自己的基本职责，并有可能用尽它所掌握的同样稀缺的资源。但如果将这种平等观扩大到所有人，使人人都拥有过一种良善生活的必备资源，则会违背自由主义的平等观。这也使自由主义的平等观成为一种悖论。此外，观念预设和手段的不一致性也是自由主义平等观的虚伪性的重要体现。尽管它预设了良善生活所必需的道德上的平等，但它却只提供那些追求道德上可接受的良善生活观念的人，使其平等行失去了它所宣传的"普遍性、一般性、公平性、独特性和中立性"①。然而，若达到观念和手段的一致性，即对所有追求良善生活观念的人都提供平等的资源，无论他是善良的还是邪恶的，那么这种平等观则是荒谬的。可见，自由主义的平等观并不能达成预期目标。

在分配正义方面，自由主义的预设是完全建立在其理想情境之上的，缺乏现实性，这也是自由主义基本价值虚伪性的重要表现。自由主义在彻底批判前人所总结的正义理论和实践的基础上，将自己的分配正义居于支配地位。它否认传统上所认为的正义理想就是人们应当得到他们应得的东西，所有的正义制度都应当将人们道德上的不平到考虑进去的说法，认为"正义观是平等主义的"②，以保证所有人得到他们自己过良善生活所需要的资源，政府的再分配总是要"以有利于处境最差的人的方式进行，因为他们受不平等的资源分配之害最深"③。

然而，自由主义并没有考虑，处于最差处境的人要归因于不幸还是个人的失败？这些人为什么会在这种位置上？是否有道德上缺陷的原因？若不将道德上的问题考虑进去，一味平等地分配资源将纵容那些道德上有缺

---

① [美]约翰·凯克斯：《反对自由主义》，应奇译，江苏人民出版社2003年版，第275页。
② 同上书，第276页。
③ 同上书，第276页。

陷的人继续以不正义的方式获得资源,同时也是在"掠夺"那些道德良好的人以合法方式赢得的资源。一个国家如果在运用和分配资源时优先考虑那些不从事生产的公民,那么这个国家将失去前进的动力。因为,一种无视人们应得资源的制度不可能是正义的制度。

与此同时,自由主义假设人们生而善良,如果人们没有受到不正义的社会安排的影响,他们就会过一种善良的生活而非邪恶的生活。处境最差的人和道德上有缺陷的人必定是受到不正义的对待,因此,社会应当在最基本的层次上平等分配资源。然而,凯克斯认为,这种观点是虚伪的、站不住脚的。它无视了历史上无处不在的缺德的历史记录,荒唐地认为善良的人比缺德的人应该在分配上所占的优势。它通过为把"处境最差的人的福利"放在第一位而对其他群体进行道德绑架,却拒绝寻求那些造成人们"处境最差"的真实缘由,从而关闭了真正能够改善他们命运的大门。正如凯克斯所说,"由于未能承认邪恶和缺德的盛行是有人类的恶德造成的,未能承认不正义的制度来自于人类的缺德……未能承认补救之道在于创造和保护限制对人类的可能性的不加甄别的追求的制度,自由主义的信念培植了邪恶和缺德"[①]。因此,自由主义是不应当被坚持的信念。

自由主义面临的多元主义问题也体现出其理论本身的难以自洽。如若自由主义将某些价值视为压倒性价值,就必须说明为什么这些价值具有压倒性,但既然自由主义将某些价值当作最基本的,他们的承诺要么是缺乏依据而成为武断的,要么就是与他们对多元主义的信奉不一致。多元主义不设定基本价值,它认为任何价值都会相互冲突,理性在不同的情景中会指示不同的解决方式。它并不像自由主义所奉行的设置某些基本价值来解决问题。因此,自由主义如果要严肃地对待多元主义信念的问题,就必须摆脱自由主义最基本的信念追求,这正是悖论所在。事实上,某些基本的自由主义价值对于良善生活的确重要,但是,那些没有被自由主义当作基本价值的某些价值对于良善生活同样必不可少。而自由主义单单将"自主"设为达致良善生活的核心价值不仅不具有说服力,而且还是虚伪和武断的。

"自由主义信仰的错误就在于它降下的不是无知之幕,而是幻觉之幕,在它后面隐藏的是不应得的苦难、缺德和意外事情的真正意义。"[②]

---

① [美]约翰·凯克斯:《反对自由主义》,应奇译,江苏人民出版社 2003 年版,第 277—278 页。
② 同上书,第 198 页。

自由主义精于演绎与推理，他们通过发展和完善自身的理论，承诺给全世界的人以更加美好的未来。但是，为了力图证明其理论的完备性，他们却无视现实与其理论的根本冲突之处，这正是导致自由主义基本价值虚伪性的根源。

(二) 抨击自由主义的理性基础

列奥·施特劳斯（Leo Strauss, 1899—1973）是德裔美国著名的保守主义政治家，通过批判理性主义，强调现代性危机，阐释了他反自由主义的独特的理论逻辑。施特劳斯政治思想的核心就是从西方古典的视野来全面批判审视自由主义和现代性问题。他的思想影响了一大批芝加哥大学的青年学生，并形成了以恢复古典政治哲学为己任的施特劳斯政治哲学学派。

对理性主义的批判是施特劳斯解构现代自由主义政治哲学的主要方式。他认为，理性如果走到极端便会沦为非理性，自由主义的普遍主义理念根植于现代理性的土壤，但由于它对人类提出了不现实的要求，因此，作为政治自由主义世界观基础的世俗人文主义不但使人性面临黑暗，而且对其起到了破坏作用，也正是启蒙运动本身间接地导致了阿道夫·希特勒的出现。

理性地位上升的过程正是现代性发展的过程，施特劳斯将现代性理解为"前现代政治哲学的激进变更（radical modification）",[1] 变革结果则是对"前现代政治哲学的拒绝"，前现代哲学即古典政治哲学。在这一变革过程中形成了现代性的三次浪潮，分别以马基雅维利、卢梭和尼采为代表人物，他们分别将焦点集中于"自然权利""历史主义"和"虚无主义"之上。施特劳斯认为，现代性的一个核心问题就是对"历史观念"的发现。但在现代性的三次浪潮中，卢梭、康德、黑格尔一直到尼采、海德格尔等人对自由主义的批判并没有超越自由主义的范式，因而也导致批判本身就是再进一步推进现代性。

事实上，现代性问题的根源是将"历史观念"中"进步与倒退"的标准取代了其他价值判断的标准，如"好与坏""高贵与卑劣"。现代文明相信理性的力量，但当理性的能力遭到怀疑时，价值感就将丧失，从而导致现代性危机。因此，现代性危机实际上是价值感缺失，而这种价值感缺失将进一步导致虚无主义和怀疑论。

---

[1] [美] 列奥·施特劳斯：《现代性的三次浪潮》，载贺照田主编《西方现代性的曲折与展开》，吉林人民出版社2002年版，第88页。

与此同时，对人类状况的错误认知也是导致现代性陷入危机的重要原因。施特劳斯认为，人类状况的核心就是不平等，而要接受具有自由思想的人与陷于大众传统洞穴之中的人之间存在某种区别，就必须完全抛弃人人生而平等的自由主义思想。① 事实上，古代哲学家已经意识到了这一点，与现代哲学家不同的是，他们认为这些"真理"必须向大众隐瞒，哲学家和精英们可以实行"享乐主义"，而其他所有人，无论是在战争中还是在和平中，都必须保持忠诚和自我牺牲，使得处在文明社会边缘的哲学家所过的悠闲的、合乎自然的生活成为可能。而现代自由主义思想家则认为必须要公开这些真理并加以广泛传播，从而实现"人人平等"。

施特劳斯认为，恰恰是因为对合乎自然的等级观念的攻击和摒弃以及对平均主义的幻觉，才导致现代自由主义和理性主义走向危机。自然法是善意的神话，而现代主义之所以处于危机之中，就在于它以刚愎自用的态度，企图扼制自然界。因此，要解决现代性危机，必须重新回归古典政治哲学，即从"历史洞穴"回到"自然洞穴"。只有充分尊重社会的习俗、常识和传统，才有可能拯救人的存在。

对于何谓良好的社会，施特劳斯认为"一个良好的社会包括以下内容：缄默的群众、绅士统治者、大有前途的青年，以及追求知识的哲学家，后者操纵着绅士，安抚着群众，并且训练最有才能的年轻人"②。通过对自由民主价值的批判，施特劳斯建立了他的精英主义思想，即强者自然正当，他甚至认为，"大多数人不仅仅比哲学的超人更低劣，而且除非他们努力使哲学家们过得更舒服、更安全，否则他们的生命绝无价值，也毫不正当"③。

施特劳斯将自由主义归结为普遍的人人平等，这使他反自由主义的理论有些先天不足，对自由主义和现代性的批判并不深刻。尽管如此，施特劳斯特点鲜明的理论定位和论证逻辑使得他在反自由主义阵营中独树一帜。

(三) 批判自由主义公私领域二元对立的主张

在对自由主义政治思潮的质疑和挑战中，当代女性主义是一支重要的力量。女性主义理论对当代自由主义理论的批判是不可忽视的。

---

① 参见周枫《列奥·施特劳斯为什么以及怎样批评卡尔·施密特》，《同济大学学报》（社会科学版）2005 年第 3 期。
② 参见 [美] 霍尔姆斯《反自由主义剖析》，中国社会科学出版社 2002 年版，第 100 页。
③ 同上书，第 107 页。

在女性主义看来，政治理论的核心问题就是公共领域（public sphere）与私人领域（private sphere）的区分。[①] "公共领域和私人领域的二分……最终是女性主义关注的内容。"[②] 自由主义政治理论从属于西方传统思维方式的二元性，这种二元的划分一直延续至今。二元论固有的内在本质是将男性的政治理论严格地认同于理性、秩序、文化和公共生活，而女性则与自然、情感、欲望与私人生活密切相关，并赋予了前者更高价值的等级制的劳动分工模式。

在自由主义思想传统中，公与私的界限划分得很明确。女性主义者普遍认为，貌似理性和客观的传统西方哲学的二分法带有强烈的男性至上主义或父权主义的特征；西方自由主义在观念领域里要么没能观照、要么不恰当地关照妇女的利益和妇女所关心的事情。如果没有私人领域和自然界，政治就不可能存在。两个领域的划分是政治理论的核心之一，也是女性处于从属地位的根源。

自由主义区分公、私领域，一是为了防止政府非法或不当侵害私领域；二是反对政府对自由市场的干预，此时市场相对于政府亦成为私领域。自由主义主张，当公领域指的是各种自主团体于其中竞逐利益时，其前提是竞逐规则的公正性，强调法律的中立原则（neutrality principle），谋求的是可以让所有自主团体共存的公共秩序及最终的正当性，从而对公、私领域加以明显区分。

但自由主义对理性自主的个人、公民与公、私领域的论点，看似可以适用于所有性别（或是无关性别），但从性别的角度来看，却有不少盲点及其所衍生的后果。当代的自由主义思想家在论及妇女问题时仍然大都把他们的理论建筑在区分公共领域和私人领域的基础之上，在他们的具体论证中，只关注其中的公共领域，认为这是社会契约的适用范围。即使是激进的理论家对私人领域也存而不论，对性别差异问题或性别从属问题也避而不谈。

罗尔斯的正义理论也延续了传统公私领域的二分法，他的社会契约论同样只适合于政治的公共领域，而忽视私人领域或私人生活，或对私人生活存而不论，这使人们无法理解他所谓的"公正的"社会契约竟不能避

---

① ［加］巴巴拉·阿内尔：《政治学与女性主义》，郭夏娟译，东方出版社2005年版，第59页。

② ［加］威尔·金里卡：《当代政治哲学》（下），刘莘译，上海三联书店2004年版，第690页。

免女性的现实不公正,从而对原初契约的完整性表示质疑。安妮·菲利普斯(Anne Phillips)认为,"表面上看起来,自由主义普遍关注国家的界线与个人的自由,但实际上讨论的只是一个由男人占据的世界"①。她认为公私领域二分法的传统"把自由当作超越私人领域的公共领域的事,把家庭领域的劳动当作是在消磨男人在公共生活中的英雄气概"②。

女性主义自20世纪后半叶重新崛起以来,就开始挑战传统公私领域二元分界的理论,强烈抗议这种公私划分的理论在思想意识和社会制度上造成的对妇女的系统压迫,强调公私两个领域密不可分。

针对自由主义理论中公私领域的二元划分,女性主义对其进行了反省与批判,让抽象论述与日常生活具体的生命意义联结,尤其对于女性作为现代多元民主社会的公民,揭示其所面临的困境与出路,从女性的立场重构公共领域和私人领域的概念。女性主义运用后现代主义的解构方法,质疑传统政治领域的性别界限,解构主流政治学确立的性别二元论标准,挖掘传统政治学没有表明的性别意识和内中隐含的思想。

女性主义者从女性的立场出发对自由主义和社会上对公私领域的二分思想进行挑战。女性主义者指出,这种公共与私人的二分法事实上是有性别的:妇女往往被排除在概念上属于公共的领域,而局限在界定为私人的领域,例如家庭象征性地同女性联结起来,然而事实上家长在范式上是男性的。③ 针对政治理论把女性置于"私人领域",使她们无法介入"公共领域"的现象,女性主义认为,"女性"是由"男人"错误地发现的,女性的身份可以具有私人领域的特征,也可以有公共领域的特征,她们的活动领域是动态的、多变的,而私人的家庭生活领域与其他社会领域原本不可分割,与政治生活也具有密切的关系,"私人的"也就是"政治的"。正如琼·兰德(Joan Landes)指出,女性主义者对私人生活的优先关注不应当被看做是从公共参与中的一种退却。相反,由于女性主义政治极为关注先前被认为是私人性的公共事务,所以它通常对公共领域的活动倾注大量精力。当前女性从事公民参与(尤其是政治参与)仍面临囿于传统

---

① Anne Phillips, "Feminism, Equality and Difference", in Linda McDowell and Rosemary Pringle (eds.), *Defining Women: Social Institutions and Gender Divisions*, Cambridge: Polity Press and the Open University, 1992, p. 216.

② Anne Phillips, "Feminism and Republicanism: Is This a Plausible Alliance", *Journal of Political Philosophy*, 8/2: p. 279.

③ [美]艾莉森·贾格尔:《转向21世纪的西方女性主义伦理学》,载邱仁宗《女性主义哲学与公共政策》,中国社会科学出版社2004年版,第38页。

男女刻板分工的严厉挑战，社会虽然逐渐接受女性政治人物在公领域中的活动，但仍不免对其投以怀疑的眼光与有时刻意的丑化与打压。"公共领域总是按照这样的方式构成的，即不仅注重性别差异，而且也赋予男人以特权，使公共领域成为男人的世界。至少在某种程度上，公共领域是根据私人的家庭领域中抽象出来的人构想出来的，围绕着男人的需要构建而成。公共领域是关于男性的假设，也是关于占领着公共领域的男人的假设。"[1]

由于公共领域与私人领域二元划分法沿用不同的伦理原则，男权制度的建构在将私人领域建构为妇女的活动空间并从属于男性的同时，将公共领域塑造成具有男性化特征的领域而排斥女性。因此，公共领域与私人领域划分的严重缺陷包含性别观念上的划分，最终成为女性与公共领域分离的最主要障碍。因此，简单地赋予女性权利，让妇女进入公共领域参加公共的政治生活，并不可能从根本上改变业已浸泡了男权文化的关于公域与私域间性别分工的文化观念。实际上，并不是只有男性才能在公共职位上取得成功，"女性在政治领域中仍然具有不寻常的地位，并不只是普通的角色"[2]。

约翰·密尔曾宣称妇女同男性并无天性上的优劣之分，应该赋予女性同等的选举权、婚姻自主权、工作权。但密尔所宣称的完全平等原则，仅是基于外在公共领域对女性同等开放来证明，却完全忽视性别差异问题在两性平等议题中的意义。忽视两性间的差异而给予同等的外在环境，是不能够体现平等的真义的。

女性主义理论认为，妇女也是个体，因此也应该有理性，也应该和男人在同等的条件下被对待。所以，必须把自由主义的自由、平等、正义原则应用于妇女，给她们以选举、私人财产、参加工作的机会，特别是在法律面前的平等权利，让她们走进公共领域。而现今的自由主义的公、私领域的二元对立，无法在社会实现真正的自由、平等，也使自由主义主张的正义原则变得无比虚伪。

(四) 质疑自由主义的平等中立原则

对当代自由主义平等中立原则的质疑是由女性主义提出的。当代自由

---

[1] Marion Tapper, "Can A Feminism Be A Liberal?", *Australasian Journal of Philosophy*, Vol. 64; 1986, pp. 41-42.

[2] Nancy Hirschmann, *Rethingking Obligation*, *A Feminist Method for Political Theory*, Ithaca and London: Cornell University Press, 1992, p. 19.

主义理论普遍持有平等主义的共识,信奉在共同体内的所有成员都应该被视为平等者。但从洛克以降,自由主义正义观的重要内容都带有明显的男性偏见。当代政治理论家虽然已经抛弃了女人天生不如男人的假定,承认女性也应该被视为"自由而平等的存在者",也可以自由地进入公共领域;西方自由主义的民主国家也制定了反歧视的法规,旨在保证妇女有受教育、工作和参政的平等机会。但是,所有这些不仅没有带来真正的性别平等,反而由于性别歧视导致了更多的不公正和不平等。自由主义的中立性原则是对各种有争议的善观念保持中立,其中并不涉及性别问题,自由主义正义原则对男女是平等的。但女性主义者认为,自由主义的男女平等只是表象,要实现真正的性别平等,必须要超越自由主义所谓的平等与中立原则。

在自由主义中立性原则中,所谓的中立性是以二元划分为前提的,这正是女性主义所质疑的。中立性的主要内涵就是在公共领域对各种综合性的善理论保持中立,而在私人领域允许人们保持自己独特的善理论。也就是说,自由主义在公共领域内提供一个权利的框架,而允许人们在私人领域中自由地追求自己的幸福。自由主义认为,如果一条普遍接受的规则规定某个行为将会改善社会成员的一般或总体上的福利状况,那么,该行为就是正确的,这似乎考虑了社会中每个人的利益偏好。但是女性主义提出,这种没有确认、衡量及累加众多的人所感受的不同快乐与痛苦的行为是不可能的。而且通过所谓"为他人的选择",一种貌似公正的、中立性的选择,无法实现公民在他人的偏见下作为平等的个人而得到的平等关心和尊重的权利。

自由主义正义原则的基础在于平等,它的目的也是实现平等待人。自由主义者声称中立性原则是实现平等待人的最好形式。但女性主义者认为,至少在男女两性领域内,中立性原则没能做到平等待人。自由主义国家不是已经采取措施保证妇女在教育、工作等的平等机会了吗?为什么没能带来两性的平等呢?女性主义者认为,这是因为社会背景已经预设了性别不平等,在这种由男人主导的社会结构下,无论怎么强调性别平等,最终也不可能真正实现。

以职业为例,虽然很多工作本身并不歧视妇女,而只是由于工作本身的性质而对求职者有一定的要求,这些要求相对来说是中立的,并无男女之别。但是,这些规定本来就是以男人的标准设立的。比如消防员工作,它要求求职者的身高和体重不能低于某一标准,其结果往往就是绝大多数女性难以达到这个标准。制定这些标准的理由是什么呢?因为这是工作本身需要一定的高度和力量，工作设备只有在达到这个标准以后才能使用。但是，女性主义者可能会问：为什么这个身高标准不是一米六而必须是一米七呢？是因为消防设备只有一米七以上的人才能用吗？但是，以现在的技术条件，制作符合一米六身高的人使用的消防设备不是轻而易举的事吗？为什么不这样呢？女性主义者认为，真正的问题不在于那些规定，而是在于其内在的含义，那就是这种工作只有男人才能胜任。

这种现象是历史形成的，"如果某个群体被长期排斥在某事之外，那类活动就极有可能沿着不适合于那个被排斥群体的方式去发展。我们显然知道，妇女被排斥在了很多种类的工作之外，这就意味着这些工作很有可能不适合她们。最明显的例子就是，绝大多数工作不能与生育和抚养孩子相协调"①。如果一开始就允许女人参加这种工作，那么妇女肯定能够找到使这些工作和抚育孩子协调一致的方法。由于男人历史上很少参与完成抚育孩子的任务，所以，他们对这种情况视而不见。所有这类工作都是性别中立的，没有人规定妇女不能追求这些有价值的东西，"但这却是性别主义，因为以性别中立的方式追求的那些目标所依据的却是男人的利益和价值。妇女处于不利的地位，并不是因为大男子主义者任意在工作中奖励男人，而是因为整个社会结构都有利于由男人规定的工作和功劳等等"②。

自由主义者以不存在随意的歧视来证明男女之间的平等，但金里卡认为，这可能正好反映了男女不平等的无所不在，"正因为女人在整个社会都处于被支配的地位，她们就没有必要成为被歧视的对象"③。因为全世界都掌握在男人手中，所以根本用不着用歧视妇女的办法来维护男人的特权。性别不平等问题变为支配的问题，如麦克金农所言："要求某人与设立标准的人一样只是意味着：按照这种方式概括的性别平等永远也不可能实现。最需要平等对待的是那样的人：她在社会意义上讲最不相似于设定标准的人——而她有多少资格要求平等对待恰恰是依据于这种标准而定的。从原则上讲，最深刻的性别不平等的问题在于，女人没有与男人'相似的处境'。性别不平等很少要求去实施刻意的歧视。"④ 沃格尔也指出，对于女性来说，追求一种中立的公民身份是危险的，因为女性要付出

---

① [加] 威尔·金里卡：《当代政治哲学》（下），刘莘译，上海三联书店2004年版，第676—677页。
② 同上书，第679页。
③ 同上书，第680页。
④ 同上书，第681页。

的代价就是必须适应以男人为原型塑造的模式。① 因此，要彻底消除性别不平等，不能只是专注于消除歧视，而是要改变男人的支配地位。中立性原则恰恰就只是针对歧视问题，它并没有改变社会的支配状况。因此，中立性原则不可能实现真正的男女平等。

女性主义从性别平等出发，认为中立性原则没有达到平等对待女性的结果；传统的公共领域和私人领域的划分也是武断的，是以男人的意志为主的。对女性的不公正正是这种对公私领域的划分导致的，因为自由主义者一概把女性活动的主要领域——家庭划入私人领域之中，如此，自由主义正义原则根本就不能调节家庭关系。而在历史和现实生活中，家庭领域是性别不平等的最重要的场所。金里卡认为："家庭与其说是被贬低到成私人领域，不如说是被完全忽略了。"② 如此，自由主义正义原则只代表了男人的利益，女人被完全忽略了。

欧金认为，罗尔斯以高度抽象的中立语言来描述正义原则，只是一个陷阱。在罗尔斯的原初状态中，各方代表并不知道自己的个人特征，也不知道自己是男是女。但是，在罗尔斯的行文中，在涉及"人"的概念时几乎使用的都是带有男性特征的词汇，欧金认为这是罗尔斯继承了自由主义传统中的男子主义特征，因此他的理论不可避免地带上了父权制的特征。正是因为在原初状态中忽视了性别差异，而在现实社会中所有的制度却都是带有性别特征的，所以以原初状态得出的公平正义原则也就不能调节现实社会中的男女不平等。几乎所有的自由主义理论，都认为家庭不是正义原则发生作用的合适场所，而是应该由爱、亲情和共同利益联系在一起的亲密团体，它要求和公共领域不同的美德。但女性主义者认为，自由主义者将家庭领域和公共领域分开的理由带有强烈的对女性的偏见，那就是认为女人天生只适合在家庭领域活动，她们有情绪化、非理性化的特征，根本不适合在公共领域行动，她们有可能会为了一些个人情绪而损害公共利益。由于家庭是性别不平等的核心场所，因此，为了实现真正的性别平等，女性主义者认为，自由主义正义原则就必须超越公共领域的束缚，进入家庭中。

国家中立性及两个领域的划分，在讲求中立与公正无私时，却把公

---

① [英] 露丝·里斯特：《公民身份：女性主义的视角》，夏宏译，吉林人民出版社2010年版，第146—147页。
② [加] 威尔·金里卡：《当代政治哲学》（下），刘莘译，上海三联书店2004年版，第710页。

正/自私这两个概念也二分了。如果是不公正，则是自私。女性主义者扬认为，自由主义虚构的公领域可以是公正的，而不需平等对待的私领域却莫名其妙地成了自私的代表。实际上，自私与尊重个人特殊性是不一样的①。自由主义所强调的国家一味讲求无偏私的中立理想，似然已跳脱"放任自由主义"时期的主张及观点，对有不同天赋的个人国家该如何介入确保每个人生活机会的平等方面也给予考虑。但在女性主义看来，这是一种虚构式的二分，在本质上却忽略了真正对人们生活有影响的差异问题，未能真正进入人们的日常生活中进行探讨，也未能真正与人们生活相关联。国家对多元差异性的中立，应该不是仅仅用抽离、抽象的方式去论述是否合乎公平与正义，而且承认不同群体之间的差异，并予以尊重。要想在国家中立性这个问题上建立起女性主义与自由主义的对话空间，就应该在国家如何面对社会中各种不同的个人、团体或文化问题上有所关照。

基于这一认识，女性主义对以罗尔斯为代表的自由主义正义观进行了批判。以珍妮特·理查兹（Janet Richards）、苏珊·欧金（Susan Okin）等为代表的女性主义理论家一方面为罗尔斯的哲学思想所鼓舞，另一方面又对他无视、甚至掩盖性别关系的做法感到不满。认为以罗尔斯为代表的当代正义论同样忽略了占人类一半的女性的正义要求；认为罗尔斯的契约论方法，甚至他的在理论上看似不偏不倚的两个正义原则存在着明显的性别倾向，存在着严重的不平等。其正义原则应用范围是不彻底的，只关注作为整体的社会"基本制度"，而忽视或无法直接干预家庭内部的不正义。罗尔斯的正义理论仍然建立在公/私领域分离的基础上，而其运用的范围没能包含私人领域，由此推导出以差别原则为核心的正义分配模式没有涵盖全部社会正义问题，所谓的"无知之幕"的背后隐藏着传统父权制特征。女性主义的结论是：在普遍正义的形式下，以罗尔斯为首的当代正义理论将不平等的性别制度更深地掩藏了起来。要实现性别平等，必须消除私人领域——家庭中的不正义。一个正义的社会，应该是每个人都应该得到公平、公正对待的社会。

（五）批判自由主义民主的合法性

卡尔·施密特是20世纪初期德国著名的法学家、政治学家、哲学家，他提出了许多国家法学的重要概念，并以权威决定论著称，号称"20世纪的霍布斯"，哈贝马斯认为他是"20世纪最聪明，也最伟大的政治哲学

---

① Iris Young, *Justice and the Politics of Difference*, Princeton, NJ: Princeton University Press, 1990, p. 106.

家"。施密特继承了德国古典法哲学的国家主义传统,并以敌我划分的民族——主权国家的政治概念作为基础,通过否定自由主义理论中权力来源的合法性,提出了权威决定论,树立了国家权威和独裁统治的合理性,从而构建起一套反对自由主义的政治理论体系。然而,由于他在纳粹时期担任的国事顾问,并参与制定了纳粹帝国的多部重要法律,使其思想理论饱受诟病。施密特的代表作有《政治的浪漫派》(1919年)、《政治的神学》(1922年)、《政治的概念》(1927年)。

施密特对自由主义民主的合法性进行了猛烈的批判。他认为,议会制政府的合理性仅存在于理想上而非现实中。"尽管激烈的议会辩论能促进民众智识的培养并最终产生对政策问题开明的共识,但由于群众党团(mass parties)、有组织的利益集团以及财阀政治操纵者的兴起,还有选举权的民主化,已经推翻了经典的自由主义代议观。"[1] 事实上,所有的重要决策都不是在议会完成的,而是由强大的利益集团在一个类似于戴维·伊斯顿所说的"决策黑箱"中完成的,试图通过自由主义的理性辩论来促成共识、整合国家,在现实中是无法实现的。这也导致选举产生的国民议会沦为展示多元主义的标签。为了保护私有财产,自由主义无法提供一个强大的权威,不足以抵御外来的攻击,削弱了国家,也使自身丧失了合法性。

以敌我划分为标准的政治概念和主权关系是施密特政治理论的基础。施密特对政治概念的描述深受霍布斯的影响。霍布斯认为自然社会是"一切人反对一切人"的战争,施密特在《政治的概念》中也提出,"政治的核心就在于敌友之别"[2]。因此,以敌我划分为标准的政治概念也成为施密特反自由主义政治理论的重要标志。为了摆脱这种战争状况,霍布斯提出要建立一个足够抵御外部侵略和内部侵害的权威强大的"利维坦"来保障每个人的安全,施密特则以敌我划分的标准为基础,认为现代世俗国家的本质在于对主权的界定,即国家主权之间具有潜在敌对的"战争状态"。由于欧洲大陆国家之间长期面临着主权受到威胁的境况,他认为"国家之间政治压力中国家主权的构成和对抗外部敌人的能力显得至关重要"[3]。通过强调国家之间的对抗性,施密特将人们的视野从国家内部引

---

[1] 参见 [美] 霍尔姆斯《反自由主义剖析》,中国社会科学出版社2002年版,第64页。
[2] Schmitt, The Concept of the Political. New Brunswick: Rutgers University Press, 1976.
[3] 参见 [美] 贾恩波兰科·波齐《近代国家的发展》,沈汉泽,商务印书馆1997年版,第14—15页。

向国际，以"战争威胁论"为理由试图强化国家权力的重要性。他指出，自由主义民主、协商和法治是不值得信任的，只有强有力的国家权力才能够赋予一个社会内在的和平，否则，社会只能消耗在狂热派别之间的内战中。基于此，施密特构建了反自由主义的权威决定论。

权威决定论是施密特反自由主义的理论核心。施密特认为，"一个逻辑上保持一致性的自由主义民主，总是将其理想建立在政治'无领袖'的状态上"。[①] 这种"无领袖"状态就是自由主义制度运行所依赖的法治、自由市场和公开讨论。但施密特认为，事实上许多重要决策都在制度发挥作用之前就已经做出了。在现实政治中，这实际上成为某个掌权者的独裁行为。他认为，"政治活动必须具有高于法律的至上性"，[②] 只有国家才能做出最后的判决，这里的"国家"在施密特的语境中显然表示"掌权者"。这些论断代表了他对自由主义制度的极端否定。然而，正如霍尔姆斯所说，"他过分强调政治决定刚强的一面，而完全忽视了明智决定与愚笨决定之间的差别。他对议会制政府的偏见使他无法认识到，政治错误在宪政体制下比在独裁体制下更容易得到弥补"[③]。在这一点上，权威决定论就成为维护纳粹帝国的独裁统治的理论外衣。

施密特以敌我划分为基础的政治决定观是其所处历史阶段的产物。将战争时期和国家间竞争和对抗时期的策略选择作为理论基础，施密特的政治理论具有了极大的局限性。

四 自由主义的发展趋向

与一个世纪前相比，20世纪的社会历史条件发生了巨大变化。与此相适应，自由主义在许多方面也出现了引人注目的转变。功利主义的理论基础，已被代之以道德学说和新契约论；曾经至高无上的个人自由、个性解放，更多地与公共利益相统一，与社会发展相协调；以往公民天赋的基本权利，范围在不断扩大，内容在不断丰富；代议制民主、法治与分权的推行，深化了对法制与民主关系的认识，建立起民主程序和民主秩序；消极无为的契约国家，其积极作用不断扩大，职能不断加强。

---

① 参见［美］霍尔姆斯《反自由主义剖析》，中国社会科学出版社2002年版，第62页。
② 参见［美］理查德·沃林《存在的政治——海德格尔的政治思想》，周宪、王志宏译，商务印书馆2000年版，第142页。
③ 参见［美］霍尔姆斯《反自由主义剖析》，中国社会科学出版社2002年版，第63页。

作为西方国家最重要的政治思潮和西方社会中存在的最重要的政治观念,以个人主义为基础的个人自由的发展,始终是自由主义关注的主题,也依然是 21 世纪自由主义的宗旨。

经过一个世纪的发展演变,自由主义开始形成新的思想风貌。自由主义者在众多问题上达成了共识:个人自由与公共利益相协调是维护个人自由的重要保障;社会是个有机的整体,任何个人自由的发展都不能与社会发展相悖,个人自由应与社会发展相统一;国家的发展、社会的进步可以为个人自由的完善创造更多、更好的条件;自由主义者应从共同的道德善出发,为国家作奉献,对其他社会成员承担必要的义务,等等。但 21 世纪的自由主义,仍然会基本继承百年来所形成的自由主义传统。

21 世纪的自由主义会继续坚持自由主义的价值观,强调自由的优先性。在自由主义者看来,自由主义的根本价值在于真正实现个人的自由选择,特别是在一个公正的社会环境中实现这种选择。自由主义者是政治权利论者,他们把个人权利视为生命,个人权利尤其是个人的自由权利是神圣不可侵犯的。只有充分地、自由地实现个人价值,社会的价值和公共的利益才能获得足够的保证。自由主义把个人作为观察、分析、判断一切社会政治问题的出发点,把社会历史事件、政治经济制度的动因都最终归结为个人行为。21 世纪的自由主义,仍然是以个体为本位的自由主义,其基础仍然是个人主义。

21 世纪自由主义的个人自由,是具有全新意义的"积极的自由"。对于消极自由与积极自由的讨论,是 20 世纪贯穿始终的话题。20 世纪后期的自由主义者同 20 世纪初期的自由主义者一样,倡导的仍然是积极自由。

消极自由与积极自由,都是以个人主义为基础的。但从表面上看,一种是不让别人妨碍自己的选择为要旨的自由,一种是以做自己的主人为要旨的自由,两者似乎不存在重大的逻辑差距,但实际上,它们关系到自由不同的发展方向。消极自由是一个人从事活动所能自由享受的空间的开放程度,它涉及自由控制的范围,被看作一种目的。积极自由则是一个人要成为自己的主人,要自我领导、自我实现的愿望,它涉及的是自由控制的来源,它只是一种手段而不是目的。这样,有效、积极的社会立法,全面、适用的福利国家都可以被看作积极自由的发展,是人的自由的完善。

在自由主义者看来,积极自由改变了个人的心理趋向和行为价值,只有这样，才能激励人们以积极向上的精神风貌和主动性，充分展示自己的力量和能力，创造性地推进社会进步和人类文明，最终实现个人价值。自由至高无上是自由主义的基本信念。自由主义认为，自由是个人幸福的条件，也是社会进步的前提，自由只能为了自由的缘故而被限制。这一信念经过格林、伯林和罗尔斯等人一个世纪的努力，已经牢固地树立起来，成为自由主义运动和自由主义改革的巨大推动力。

值得注意的是，在对自由问题的讨论中，罗尔斯对平等的政治自由的主张，其影响会在21世纪进一步扩展开来。罗尔斯在他的新著中，在重申确定与保障公民的平等自由，使每个公民都享有平等的政治权利的同时，又补充提出，这种自由应当是"充分的""完全的"，只有那些平等的政治自由，才能使平等自由原则的公平价值得到保证。罗尔斯的正义原则要保证政治自由的公平价值，避免纯形式上的自由；要保证机会的公平平等，当然也不能是纯形式的；要维护差异原则，即社会和经济的不平等要服从职位和岗位的调整，以使工作机会最有利于最不利的社会成员，而不论这些不平等的层次和程度如何。

21世纪的自由主义会表现出更为明显的多元主义倾向。在20世纪末期，现代社会的多元主义倾向已经成为不争的事实，遍及各个领域的多元化发展使自由主义也不再排斥多元主义。然而，在此前相当长的时期内，自由主义曾经受到多元主义的强烈批评。自由主义浓重的普遍主义色彩、孜孜追求的"一元型"理想、赋予国家的巨大权力，都成为多元主义批评自由主义的口实。

自由主义对多元主义的接受始于伯林的价值多元论主张。伯林认为，多元主义比人们寻求的其他目标更为正确，也更合乎人性。多元主义正确地承认人类的目标不止一个。[1] 人们承认，"主要由于伯林的影响，多元主义现在已经成了一个得到承认的标签，一个被各种各样的当代著作家们应用和经常肯定的标签"。[2] 自由主义者当然也在其列。

B. 威廉姆斯、J. 拉兹、R. 德沃金、J. 格雷、罗尔斯等众多的自由主义者逐渐正视多元主义。威廉姆斯赞同伯林的观点，认为伯林所阐释的自由主义社会，"比任何其他的社会更好地表达了对价值的多元性的一种

---

[1] I. Berlin, "Two Concepts of Liberty", in *Four Essays on Liberty*, p.131, Oxford: Oxford University Press, 1969.

[2] [美] 约翰·凯克斯：《反对自由主义》，应奇译，江苏人民出版社2003年版，第209页。

正确的理解"。① J. 拉兹在将政治自由学说视为自由主义的核心的同时，强调这一学说"是建立在多元主义的价值和自主的基础之上的"。②

罗尔斯的政治自由主义观念也接受并阐释了多元主义。他承认社会的多元主义现实，认为在由自由制度的基本权利和自由所保障的政治条件和社会条件下，存在多种多样的相互冲突、互不和谐然而又是合乎理性的学说，这种"理性多元论的事实并不是人类社会中的一种不幸状态"。③ 但罗尔斯又认为，要在这样一种现实中建立起在共同价值观和宇宙观之上的社会统一是不可能的。在多元主义的现实中，自由主义要寻求新的基础来实现社会统一，罗尔斯认为这一新的基础就是规范社会基本结构的政治公正思想体系。也正是由这一基本认识出发，罗尔斯展开了他对政治自由主义的全面阐述。

达尔的多元主义倾向表现得更为突出。他提出"组织的多元主义"观点，认为公民社会是由多元的、自主的、独立的社会团体组成的。这种独立的社会组织是民主的基础，它可以限制政府权力，保障政治自由，改善人的生活。多重独立的社会组织的存在，可以提供一种相互控制的机制。因此，发展多元的、独立的社会团体是多元政体产生与运作的社会先决条件。达尔正是以多元政体理论为基础，进行了他对民主化问题的系统考察，提出著名的多元主义民主理论。

21世纪的自由主义会更加关注政府与市场的关系，以及由此而产生的对个人自由的影响。在个人、社会与政府三者之间的关系上，自由主义认为：社会在理论逻辑上先于政府，也大于政府，政府只是社会的一个组成部分。无数个个体构成了社会，个体具有实在性，个体的性格决定着社会的性质。社会与政府的关系在实质上是个人与政府的关系，因此，个人是目的，政府在性质上只是手段，是工具。个人与社会和政府相比，个人才是三者中真正具有终极性质的实体。

20世纪末的自由主义在对国家作用的认识上，提出了所谓"中性国家""中立国家"的思想主张。这一时期的自由主义对传统形式自由主义的"自由放任""不干涉"仍持否定态度，但也对现代形式自由主义的"国家干预"观念作了一定的修正。有的自由主义者甚至主张，在自由放

---

① Bernard Williams, "Introduction to Berlin", in I. Berlin, *Concepts and Categories*, p. XVIII, Ed. Henry Hardy London: Hogarth, 1978.
② Joseph Raz, *The Morality of Freedom*, Oxford: Clarendon, 1986, pp. 1–2.
③ [美] 罗尔斯：《政治自由主义》，译林出版社2000年版，第38页。

任和全面干预之间寻求"第三种"方式。20 世纪 80 年代中期兴起的新凯恩斯主义,重新分析了经济危机和失业严重的原因,在 90 年代成为官方的指导理论。这一理论的主旨则是要在自由放任的政府和过度干预的政府之间,寻找一条新的道路,这恰恰是 80 年代中期以后自由主义的基本主张。

这种"中性国家"主张认为,国家对现实社会经济生活的干预是必要的、不可或缺的,但是福利国家的失败已经证明国家的全面干预并不可取,通过国家干预重新进行利益分配一定要有一个限度,加大社会经济生活中的"自由程度"是十分必要的,是适应当代社会现实的。自由主义在国家作用上的这种折中倾向,表明自由主义的政治原则在实践上的灵活性,也说明任何抽象的思想和理论主张只有回归现实才能有生命力,才有存在的价值。

值得注意的是,自由主义对国家的民主制度表现了极大的关注。其中,达尔提出了民主就是"多重少数人的统治"的命题,即多元民主观念,从而继自由主义的"权力分立""以权力制约权力"的基本主张之后,提出了全新的"以社会制约权力"的思想,为建立起对国家权力的新的制衡机制奠定了理论基础。

此外,自由主义者还从不同的角度对国家的作用,政府与社会的关系,国家的行政改革等问题进行了阐释,不断地审视政府与市场的关系、政府在经济领域作用的范围与程度、政府权力与个人权利的协调。

以雅赛为代表的自由主义者提出,必须界定国家的作用、政治的作用,他勾画出一种新的政治秩序的理论轮廓,这种政治秩序就是要提供明确的指导,不仅告诉人们国家不经个人认可就可能对他们做什么或不做什么,而且更重要的是告诉人们,他们可能被期待认可什么或不认可什么。政治的基本问题不是自由、公正、平等的问题,而应是"选择"问题,即谁为谁选择什么。只有个人才能做出思考后的选择,而为其提供可靠保证的则是以契约原则为主要基石的"社会共存"。

更多的自由主义者在对政府充满信心、怀有期待的同时,主张以全新的思维重新改造政府,他们为政府的重塑规划了各种蓝图:使政府成为新型的用"企业精神"克服官僚主义的"企业化政府",以"无缝隙"的认知应对社会转型的"服务型政府",以自由主义政策适应的"规制"政府,等等,不一而足。他们关心政府实际作用的发挥。主张政府要针对不同的市场条件采取不同的方式适度地干预经济,通过市场的有效配置,解决大量存在的市场失灵现象。自由主义者对政府、市场、民众、自由等问题的思考，在更广阔的范围、更深入的领域展开。

　　自由主义在 20 世纪经历的曲折演变，为 21 世纪自由主义的发展奠定了基础。自由主义者在动荡不已的实践中，反复强化自由主义的宗旨，不断明晰自由主义的方向。

主要参考文献

英文著作

1. Raf Geenens, Helena Rosenblatt, *French Liberalism from Montesquieu to the Present Day*, Cambridge: Cambridge University Press, 2012.

2. Paul J. Weithman, *Why Political Liberalism?: On John Rawls's Political Turn*, London: Oxford University Press, 2013.

3. Harold Stearns, *Liberalism in America: Its Origin, Its Temporary Collapse, Its Future*, New York: Hard Press Publishing, 2012.

4. Edward Bernard Benjamin, *The Larger Liberalism*, Nabu Press, 2012.

5. Jonathan Quong, *Liberalism without Perfection*, London: Oxford University Press, 2011.

6. Ferran Requejo, Miquel Caminal i Badia, *Political Liberalism and Plurinational Democracies*, London: Routledge, 2010.

7. Herbert Samuel, *Liberalism*, Charleston: BiblioLife, 2009.

8. Bernard Reardon, *Liberalism and Tradition*, Cambridge: Cambridge University Press, 2010.

9. Paul W. Kahn, *Putting Liberalism in Its Place*, Princeton: Princeton University Press, 2008.

10. Bosanquet, *The Reality of the General Will*, Cambridge: Cambridge University Press, 1997.

11. Bruce Mazlish, *James and John Stuart Mill: Father and Son in the Nineteenth Century*, New York: Basic Books, Inc., Publishers, 1975.

12. J. G. Merquior, *Liberalism: Old and New*, Boston: Twayne Publishers, 1991.

13. Dante Germino, *Machiavelli to Marx: Modern Western Political Thought*, The University of Chicago Press, 1979.

14. J. Salwyn Schapiro, *Liberalism: Its Meaning and History*, Princeton:

D. Van Nostrand Co. , New Jersey, 1958.

15. Andrew Vincent, *Modern Political Ideologies*, Blackwell Publishers, Oxford UK & Cambridge USA, 1992.

16. Anthony Arblaster, *The Rise and Decline of Western Liberalism*, Oxford: Basil Blackwell, 1984.

17. D. J. Manning, *Liberalism*, London: Dent & Sons Ltd. , 1976.

18. C. Macpherson, *The Political Theory of Possessive Individualism: Hobbes to Locke*, Oxford University Press, 1962.

19. Ronald Dworkin, *A Matter of Principle*. Cambridge: Harvard University Press, 1985.

20. Joseph Raz, *The Morality of Freedom*, Oxford: Clarendon, 1986.

21. A. J. Damico, ed. , *Liberals on Liberalism*, Totowa Nj. Rowman and Littlefield Publishers, 1986.

22. Giovanni Sartori, *Comparative Constitutional Engineering. An Inquiry into Structures, Incentives and Outcomes*, New York University Press, 1994.

23. Gustave Le Bon, *The Psychology of Revolution*, New York, 1913.

24. Hannah Arendt, *The Origins of Totalitarianism*, New York, 1958.

25. Herbert Croly, *The Promise of American Life*, New York: Bobbs-Merrill, 1965.

26. I. Migdal, *Strong Societies and Weak States: State-Society Relation and State Capabilities in the Third World*, Princeton University Press, 1988.

27. Isaiah Berlin, *Four Essays on Liberty* , London Oxford University Press, 1969.

28. Jurgen Habermas, *The New Conservatism: Cultural Criticism and the Historians' debate*, Cambridge, 1998.

29. J. Waldron, *Theoretical Foundations of Liberalism*, Philosophical Quarterly, 1987.

30. John Atkinson Hobson, *Imperialism: A Study*, London: George Allen & Unwin, 1938.

31. John Atkinson Hobson, *The Social Problem*, London: George Allen & Unwin, 1901.

32. John Dewey, *Individualism Old and New*, Minton, Black & Company, 1930.

33. John Dewey, *Philosophy and Civilization*, New York, Minton,

Balck& Company, 1931.

34. Jonh Dewey, *Liberalism and Social Action*, G. P. Putnam's Sons, New York, 1935.

35. John Gray, *Liberalism*, Minnesota University Press, 1986.

36. John Gray, *Post - Liberalism: Studies in Political Thought*, London: Routledge, 1993.

37. John Gray, *Liberalism*, Second edition, Minneapolis: University of Minnesota Press/Buckingham: Open University Press, 1995.

38. John Stuart Mill, *Collected Works*, ed. John M. Robson, University of Toronto Press, 1982.

39. John Stuart Mill, *Dissertations and Discussions: Political, Philosophical and Historical*, 4vols, Third Edition, London: Longmans, Green, Reader, and Dyer, 1875.

40. Jose Ortega Y. Gasset, *The Revolt of the Masses*, University of Notre Dame Press, 1985.

41. Friedrich A. Hayek, *Law, Legislation and Liberty*, Vol. 3, Chicago, 1973 - 1979.

42. Leonard T. Hobhouse, *The Labour Movement*, London, Macmillan, 1912,

43. Leonard T. Hobhouse, *Liberalism*, Oxford University Press, 1981.

44. Theodore Lowi, *The End of Liberalism*, Published by Geirge J. Mcleod Limited, 1979.

45. M. Oakeshott, *Rationalism in Politics*, New York: Methuen & Co. Ltd, 1962.

46. M. Oakeshott, *Hobbes on Civil Association*, Oxford: Basil Blackwell, 1975.

47. Michael Sandel, *Liberalism and Its Critics*, Basil Blackwell Publishers, 1984.

48. Michael Sandel, *Liberalism and the Limits of Justice*, Cambridge University Press, 1998.

49. M. Thorne, *American Conservative Thought since World War Two: The Core Ideas*, New York, 1990.

50. R. Aron, *Democracy and Totalitarianism: A Theory of Political Systems*, The University of Michigan Press, 1990.

51. R. Flathman, *Toward a Liberalism*, Ithaca, Cornell University Press, 1989.

52. Thomas H. Green, *Works of Thomas Hill Green*, ed. R. L. Nettleship, London: Longmans, Green and Co., 1900.

53. Thomas H. Green, *Prolegomena to Ethics*, Oxford, 1883.

54. Robert Dahl, *A Preface to Economic Democracy*, Cambridge: Polity Press, 1985.

55. Robert Dahl, *Democracy, Liberty and Equality*, Norwegian University Press. 1986.

56. Roger Eatwall and Anthony Wright, *Contemporary Political Ideologies*, Printer Publishs Ltd, First and contributors 1993.

57. R. Scruton, *The Meaning of Conservatism*, London, 1984.

58. Sandra M. Den Otter, *British Idealism and Social Explanation: A Study in Late Victorian Thought*, Clarendon Press, Oxford 1996.

59. Steven Lukes, *Individualism*, Oxford, basil Blackwell, 1973.

60. Woodrow Wilson, *Congressional Government: A Study in American Politics*, Meridian Books edition New York, 1956.

61. D. Willetts, *Modern Conservatism*, London, 1992.

62. G. Rogers & A. Ryan, ed., *Perspective on Thomas Hobbes*, Oxford: Clarendon Press, 1988.

中文译著

1. [德] 科林·克劳奇:《新自由主义不死之谜》,中国人民大学出版社 2013 年版。

2. [英] 哈罗德·J. 拉斯基:《欧洲自由主义的兴起》,中国人民大学出版社 2012 年版。

3. [美] 桑德尔:《自由主义与正义的局限》,译林出版社 2011 年版。

4. [美] 列奥·斯特劳斯:《古今自由主义》,江苏人民出版社 2012 年版。

5. [美] 斯蒂芬·马赛多:《自由主义美德》,译林出版社 2010 年版。

6. [美] 劳伦斯·E. 哈里森:《自由主义的核心真理:政治如何能改变文化并使之获得拯救》,吉林出版集团有限责任公司 2010 年版。

7. ［英］斯蒂芬·谬哈尔、亚当·斯威夫特：《自由主义者与社群主义者》，吉林人民出版社 2011 年版。

8. ［美］大卫·哈维：《新自由主义简史》，上海译文出版社 2010 年版。

9. ［意］圭多·德·拉吉罗：《欧洲自由主义史》，［英］R. G. 科林伍德英译，杨军译，吉林人民出版社 2001 年版。

10. ［英］阿巴拉斯特：《西方自由主义的兴衰》，吉林人民出版社 2011 年版。

11. ［法］皮埃尔：《自由主义思想文化史》，吉林人民出版社 2011 年版。

12. ［美］迪帕克·拉尔：《复活看不见的手：为古典自由主义辩护》，译林出版社 2012 年版。

13. ［英］理查德·贝拉米：《自由主义与现代社会：一项历史论证》，江苏人民出版社 2012 年版。

14. ［美］珍妮弗·皮茨：《转向帝国：英法帝国自由主义的兴起》，江苏人民出版社 2012 年版。

15. ［美］弗里德里希·沃特金斯：《现代自由主义发展研究》，黄辉、杨健译，吉林人民出版社 2011 年版。

16. ［美］罗素·哈丁：《自由主义、宪政主义和民主》，商务印书馆 2009 年版。

17. ［英］乔治·克劳德：《自由主义与价值多元论》，江苏人民出版社 2008 年版。

18. ［英］贝拉米：《重新思考自由主义》，江苏人民出版社 2008 年版。

19. ［古罗马］西塞罗：《国家篇、法律篇》，商务印书馆 1999 年版。

20. ［意］马基雅维利：《君主论》，商务印书馆 1985 年版。

21. ［古希腊］亚里士多德：《政治学》，吴寿彭译，商务印书馆 1996 年版。

22. ［古希腊］柏拉图：《理想国》，郭斌和、张竹明译，商务印书馆 2002 年版。

23. ［古希腊］亚里士多德：《尼各马可伦理学》，商务印书馆 2003 年版。

24. ［美］托马斯·潘恩：《潘恩选集》，马清槐译，商务印书馆 1997 年版。

25.［美］杰弗逊:《杰弗逊政治著作选》,中国政法大学出版社 2003年版。

26.［英］亚当·斯密:《国民财富的性质和原因的研究》,商务印书馆 1972年版。

27.［英］休谟:《道德原则研究》,商务印书馆 2001年版。

28.［英］边沁:《政府片论》,沈叔平译,商务印书馆 1995年版。

29.［德］康德:《纯粹理性批判》,商务印书馆 1960年版。

30.［德］康德:《历史理性批判文集》,何兆武译,商务印书馆 1990年版。

31.［德］洪堡:《论国家的作用》,林荣远、冯兴元译,中国社会科学出版社 1998年版。

32.［法］卢梭:《社会契约论》,何兆武译,商务印书馆 1980年版。

33.［法］奥古斯特·孔德:《论实证精神》,商务印书馆 2011年版。

34.［德］黑格尔:《法哲学原理》,范扬、张企泰译,商务印书馆 1988年版。

35.［美］汉密尔顿、杰伊、麦迪逊:《联邦党人文集》,程逢如等译,商务印书馆 1995年版。

36.［英］密尔:《论自由》,程崇华译,商务印书馆 1982年版。

37.［英］密尔:《代议制政府》,商务印书馆 1982年版。

38.［英］密尔:《政治经济学原理——及其在社会哲学上的若干应用》(上、下卷),商务印书馆 1991年版。

39.［英］柏克:《法国革命论》,何兆武、许振洲、彭刚译,商务印书馆 1999年版。

40.［美］罗斯福:《罗斯福选集》,商务印书馆 1982年版。

41.［美］诺齐克:《无政府、国家与乌托邦》,中国社会科学出版社 1991年版。

42.［英］欧内斯特·巴克:《英国政治思想》,商务印书馆 1987年版。

43.［美］古德诺:《政治与行政》,复旦大学出版社 2011年版。

44.［英］布赖斯:《现代民治政体》,吉林人民出版社 2001年版。

45.［美］约瑟夫·熊彼特:《资本主义、社会主义与民主》,商务印书馆 1999年版。

46.［美］桑德尔:《自由主义与正义的局限》,译林出版社 2001年版。

47.［英］雅赛:《重申自由主义》,中国社会科学出版社 1997年版。

48. [英] 史蒂文·卢克斯：《个人主义》，阎克文译，江苏人民出版社 2001 年版。

49. [美] 弗里德里希·沃特金斯：《西方政治传统：现代自由主义发展研究》，黄辉、杨健译，吉林人民出版社 2001 年版。

50. [英] 布洛克：《西方人文主义传统》，生活·读书·新知三联书店 1997 年版。

51. [英] 诺尔曼·P. 巴利：《古典自由主义与自由至上主义》，上海人民出版社 1999 年版。

52. [美] 伊曼努尔·华勒斯坦：《自由主义的终结》，郝名玮、张凡译，社会科学文献出版社 2002 年版。

53. [英] 约翰·洛克：《政府论》（上、下篇），叶启芳等译，商务印书馆 1964 年版。

54. [法] 孟德斯鸠：《论法的精神》（上、下册），张雁深译，商务印书馆 1997 年版。

55. [美] 霍尔姆斯：《反自由主义剖析》，中国社会科学出版社 2002 年版。

56. [美] 诺姆·乔姆斯基：《新自由主义和全球秩序》，江苏人民出版社 2000 年版。

57. [英] 霍布豪斯：《自由主义》，朱曾汶译，商务印书馆 1996 年版。

58. [美] 布坎南：《自由、市场和国家》，北京经济学院出版社 1988 年版。

59. [德] 列奥·斯特劳斯、约瑟夫·克罗波西主编：《政治哲学史》（上），李天然等译，河北人民出版社 1993 年版。

60. [美] 约翰·凯克斯：《反对自由主义》，应奇译，江苏人民出版社 2003 年版。

61. [美] 霍伊：《自由主义政治哲学》，生活·读书·新知三联书店 1992 年版。

62. [英] 阿克顿：《自由史论》，译林出版社 2001 年版。

63. [英] 麦克里兰：《西方政治思想史》，彭怀栋译，海南出版社 2003 年版。

64. [美] 汉娜·阿伦特：《人的条件》，上海人民出版社 1999 年版。

65. [美] 戴维·奥斯本、特德·盖布勒：《改革政府：企业精神如何改革着公营部门》，上海译文出版社 1996 年版。

66. [美]大卫·A.鲍德温：《新现实主义和新自由主义》，浙江人民出版社2001年版。

67. [英]约翰·格雷：《自由主义》，桂冠图书股份有限公司1993年版。

68. [英]约翰·格雷：《自由主义的两张面孔》，江苏人民出版社2002年版。

69. [英]波普：《历史决定论的贫困》，华夏出版社1987年版。

70. [英]波普：《开放社会及其敌人》（第一、二卷），陆衡等译，中国社会科学出版社1999年版。

71. [美]爱·麦·伯恩斯：《当代世界政治理论》，曾炳钧译，商务印书馆1983年版。

72. [英]博赞克特：《关于国家的哲学理论》，商务印书馆1995年版。

73. [英]布赖斯：《现代民治政体》，吉林人民出版社2001年版。

74. [美]罗伯特·达尔：《论民主》，商务印书馆1999年版。

75. [美]罗伯特·达尔：《民主理论的前言》，生活·读书·新知三联书店、牛津大学出版社1999年版。

76. [美]H.斯图尔特·休斯：《欧洲现代史：1914—1980》，商务印书馆1984年版。

77. [法]托克维尔：《旧制度与大革命》，冯棠译，商务印书馆1992年版。

78. [法]托克维尔：《论美国的民主》（上、下卷），董果良译，商务印书馆1997年版。

79. [美]丹尼尔·贝尔：《社群主义及其批评者》，生活·读书·新知三联书店2002年版。

80. [美]杜威：《新旧个人主义——杜威文集》，上海人民出版社1997年版。

81. [法]邦雅曼·贡斯当：《古代人的自由与现代人的自由：贡斯当政治论文选》，阎克文、刘满贵译，商务印书馆1999年版。

82. [美]古德诺：《政治与行政》，华夏出版社1987年版。

83. [德]尤尔根·哈贝马斯：《包容他者》，上海人民出版社2002年版。

84. [英]弗里德利希·冯·哈耶克：《法律、立法与自由》（第一、二、三卷），中国大百科全书出版社2000年版。

85. ［英］弗里德利希·冯·哈耶克:《通往奴役之路》,中国社会科学出版社1997年版。

86. ［英］弗里德利希·冯·哈耶克:《自由秩序原理》,生活·读书·新知三联书店1997年版。

87. ［美］亨廷顿:《第三波——20世纪后期的民主化浪潮》,上海三联书店1998年版。

88. ［美］亨廷顿:《文明的冲突与世界秩序的重建》,新华出版社2002年版。

89. ［美］列奥·施特劳斯:《霍布斯的政治哲学》,申彤译,译林出版社2001年版。

90. ［美］斯蒂芬·P.克莱斯勒:《结构冲突——第三世界对抗全球自由主义》,浙江人民出版社2001年版。

91. ［法］克罗齐、亨廷顿等:《民主的危机》,求实出版社1989年版。

92. ［英］迈克尔·H.莱斯诺夫:《二十世纪的政治哲学家》,商务印书馆2001年版。

93. ［美］沃尔特·李普曼:《公众舆论》,上海人民出版社2006年版。

94. ［美］罗尔斯:《正义论》,中国社会科学出版社1988年版。

95. ［美］罗尔斯:《政治自由主义》,译林出版社2000年版。

96. ［美］罗尔斯:《万民法》,吉林人民出版社2001年版。

97. ［意］萨尔沃·马斯泰罗内主编:《当代欧洲政治思想（1945—1989）》,社会科学文献出版社1996年版。

98. ［意］萨尔沃·马斯泰罗内:《欧洲民主史》,黄光华译,社会科学文献出版社1998年版。

99. ［美］麦金太尔:《谁之正义？何种合理性？》,当代中国出版社1996年版。

100. ［英］梅尔茨:《十九世纪欧洲思想史》（第一卷）,商务印书馆1999年版。

101. ［美］查尔斯·梅里亚姆:《美国政治思想》,商务印书馆1984年版。

102. ［荷］斯宾诺莎:《神学政治论》,温锡增译,商务印书馆1963年版。

103. ［美］米尔顿·弗里德曼:《资本主义与自由》,商务印书馆

1986 年版。

104. 罗素：《西方哲学史》，商务印书馆 2008 年版。

105. [美] 乔治·霍兰·萨拜因：《政治学说史》（上、下册），盛葵阳等译，商务印书馆 1986 年版。

106. [英] 乔纳森·沃尔夫：《诺齐克》，黑龙江人民出版社 1999 年版。

107. [美] 诺姆·乔姆斯基：《新自由主义和全球秩序》，江苏人民出版社 2000 年版。

108. [美] 小约瑟夫·奈、[加] 戴维·韦尔奇：《理解全球冲突与合作：理论与历史》，上海世纪出版集团 2014 年版。

中文著作

1. 徐大同主编：《20 世纪西方政治思潮》，天津人民出版社 1991 年版。

2. 徐大同主编：《西方政治思想史》（五卷本），天津教育出版社 2005 年版。

3. 徐大同主编：《当代西方政治思潮（20 世纪 70 年代以来）》，天津人民出版社 2010 年版。

4. 李强：《自由主义》，中国社会科学出版社 1998 年版。

5. 吴春华：《当代西方自由主义》，中国社会科学出版社 2004 年版。

6. 俞可平：《社群主义》，中国社会科学出版社 1998 年版。

7. 顾肃：《自由主义的基本理念》，译林出版社 2013 年版。

8. 华炳啸：《超越自由主义》，西北大学出版社 2011 年版。

9. 何秉孟、李千：《新自由主义评析》，社会科学文献出版社 2012 年版。

10. 马林韬：《西方自由主义文化的哲学解谱》，社会科学文献出版社 2012 年版。

11. 陈胜才：《自由主义民主的重建及其局限：萨托利民主思想研究》，中国社会科学出版社 2013 年版。

12. 陈祖洲：《通向自由之路——英国自由主义发展史研究》，南京大学出版社 2012 年版。

13. 林奇富：《社会契约论与近代自由主义转型》，光明日报出版社 2010 年版。

14. 林少敏：《自我与善——自由主义自我论及其政治认同观研究》，

吉林人民出版社 2010 年版。

15. 应奇：《自由主义中立性及其批评者》，江苏人民出版社 2008 年版。

16. 张才国：《新自由主义意识形态》，中央编译出版社 2007 年版。

17. 徐迅：《民族主义》，中国社会科学出版社 1998 年版。

18. 秦立彦：《面对国家的个人——自由主义的社会政治哲学》，泰山出版社 1998 年版。

19. 应奇：《从自由主义到后自由主义》，生活·读书·新知三联书店 2003 年版。

20. 启良：《西方自由主义传统》，广东人民出版社 2003 年版。

21. 丛日云：《当代世界的民主化浪潮》，天津人民出版社 1999 年版。

22. 石元康：《当代西方自由主义理论》，上海三联书店 2000 年版。

23. 彭刚：《精神、自由与历史》，清华大学出版社 1999 年版。

24. 达巍等编：《消极自由有什么错》，文化艺术出版社 2001 年版。

25. 王焱等编：《自由主义与当代世界》，生活·读书·新知三联书店 2000 年版。

26. 袁久红：《正义与历史实践——当代西方自由主义正义理论批判》，东南大学出版社 2002 年版。

后　记

　　数百年来西方自由主义政治思潮的发展显示着西方社会不同时期政治风云的变幻，展现着自由主义与多种政治思想派别的相互影响、交融、冲突或对抗，反映着西方国家现代化的历史进程。对西方自由主义政治思潮在不同时期展现的政治传统、理论特征、价值观念、政治主张，以及自由主义政治思潮赖以存在的社会历史条件的考察研究，可以使我们廓清自由主义与保守主义、社会民主主义、社群主义、共和主义等形形色色西方思潮、思想的关系。政治文明是人类文明的重要组成部分，是人类政治智慧的结晶。自由主义政治思潮是西方政治文明的重要内容之一，体现了西方当代文明的政治基础。对西方自由主义政治思潮的研究有益于我们认识自由主义政治思潮在西方政治观念和社会政治生活中的重大影响，认识其对西方社会发展的推进与冲击。

　　本书的写作以马克思主义理论为指导，运用历史的和比较的方法对西方自由主义政治思潮探源溯流，以"兴起、扩展、反思、转型、碰撞、扩张"为线索，系统阐释了作为西方社会主流政治思潮的自由主义的演进历程。本书当代部分的内容得益于《当代西方自由主义》（由我主编、与马德普教授、佟德志教授于2004年合作完成）一书的研究成果；付翠莲教授拨冗撰写了女性主义理论的有关内容；李欣博士为自由主义批判、赵波博士为西方政治文化传统提供了部分书稿。

　　我的老师、我国西方政治思想史研究的开拓者、资深政治学家徐大同先生始终支持和关注我的研究工作，感谢先生那些充满睿智的灼见。感谢天津师范大学政治文化与政治文明建设研究院院长高建教授对项目申请和完成所提供的大力帮助。感谢政治与行政学院对项目的完成所给予的支持。

　　本书是我主持的国家社会科学基金后期资助项目"西方自由主义政治思潮研究"的最终成果，感谢该项目对本书出版的资助。感谢中国社会科学出版社政法出版中心的任明主任为本书出版所提供的帮助。

西方自由主义政治思潮的内容博大精深。囿于学识浅陋，书中难免不当或谬误之处，恳请读者批评指正。

吴春华
二〇一六年夏于津学者公寓